部落問題と近現代日本
松本治一郎の生涯

世界人権問題叢書 97

イアン・ニアリー 著

〔公社〕福岡県人権研究所プロジェクト
森山沾一 監訳

平野裕二 訳

明石書店

部落問題と近現代日本
松本治一郎の生涯
——目次

第七章　一九五〇年代の松本治一郎　287

第八章 松本治一郎の晩年――一九六〇年代 389

謝辞

それまで伝記というものを書いたことのなかった私は、本書に取りかかって数年で作業を終えられるだろうと考えていた。二〇〇二年のことである。しかし、はるかに長い時間がかかってしまった。これには多くの理由があるが、援助や支援や励ましがなかったというのはその理由には含まれない。公的なレベルでは、イギリス学士院から「長期学術助成金」対象者のひとりに選ばれ（助成番号 LRG 37275）、二〇〇五年に福岡に半年間滞在し、二〇〇六年にももっと短い期間だが再訪するための資金援助を受けた。どちらの訪問の際も、それまでにも何度となく歓迎の雰囲気に満ちた研究環境を提供してくれていた石川捷治《しょうじ》教授（当時）の手配で、九州大学法学部にお世話になった。福岡では、もうひとりの友人であり年来の共同作業の相手でもある森山沾一《せんいち》教授（福岡県立大学／福岡県人権研究所）からも、同研究所が所蔵する資料を閲覧させてもらったほか、松本治一郎について話を聞くことのできる多くの日本の人々を紹介してもらった。同研究所の関係者には他にも何人かことのほかお世話になり、とくに竹森健二郎氏は、二〇〇五年、福岡の資料箱に保管されていた治一郎関連資料を渉猟するのを助けてくれた。

調査・執筆の過程では、ほかにもさまざまな方々にお世話になった。アーサー・ストックウィン（Arthur Stockwin）氏は、同氏が一九五〇年代から蓄積されていた日本社会党についてのメモ、記事コレクション、蔵書を本当に惜しみなく閲覧させてくださった。これらの資料は、社会党内部で起きていたことの背景を理解するうえで決定的に重要なものだった。また、本書の最終的草稿についても多数の有益なコメントをいただいた。治一郎のお孫さんである松本龍氏には、東京でも福岡でも何度となくお会いしてもらったほか、同氏の事務所に保存してある写真や文書を自由に閲覧させてもらった。部落解放・人権研究所（大阪）の図書室「りぶら」で司書を務める本多和明氏からは、松本治一郎記念館（東京・六本木）に所蔵されている治一郎宛の手紙のコピーを提供してもらったほか、いくつかの文書の捜索を手伝ってもらい、また本書で使用されている写真の掲載許可の手配もしていただいた。ムハンマド六世記念モロッコ・地中海研究フェローのマイケル・ウィリス（Michael Willis）氏は、治一郎の北アフリカ渡航（一九五六年）に関する初期の草稿に目を通し、フランスによる植民地統治が終わりかけていた当時の北アフリカの政治状況について、専門家としての見地からすばらしい助言をしてくれた。ブライアン・パウェル（Brian Powell）氏には、戦後初期の日本における演劇の状況について詳細を補足してもらった。フィリップ・ディーリー（Phillip Deery）氏（ビクトリア大学歴史学部）からは、一九五〇年代中盤のオーストラリアにおける平和運動の状況について、非常に有益ないくつかの手がかりをいただいた。デビッド・サンソム（David Sansom）氏（オックスフォード大学地球科学部）は、本書に掲載した地図を描いてくれた。さらに、順不同でグリン・シニア（Glyn Senior）氏とミツエ・シニア（Mitsue Senior）氏、ロバート・ジョーンズ（Robert Jones）氏、岡崎秀美氏と岡崎由実子氏にも、本書の執筆の過程でいろいろとお世話になったことへの感謝を申し上げたい。

私は二〇〇四年にエセックス大学から日産現代日本研究所／セント・アントニーズ・カレッジ（オックスフォード大学）に異動した。この異動と、それにともなって家庭生活のさまざまな側面に混乱が生じたことが、本書の完成が遅れた理由の一部ではある。一方、そのおかげでカレッジと研究所のどちらにおいても知性にあふれた研究員たちと知り合うことができ、日本についての、それどころか世界のその他の地域についての知識も豊かになって、本書の質が高まったのは間違いない。両研究機関の同僚に深く感謝する。

以上のようなさまざまな助けがあったにもかかわらず、また本書の執筆に長い時間をかけたにもかかわらず、松本治一郎の人生を描いた本書の記述に不十分な点があることは重々自覚している。治一郎の伝記はこれまでにも出版されているが、英語で書かれたものとしては本書が初めてである。治一郎については、明らかにすべきこと、指摘すべきことがまだまだ残っており、いずれかの時点で誰かが本書の記述に付け加えてくれることを望んでいる。

しかし、とりあえずはここで筆をおくことにしなければならない。すでに時間は十分にかけた。

イアン・ニアリー

ニューヤァット（イギリス・オックスフォードシャー州）にて

二〇〇九年六月

日本語版まえがき

本書は、イギリス、日本、オーストラリアで五年以上の調査を行なった末に、二〇一〇年に英語で出版された *The Buraku Issue and Modern Japan: The career of Matsumoto Jiichiro* (Routledge) の翻訳である。本書は、松本治一郎が一九六六年一一月二二日に没してから五〇年の節目に合わせて、それを記念する形で刊行される。なぜか。

第一に、これがあらためて語る価値のある話だからだと考える。よい話というのは、これまで何度語られてきたとしても、繰り返す価値があるものである。優れた語り口になっているかどうかは読者の判断に委ねるが、治一郎の人生を彩る出来事――一九〇八年の中国渡航、一九二〇年代の政治活動家生活、一九三〇~四〇年代にかけて帝国議会議員として積み上げたキャリア、一九四〇年代に参議院副議長として果たした役割、そして一九五〇年代の国際平和運動――と、そのすべてを通じて治一郎が抱き続けた人権への関心についての話は本質的に興味深いものであり、各世代に語り継いでいかなければならない。

第二に、治一郎の人生を考えるということは、日本が民主主義的な近代政治体制を構築し始めたばかりの一八八〇年代から、日本がすべての市民の人権の保護伸長義務を初めて受け入れるようになった一九六〇年代中盤に至るまでの時代に思いをはせるということである。日本という国は、この過程で、要求を受け入れざるをえなくなるまではいかなる譲歩もけっしてしようとしなかった。こうした要求は、一八八〇年代には、自由民権運動という形をとって日本の民衆から出された。一九五〇年代後半から一九六〇年代にかけては、部落解放同盟のような団体がこうした要求を行ない、それを学生運動や労働団体が支持した。治一郎自身も、一九二〇年代から一九六〇年代に至るまでこうした運動の中心に直接関わっており、本書はその関わりがどのようなものだったかを説明するものである。しかし、ここで学ばなければならない重要な教訓は、人権およびその保護というのは苦難の末に二〇世紀に勝ち取られたものであり、二一世紀になっても、当たり前に存在すると考えるわけにはいかないものだということである。これらの権利が、国によって弱められることがないよう、常に警戒を怠らないことの重要性は、ほかの国と同じように、日本でも変わらない。

第三に、現代の諸問題をどのように評価すればよいか考える際にも、治一郎の人生を振り返る作業から多くのことを学べると考える。私は、近しい友人や影響を受けた人が亡くなった後、何か問題に直面したときに「Aさんならこの状況でどう対応しただろうか」「Bさんなら何といっただろうか」と自問自答することが多い。最近も、二〇世紀終盤の部落解放同盟や同和政策について執筆する際、治一郎ならどう対応し、何といっただろうかとしばしば考えた。さらに最近になって部落差別解消推進法案に目を通したときも、治一郎は水平社の指導者としてこの法案をどう思っただろうかと考えた。国会が差別の違法化のために積極的措置をとろうとしていることに感銘を受けただろうか。それとも、二〇一六年になってもこのような法律がまだ必要とされていることに失望を感じただろうか。

最後に、治一郎について日本語で書かれた優れた伝記がすでに複数あるのに、なぜあらためて、しかも外国人によって書かれた伝記が必要になるのかという疑問に触れておきたい。グローバル化の時代である二一世紀には、日本について英語その他の外国語で書かれる文章がこれまでになく増えている。日本の人々は、日本人と日本の歴史が海外でどのように見られているのか、ある程度知っておいたほうがよい。治一郎は、日本で聴衆に自己紹介をするときは「皆さんの松本」と名乗るのを常としていた。一九五〇年代になると治一郎の活動領域は日本から世界へと広がり、アジア、ヨーロッパ、はては北アフリカやオーストラリア、ニュージーランドまで足を延ばすことになった。治一郎は、日本だけではなく世界の治一郎なのである。したがって、世界も治一郎についてもっと知るべきであるし、日本における治一郎の支持者も、世界で治一郎について何が語られているかを知るべきであると考えるのがふさわしい。

最初の基礎的調査を行なう過程では、多数の人々にお世話になった。そのなかでももっとも重要なのは、いまや四〇年以上前からの友人である森山沾一氏である。森山氏は、本書の翻訳の手はずを整えるとともに、公益社団法人福岡県人権研究所内に少人数のグループを設けて事実関係の確認と訳文の推敲を行なううえでも、主要な役割を果たしてくれた。著者の文章をすばらしい日本語に翻訳するのに主たる役割を果たしてくれたのは平野裕二氏である。明石書店の編集者の方々は、本書の刊行のための作業をこのうえなくスムーズに進めてくれた。

本書が英語から翻訳されることは大いなる喜びである。同時に、懸念の種でもある。日本語訳が読まれれば、著者の間違いを発見し、著者の見解に賛成しない読者も増える可能性が高いからである。本書に間違っている点があれば、多くのご指摘を受けたい。

二〇一六年八月
イアン・ニアリー
日産現代日本研究所
オックスフォード大学教授

刊行に寄せて

1　時代は大きな変わり目・人類史の転換

列車や電車で新聞、雑誌や週刊誌を読む人はほとんどいなくなった。そのかわりスマホ（スマートフォン）を開いて指を動かす光景がこの数年日本でも増えている。農村、都市を問わず、あらゆる地域に無線回線が広がる。イギリスやアメリカ、そして中国やベトナムでもアップル社や自国製のスマホ、情報機器を身につけ、人々が無言でせわしく動く。子どもからおとなまで。

情報革命やハブ空港の整備により、地球のグローバル化は二〇一〇年代を迎えて、ますます加速度的に進む。くわえて日本では再生医療、人工知能、ロボットが私たちの生活を三種の神器（一九五〇年代の白黒テレビ、洗濯機、冷蔵庫）、３Ｃ（一九六〇年代のカラーテレビ、クーラー、カー）による消費革命以上に変えようとしている。

一方、政治・経済・社会ではグローバリゼーションで、地球規模での南北問題とともに貧富格差の拡大、宗教・価値観の相克が「民族」を再編成させ、一人ひとりを分断し孤立化させる。それが政党間政策の極端な分裂、核戦争の危機、安心・安全・ゆとりのない暮らし、として現れている。

象徴的な現実はイスラム国（ＩＳ）などによるテロ戦争、難民問題、格差による貧困問題であり、世界各地で「戦争宣言」が行なわれ、実際に戦闘・殺し合いが行なわれている。

2　松本治一郎精神とその現代的意義

こうした人類史的転換の中、二〇一〇年代、いよいよ世界戦争の危機が出てきている。日本もその流れから枠外ではありえない。第二次世界大戦後、ドイツ、ベトナムの「民族」統合は行なわれたが、唯一民族分断されたままの朝鮮半島を隣に、中国、ロシアと海を挟んでつながる日本。朝鮮民主主義人民共和国（北朝鮮）のミサイル攻撃・核爆弾の恐怖が政府により扇動され、事実その可能性もある。このような状況だからこそ、反差別・反権力・世界水平の松本治一郎の生涯・精神を人権・解放の立場からよみがえらせる意味がある。

部落解放運動の指導者、国際的反基地・平和運動の指導者、政治家、事業家など、多くの分野に名を残す人間・松本治一郎。松本治一郎は一八八七（明治二〇）年に福岡で生まれ、日清・日露・第一次大戦・一五年戦争をくぐり、戦後民主主義体制の中、一九六六（昭和四一）年福岡で病気により永眠した。日本元号で言えば明治・大正・昭和時代を通し、日本近・現代国家と対峙した生涯七九年間を貫いた。

その間、第二次世界大戦前に三年間余りの監獄生活、戦後も政界・公職不当追放の弾圧を体験している。

南アフリカの英雄・故ネルソン・マンデラ元大統領（一九一八〜二〇一三年）の獄中二九年の長さに

は及ばないが、〈万年被告の覚悟・胆力〉と〈人民・被差別民への慈愛・共感〉は共通するものがある。

本人は「人間最後の最後で誤ることもある。だから私は伝記を書かない」と言っていた。生前「血の水平社運動五十年」（『政界ジープ』第九号　一九四七年九月）、「解放への道」（『部落解放への三十年』一九四八年九月）、「叛骨五十年―わが青春物語―」（『文芸春秋』　一九四八年十一月）などに署名入りで書いている（ただし、本人は責任を持つとしても執筆は別人の可能性もある）。これまで、没後一〇年、二〇年そして、生誕百年を記念して多くの伝記や証言が書かれてきた。

しかしながら、「部落解放運動の指導者」の側面が中心であったことは否めない。だがくりかえすが、治一郎は日本の部落解放運動の指導者であると同時に、労働・農民運動でも名をとどろかせ、戦後の国際的平和運動の指導者であり、二大勢力の社会党委員長候補の政治家であり、松本組の社長・事業家でもあった。このような多くの分野に名を残す人間・松本治一郎を英国の政治学者が国際的視点から描いたことにこの著作の意義がある。

しかも、この本の英文による執筆・研究が始まる二〇〇〇年当時、福岡市東部の松本組所有倉庫から資料が数多く発見された。一九三〇年代から五〇年代の資料が中心であった。これらの資料もこの著書では検討され参考にされている。

人類の歴史が大きく変わる時代でも、不易流行《ふえきりゅうこう》・変わるものと変わらないものがある。こうした時こそ、人間や時代の本質や真実を把握し、未来・将来の戦略・展望を創造していく必要がある。日本近現代史と同時に国際的視点から松本治一郎の生涯が綴られた日本語版を、没後五〇年の命日・

二〇一六年一一月二二日に刊行する現代的意味はここにある。

3　イギリス人政治学者にとっての松本治一郎

この著作の原著は二〇一〇年、ロンドンとニューヨークに本社を置く出版社から英国オックスフォード大学叢書 “*The Buraku Issue and Modern Japan: The career of Matsumoto Jiichiro*” として刊行された。

イアン・ニアリー氏は一九七四年より文部省（当時）の国費留学生で、福岡市の九州大学法学部に二年間所属した。この間、福岡部落史研究会の設立（一九七四年九月）にも参加している。そして、この会（同人二一名で発足、私も同人であった）の創設推進者・元全国水平社書記長井元麟之から松本治一郎を教えられ、部落解放運動を知り、関心を持ったという。二年間、近代・現代の部落問題と部落解放運動や近代日本独自のマイノリティ（未解放部落民、在日朝鮮人、アイヌ、沖縄県民…当時の呼称）の研究を行なった。自らも学生時代、英国で反アパルトヘイト運動に関わっていた体験も原点にはある。

二〇歳代、『近代日本のマイノリティに関する研究』で英国サセックス大学で博士学位論文を取得した学術研究者（国際政治学）である。

海外や日本での資料収集がきわめて困難な部落問題・部落解放運動史の領域で、一貫して初発の問題意識を持ち続け、資料・文献収集、積極的に当事者へのヒアリングを四〇年間行なってきた。

その、集大成がこの著作である。そして、現在も積極的研究・執筆活動が続いている。

4　没後五〇年の節目での翻訳刊行を祝う

イアン・ニアリー氏の初心は二〇歳代から四〇年以上変わっていない。その鋭い日本への問題意識と国際的な視点から、〈世界水平・松本治一郎〉が、日本語でよみがえった。

この推進力は明石書店石井昭男会長の発案と平野裕二氏のすぐれた翻訳力による。

石井会長の父は、被差別部落出身者として、「部落解放の父・松本治一郎」を尊敬し、国政選挙のときには、必ず一票を投じていたという。

また平野氏は、「子どもの権利条約」を日本へ紹介し、現在も国際連合関係の翻訳を生業とする人権問題での全国屈指の翻訳・通訳者である。一昨年から「水平社宣言ユネスコ世界遺産化」活動でニアリー氏の文章翻訳・通訳を行ない、問題意識を共有した。わかりやすく読みやすい、かつ奥深い思索をこめた名訳で日本語の文章・文体となった。

川向秀武福岡部落史研究会二代目会長にも世話になった。

明石書店神野斉編集部長、岩井峰人編集担当者はこの間、集中的労苦をされた。ご遺族松本龍氏には関係写真を新たに提供するとともに、関係個所に目を通していただいた。また、一般社団法人部落解放・人権研究所名誉理事友永健三氏と公益財団法人大阪人権博物館館長朝治武氏には、ご多用な中、校正をお願いし、快くご協力・励ましをいただいた。さらに、公益社団法人福岡県人権研究所は翻訳補助・監修プロジェクト（井上健　古賀裕子　塚本博和、森山沾一）を結成、一五回の共同討議で平野裕二氏と連絡を取り合い、検討してきた。

このようにさまざまな人々による一年半に及ぶ長期的努力で、松本治一郎没後五〇年の記念日に明石書店より刊行されることとなった。多くの人たちによるご協力ご支援にもかかわらず、不十分な点や間違いもあると思われる。訳出にあたり、日本語原文も参照してきたが、引用や表現が変わった部分もある。松本治一郎の本格的研究はニアリー氏も言うようにまだ始まったばかりである。今後さらにさまざまな視点・視座から事実にもとづく研究書や啓発書が出版される事を祈念する。

二〇一六年九月三〇日

自宅書斎にて　森山沾一

公益社団法人福岡県人権研究所理事長

福岡県立大学名誉教授

はじめに

日本のほとんどの伝統的な家庭には神棚があり、地元の神社からもらってきたいくつかの象徴的事物と、場合によっては亡くなった家族の写真が何枚か飾られている。被差別部落の家庭なら、一九七〇年代になっても、明治天皇と松本治一郎の写真も神棚に飾っていたことがしばしばあったかもしれない。明治天皇は、一八七一年の「解放令」で、徳川政権によって押しつけられた身分制限から被差別部落民を「解放」してくれたと考えられている。松本治一郎は、この「解放」を意味のあるものにしようとした二〇世紀の運動を主導した人物であるが、皮肉なことに、そのためには天皇制は廃止されなければならないと強く主張していた［以降、部落、部落民と記述。この表現については「訳者あとがき」参照］。

治一郎は、一九二〇年代以降、自分自身と仲間の部落民が日常生活のなかで受けていた偏見および差別に反対する運動を展開した水平社運動の指導者である。その行動は警察の注意を惹くことになり、三年の刑期を科されたものも含めて何度か入獄することになった。このことから治一郎は政治的・社会的支配層への批判的姿勢と叛骨心を抱くようになる。第二次大戦前には左翼団体とつながりを持ち、一九四五年には日本社会党の創立メンバーのひとりとなって、一九六六年に死去するまで同党の最左翼で有力な位置を占めた。一九四五年以降は、国政レベルで政治家としてのキャリアをさらに積み上げると同時に、差別を終わらせること、そして貧窮した部落に対する国の支援を勝ちとることの双方を目的として活動を展開する運動の指導者の立場にあらためて就いた。その団体は、一九五五年以降、部落解放同盟と称するようになる。一方、治一郎は一九一六年の登記以来、松本組という建設会社の社長でもあり、そこから、自らの政治的活動の資金や、戦前戦後の解放運動を支える資金を相当程度捻出することができた。

およそ八〇年に及んだ治一郎の長い人生は、日本の政治的・経済的発展が緒に就いたばかりの一八八〇年代から、一九三〇年代～一九四〇年代初頭の全体主義の時代を経て、戦後の復興事業が終了し、急速な経済成長が日本国民全員の生活を向上させる潜在的可能性が認識され始めた一九六〇年代中葉にまで及んでいる。

治一郎は、当時の福岡市に隣接する地域の比較的貧しい家庭に生まれ、生涯を通じてその部落で、あるいはそのすぐそばで暮らすことになる。しかし、事業がうまくいったおかげで一九二〇年代にはもはや貧しくはなくなっていた——だからといって差別をされなくてすんだというわけではない。治一郎は、自分自身の身の安全をおおいに危険にさらしながら、日本という国が新たな資本主義経済体制のなかで差別の再生産と結託し続けたやり口に、先頭に立って抗議した。治一郎と彼が指導した運動は、国がこのような状況についての責任を受け入れて差別解消措置をとるよう要求した。日本政府は、治一郎の死の前年（一九六五年）になってようやく、明治維新以降、戦後二〇年間の経済的成果がほとんど及ぶことのなかった部落の貧困を明らかにし、貧困と差別の解消のために国が大規模かつ費用のかかる改善計画に乗り出すべきだと主張する報告書（同和対策審議会答申）を受け入れた。治一郎の死の三年後（一九六九年）、同和対策事業特別措置法が制定され、事業が開始された。

日本に対する国際的関心がこの二〇年間で爆発的に高まったにもかかわらず、真剣な注意をほとんど向けられてこなかった分野は多い。取り上げ方も、日本国内においてさえ、しばしば一面的である。与党・自由民主党の発展は膨大な分析の対象にされてきたが、ずっと最大野党であった日本社会党の発展に対してははるかに低い注意しか向けられてこなかった。日本の経営実務の特徴は、強みも弱みもあわせてある程度詳しく検討されてきたものの、労働運動の成果は大部分無視されている。一九六〇年代の成功は強調されてきたが、一九五〇年代の不安定さについて掘り下げられることはめったにない。そしてとりわけ、三〇〇万人強の部落民が二〇世紀にどのような経験をしたかについては、その存在を認知するとともに国の資金による問題解決を提案した同和対策審議会の答申から四〇年余を経てさえ、ほとんど知られないままである。

治一郎は忙しい人生を送った。日本で起きた二〇世紀の主な出来事のほとんどに直接間接に関わっていたし、一九五〇年代からは国際的にも活躍した。一九世紀後半から一九六〇年代までの治一郎の人生を追うことにより、読者は日本の近現代の歴史について、ひいては今日の日本について、新たな視点を発展させることになるというのが本書の目的である。もちろん、これは治一郎の人生をたどるなかで生まれる非常に部分的な視点であり、本書で日本の近現代史の全体像が描き出されているなどと大言するつもりはない。とはいえ、必要に応じて補足を行ない、二〇世紀日本の歴史の内容に馴染みのない読者にも、治一郎が何を達成したのか理解できるように努めるつもりである。

一九五〇年代には、日本の政治に親しんでいる者であればだれでも松本治一郎の名を知っていただろう。今日では、治一郎の名は日本のほとんどの市民にとって馴染みのないものであり、孫の松本龍が一九九〇年衆院選に出馬したときに投票した人々や、松本組が建てた建物を利用している人々にとってさえ同様である。一方、部落解放運動の内部では、松本治一郎は偶像のような地位を保っている。それどころか、治一郎がやったこと、あるいはやったと思われていることについての思いこみがあまりにも強く残っているために、本当のところ何があったのかを見極めるのが困難であることも多い。そのために「松本神話」が発展してきた。おそらくは、治一郎がやったと思われていることによって人々が受ける示唆のほうが、治一郎が実際にやったことよりも重要なのだろう。差別に直面する共同体の指導者として、治一郎の役割は、自分たち自身を信じ、抱えている困難を克服するために闘うよう仲間を説き伏せるところにあった。誰にでも英雄が必要である。しかし、本書のような政治的伝記を執筆するさいにはこのような思いこみについて批判的になることも必要であり、実際、そうしなければ治一郎および部落解放運動にとっても迷惑になることだろう。治一郎の近くで活動していた人々や現役の運動関係者から、治一郎を美化するだけの伝記は金輪際いらない、といわれたこともある。

もしも部落解放同盟の本部に神棚があったら、そこには松本治一郎の写真が飾られているだろう——しかし明治天皇の写真がないのは確かである。治一郎は運動に示唆を与え続けている。本書はその理由を説明しようと試みるものである。

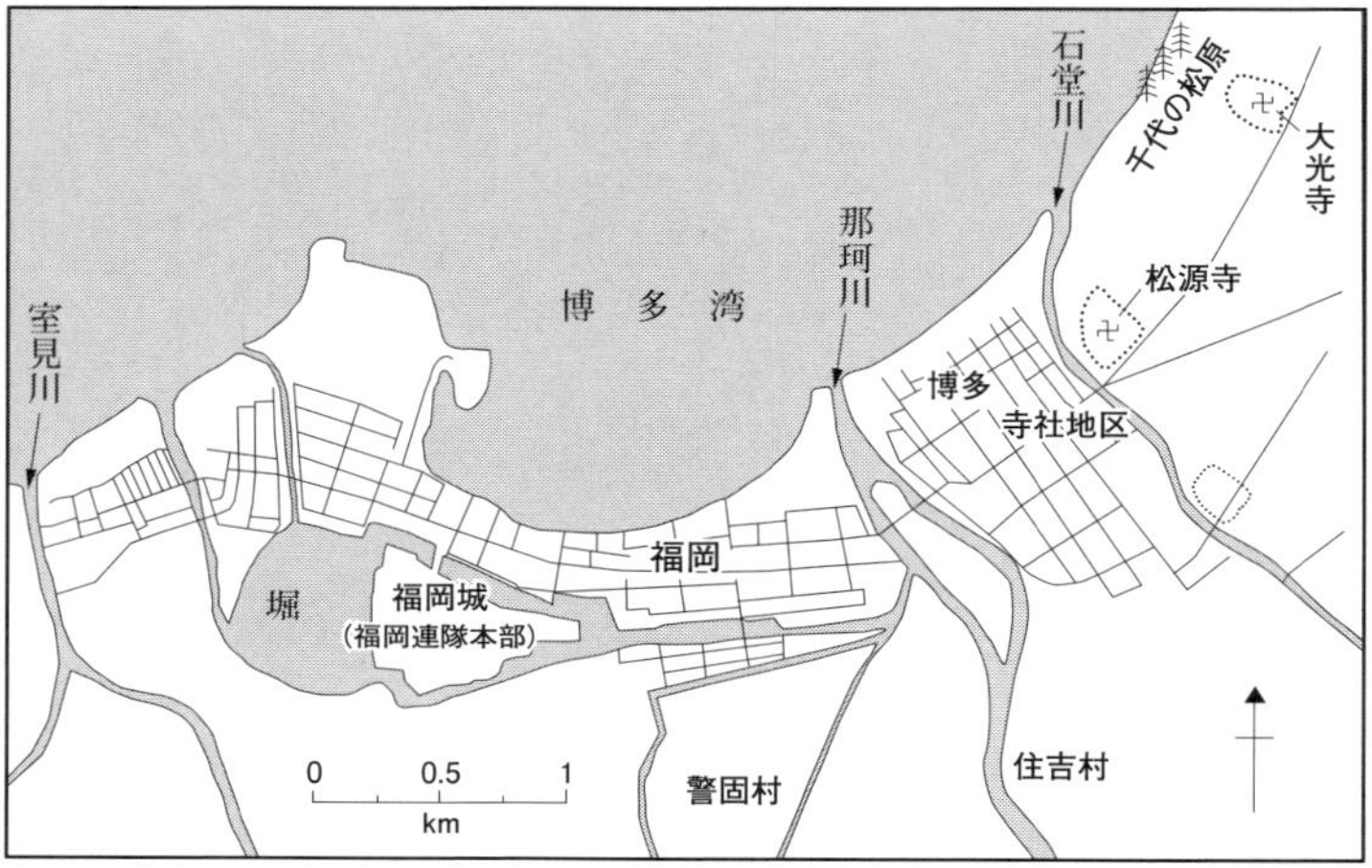
石堂川
千代の松原
大光寺
松源寺
那珂川
博多湾
室見川
博多
寺社地区
福岡
堀
福岡城
（福岡連隊本部）
0 0.5 1
km
警固村
住吉村

19 世紀末の福岡市域

第一章　少年・青年時代

一　博多の被差別民たち

九州北部に位置する博多湾は、有史以前から利用されてきた天然の港である。そこは、島国・日本に事物や思想が出入りする経路であり続けてきた。八世紀以降、九州北部のこの地域は筑前国として知られるようになった。七世紀にはこの地に交易施設の鴻臚館《こうろかん》が置かれ、日本はここを主たる回路として外界――当時は主に中国・朝鮮――とやりとりしていた。そこから数キロ離れた場所には行政の要衝として大宰府が置かれ、本島である本州の朝廷はここを通じて九州を統制し、国外の王朝との関係を制御しようとした。外国による侵略からこの地域を守護するため、九二三年には筥崎《はこざき》八幡宮という大社が設立された。紀元一〇〇〇年ごろには「博多」と呼ばれる商人街が港の周辺で繁栄するようになり、貿易の中心地へと発展していった。そこで主要な役割を果たしたのは、博多の西に位置する砂州を本拠としていた国外在住中国商人の集団である。現代ではこの中国人移住者たちの痕跡はまったく残っていないが、古い時代にこのような中国人が存在したことは福岡市の一角で記憶されている。その町の名を「唐人町」という。

博多湾には何本かの川が流れこんでおり、まわりの砂浜の陸側には松林が立ち並んでいる。石堂川は博多東部で湾に流れこんでいて、その北東には「千代の松原」として知られる地域があった。被差別民の共同体は遅くとも一六世紀からここに居を構えていた。この地域の社会的中心地は本願寺派の寺であり（現存している）、この地域にある三つの地区の住民を檀家としていた。これらの地区のなかでもっとも古いと思われるのは、川岸からやや離れたところに位置する辻《つじ》である。川岸のさらに海沿いには堀口《ほりぐち》があり、一八七四年以降は豊富《とよとみ》と呼ばれるようになった。やや東の、二〇世紀初頭まで海岸線に接していた場所にあったのは金平《かねひら》である。

関が原の戦い（一六〇〇年）で、徳川家康は、一五八三年から一五九八年に没するまで日本の最高軍事指導者として君臨した豊臣秀吉の息子であり後継者である秀頼方の軍を破った。筑前の城主だった小早川秀秋は、戦いの当初は秀頼を支持したものの、戦の最中に離反して家康支持に回り、家康が勝利を確実なものとする一翼を担った。小早川にはそれまでよりもやや大きな中部日本の領地が褒賞として与えられ、筑前は、関ヶ原の戦いで家康方につき、近隣のはるかに小さな領地の支配者であった黒田長政に与えられた。それから二〇年間、一六二三年に没するまでの間に、黒田長政は黒田家が同地域を支配するための基盤をつくりあげた。もっとも重要な動きは、兵の本拠地を博多のすぐ東にあった名島城から西に移動させ、警固《けご》と呼ばれていた地区の近くに新たな城下町を設けて「福岡」と名づけたことである。これは岡山にある、黒田家がもともと住んでいた場所の地名であった。福岡が城下町として藩政の中心となる一方、数キロ離れた場所に位置する博多は半ば自治的な町人町としての地位を保ち続けた。

「福岡時代」の開始にあたり、新たな領主とその家臣がこの町を確固たるものにしようとするなかで、さまざまな集団が呼び寄せられて新開地で職業に従事するようになっていった。そのほとんどは新開地の建設に役立ちうる大工その他の職人である。一六〇二年に行なわれた土地調査では職人のなかに「かわた」（皮革職人）がいたと記されているが、獣皮の供給や革の扱いはまだ被差別民の専業ではなかったこともうかがえる。一六一〇年、博多の住民に対し、数十年におよぶ戦で破壊されていた砂浜の松林を回復させるよう命令が出された。その二年後、浜の近くに住んでいた松原地域の被差別民に対し、樹皮や松葉を利用したい、あるいは薪として木々を丸ごと切り倒したいとさえ考えるかもしれない農民たちから松林を守るという任務が与えられた。これにより、被差別民と一般住民との間に潜在的な利害衝突が生まれることになった（高山 2005: 10）。徳川時代の多くの被差別民共同体と同じように、千代の松原の被差別民も太鼓等の皮革製品を含む工芸品を作っており、これは近傍の市場町である博多で、またそこを通じて売られていたが、住民らは狭い土地も耕しており、そこでとれた余剰農産物も売っていた。一般的な作物である米とは別に、この地区はサツマイモや大豆の質の高さで知られていた。

残されている若干の証拠によれば、石堂川東岸の辻（後の松園）には、黒田家が連れてくる以前から皮革職人が住んでいた可能性がある。実際、川岸という立地は、皮を洗うためにおびただしい量の水を必要とする皮なめしにはぴったりであったろう（井元ほか 1978: 19）。この初期の段階で革の製造がどのように組織されていたのかははっきりしないが、被差別民――かわた――の専業になりつつあったのは確かなようであり、各地区には期待される年間製造高が割り当てられていた。博多では一七〇二年に皮革職人の組合（革座）が結成され、同地域における皮革製品の製造・販売を独占しようとした（松下 1985: 56）。そうなれば収入が安定するため、かわたにも若干の利点があった。かわたは同地域で死んだすべての家畜を入手・処理する権利を取得し、これによって獣皮の安定的供給が確保された。このことは、皮革の売買に税を課すことで財政がいっそう安定した藩にとっても有利に働いた。一八世紀中ごろまでには、未処理の牛馬の皮が九州一帯から小船で博多の革座に持ちこまれ、さらに処理済の皮革の一部が海路で大坂の渡辺村に運ばれて、皮革製品に加工されたり全国に転売されたりするようになっていた（井元ほか 1978: 24）。

皮革職人に対する差別は世界でもとくに珍しいものではなく、ある意味ではかなりわかりやすいものである。汚れ仕事であり、臭いがきつく、革染めが行なわれる場合は皮革職人に文字どおり終生消えないしみがつくこともある。皮革労働者の目に見える汚れに加えて、日本では、この集団が死んだ家畜と関わることから生じる霊的な穢れもあると考えられていた。日本の歴史のこの段階では神道と仏教を区別するのは容易ではなかったが、どちらの伝統にも、血や死体に触れることで生じる現実的・霊的汚染に関連する偏見がある。職業を理由とするこの種の偏見は日本で長く複雑な歴史を有しているが、要約すれば、徳川時代に社会的制度が達成されるまでは、個人およびその家族が皮革加工に従事することをやめれば、少なくとも差別から遠ざかることは可能だったと言えよう。しかし、徳川時代が始まって社会的・政治的安定が無理やり確立されてからは、たとえもう皮革製造に参加しなくなったとしても、これらの共同体で暮らす者が差別から逃れることはほぼ不可能になった。

これらの共同体がいつ、どのように形成されたのかについては相当の議論があるものの、一七〇〇年から一九世紀中盤にかけてその人数が絶対数としても社会の他の層との比較でも増加したこと、同じ時期にこれらの人々に対する公式な差別が強固に確立されたことについては、いまではほとんど異論がない。これらの共同体のなかには比較的最近形成されたものもあるが、徳川体制の、そして本書の例で言えば黒田体制の以前から存在していたものもある。福岡では、石堂川河畔に居を構えていた被差別民はかわたを自称していたが、「穢れが多い」という意味の二文字を用いて「エタ」（穢多）と呼ばれることもあった。一方、博多近傍には小規模な非人（文字どおりには「人にあらず」の意）の共同体も存在した。

一七世紀中ごろまでには、革の軍事的利用が少なくなる一方、たとえば履き物として家庭で革が利用されることが多くなり、製革は被差別民の仕事であるという見方が固定化されるようになったと思われる。福岡藩の人口は一七五〇年から一八一三年にかけて全体としてはほぼ変わらず三一万人前後を維持していたのに対し、博多の人口は一六七〇年から一八五〇年にかけて一万四〇〇〇～一万六〇〇〇人の範囲で変動した（松下 1989: 143）。それどころか、農村部のなかには一七〇〇年から一八五〇年にかけて一部の村の人口が減少したところもある。これに対し、かわた村は村数も全般的人口も増加した。かわた村の数は一七世紀中に二五から三八に増え、徳川時代（一六〇〇～一八六七）

の終わりまでにはさらに九七へと増えることになる（松下 1985: 33-44）。このことは、一七三〇年代の享保飢饉の際に農民の実に三分の一が死亡し、かわたが無主地を耕すために農村部に呼び寄せられることもあったという事実によって部分的に説明可能である。しかし、税負担には貢献できても、かわたには村の社会的・政治的生活に全面的に参加することは許されなかった。これらの被差別民共同体のなかには、空いた時間にひき続き皮革製品の製造を含む工芸に携わった者もいたかもしれないが、たとえそれが主たる収入源ではなくとも、組織的差別の対象となった（松下 1985: 49-56）。徳川時代、多くの地域の被差別民共同体は公式な人口調査記録から排除され、また租税を免除されていたものの、これは筑前には当てはまらず、全員が税を納めなければならなかった。すなわち、当地の記録はおそらくかなり正確だということである。一八七一年に福岡県で実施された人口調査には被差別居住地区も含まれており、総人口三七万八三〇〇人のうちエタ二万一七五人、非人一五四五人であったという。すなわち、被差別民が総人口の約六パーセントを占めていたことがうかがえる（石瀧 1985: 67）。

松原地域の家庭は皮革産業に全面的に依存していたわけではない。一六世紀末には、同地域の年間農業生産高は三六〇石を超えていたと推定される（一石は男性一人を一年間養うのに十分な量の米に相当する）。一八世紀中ごろまでに農業生産高は六八〇石に達し、このころには共同体も三つの地区――辻、堀口および金平――にはっきりと分かれていた。このうち最大だったのは、皮革産業の中心地であり、博多の寺社区域および遊郭の双方に近接していた堀口である（一七六〇年代の報告によれば、この遊郭では八七人の遊女が雇われていた）。一六九二年の時点で堀口の世帯数は五八戸（三六三人）だったが、一八〇一年までに九〇戸前後まで増えた（井元ほか 1978: 14）。堀口村が都市型被差別居住地区に転換しようとしていたとすれば、隣村で海岸に近かった金平は主に農業生産に依存していた。もっとも、金平の住民のうち皮革労働に従事していたのがごく少数だからという理由で、多少なりとも差別を受けにくかったというわけではない。この制度化された差別については似たような例が全国に存在していた。ウームズは、長野県のかわたが下駄を履くのを禁じられ、草鞋しか許されていなかった様子を描いている。一七世紀、かわたは農民よりも粗末な服装をしなければならない旨の布告が出されたが、一九世紀までには規則がより具体的になり、たとえば絹の着用が禁じられた。被差別民は、日本の多くの地域で、芝居や興行を見物すること、茶屋や酒場に顔を出すこと、あるいは暗くなってから城下町のいずれかの場所にいることさえ、許されていなかったのである（Ooms 1996: 290-1, 374-6）。

地元の伝統にしたがい、一八〇〇年の秋、旅芸人の一座が堀口のすぐ川向こうに小屋を構えて人気の芝居「狐葛の葉」を上演していた。ある夜、黒田家に仕える武士が観劇に出かけてみっともなく酔っ払い、大声をあげたり刀を振り回したりして芝居を中断させた。五人の若者がその武士を捕まえて引きずり出し、痛めつけたところ、そのときの怪我がもとで武士はその後死亡するに至る。五人は川を渡って堀口村に姿を消した。この暴行は御上に対する重大な侮辱とみなされ、地元の奉行が捜査に駆り出された。身分に基づく法令によって、被差別民が芝居上演等の公的催しに出席することは禁じられていたにもかかわらず、奉行らは、五人の若者たちは堀口村の出身であると決めてかかった。そして村長を呼び出し、五人の犯人を引き渡すか、村を根こそぎ破壊されるか、どちらかを選ぶよう求めたのである。一五歳から二一歳の若者五人が選ばれ、御上に引き渡された。五人はその後、自分たちの家が見える川岸で磔に処された。この事件は共同体に深い印象を与え、地元の伝説となる。

一九二九年、共同体は五人の若者の苦難を記念して石碑を建立した。

徳川時代、抽象的な「正義」の概念よりも重要だったのは、犯罪が行なわれたときは処罰が科されなければならないという考え方である。処罰される者が実際に犯罪を行なったと証明できるかどうかは、決定的に重要なことではなかった。この一件は、犯罪防止に対するこのようなアプローチの一例であるように思われる。堀口村は周縁に追いやられた共同体であり、五人の若者は、藩の全面的統制の外にあったその共同体に逃げこむことを選んだ。奉行らの決定さえ、ある意味では共同体の自治を尊重するものであった。もっとも、処罰の苛酷さは、この周縁に追いやられた共同体をも藩当局が統制下に置こうとしたことの表れでもあったのかもしれない。より長期的にみると、この一件は、被差別民が藩の役人からいかに残酷に扱われていたかを示す、そして権威への抵抗が正当であることを明らかにする地域の伝承の一部となり、一九世紀後半にあらためて持ち出されることになる（松下 1985: 80-1）。

二　封建身分制とその改革

徳川時代の社会は四つの主要な身分集団に分かれていた。上から順に、武士（侍）、農民、職人、商人であり、日本語では「士農工商」という〔編者注／現在の研究では、武士・町人・百姓の三身分に分かれていたとされている〕。この制度の外に位置する主要な二つの集団も存在した。一方の極には天皇家を含む貴族階級があり、その起源は日本の歴史が記録されるようになった時点まで、それどころかそれ以前にまでさかのぼるとされていた。社会階層のもう一方の極に位置したのがさまざまな被差別民集団であり、そのほとんどは、皮革製品の製造、牢番・処刑人、寺社への奉仕など、現実的または儀式的な穢れをともなう職業に従事していた。当時の観念からは、構成員の圧倒的多数が農民階級（人口の八〇パーセント以上）である日本は本質的には農業社会であるという考え方がうかがえる。しかし、網野善彦が指摘したように、「日本は農業社会」であったという常識は「虚像」とみなされなければならないのであって、人口の実に五〇パーセントが土を耕すのとは別の形で生計を立てていたのである（網野、Cobbins 2009: 199で引用）。さらに、徳川時代の日本についての説明で士農工商の序列制度が一般的に用いられているにもかかわらず、農民、職人、商人を区別する法的制約はほとんどなかった。たとえば村の人別帳で別に記載されていたわけでもない。武士と被差別民はそうではなかった。二本差しの武士は、国元であれ、江戸であれ、他の場所であれ、日本中でそれと見分けることができた。武士の価値観や態度を規定していた集団は自分が仕える大名の配下の一団であり、武士はそのなかで特定の序列を占め、その位置によって経歴や結婚の見通しが決まった（Howells 2005: 25）。

被差別民も、他から著しく差異化された集団の構成員であった。徳川時代にこれらの被差別民集団について触れたほとんどの記述は「エタ」と「非人」に言及している。「エタ」とは江戸周辺で皮革製造等の職業に従事していた被差別民集団を指すのに用いられた語であり、「非人」は、物乞いや牢番・処刑人など、穢れをともなう職業とは直接の関係を有していなかった、社会の周縁に追いやられていたその他の集団である。一八世紀初頭以降、エタの身分を脱することは事実上不可能だったが、非人は、少なくとも理屈のうえでは世襲されるものではなかった。とはいえ、藩が用いる用語には地域によって大きなばらつきがあったし、被差別民を主流社会から分離するよう強く求めた幕府の法令をどのように解釈・実施するかも藩によって異なっていた。さらに、ウームズが指摘するように、被差別民集団の構成員はけっしてエタを自称せず、かわた（皮革職人）や茶筅（竹細工を指す）などの呼び方を好んでいた（徳川時代の身分制度についてさらに詳しくは Neary 1989, 2007 および Howells 2005: 24-44 参照）。

武士の場合とほぼ同様に、被差別民はその服装、髪型、振舞いによって、たとえ出身地域の外であってもそれとわかったと思われる。被差別民は自らの出身共同体とほぼ完全に自己同一化しており、共同体内の序列でどこに位置づけられるかによって人生の可能性が決まった。被差別民の身分は職業――皮なめし、竹細工、牢番――と結びついていたが、ハウェルズは「身分に基づく義務を履行する経済的手段」としての職業（occupation）と「実際に生活していくための手段」としての生計手段（livelihood）を区別するという有益な視点を提示している（Howells 2005: 34）。その指摘によれば、徳川時代が進むにつれ、ほとんどの被差別民家族にとって身分上の職業と生計手段との乖離が大きくなり、穢れをともなう仕事との結びつきはそのままであったとはいえ、ほとんどは主に農業で暮らすようになった。このことは、もちろん、筑前のほとんどのかわた村についても当てはまる。

一九世紀初頭までにはエタをめぐる根深い思いこみがいくつか現れていた。一例は海保青陵が一八一七年に書き記したもので、エタは「夷狄」の末裔であって天照大神とは何の関係もなく、したがって日本人の共同体の一員となる資格はないと主張している。さらに、たとえ見た目は日本人と区別できないにしてもエタの性根の悪さは矯正しようがないので、分離のためのはっきりした目印を発明することが不可欠であるとし、幕府はエタの成人全員の額に入墨を施すべきであると提案した。これは極論であって幸いにも実行に移されることはなかったものの、被差別民は日本人ではなく同化は不可能であるという考え方は珍しいものではなく、被差別民に対し、容易に見分けがつくように髪を藁で縛らせたり革あてを身につけさせたりする法令が導入された（Howells 2005: 81）。一八世紀後半、ロシア船が蝦夷（現在の北海道）周辺海域に姿を見せ始めると、エタの共同体を追い立ててこの「無主の地」に住まわせ、ロシア人による侵略から蝦夷を守るべきだと提案する者も出た。この計画は北海道への入植推進のために一〇〇年後にふたたび唱えられたほか、一九三〇年代には、部落民を本土から追い出すとともに中国東北部に新たに入手した植民地（満州）に植民者を供給するという目的を同時に実現させるための方策として、似たような提案が行なわれるようになった。

明治維新によって一連の身分制度改革が開始されたが、そのほとんどは、旧支配階級が有していた特権を、旧支配階級自身も受け入れられるようなやり方で徐々に解消していくことを目指すものだった。政府は法の前の平等の原則を導入せざるをえなかったが、政治権力の基盤であった旧支配階級の中流・上流層を離反させないように注意を払った。近代化の過程にはこれ以外の側面もあり、たとえば身分集団の枠を超えた結婚を禁止する法令は廃止され、また平民が姓を持つことを認める改革も行なわれた。

この過程の一環として、身分制度の解体に際して主流社会の外にいる人々――福岡ではかわたと呼ばれていた人々――の扱いはどうするべきかという議論もあった。当初の身分制度改革のなかには、これらの人々をあからさまに除外するものもあった。一八七〇年九月に平民が（一五九〇年代以降公称することを認められていなかった）姓を持つことを許された際、かわたはその対象とされなかったのである。一八七一年四月に戸籍に関する新たな法律が布告されたときは、かわたについては別個の戸籍を編成する計画だった（高山 2005: 22; Howells 2005: 66-7）。しかし、同年夏までにはこのような対応の問題点が認識されたようで、一八七一年八月二八日、いわゆる「解放令」が発布されたのである。これは、過去数世紀の間に積み重ねられてきた被差別民集団へのあらゆる制限を、一文の短い声明で取り払うものであった。

穢多非人等ノ称被廃候条、自今身分職業共平民同様タルヘキ事[1]

（Ninomiya 1933: 109）

「解放令」発布の報はなかなか広まらなかった。報せが福岡に届いたのは一〇月に入ってからであり、堀口では一一月まで実施されなかった（井元ほか 1978: 24）。さらに、一夜にして変化が生じたわけでもなく、形式的な解放は被差別民共同体の日常生活にはほとんど影響を及ぼさなかった。これ以上「エタ」「非人」と呼ばれなくなったことには喜んだものの、旧「賤民」はほどなくして「新平民」と呼びならわされるようになり、この呼称もさっそく否定的意味合いを帯びるようになった。さらに、封建的制限からは解放されたものの、皮革製造の専業など身分上の特権も失うとともに、地域社会で——たとえば祭りの際に——共同の役割を果たしたり子どもを村の学校にやったりすることも、差別のために阻止され続けた。実際、ハウェルズが述べるように、「身分制の廃止は、蔑まれてはいたが必要だった社会での居場所を被差別民から奪い、かわりに蔑まれた異質の存在として放置した」のである（Howells 2005: 168）。

このような「解放」に反対がないわけではなかった。非人が警察の職務を果たさなくなることによって生じるであろう混乱を恐れた者もいる。被差別民に対する規制を解消すれば——そして形式的平等を導入すれば——実質的に平民全員が被差別民と同じ低い身分に格下げされると考えた者もいた。一八七一年から一八七七年にかけて、要求事項のなかに「解放令」反対を掲げた暴動・反乱が全国で二二件起きている。

そのうち三件はとりわけ大規模なものだった。一八七一年一一月には兵庫県でエタの解放に反対する深刻な反乱が起き、五〇〇〇～六〇〇〇人が参加している。一八七三年晩秋には岡山県美作《みまさか》で、明治維新で導入された主要な改革に実質的にすべて反対し、地方役人や新たに解放された被差別民共同体を標的とする大規模な一揆が起きた。官庁の建物への襲撃では役人には被害が出なかった一方、「新平民村」への襲撃では家屋二六三戸が破壊され、一八人が殺され、一三人が重傷を負っている（詳細は Howells 2005: 89-103）。しかし、「三大」一揆のなかでも最大の「竹槍一揆」は、一八七三年六月に福岡で発生した。一〇～三〇万人が参加したといわれる大規模な反乱である。長期に及んだ旱魃の後、米その他の食料品の値段が急速に上がり、多くの家庭が飢餓状態に追いこまれていた。そのため不安が広がっており、一揆参加者の主たる要求は、立ち直りを図れるように小作料の徴収を三年間猶予せよというものだった。しかし、一揆参加者は自分たちの問題をそれまでの五年間に行なわれた改革とも結びつけ、さらに旧制復活、藩札や旧暦の回復を要求するとともに、義務的就学制度の導入、徴兵、「解放令」への反対を表明した。暴動の過程で四五九〇戸の家屋が襲撃され、そのうち二二四七戸が焼失したが、その九割は部落民の家だったと推定されている。数万人の反乱参加者が県庁に要求を突きつけるために福岡を行進するなかで、堀口村が怒りのはけ口となり、四〇〇戸以上あった家屋のうち二〇戸を除いてすべて焼失した。堀口村が暴力の標的として選び出された理由ははっきりしない。皮革産業とのつながりでこの村が豊かになりすぎているという積年の恨みがあったのかもしれないし、それまでの数世紀間に制度的に積み上げられてきた偏見の表出だったことも考えられる（川添ほか 1997: 266-7; 高山 2005: 26）。

反乱参加者は武力で打ち負かされ、一揆は鎮圧された。その後県庁が中央政府に行なった報告によれば、一揆の過程で、家屋に加えて学校二軒と村役場一軒も破壊されたという。死傷者数の記録はない（森山ほか 2003: 25-7）。県から堀口村に若干の補償が行なわれたものの、再建はほとんど自分たち自身の資金で行なわなければならなかった。

岡山、兵庫、福岡の被差別民共同体が経験したほど極端な暴力が日本のあらゆる場所で生じていたわけではないものの、これらの地の、そして他の全国各地の部落民は、一八七一年の形式的な解放では、自分たちが抱えるいかなる問題も解決の緒にさえ就いていないことを急速に理解した。さらに、外部の観察者の目から見れば旧「賤民」共同体には多数の共通点があったとはいえ、旧藩の境界を超えてこれらの共同体を近隣の共同体と結びつける制度的紐帯は、皆無とはいわないまでもほとんど存在せず、まして自分たちはひとつの民族的共同体であると考えさせることにつながるきっかけなどなかった。一九世紀も残すところ三〇年ほどというころになって、被差別民共同体のなかでも中流に位置する集団が新たな社会状況に適応するようになり、自分たちと似た共同体が日本の他の場所にも存在していて、集団的に取り組むことの可能な共通の問題を抱えていることを徐々に自覚するようになっていったのである。

三　子ども時代の松本治一郎

松本治一郎（幼名・次一郎）は、一八八七年六月一八日、父・次吉と母・チエの五番目の、そして最後の子（兄二人・姉二人）として金平村で生まれた。[2] 当時の金平の世帯数は一一四戸であり、村民数は六二一人だった。松本家は約三反五畝の農地を耕作しており、村の平均（約二反九畝）をわずかに上回っていたとはいえ、七人家族を養うにはなお十分ではなかった。米も多少作ってはいたものの主な作物は野菜で、それを荷車に載せて博多に持っていって売った。両親は、そしておそらくは子どもたちも、日本の伝統的な履物である下駄と雪駄（それぞれ木および革で作られた鼻緒付きのサンダル）の鼻緒を副業で作っていた。おそらくは他よりも少し裕福だったことを反映して、次吉は村の指導者のひとりであり、とくに松源寺の熱心な檀家だった。次吉は、一八八〇年代のいずれかの時点で、金平村に新しい寺（大光寺）を建てるための援助金として相当額の寄付を行なっている。

明治政府による改革は、松本家など被差別民共同体に属する人々を含め、日本国民全員に直接の影響を及ぼした。一八七二年、初等学校への通学が男女全員について義務化される。堀口村――このころには村名が豊富村に変わっていた——の子どもたちはすでに寺を本拠地とする学校（寺子屋）を利用していたので、同村は東京から発せられたこの布告に対応するのに有利な立場にあった。県内全域に学校制度を敷く旨を県庁が宣言してから一七日後、同村は、学校を設置するのに必要な現金（一五〇円）が用意できていると発表している。旧福岡藩内でこの資金を用意できたのはわずか六村で、豊富村はそのひとつだった。これは教育熱心を示す証拠であるとともに、同村が、少なくともこの時点では、近隣のいくつかの村よりも裕福であったことの表れかもしれない。校舎は一八七三年六月の一揆で破壊されたものの、速やかに再建され、豊富・金平両村の子どもたちを受け入れていたようである。

これらの被差別民共同体は、以後数十年間、新政府が開始した一連の社会経済的変革による影響をこうむった。これらの変革が被差別民共同体の日常生活に及ぼした影響は、「解放令」の影響よりも大きかったと考えられる。たとえば、一八六〇年代には村のほとんどの世帯が狭い土地を耕していたが、一九世紀末になると、所有地面積がもっとも小さかった者はそれを失う一方、他の者が所有地を増やしていくようになった。土地を失った者も、差別のゆえに、あるいは差別を恐れるがゆえに、部落内に留まる傾向にあった。自宅で下駄・雪駄やちょっとした靴を作ることに従事した者が多い。日雇労働者として働き、村の内外の地主に労働力を売るか、町で建設業に従事する者もいた。新たな雇用先のひとつは、一八八〇年代に急速に発展した商売である人力車の引き手である。耕作を続けた世帯は、成長を続ける博多と福岡の市場で容易に買い手を見出すことのできた野菜に特化するようになった。博多と福岡の町からは肥料も安定して供給された。

一八八九年、豊富村と金平村の両村は合併して豊平村となり、一八九四年四月、六歳になった治一郎は豊平尋常小学校に通い始めた。児童は全員、そしておそらくは教師も全員、いずれかの部落の出身だったので、学校で偏見や差別を経験することはほとんどなかったと思われる。もっとも、買い物の際、店主が母親から直接金銭を受け取るのを嫌がり、「汚れ」を落とすために水を張った桶に入れさせることがあったのには気づいていたかもしれない（高山 2005: 12）。

一八九八年、一一歳になった治一郎は住吉高等小学校に進学した。三キロほど離れたところにあるこの学校には、今度は部落の子どもだけが通っているのではなかった。ここでは、教師や他の生徒からの公然たる侮辱と遠回しな侮辱の両方の形をとった差別に、以前よりも頻繁に出くわすことになる。治一郎は喧嘩に走るようになり、年齢の割には体が大きかったので、通常は勝った。これが治一郎の自信につながる。治一郎が後年記したところによれば、抵抗するのがいかに重要かをこのころから自覚するようになったという（『解放新聞』第三六五号、一九六六年一一月二五日付）。

部落民の活動家には、偏見を初めて受けたのは学校だったと回想する者が多い。後に融和運動の支持者となる岡山県の三好伊平次《みよしいへいじ》は、一八八〇年代後半に高等小学校に通っていた。その回想によれば、担任教師は生徒たちに、学級の首席がエタであるのは恥なのでもっと勉強するようにと発破をかけていたという。同じ教師から、級友の前で「エタは大便のとき小便が出ないそうだが，お前はどちらが先に出るのか」と言われたこともあった。福岡県の田中松月《しょうげつ》は一九〇〇年生まれなので治一郎よりも少し後に学校に通うようになったが、差別は当たり前のことだったと回想している。田中が休憩時間のお茶汲み当番になったとき、他の子どもたちはそのお茶を飲もうとしなかった。親から言われて担任教師に文句を言ったが、校長からまで全校集会で「エタ」呼ばわりされたという。田中は、自らの出自を隠し、僧侶になるために京都の旧制中学校に進学した。成績はよく、級長になったものの、ある日便所に行くと壁に「四年の級長、田中級長、エタ級長」と書いてあった。出自がばれていたのである（田中 1985: 82-3）。

治一郎は一二歳のとき、彼に深い影響を与えたとされる事件に巻きこまれた。村のある家庭が、娘を売春のために売り渡すも同然の契約を売春宿の主と結んだのだが、これは当時は珍しいことではなかった。おそらく治一郎とそれほど歳が離れていなかった少女は逃げ出して親元に戻ってきた。法的には、このような契約はすでに最高裁判所（大審院）から違法と宣告されていたものだったし、いずれにせよ、契約に違反して売春宿から逃亡するのは刑法ではなく民法上の問題である。しかし売春宿の主は、この逃亡は一家による詐欺であると地元警察を言いくるめたようで、警察が少女を連れ戻すために村にやってきた。少女の兄が妹を守ろうとして喧嘩になり、ちょっとした騒動へと発展した。治一郎の父・次吉はその日は畑で仕事をしていたが、ちょうど治一郎が学校から帰ってくるころに帰宅した。警官が三人やってきて、喧嘩に関わった者の名前を言うよう次吉に迫った。次吉の答えに満足しなかった警官は、腹立たしげな目つきで自分たちをにらんでいた治一郎とともに次吉を警察署に連行した。警官はやがて二人を釈放したが、その前に暴言を吐き、とくに二人を「エタ」と呼んだ（部落解放同盟中央本部 1987: 17-18; 森山ほか 2003: 16-17）。治一郎は、警察がいかに容易に弱い者を食い物にするか痛感し、後年、このときから警察を「敵」とみなすようになったと語っている（解放出版社編 1977: 98）。

治一郎は一九〇〇年三月に住吉高等小学校を卒業したが、進学するほど成績はよくなかったようで、姉たちに勧められ、全日制の教育を受け続けるのではなく、昼間は両親を手伝って野菜を作って博多の市場で売り、一方で夜間の粕屋学館に通うことにした。治一郎はそこで英語、数学、漢籍を学んだが、ことのほか好んだのは漢籍だった（高山 2005: 29）。

この時期、一六歳を迎えていた一九〇三年に、治一郎は「義友団」の一員として、またおそらくはリーダーとして、初めて集団的抗議活動を経験することになる。名称からして、日露の対立を背景として高揚しつつあった愛国的取り組みを支持するために結成されたグループのように思えるが、治一郎らはむしろ、当時の日本に流れこみつつあった社会主義と民主主義の理念に対する関心の高まりに位置づけられるものだと解説していた。その後、一九二〇年代になって、治一郎は事の顛末を次のように説明している。

「義友団がまずやったことは、部落の青年団の自主性の尊重であった。部落会があり、すべてはそこで決められて、青年団はその下でしか動けなかった。ここにまた部落内有力者の専制があった。青年団の自主性を確立することは、有力者といわれるそれをくずすことである。」

（高山 2005: 30 で引用されている『水平新聞』の記事）

それからほどなくして治一郎は京都に移り、学業を再開する。今度は同級生よりも二歳上になっていた。最初に在籍していた学校は経営上の問題が生じて閉校になったため、同志学会という別の私塾に移るが、そこにも半年ほどしかおらず、満足できなくなって東京に行くことにした。上京すると、農村部の男子を受け入れて旧制高校の入試に向けた準備をさせるのが専門の錦城中学校で学び始める。しかしそこにも一週間しかおらず、侮辱してきた相手と喧嘩になった末に、後年語ったところによれば「腕力のために」放逐されて去ることになった。いくつかの学校に通いながら東京で二年ほど過ごした後、二〇歳の誕生日の直前に受けることになっていた徴兵検査に間に合うように自宅に戻った。

東京から戻った治一郎はふたたび両親のために働くようになり、野菜の栽培を手伝っては川を渡って博多と福岡の町に売りに行った。一九世紀後半の、ゆっくりしてはいるが安定した経済発展により、福岡でもとくに飲食店における食料品の需要が高まっていて、そのはずれにある被差別民共同体はその需要に応じることができたのである。

四　中国大陸へ

教育、とくに義務化された初等教育は、明治政府の政治家らにとっては国民統合の方策のひとつだった。もうひとつの方策が徴兵制の導入で、これは国の常備軍の創設につながり、（徳川政権の主力をなしていた）武士階層の地位を損ない、愛国的考え方をあらゆる地域・階層に浸透させることになった。徴兵制は学制発布直後の一八七三年に導入された。成人男性は全員、七年の兵役（常備軍で三年および予備役として四年）に服さなければならず、二〇歳の誕生日を迎えたらすぐに出生地の近くの徴兵検査会場に出頭することを義務づけられた。治一郎の兄・鶴吉は兵役に就き、日露戦争に参加

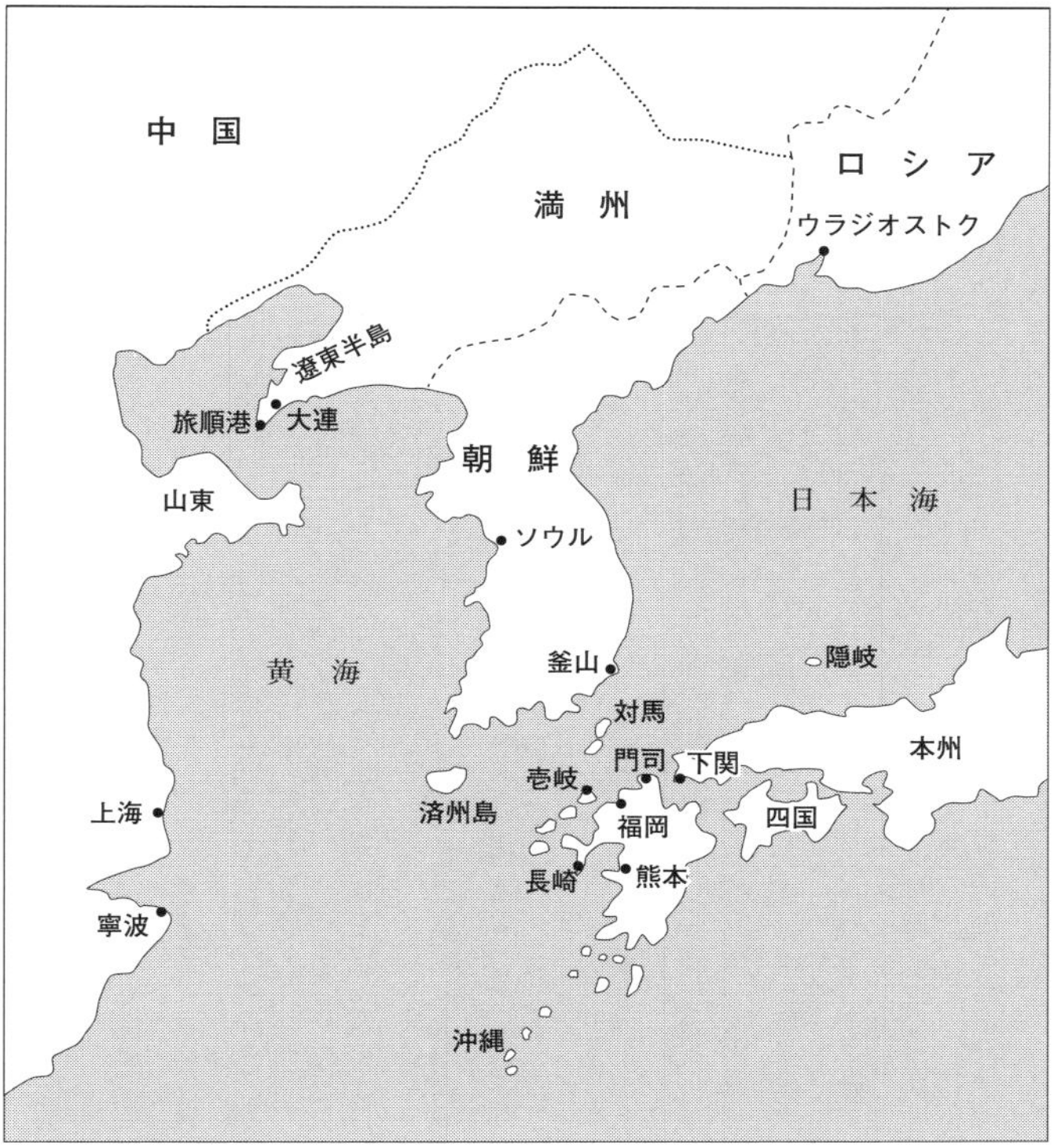

した。鶴吉がいた連隊は満州に遠征しており、鶴吉は家族に、中国人が軍によっていかに劣悪な扱いを受けていたかだけではなく、部落出身の新兵も軍隊内部でいかにひどい扱いを受けていたか、報告している。他の兵隊は部落出身者とともに食事をするのを拒否し、公然とエタ呼ばわりした。一九〇五年に帰国した鶴吉は、松源寺に置かれた村役場で働き始めた。

治一郎は一九〇六年後半に福岡に戻り、翌年夏、徴兵検査のために明延寺に出頭した。この件については、相互に完全に一致するわけではない多くの逸話が存在する。そのひとつによれば、治一郎は髪を短く刈らないまま検査場に出頭したが、これは軍の慣習に反しており、他の受検者にそのような者はいなかった。「なぜか。軍の検査を愚弄するのか」と検査担当の下士官が怒鳴ったところ、「自分はまだ兵隊じゃなかとです」という答えが返ってきたという。治一郎は兵隊に選ばれなかった。また、治一郎は身長一七五センチ、体重一一〇キロの巨漢だったが、別の逸話が伝えるところによれば、その体躯に合う軍靴や軍服がないために乙種合格とされて徴兵されなかったという（森山ほか 2003: 45）。さらに、治一郎は東京にいたころ漢籍の勉強に多くの時間を費やしていたが、また別の逸話によれば、治一郎がそのことを検査官に述べたところ、「『お前は今度の検査で〔徴兵を〕のがれたら、もう一度上京して勉強するつもりか』と問うので、ハイと答えたら兵役を免れさせてくれた。これは未だに有難かったと思っている」（解放出版社編 1977: 162-3）。

さて、これからどうするか。ひとつの可能性として、学生として東京に戻ることも考えられた。しかし治一郎はそうせず、一九〇七年六月六日、汽車で九州北部の門司に向かい、そこから大連行きのフェリー「天草丸」に乗りこんだのである。

日本は一八九四年にまず遼東半島を占領していた。その後、一八九五年二月に下関で行なわれた中国（清）側との交渉により、台湾島、澎湖諸島および遼東半島を日本に割譲することが合意された。しかし、三か月も経たないうちにロシア、ドイツ、フランスが行なった「三国干渉」によって日本は遼東半島の放棄を余儀なくされ、その後そこはロシアの租借地となった。一〇年後、日露戦争の際に日本軍は辛くも同半島を奪還し、今度は一九〇五年のポーツマス条約でこの征服の正当性の確認を得た。ピーティーが評するように、「旅順港と大連をその手に収めた日本は、北東アジア沿岸でもっとも見事な海軍基地と、とくにもっとも重要な通商中心地のひとつを有することになった」(Peattie 1988: 226)。ただし、彼が続けて指摘するとおり、「財政上の問題、これらの領地の正確な位置づけをめぐる国際法上の混乱、拙劣な現地行政、一攫千金を狙って本土から押し寄せた人々の失敗によって、植民地の情勢は不安定化した」(Peattie 1988: 231)。

福岡市の住吉地区で生まれた末永純一郎は、広島と東京で新聞記者として働いた後、一九〇五年に大連に居を構えて日本語・中国語双方で発行する新聞を創刊した。末永は、新たな植民地に富を求めて門司からフェリーに乗って大連に向かった、福岡出身の多くの日本人のひとりである。治一郎の友人がその新聞の仕事をしており、治一郎はその友人から、大連に渡って新聞記者として働き始めるよう説得されたと思われる。しかし同紙での仕事は長く続かず、郵便局でしばらく働いたものの局長と折り合っていけなくなり、港で船員相手に煙草を売るほうが儲かることを発見した。新聞の世界とのつながりが切れたわけではなく、新聞記者の太田星月とともに中国内陸部に旅行する計画を立て、太田が中国の生活に関する記事を書けるようにしようということになった。黄海を渡って山東省に着くと、二人は徒歩で移動を始めた。太田は中国語を少し話すことができ、治一郎も最初は彼に頼らざるをえなかったが、次第に自分でも太田より流暢に話せるようになった。二人がどこに行き、何をしたかは正確にわかっていない。少なくとも一時期は、医者として何らかの資格を持っているかのように装い、西洋の薬や医療サービスを有償で提供して食い扶持を得ていた。治一郎は日本の旗と「大日本国一等軍医監」の文字をあしらった幟を持ち歩いていた。知識といえば、『救急医療　医者の来るまで』という本を読んでいた（あるいは少なくとも持ち歩いていた）ぐらいである。体温計と何らかの電気仕掛けの道具を持ち歩き、診察の真似事をしていたことをうかがわせる報告もある。あちこち渡り歩いて薬を売り切ってしまうと、二人は大連に戻って薬をさらに仕入れ、また出発した。

当時、西洋の薬で効き目があるものあるいは特別に危険なものはほとんどなかったことを考えると、たとえ治一郎が薬を入手できていたとしても、害をなすことはほとんどなかった可能性がある。その一方、日本のどこかで医師として開業したり薬の処方・販売をしたりすれば逮捕されていただろう。最終的に、治一郎は大陸から追放され、出発の日からちょうど三年後に博多に戻った。

治一郎が国外で過ごした三年間をどのように評価すべきだろうか。治一郎に共感を持っている多数派は、これは彼にとって人格形成の経験になったと主張する。日本人や西欧人が中国の人々にいかに酷い扱いをしているかを直に見聞することができ、帝国主義の被害者である中国人の苦境への共感を深めることにつながったというのである。治一郎が追放されたのは中国の民衆を支援するために行なった活動のゆえだという（高山 2005: 38）。しかし、一九九三年に発表されたごく短い治一郎の履歴では、追放は医師免許を有していなかったためであるとはっきり述べられている（福岡シティ銀行 1993: 7）。また、治一郎に対して非常に批判的な金静美《キムチョンミ》にしてみれば、治一郎がこの時期大陸でやっていたことは、彼がいかに――他の多くの日本人と同様に――日本帝国主義に協力し、自分は中国人より上だと思って彼らを騙すことに何の呵責も覚えなかったかを明らかにするものにほかならなかった（金静美 1994: 450）。

では、治一郎はなぜ大陸に行ったのか。差別の対象とされる日本では何の未来もないと感じたからだという者もいる。一九四〇年代後半、治一郎はこのことに触れて、大陸に行くことにしたのは「新しく自立の世界を求め」るためだったと語った。東京にいたころは自分の出自を隠すことによって差別を免れることができたが、「それをあばかれる」可能性がさらに低い大陸でもそうすることが可能だろうと考えたというのである。いずれにせよ、家にいたところでどのような展望があっただろうか。両親は野菜を作って売ることで生計を立てており、もちろんその手伝いを続けてもよかっただろうが、東京で過ごした後はそのことにあまり魅力を感じなくなっていたのかもしれない。

治一郎は、一九五〇年代初頭に発表された自伝的著作で、一八〜一九歳のころ、大陸で活動している二人の馬賊の頭目、天鬼と白竜（どちらも日本生まれ）の話を読み、その向こうを張ることにしたと主張している。「こんな狭ぐるしい日本で、しかも差別迫害を受ける苦しい生活をするよりも、いっそ大陸に渡って一仕事してみたい」（部落解放同盟中央本部 1972: 16）。金静美は、治一郎についてきわめて批判的な論文のひとつで、治一郎が勘違いをしているのはほぼ間違いないと指摘している。というのも、天鬼と白竜がこの名を名乗るようになったのはようやく一九一二年前後のことであり、一九一五年に逮捕され、しばらく収監された後に釈放されて一九一六年に大陸に戻っているからである。金は一九一五年八月に二人の活動について報じた大阪と福岡の新聞の記事を発見しており、治一郎がこれを読んだ可能性はあるが、それも大陸に向けて出発する前のことではありえない（金静美 1994: 455-6）。二〇世紀初頭の中国大陸における賊の活動について研究しているビリングスリーは、天鬼と白竜が活動を開始したのは確かに治一郎の帰国後であるとするが、こうも指摘している。「一八九四年の日清戦争のころから一九四五年まで、大陸にはこの種の賊が数十人、場合によっては数百人単位で一貫して存在しており、そのほとんどは、彼らについて書かれた漫画、連載小説等を通じて日本で英雄となっていた。彼らに合流することを一度も夢想しなかった日本人男子はごく少数だった」。ビリングスリーは、治一郎は先の著作を執筆するときに記憶違いをしただけではないかという。賊について書かれたものを読み、合流したいと考えたのは事実にせよ、天鬼と白竜という特定の賊ではなかったのではないかというのである（Phil Billingsley、私信、二〇〇四年一一月五日）。

しかし、「馬賊」への言及については別の説明もある。治一郎が玄洋社のことを知っていたのは間違いないが、ピーティーのいう「一攫千金を狙っ」た人々のなかには、配下の者を大連にも中国全土にも派遣していたこのような右翼団体と関係のある者もいた。治一郎がそのような任務を帯びていたとは考えにくいものの、一九四五年以前に人前で話した気配のない馬賊の一件を戦後になって強調することにしたのは、一九四六年一月に解散を余儀なくされたこの右翼団体とのつながりをうかがわせるいかなる事柄からも注意をそらせる目的があったとも考えられる。

金にとっては、治一郎の大陸行きは日本帝国主義を行動で表したものにほかならなかった。日本帝国軍の権威をまとった幟を掲げ、物を知らない中国の農民に西洋の薬を売りつけようとしたのは、中国北部の民衆に対する治一郎の侮蔑感を示すものだというのである。しかし、活動の仔細はさておき、治一郎の大陸行きに特段変わったところはない。将来の仕事の見通しがはっきりしないなか、若き治一郎が視野を広げようとしたのは得心できる。もっと裕福だった同時代人の多くは二〇代前半を欧州か北米で過ごしたが、治一郎にとっては大陸以外に選択肢がなかった。大陸行きを通じ、当時の多くの中国人が直面していた諸問題のいくつかについて理解できたのは確かだろう。その問題のほとんどは帝国主義列強の存在によって引き起こされていたものであり、日本もその一角を占めていた。大陸での経験は、帝国主義が何をなしうるかについて治一郎に教えてくれたのである。

とはいえ、治一郎の大陸行きについて深読みするべきではないのかもしれない。差別が日常生活に深く根づくなか、大志を抱いた若者がそこから逃げ出すことを選ぶのは得心できる話である。およそ一〇年後、福岡のすぐ東にある筑豊の炭鉱町にあった部落で生まれた松本吉之助（治一郎の縁戚ではない）は、一九一六年に学校を出た後、鉄道会社に職を得ようとしたが、出自を理由に採用を拒否された。そこで炭鉱に働きに行ったが、そこでも、部落民ではない他の炭鉱夫と同じ風呂を使うことは許されなかった。吉之助はすぐにうんざりし、大陸で二年間（最初は青島で一八か月、その後上海と香港で六か月）働いて、一九二一年の晩春、二〇歳の徴兵検査直前に帰国している。その後、彼も農民組合運動と水平社の両方に参加した（松本（吉）1977: 26-31）。この時期、他に何人の日本人の若者が冒険を求めて大陸に旅立ったことだろうか。それどころか、部落民は差別を逃れるための試みの一環として大陸に行く可能性が他よりも高かったのだろうか。

五　帰国

治一郎は、二三歳の誕生日を迎えるわずか一二日前の六月六日に九州に帰着した。まっすぐ福岡に向かったものの直ちに家には戻らず、兄とばったり会って帰宅を促されてからようやく帰った。もっとも、家族にとっても治一郎は厄介な存在だった。仕事はなく、学業を再開する気もないとすれば、どうするというのか。治一郎の兄・治七は一九〇四年に小さな建設会社「松本組」を興しており、治一郎が帰国したころには一〇人前後を雇っていた。[3] 治一郎が大陸からの帰国後ほどなくして同社に入ったのは自然な流れというものだったろう。一九一一年にはもうひとりの兄・鶴吉も村役場を辞めて同社に入った。

当時は建設会社を興すのに格好の時代だった。一八八九年には博多と福岡が合併して福岡市となっている。新たな市の名称をどうするかについては、かつての武士層が商人層に投票で勝利を収めた。ただし、同じ年に短い鉄道が開通した際には、駅は港と同じく「博多」と名づけられている。福岡市は一八九一年までに北部九州の門司と鉄道で結ばれ、そこから下関までフェリーが運航し、さらに東京まで列車で結ばれることになった。徳川時代、日本が外界と交易を行なう窓口となった都市は長崎であり、一九世紀後半にもっとも急速に成長したのも長崎で、人口は三万八二二九人（一八八六年）から一五万三二九三人（一九〇三年）に増加している。熊本でさえ二〇世紀初頭までは人口数で福岡を上回っており、そのころの福岡の人口はやっと七万人を超えたところだった（迎 2007: 5）。福岡は一九〇〇年から国際港としての取り組みに力を入れるようになり、これをきっかけに始まった成長の時代によって、商業上・行政上の中心地としての重要性で長崎・熊本をともに凌駕するようになる。市内のインフラも整備されるようになり、人口が急速に増えるのにともなって市の境界も拡大した。一九一一年、医科大学や工科大学を合併させて九州帝国大学を創設する決定が行なわれたことは、福岡が九州の地域的「首都」として勃興する画期となった。

医科大学は、豊富村と金平村の間の土地に、京都帝国大学の分科大学として一九〇三年に設置されていた。御笠川（旧・石堂川）には新しい橋がかけられ、堀口村では新たな道路の建設のために数軒の家が撤去された。治一郎が大陸から戻る三か月前には福岡で初めての路面電車の軌道が敷設され、福岡市の行政上・商業上の中心地であった天神と（かつての）博多にあった呉服町を結んだ。この電車を走らせていたのは福博電気軌道である（高山 2005: 41）。

この路面電車会社のオーナーは、慶應大学の創立者である福澤諭吉の義理の息子、福澤桃介だった。桃介は、一九〇九年、松永安左エ門（一八七五～一九七一）を福博電気軌道の専務取締役に任命する。壱岐島生まれの松永は一八九〇年代に慶應大学に通い、そこで桃介と知己を得ていた。やがて電力業界の発展における有力者となる松永であるが、大学卒業後はまず日本銀行で働き、次に貿易会社に勤めた後、福澤桃介から電力供給産業で身を立てるきっかけを与えられた。松永はさらに、一九一二年、自社が操業する路面電車用のみならず一般消費用の発電も行なう九州電灯鉄道の常務取締役に就任している（橘川 2004: 206-8）。

福岡市の発展にともない、松本組も建設ラッシュの恩恵を受けることができた。同社は、たとえば光明座という劇場や、三階建ての西洋式建物で福岡初のエレベーターを備えた中村家具店新店舗の建設など、いくつかの大規模な建設事業に参画している（森山ほか 2003: 53-4; 高山 2005: 41）。一九一〇年、松永は路面電車の路線を呉服町から海岸沿いに金平まで延伸させる計画を立て始めた。医科大学に患者が通うために安価な交通手段が必要だろうと考えたのかもしれない。そこで土地の買収を始めた。豊平の部落会は喜んで提案を了承したが、治一郎は反対した（高山 2005: 41）。治一郎は抗議のために大容社という小さな団体を結成した。反対の理由ははっきりしないが、自分の部落が過去三〇〇

1911年、福岡・博多を貫通していた福博電気軌道延伸工事から生涯親交のあった松永安左エ門（右）と談話する治一郎［壱岐松永記念館、組坂繁之提供］

年間義務として守ってきた海岸の松林を新たな路線が突っ切ることになっていたからかもしれない。しかし松永との会見後、治一郎の姿勢は強硬な反対から熱烈な支持へと変わり、二人は終生の友となった。これは、金が皮肉な筆致で示唆するように、松本組にとって有利な契約が約束されたからなのだろうか（金静美 1994: 524-5）。あるいは、少なくとも、路面電車が発展していけば軌道や橋の建設業務が途切れることなく発生するので、松本組もそこから利益を得られるという認識があったためだろうか。確かに、松本組は二〇世紀を通じて福博電気軌道およびその後継企業の仕事を多数請け負っている。

理由の如何にかかわらず、翌年にはさっそくひとつの結果が出た。松永が建設請負業者の会合を招集し、福岡のすぐ東にある名島での火力発電所建設について話し合ったのだが、松本組もこの事業に参画することになったのである。当時の日本ではまだ珍しいことだったが、松本組は発電所の建設中に中国人・朝鮮人の労働者を雇っており、当然のように全員いっしょに食事をした（高山 2005: 46-7）。これは、ある意味では安価な移民労働力の使用に熱心であったことを示唆するものかもしれないが、治一郎にとっては、少なくとも後年の回想によれば、出自を異にする人々がいかに偏見や差別なしにともに働くことができるかの見本であった。[4]また、松本組が企業としての体裁を整えるのも一九一一年のいずれかの時点である（ただし法人格の取得はさらに五年後であった）。長兄の治七が会社の経営全般を担当し、治一郎は現場の面倒を見ていた。二人は事務所を金平から吉塚駅の真向かいに移した。この駅は、鹿児島から東京へ向かう本線と、九州北部（筑豊）の炭鉱につながる路線が合流していたところである。松本組の本社は今日もそのまま同じ場所にある。会社はうまくいった。治一郎の収入も増加し、服、食べ物、酒に金をかけるようになる。治一郎は生涯を通じて身だしなみに気を遣ったが、当時、白いスーツに銀眼鏡をかけて杖を片手に出かけていたとなれば、自前の服を用意するのもやっとという者が多かった近所の人々からは浮いていたことだろう。

一九一六年五月二七日、松本組は正式に土木工事会社として登記され、代表者は松本治一郎とされた。松本組を株式会社にしていれば税金の面で有利になっただろうが、治一郎の存命中にはそうしなかった。同社を個人会社のままにしておくことで、治一郎は部落解放運動のために、あるいはその時々でよいと思った大義のために、自由に資金を提供できた。もっともそのことが、治一郎と、もっと会社の発展に注力していた兄との不和の種になったとも言われる（井元ほか 1976: 41）。

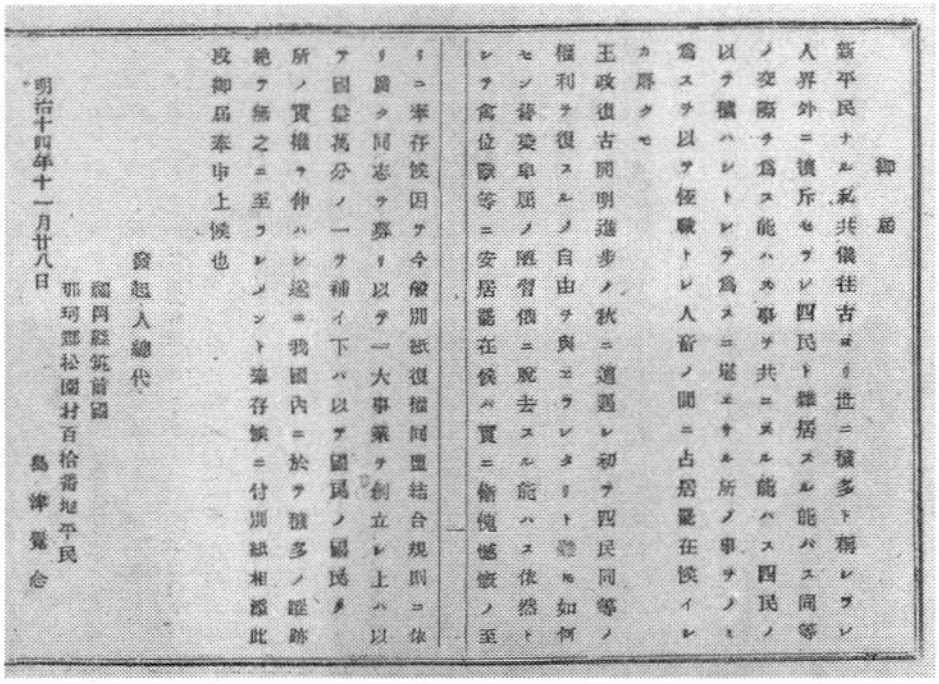

御届

新平民ナル私共儀往古ヨリ世ニ穢多ト称セラレ人界外ニ擯斥セラレ四民ト雑居スル能ハス同等ノ交際ヲ為ス能ハス事ヲ共ニスル能ハス四民ノ以テ穢ハシトシテ為スニ堪エサル所ノ事ヲノミ為スヲ以テ役職トシ人畜ノ間ニ占居罷在候イシカ忝クモ王政復古開明進歩ノ秋ニ遭遇シ初テ四民同等ノ福利ヲ復スルノ自由ヲ与ヘラレタリト雖モ如何セン旧染卑屈ノ陋習俄ニ脱去スル能ハス依然トシテ賤位陋等ニ安居罷在候ハ実ニ慚愧憾懐ノ至リニ奉存候因テ今般別紙復権同盟結合規則ニ依リ広ク同志ヲ募リ以テ一大事業ヲ創立シ上ハ以テ国恩萬分ノ一ヲ補イ下ハ以テ国民ノ国民タル所ノ實権ヲ伸ハシ遂ニ我国内ニ於テ穢多ノ遺跡絶テ無之ニ至ラシメント奉存候ニ付別紙相添此段御届奉申上候也

発起人総代

福岡県筑前国

那珂郡松園村百拾番地平民

島津覺念

明治十四年十一月廿八日

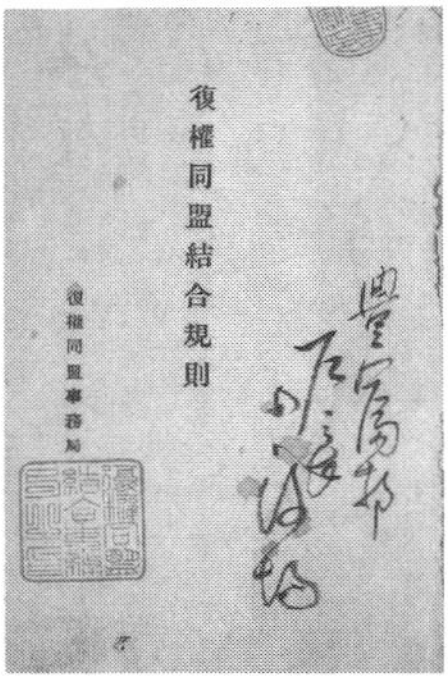

復権同盟結合規則

復権同盟事務局

1881 年、福岡、熊本、大分の発起人が名を連ねた復権同盟結合規則のサイン入実物。
［井元麟之資料、〔公社〕福岡県人権研究所蔵］

六　福岡の政治と部落関係団体

一八七〇年代に自由主義的な民権運動が国内を席巻していたころ、もっとも貧しく、もっとも田舎の地域でさえ、独自の勉強会を作ってそれに応えようとする人々が多かった。ヴラストスは、東京周辺の六つの地方で三〇三の勉強会が作られており、また日本の東北部に少なくとも一二〇、西南部に二〇〇前後の勉強会があったとしている。このような研究会の参加者は、ミルの『自由論』やルソーの『社会契約論』などそのころ翻訳された著作にしばしば示唆を受けながら、政治、歴史、経済等について研究した（Vlastos 1989: 407）。しかし、この運動は理論だけではなかった。運動参加者のほとんどは日本が西洋式の憲法を制定するよう要求し、政府の検討に供するために草案を提出する人々さえいたのである。この運動の急速な広がりと先鋭化に政府は危機感を抱き、このような破壊思想の広がりに責任を負っていると思われた新聞記者を黙らせて放逐しようとすることで対応した。出版・集会の自由の制限も試みた。警察は集会の許可を与えないことができ、集会が開かれた場合でも、弁士が「公衆の安寧に妨害」を与えるような発言をすれば解散させることができた。このような自由主義者のほとんどは、西洋思想に示唆を受けることが多かったとはいえ、勅意と民意の調和を望んでいるにすぎないと主張して、天皇と臣民との間に壁を作っている「奸臣」に批判の矛先を向けた。天皇が憲法制定および国会開設の決意を明らかにすると、民権運動の指導者らは運動の中心的要素を失い、運動は失速して、国民的運動としては分裂した。全国政党・自由党の創設に力を注ぐ者もいれば、地方自治の枠内で運動の目的を達成しようとする者もいた。さらには反乱行為に参加するようになった者もいるが、これは当然のことながら国によって全力で鎮圧された（概要は Vlastos 1989: 417-25 参照）。

民権運動の直後に福岡で勃興した団体のなかでもっとも有名なのは、頭山満を指導者として一八八一年に創設された玄洋社である。同社は民主主義の拡大を求める自由主義的要求を支持するようになり、実際、特権階級による支配の維持に反対し続けたが、活動の焦点は国内における憲政の要求から国外における「大アジア主義」の唱道へと移っていった。日本はアジアを西洋の影響から守るため「強硬な」対外政策をとってアジアに進出しなければならないというのである。一九〇三年、頭山と玄洋社は、満州を清国から解放する日本の神聖な使命の一環として同地からロシア軍を撤兵させるために迅速な対応をとらなかったとして、政府を批判した。玄洋社は一九〇四〜五年の日露戦争を支持し、日本の旅順港（大連）掌握後、大陸に工作員を派遣したとも言われる。治一郎がこのような工作員のひとりであったとは考えにくいが、頭山のことは知っていたし、玄洋社の資金援助を得て治一郎のように大陸に向かい、中国民衆の苦境に同情の念を抱いて帰国した若者はほかにもいた。

しかし、こうした保守的な意見には福岡にも反対派がいた。九州の自由主義的な部落民によって一八八一年に創設された復権同盟をとくに支持していたのは松原地区の住民であった。その活動についてはあまり明らかになっていないが、博多だけではなく久留米、熊本、日田でも支持を集めており、残された資料によれば、その関心事項は主に以下の三つだったと思われる。すなわち、一〇年前に政府が発布した「解放令」はまったく有名無実であること、職業の自由を取り戻す必要があること、そして同盟して「復権」の実効を奏しなければならないことである。治一郎が一九〇三年に関わった義友団や、大陸から帰国して一九一〇年に結成した大容社も、復権同盟が確立した伝統のなかにあった。

差別を逃れる方法や差別解消の方法を話し合う団体を創設した青年は（そしておそらくは若い女性も）全国各地にいたと思われる。部落民による全国的運動を作り出そうとする最初の試み――大阪を本部として一九〇三年七月に組織化された大日本同胞融和会――は常設団体の創設には至らなかったものの、このような試み自体、草の根活動の水準の高まりを反映したものである。同時に、明治後半になると国も部落における貧困のような社会問題に関心を持ち始めた。全国でより一般的に進められた地方行政改革に付随する形で、風俗改善団体――矯風会――も作られた。これは、国には市民が直面している諸問題に対応する義務があるという、何らかの社会民主主義的な考え方によるものではない。むしろ、諸団体――たとえば部落で結成されたもの――の結成という形で現れつつあった農村部・都市部の困窮の拡大は国の安定を脅かしかねないという認識があった。そこには、弱体化しつつある社会主義者の運動が主導権を握り、さまざまな不満の潮流を反政府運動へと結びつけていくことにでもなれば、経済的発展の過程が阻害され、日本が外からの脅威に晒されることになるという怖れがあったのである。

これに対する国の反応には三つの側面がある。第一に、国は社会主義運動の指導者への嫌がらせを試みた。こうした運動が作り出そうとした団体や政党を潰す。集会の開催を許可せず、開催された集会は解散させる。国のやりたい放題に抵抗した者は逮捕・収監され、最終的には――一九一〇年、大逆罪容疑で逮捕されて裁判にかけられた二四名中一二名がそうであったように――処刑された。これにより、少なくとも数年間は社会主義者の運動を潰すという所期の効果が得られた。第二に、政府は若干の譲歩も行ない、もっとも困窮している人々の貧困を緩和するための措置を含む社会福祉政策を導入している。第三に、政府は国の裁量下にある独自の団体を作ることによって、既存の団体を統制し、あるいは新たな団体の結成を阻止しようとした。このようなやり方は一九〇四年から一九〇六年にかけて県レベルでとられるようになったが、大逆事件裁判で逮捕された容疑者リストの二名が「特殊部落」と強い関係を有していたことが発覚してから加速したものである（藤野 1984: 80-2）。このような官製団体は融和団体と呼ばれることが多く、一九二〇年代には融和運動発展のために官民挙げての取り組みが進められることになる。一九一四年には帝国公道会という全国組織が作られ、ほどなくして、明治初頭から部落問題に関心を持ってきた、官界から退いたばかりの大江卓の影響下に入った。

大江の考えは、天皇が一八七一年の「解放令」で日本におけるあらゆる形態の差別の解消への支持を明らかにしたというのに、不幸なことに、いまだに古臭い見方にしがみつき、「恥知らずにも聖旨を忘れて正義と人道の法を無視する」ことを選ぶ者が多いというものである（De Vos 1973: 40 で引用）。帝国公道会は、国が部落の生活条件改善に資するための手を何ら打たなければ、より徹底した改革を求める自由主義者や社会主義者の「危険思想」に部落民が惹きつけられていくのではないかと恐れた。そこで政府に対し、部落の貧困緩和のためにもっと金を出し、社会一般における差別を根絶し、帝国公道会を支援するように促した。帝国公道会の融和政策を通じて、部落民は過激主義者に熱意を向けることがなくなり、国を支持するようになるだろうというのである。博多毎日新聞差別記事事件が起きてからわずか一一日後、大江卓（当時六九歳）が地元選出の代議士をともなって博多を訪れ、七月四日に松源寺で演説をしたのも偶然ではない。治一郎はその場にいたのだろうか。

七　博多毎日新聞差別記事事件

「穢多」「非人」という古い用語が公式に禁止されると、すぐに新たな侮蔑語である「新平民」が発明されたのはすでに述べたとおりである。実際には「穢多」という言葉が姿を消したことは一度もなく、米国における「ニガー」（黒人を指す蔑称）と同様に、差別をめぐる日本の言説の周囲で漂い続けている。しかし、二〇世紀初頭までには新たに「特殊部落」という言葉が用いられるようになっていた。「特種部落」とも書かれるが、この熟語はその「特殊」性が何らかの人種的差異によるものであることを示唆している。このような人種的特性をもって、一般の社会と部落との間にある違い――当時の部落民の出生率の高さ、望ましくない性格特性（怠惰さ、不誠実さ、臆病さなど）、はては愛国心の欠如まで――説明しようとする者もいた。しかし、部落民衆がこのようなステレオタイプ化の過程をなされるがままに受け入れていたわけではない。そのことを示したのが博多毎日新聞差別記事事件である。
二〇世紀初頭、福岡では新聞が二紙発行されていた。『福岡日日新聞』の始まりは一八七〇年代の民権運動にまでさかのぼることができ、自由主義的、反軍国主義的な編集方針をとり続けていた。一方の『九州日報』は、玄洋社の一部が唱道していたものに近い、より国家主義的な立場をとっていた。一九一四年、三隅忠雄が『福岡日日新聞』を辞して『博多毎日』という新たな新聞を創刊した。薄桃色の紙に印刷された四面の日刊紙で、真面目な記事よりもゴシップやスキャンダルを多く取り上げていた。同紙が、一九一六年六月一七日の夕刊に次のような記事を載せたのである。

「隠亡自身では永い間鼻の嗅覚が慣らされて一向気付かないが、一種異様な屍体の臭気が外面の皮膚どころか筋肉の繊維にまで浸透している。四箇所の火葬場の一つは豊富金平等の特種《ママ》部落の専有であって、これも六十あまりな酒好きの老爺が、葬式のある毎に豊富からやって来てその屍体を焼いている。豊富や金平が専属の火葬場を持っているということは、そこは因襲的社会階級の大なる径程《ママ》が存在して居る、豊富や金平は人も知る特種部落であるところから、人間の亡者様は穢多《えた》の亡者様と一所のかまどに焼かれる事を厭《きらい》になると見える」

（高山 2005: 55）

同紙で雇われていた者の多くは熊本出身であったから、このような信じがたい記事にどういう反応が出るか理解していなかったのかもしれない（森山ほか 2003: 58）。

その夜、少人数の若者が松原尋常小学校に集まって記事への対応を話し合った。村で同紙をとっているのは六軒だけだったので、井元清寿（その後治一郎と緊密に協力することになる井元麟之の兄）が記事を黒板に書き出し、字が読めない者のために読み上げた。夜が更けるにつれて会合の規模は大きくなり、ある報告によると三〇〇人を超えたという。委員会を作って社長と交渉するのがよいという者もいれば、直ちにやりかえそうと主張する者もいた。一四人が代表として実際に社長と主筆の家を訪れたが、どちらも在宅していなかった。代表団は帰りを待つことにした。一方、学校に戻っていた他の者はしびれを切らして新聞社に向かい、社屋に押し入って窓を割ったり、照明や電話を引き抜いたり、印刷台を引っ繰り返したりした。社に残って働いていた者は逃げ出し、あるいは袋叩きにされた。動員された警察官は一五〇人にのぼる。検事はこの事件に関する報道を直ちに禁止しており、これは三日間解除されなかった。一方、警察は松原地区を急襲し、一七歳から三五歳の男性をほぼ全員――合計三〇六人――逮捕した。翌日の松原地区は閑散とし、女性、子ども、高齢者しか残っていなかった。

最終的に、一二一人が罪を問われた。井元清寿は黒板に記事を書き出したことで首謀者のひとりとみなされ、直ちに村役場を解雇された（もっとも、後に無実とわかって復職した）。一四人強の交渉団メンバーからも三人が罪を問われている。この三人が暴力的行動に参加していなかったことは検察も認めたものの、それでも連座したとして有罪とされた。

公判の過程で、逮捕された者のひとりが記事についてどう思ったかと問われた。答えは次のとおりである。

「私はここで生れて住吉高等小学校に行ったんです。そして住吉高等小学校から修猷館の中学校に行っても、またしても侮辱的な、差別的なことがくり返されるのです。そのようなことが続いていますので、今回の新聞記事を見ても私はさほどなんとも感じませんでした。私はずっと学校で差別のされどうしでありますので、今度のあの博毎新聞の記事をみてもさほどなんとも思いませんでした。またかというような気持だけしかしませんでした。」

（高山 2005: 59）

法廷は静まり返った。

一一月に審理が行なわれると、裁判所は被告人のうち三人を懲役一年、一一人を懲役六月、三人を懲役三月、三〇人を罰金に処したが、七四名は証拠不十分で無罪とされた（高山 2005: 58-60; 部落解放同盟中央本部 1987: 36-9; 森山ほか 2003: 59-60）。

井元麟之は当時一一歳にすぎなかったが、後年、このとき初めて自分が「特殊部落」の人間であることを知ったと語っている（高山 2005: 60）。治一郎自身はこの騒動には直接関わっていなかった。事件そのものは三時間ほどで終わった話であるし、治一郎の村で起きた出来事でもなく、仕事か劇場に出かけていれば知る由もなかっただろう。しかし翌日には堀口村を歩いて回った。村へと続くすべての路地の両端に警官が配備されていた。家族を四～五人とられた世帯もあった。この経験が治一郎に強力な影響を及ぼすことになる。井元麟之は後年、治一郎はこの事件をきっかけとして解放運動に関わることになったのだろうと述べた。治一郎自身、後に次のように説明している。

「そのとき私がいちばん強く考えたことは、いくら道理をもっていても人は一人や二人ではだめだということでした。差別は間違っている。だから抗議をする。ところが権力はこの抗議を騒擾事件として部落の大人は根こそぎ引っぱっていった。差別に反対するのは道理にかなっている。これに対して権力はいつも差別者をかばいだてし、差別されて苦しめられ、きずつけられている者をいためつける。やはり苦しんでいる者が一つになって力を合せること、それでないとわれわれはますます差別される、とそのとき思ったね」

（高山 2005: 60-1）

このとき、治一郎は二九歳だった。

八　黒田事件

福岡を統治した黒田家の初代藩主・長政は一六二三年に没したことから、一九二二年が没後三〇〇周年ということになる。一九二一年、福岡県知事と福岡市長が、三〇〇年近く続いた黒田家統治を祝う行事（黒田長政公三〇〇年祭）を翌年に行なうと提案した。予算は一〇万円で、その半分は旧福岡藩領三市九郡の住民に特別税を課してまかなうものとされた。当時の中央当局の権勢からして、知事がある方針を採用すれば、下級行政職員にはほとんど抵抗の術がなかっただろう。知事が通っていたのが、一八七〇年代の教育制度改革によって廃校となるまで黒田家の支援を受けていた学校であったのは偶然ではない。さらに福岡市長も、伝統的に黒田家に仕えていた家の出だった。

しかし治一郎はこれに強硬に反対し、地元の若者を説き伏せて反対運動に乗り出した。治一郎は郡役所を訪れ、なぜ追加税を課すことに賛成したのかと郡長に質した。ビラも五〇〇〇部作成し、地域全体でばらまいた。数日後、近くの学校の校長が警官をともなって治一郎の自宅を訪れ、青年会を基盤としてこのような活動を行なうべきではないと説得を試みたが、追い返された。村のなかを通って引き上げる途中、校長らは治一郎の兄姉宅にも立ち寄り、治一郎を止めるように説得しようとした。あげくのはてに、黒田家と玄洋社との関係まで持ち出し、治一郎がどうしてもやめないなら大事件に発展する可能性もあるとほのめかしている。兄姉は意に介さず、運動は続いた。ビラまきの次は街頭での抗議である。福岡の中心部で木箱の上に立った治一郎は、数百人の聴衆をたやすく集めることができた。

県知事は治一郎との面会を拒否していたが、ある日の朝、どうやら偶然ではあるらしいが路上で県知事と出くわした治一郎は、祝賀行事の費用のために追加税を利用することについて問い質した。最初、県知事は誤解であると主張したが、治一郎にしつこく問われると事実だと認め、方針を変えることに同意した。行事の計画はそのまま進められたが、地元住民からの拠出は任意とされ、所期の額の五分の一しか集まらなかった。

治一郎はなぜこの運動に乗り出したのか。ひとつには、徳川政権の支配体制こそが、被差別民共

見ヨ 筑前ノ同胞

拒否セヨ祭費負擔ノ割當テヲ!!

返サセヨ吾人祖先ノ汗血ヲ黒田ニ!!

慰サメヨ吾人祖先ノ靈ヲ

大正拾年　月　日

筑前叫革團

黒田 300 年祭の費用を県民に割当てようとする不当に対して抗議し、県民によびかけた「筑前叫革団」のビラ。治一郎最初の社会運動。
[『西日本人物誌 16　松本治一郎』より]

同体が当時こうむっていた制度的差別の原因であり、自分たちがいまなお日常生活で直面している偏見や差別はその歴史的残滓であると感じていたからである。福岡の部落民には黒田家に感謝することなどまったくない。しかし治一郎は、ビラでは部落民だけに訴えかけるのではなく、それどころか部落民を主たる訴えの対象ともせず、農工商業者の子孫であるすべての「筑前ノ同胞」、黒田家の「被虐待者ノ子孫タル吾人同胞」全員に呼びかけた。ビラをまいた団体は「筑前叫革団」を名乗っていた。ロシア革命に関する新聞記事で「革命」という言葉が頻繁に登場していた時期に、治一郎はあえて「革」という字を用いたのである。そのため、筑前のこの団体が革命を呼びかけていると受け取られる可能性もあった（高山 2005: 74-6）。

治一郎は差別への抗議にも関わるようになりつつあった。近くの村に部落民を多数雇って畑の仕事をさせている地主がいたが、食事の際、部落民は他の小作人といっしょに畳に座ることが許されず、地べたに座って専用の器と箸で食事をしなければならなかった。このことを耳にした治一郎は友人とともにその村に行き、小作人らと話をして、翌朝地主の家を訪ねた。地主は飼い猫を脇に置いて食事をしていた。

「人間は板の間にも座敷にも上げてやらんくせに、猫は自由に出入りさせておる。あの人たちは、米もつくれば、麦もつくる。なのに猫以下の扱いを受けるというのは、どういう料簡《りょうけん》か」

まだ寝ぼけ眼の地主は返事ができなかった。けっきょく他の地主と相談するという約束を取りつけた治一郎は、回答を待つことにした。ほどなくして回答があり、今後はけっして小作人をあのように扱わないとのことであった（高山 2005: 80-1）。

また、今度は雨がほとんど降らない時期の金平村での話だが、農民たちが、川の上流の村人が水の流れを変えたせいで自分たちの田に水が来ないといきり立った。金平村の村民一〇〇人が集まって酒を飲んでいるうちに不平不満が沸き起こり、直接抗議の計画が練られた。そこへ黒い杖を手にした治一郎が現れる。治一郎は、「喧嘩のまえに酒だきゃあ呑むな。理はこちらにあっても、相手を説得することができん。今日のところは任せろ」と村人に告げた。

治一郎は一人で問題の村に赴き、世話役らと会って、彼らに水の流れを妨げる権利は道義的にも法律的にもないことを説明した。「いま苦しいのは、おたくも自分たちも一緒。こういうときこそ、歯を食いしばって助け合うのが道理ではないのか」。翌日、水はまた流れるようになった（高山 2005: 81-2）。

九　小括

豊かな自信と財産の持ち主である。治一郎は筑前叫革団のビラを自ら書き、印刷費を支払うことができたし、街頭演説会で演壇に立ち、県政トップと対決するだけの度胸を持ち合わせていた。黒田三〇〇年祭反対運動がうまくいったのはほぼ完全に治一郎の熱意によるものであったし、これが成功裡に終わったことで治一郎は自信をおおいに深めたともいわれる。これは時代の精神に拠るところが大きな運動であった。一九二一年から二二年は大正デモクラシーのうねりが高まった時代であり、やがて日本共産党の結成、労農運動の急速な発展、そしてもちろん水平社運動の創造を迎えることになる。加えて、治一郎は差別への抗議の指導者および紛争の仲裁者としての名声も獲得しつつあった。

治一郎はこの時点で長期的戦略を持っていたのだろうか。一九二〇年代初頭、政治的課題の筆頭にあったのは成人男性全員を対象とする普通選挙権の導入であった。多くの人々にとって、導入は時間の問題にすぎないものだったに違いない。黒田三〇〇年祭反対運動で行なわれた幅広い訴えかけは、選挙に出馬して国政の場に席を得ることに備えて、自分の名前を多数の有権者に知らしめようとしたものと捉えることは可能だろうか。確かにやがてそうなるのであるが、その前に克服しておかなければならない問題もいくつかあった。

第二章　松本治一郎と水平社

一　水平社の創立

部落同胞をどのように組織化して、自分たちの貧困と差別について抗議していけばよいか考えていたのは、松本治一郎だけではなかった。

一九二一年の後半、奈良県柏原村の三人の青年――阪本清一郎、西光万吉、駒井喜作――が、部落民のための部落民自身の全国的運動を興して自由のために闘おうという呼びかけを始めた。三人はその運動体を「水平社」と呼んだ。これから見ていくように、水平社はその後社会主義運動や社会民主主義運動に関わっていくことになるが、それは運動の創始者らが受けた影響の一部にすぎない。たとえばこの三人が運動を進めていくために作った文書『よき日の為めに』を見ると、佐野学（日本共産党の創設者のひとり）が部落解放について書いた文章から長々と引用されている。第二部は、フランスの平和主義者ロマン・ロランが大衆文化について書いた小論を無政府主義者・大杉栄が翻訳したものが主であり、それに続くのが、マキシム・ゴーリキーの話の影響を強く受けた最後の部である。それは次のように結ばれている。

起きて見ろ——夜明けだ。吾々は長い夜の憤怒と悲嘆と怨恨と呪咀とやがて茫然の悪夢を払ひのけて新しい血に甦へらねばならぬ。今、インフェルノからパラヂンへの浄めの阪を上るのだ。今よもつ比良阪を駆せのぼるのだ。全国内の因襲的階級制の受難者よ。寄って来い——夜明けの洗礼を受けるのだよき日の晨朝礼讃を勤行するのだ。起きて見ろ——夜明けだ。

（渡部・秋定 1973: 21-4）

これはせいぜい行動の呼びかけであり、部落民は自分たち自身のために何かをしなければならないということを述べたものにすぎない。ここには部落民の苦境についての分析もなければ、運動の組織化の方向性をうかがわせるものもない。このパンフレットに急進的外国思想の影響があるのは明らかであり、三青年はいずれも、短期間しか活動しなかった日本社会主義同盟（一九二〇年一二月結成）に参加していた。他方、阪本はその数年前、日本の差別から逃れるために満州に移り住もうとしたことがあった。ほどなくして帰国したものの、逃避行の考えは相変わらず魅力的であり、あるとき三人はオランダ領東インド（現インドネシア）のセレベス島（現スラウェシ島）に移住して日本の差別から「飛び立とう」という計画を立てて、そのために「燕会」を結成した。この時点で阪本が、問題の核心は日本の民衆が解放令に表れた天皇の意思を無視していることであり、五〇年を経てもその状況が変わっていないと感じていたのは確かなように思われる。阪本が資本主義に反対していたとすれば、その主たる理由は、資本主義が部落の貧困を生み出し、天皇が明らかにした願いに逆行するやり方で差別を再生産しているからにほかならなかった（高山 2005: 96）。

三青年には京都、東京、大阪に知り合いがいて招待状を送ることができたほか、政府・自治体が作っていたさまざまな融和団体も結果的に団体創立計画の報せを広めるパイプとなった。全国水平社の創立大会は一九二二年三月三日に京都で開催され、大成功を収めた。この第一回大会には三〇〇〇人もの参加者があった可能性がある（ただし警察資料によれば一〇〇〇人にすぎない）。大会では、毎年大会を開くこと、部落民の利益を保護促進するために県支部・地方支部のネットワークを作っていくことが決議された。この大会に九州から招待された者はいなかったものの、福岡市の外側に位置する嘉穂郡の部落出身の田中松月《しょうげつ》が京都で僧になるための勉強をしており、大会の告知ポスターを偶然目にして会場に駆けつけていた（田中 1985: 86）。

水平社大会では三つの基本原則が確認されている。

一、特殊部落民は部落民自身の行動によって絶対の解放を期す
一、吾々特殊部落民は絶対に経済の自由と職業の自由を社会に要求し以て獲得を期す
一、吾等は人間性の原理に覚醒し人類最高の完成に向って突進す

（渡部・秋定 1973: 26）

多くの決議も採択されたが、もっとも重要なのは「吾々に對し穢多及び特殊部落民等の言行によって侮辱の意志を表示したる時は徹底的糺《ママ》弾を爲す」という決議である（渡部・秋定 1973: 27）。これにより、この運動では差別事件への直接抗議を進めていくという決意が明らかにされた。

関係した人々は多彩である。そのなかには社会主義者もいた。片山潜（前述の佐野とともに日本共産党の創設者のひとり）の側近であった近藤光（一八八七～一九六一）は、一九一八年にイルクーツクに移住して『プラウダ』の通信員になっていた。その後帰国し、全国水平社創立大会からほどなくして中央の運営グループ（中央委員会と呼ぶにはあまりにも組織化されていなかった）に加わったのである。近藤はその後、九州に派遣されて九州水平社の結成を手伝うことになる。三浦参玄洞《さんげんどう》（一八八四～一九四五）は仏教僧で、部落の出ではなかったものの、運動の目的に共感していた。三浦は『中外日報』で水平社に関する肯定的な記事を書くとともに、部落出身の僧の団体で水平社とも協力関係にあった黒衣同盟の結成も援助した。

水平社が地歩を固めたのは、京都周辺の地域と、とくに奈良県である。しかし、水平社はどのような活動をしたのだろうか。関係組織のほとんどは、程度の差はあれ、差別への抗議（糾弾）に参加した。糾弾運動の目的は、差別・偏見に注意を喚起してそれを解消するところにあった。獲得目標は、謝罪文を書かせ、あるいは口頭で謝罪を行なわせることにより、自分の行動が間違いであったことを公に認めさせることであった。このこと自体は過激な要求というわけでもなく、水平社は、土地の地主に、あるいは警察にさえ、差別と指摘された言動についての紛争の仲裁を喜んで任せた。警察は水平社が社会主義運動と結びつくのではないかと恐れていたので、その可能性を回避するため建設的対応をしようとしたのである。この初期の段階では、警察と水平社は必然的に相容れないという考え方はどちらの側にもなかった（高山 2005: 117-18）。

水平社指導部が政府との対話を嫌っていたというわけでもない。一九二三年三月の第二回大会から一週間も経たないうちに水平社の幹部三人が上京しているが、最初に訪問したのは、政府の後援を受ける融和団体「同愛会」の会長であった有馬頼寧《よりやす》伯爵[1]の事務所だった。三人は有馬を通じて、加藤友三郎首相を含む数名の閣僚らと会う約束を取りつけた。これらの会見で、三人は、軍隊を含む多くの機関でいかに差別が続いているかを報告した。閣僚らは差別防止措置をとることに合意し、首相に至っては裕仁摂政に彼らの考えを伝えるとまで約束した。少し前に法制局長官に就任していた横田千之助は議会に差別反対の建議を提出し、全会一致で可決された（高山 2005: 200）。一部部落の社会基盤を改善するために限られた額ではあるが資金が出されることになり、翌会計年度にはその総額が二・五倍になったが、これも水平社幹部上京の成果であった可能性がある（高山 2005: 133-4）。

二　九州の水平社

水平社結成の報せは速やかに広がり、遠く福岡へも達した。井元麟之によれば、一九二二年七月に松源寺で会合を持ち、黒田三〇〇年祭反対運動のために作った筑前叫革団について治一郎が話をし

1923年5月1日、全九州水平社創立大会の記念写真。このとき松本治一郎は、九州水平社創立の弾圧のため拘禁されていた。[『全九州水平社　創立90周年記念誌』より]

たという（部落解放同盟中央本部 1987: 70）。北部九州全体でも水平社のことが知られつつあった。柴田啓蔵（一九〇一～八八）はもともと筑豊炭鉱の中にある飯塚の出身だったが、差別から逃れるため、松山市の旧制高等学校に通っていた。柴田は水平社創立大会の記事を新聞で読み、奈良の水平社事務所に直接手紙を送った。近藤光から返事があり、大会後ほどなくして松山で会うことになった。夏になって帰郷した柴田が友人知人に水平社の話をしたところ、すでに水平社のことを耳にしている者もいた。しかし、年が暮れるころになっても成果は非常に限られたものであった。部落の家庭のほとんどが檀家となっている本願寺派諸寺の住職らが共感してくれなかったせいかもしれない。黒田三〇〇年祭反対運動での治一郎の活躍を聞き及んでいた柴田は、この人物と会う手はずを整え、一月初頭に治一郎宅を訪れた。治一郎はこのときの記録を残していないが、柴田の回想によれば、妙齢の女性が玄関に出てきて、訪問の理由を説明していたところへ治一郎が家の奥から声をかけてきてすぐに外に連れ出され、近くの旅館でどうすれば九州水平社を結成できるか話し合ったという（部落解放同盟中央本部 1987: 68-70）。

柴田は松山に戻って学校に行かなければならなかったが、友人の花山清が計画を練り続けた。花山は、水平社に対する柴田の熱意に前向きに応じた、筑豊地域の数少ない僧侶のひとりである。実のところ、前年五月、得度のため京都にいた花山は南梅吉のもとを訪れ、近藤も交えて水平社について話をしていた。花山は、一九二三年二月一〇日に自宅の外に「水平社」の看板を掲げたというし、二月一五日には他の者と連れ立って治一郎のもとを訪れ、地方大会開催の援助をしてくれるよう説得している。柴田らは、治一郎がすぐに博多座に電話をかけ、全九州水平社創立大会のために五月一日午前一〇時から会場を押さえたことに感心した（松本（吉）1977:47、部落解放同盟中央本部 1987: 70）。その後、彼らは松原地区関係者と会い、水平社支部設立のために力を合わせることで合意した。

同じころ、水平社中央委員会の阪本清一郎と泉野利喜蔵も九州への宣伝の計画を立てているところだった。後年、阪本は次のように語っている。

「九州にはまだ連絡がとれていないので一ぺん誰かがいかなあかんなというので、私と泉野君が行くことになったんです。私は、すでに松本さんの名を聞いていたので、泉野君より一足先に福岡へ行き、吉塚駅前の今のお宅で松本さんに会ったのが初対面やが、水平社創立のことを話すと非常によろこばれて、しばらく福岡に滞在してもらいたいとのことだったんです。さっそくその晩金平のお寺で座談会がひらかれ、あくる日から、福岡市内松原、松園などの部落でも演説会をやった。そのあと泉野君がきてくれてから嘉穂郡の各部落を廻りました」

（部落解放同盟中央本部 1987: 72 で引用）

治一郎は、第二回水平社全国大会の準備委員会に九州代表として参加するため二月一七日に大阪に向かったが、何らかの理由から大会そのものには出席せず、自腹を切って中島鉄次郎（?～一九二三）を代理として行かせた。第二回大会は、一九二三年三月二～三日にふたたび岡崎公会堂（京都市）で開かれ、いくつかの重要な決定が行なわれた。黒地に赤の荊冠をあしらった旗を採用すること、軍隊内の差別に反対していくこと、そして部落出身の僧侶、女性、少年少女のための団体を結成することである（部落解放同盟中央本部 1987: 73）。

治一郎自身が大会に参加しなかった理由としては、予定どおり五月一日に開催された第一回全九州水平社大会の準備で忙しかったということがひとつ考えられる。大会前日には九州全域から人々が金平の大光寺に集まり始めていた。大会参加者はそこで一夜を過ごし、その後、数週間前に柴田啓蔵が書き上げた水平社歌を歌いながら博多の町を博多座に向かって行進した。二〇〇〇人から三〇〇〇人が参加した大会は、水平社の全国指導者、米田富と西光万吉の演説で始まった。米田は言う。「われわれはこんにち、かえって部落に生まれたことを誇りとする。何故とならば、もし部落に生まれなかったならば、かならずや他を迫害し惨虐を加うる人となっていたであろう」（高山 2005: 147）。大会参加者は、婦人水平社と少年少女水平社を支援していくことで合意し、治一郎を委員長に選出し、事務所を治一郎宅に置くことを決議した（部落解放同盟中央本部 1987: 78-80）。その後水平社結成の動きは九州各地に広がり、大会から数か月の間に福岡（筑豊）、佐賀、熊本で、翌年三月には大分で結成されたが、長崎では一九二八年六月まで待たなければならなかった（森山ほか 2003: 69）。

しかし、治一郎本人はその大会の場にいなかった。治一郎は四月二四日に中央署に呼び出され、大会の延期を求められていた。彼は応じなかった。すると治一郎は拘留されて六二日間拘置所に留められ、全九州水平社大会の七週間後、そして父親の死亡から数日後の六月二五日まで釈放されなかったのである。

ここには切り離すことのできない二つの問題がからんでいる。ひとつには、福岡県警としては全九州水平社のような団体の結成を阻止したかった可能性が非常に高いということである。ここ数年の間に次々と誕生していた労働組合や小作人団体に加えて、目を光らせていなければならない団体がもうひとつできることになる。さらに、国内の他の場所に目を転じれば、水平社が設立されたところでは差別糾弾運動を行なうようになり、それがしばしば暴力につながっている兆しもあった。そのため、警察が水平社の結成・発展を妨害したいと考えたために治一郎が入獄させられたことも考えられるのである。しかし、松本組がからんだ重大な事件も起きており、警察が対応しなければならなかったのも事実だった。

松本組は二日市で福岡－久留米を結ぶ鉄道の工事をしていたが、三月二一日、地元の建設業者・松尾組との間でいさかいが起きた。その場で解決ということにはならず、その夜、松本組の者三人が、松尾組の親分が泊まっている旅館に会いに行った。親分が出てくると三人は襲いかかり、自転車まで使って袋叩きにした。その後、旅館の外に松本組の作業員がさらに五〇人、刀を手に現れて松尾に重傷を負わせた。松尾は親戚三人の手で病院に急送されたが、死亡を宣告された。翌日、松尾の通夜が行なわれていた家にふたたび松本組の一団がやってきて、石を投げたり戸や障子を破ったりした。松尾の親戚らがやり返そうとすると、彼らも攻撃された。親戚のうち三人が重傷を負って病院に運ばれた。

この事件に関する運動関係者の「公式」な説明では、このいさかいは入札手続きをめぐる口論に端を発するものであり、治一郎が不誠実な慣行への参加を拒んだのも一因となったとされる。また、予審のとき野上なる判事が酔っ払っており、誤って拘留状に松本治一郎の名を記入したのだともいう。治一郎が事件のとき二日市にいたとか襲撃に参加したなどと示唆する者はいない。しかし治一郎は現場作業に責任を負っていた会社の代表であり、地元の部落の「ボス」でもあった。地元警察が、傘下の労働者が行なった紛《まご》うかたなき違法行為について治一郎にもいくばくかの責任があると考えても不思議ではない（高山 2005: 145-6、寺園・一ノ宮 2005: 198-201、部落解放同盟中央本部 1987: 75-6）。

治一郎は拘置所で呻吟している間に水平社の同志に数通の手紙を送り、自分の人権が「酔漢野上」にいかに蹂躙されたか報告した。拘置所当局は、手紙は予審判事が検閲するので、このような批判のある手紙は発信されないと注意した。治一郎は、そんなことは構わない、むしろ判事に読んでもらいたいと返答した。それなら好きなだけ書きなさいと言われたという（高山 2005: 147）。

その後生み出されていった「松本神話」では、この経験が治一郎に深甚な影響を与えたと考えられている。治一郎は、運動と関わりを持ち続けているかぎり逮捕されやすい立場に置かれることを自覚した。彼の目には自分が「万年被告」に映るようになった。すぐに飲酒と喫煙をやめ、その後、女性、ネクタイ、賭け事もしないと宣言した――これを治一郎の五つの誓い（五禁）という。治一郎は、次に逮捕されたときは警察が煙草、酒または女性で籠絡しようとするかもしれず、あるいはネクタイで首を絞めるかもしれないことを認識したのである。賭け事には常に断然反対の立場だった。仲間が賭け事をやっている証拠を見つけたときに治一郎がどれほど腹を立てたか、覚えている者もいる。

治一郎は一度も結婚しなかった。ただし、一九二〇年代初頭に、おそらくは一〇年の長きにわたって、ある女性と同居していたことはある。前述のとおり、柴田啓蔵は一九二三年に吉塚駅近くの松本宅を訪れたとき妙齢の女性に会ったと回想しているが、井元麟之は、治一郎が一九二七年七月に弱った体で監獄から戻ってきたとき、その女性がまだいた記憶はないという。治一郎がその女性に会ったのは一九二〇年ごろのことで、おそらく部落出身ではなく、地元の有力者、郡長または村長の娘ではなかったかと考えられている。女性は治一郎のもとに嫁ぐことを家族から認められず、彼が警察による厳しい監視の対象となり、何度か入獄した一九二〇年代後半に実家に戻ったようである（井元ほか 1976: 39）。この一件からは、治一郎が、会社を通じて得た財のおかげで身分的出自の影響をある程度は逃れられたかもしれないとはいえ、その私生活も差別にまみれたものであったことがうかがえる。治一郎は、生涯を通じて、結婚問題こそがもっとも重要であると主張していくことになる。「身分の一線」を超えた結婚を妨げる壁がなくなれば、それにともなって他のあらゆる問題も解決されるだろうというのである。

水平社創立以前にも、たとえば一九一六年に起きた博多毎日新聞差別記事事件のように、偏見や差別への抗議も散発的には行なわれていた。しかし水平社の創立は、馬鹿にされたらどんなときでも抗議することを部落民に奨励することになった。福岡であったひとつの例として、一九二三年五月二一日、二大政党のうち保守的傾向の強い立憲政友会が開催した会合での出来事がある。熊本県選出の島本信二衆議院議員は、男子普通選挙制を導入しようという提案に反対する運動をしていた。島本は、問題の会合で、民政党の望みどおりに男子普通選挙法が制定されれば「エタや非人も選挙権をもつことになる」と発言したのである（部落解放同盟中央本部 1987: 82 で引用）。部落に対するこの露骨な侮辱に抗議するため、何度かの会合が持たれた。まだ福岡に滞在していた米田富を筆頭に運動が展開されたが、米田は警察の演説会中止命令にしたがわなかったとして、逮捕・収監されてしまった。米田が収容されたのは治一郎と同じ拘置所である。けっきょく東京の政友会本部が謝罪文を出すことを受け入れたので、この運動は成功例のひとつに数えることができる（部落解放同盟中央本部 1987: 84）。

すべての運動がこのようにうまくいったわけではなかった。全九州水平社創立大会の直前、村長を務めるとともに福岡県の融和団体の構成員でもあった安永市郎が「エタ」を馬鹿にする発言をするのを聞きとがめられた。水平社代表は六月七日の会談に来て謝罪するよう要求したが、安永は約束を違えて現れなかった。これに腹を立てた地元部落住民は、一〇〇人以上で村役場を襲って歴代村長の写真を破壊した。二日後、安永は公式の謝罪文を出したものの、警察は運動の指導者八人を逮捕した。六人が有罪とされ、そのうち近藤光は一年の懲役に処された（部落解放同盟中央本部 1987: 83）。

三　関東大震災発生――「錦旗革命」？

一九二三年九月一日、治一郎が米田富とともに演説会のため熊本にいたところ、建物が地震で揺れた。にもかかわらず演説会は行なわれたが、その後二人が福岡に戻ると、東京で巨大地震があったことを聞かされた。当初の衝撃と続いて発生した火事があいまって、優に一〇万人以上が死亡し、五五万棟以上の建物が倒壊することになった災害である。

官憲の間には、朝鮮人や社会主義者がこの混乱に乗じてさらなる混乱を引き起こすのではないか――たとえば井戸に毒を入れたり、この機会を何らかの形で利用して革命を扇動したりするのではないかという怖れがあった。警察は、朝鮮人や社会主義者と思われる者の逮捕・殺害を自警団に奨励した。震災後殺害された朝鮮人は六〇〇〇人にのぼるとされる。この数字を客観的に裏づけることは不可能だが、少なくとも数百、場合によっては数千の朝鮮人がこのような形で死亡した（Weiner 1989: 165-92）。警察は社会主義者狩りも行なった。おそらくは当時の東京でもっとも悪名高かったであろう無政府主義者の大杉栄は、憲兵によって――連れ合いの伊藤野枝および幼い甥とともに――殺されている。彼らの遺体は井戸に投げ捨てられた。東京の外の人々に情報がどのぐらい届いていたのか知ることは困難である。大杉、伊藤およびその甥の殺害のような最悪の犯罪のなかには九月一六日になってから起きたものもあり、大杉らの遺体はそのさらに四日後にようやく発見された（Stanley 1982: 155）。

被害の大きさについての報せと朝鮮人・社会主義者殺害の噂に接した治一郎は、水平社の二人の主要メンバー、平野小剣と深川武の安否が心配になった。九月九日、治一郎は松本吉之助に、確かめに行くので東京までついてきてくれと頼んでいる。警察の尾行を避けるため、二人は翌朝早く、博多駅からではなくさらに上った福間から列車に乗ったが、門司に着いて下関海峡を渡るフェリーに乗るころには、やはり警察の尾行がついていることに気づいた。京都までは問題なく行くことができたものの、そこで警察が乗りこんできて警察署への出頭を命じられた。治一郎は最初、列車から降りることを拒否し、東京から帰る途中に立ち寄ると約束したが、警察は納得せず、関東では戒厳令が敷かれているといってそれ以上の移動を阻止した。ある証言によれば、二人は三日間事実上の監禁状態に置かれ、九月一三日の夜に九州に戻ったという（松本（吉）1977: 83-6）。

このときの動きに関するもうひとつの証言によれば、治一郎と米田富は南梅吉から電報を受け取り、すぐに京都に来てくれと頼まれたという。二人が水平社本部でもあった南梅吉の家に着くと、駒井喜作しかいなかった。他の者はどこにいるのか。駒井が言うには次のとおりである。

「東京が混乱しているこの機会に、天皇陛下を京都にお迎えして、陛下から天下に向かって部落解放を号令してもらう。そして全国で部落民がいっせいに立ち上がって、革命を起こす」

その工作のために、（西光万吉・阪本清一郎・田中佐武郎の）三人が東京へ発ったのだという。

（中略）

駒井の話を聞き終えた治一郎は、大きくうなずいて言った。

「それはおもしろい。それはよか」

（高山 2005: 151）

関東水平社第２回大会に集まった水平社幹部（1924 年 3 月 23 日）。最前列左から４人目が治一郎。１人おいて右の杖を手にした人物は南梅吉。治一郎の左は栗須七郎。最前列右端は岩尾家定。[『全国水平社　創立 80 周年記念冊子』より]

駒井の説明によれば、震災のことを聞いた直後、水平社幹部六人が会って「錦旗革命」[2]の開始を決定したのだという。彼らは、東京の混乱に乗じて天皇を奪取し、京都に連れてきて部落民解放についての布告を出させたいと考えていた。

南梅吉が九月三日に中央委員に電報を打って大阪で開かれる会合への出席を求めたこと、また福岡、三重、愛知、岡山、山口の水平社に「大事件宮中護衛総動員用意セヨ」という電報が打たれたことについては確かな証拠がある（高山 2005: 157）。西光万吉と南梅吉を含む水平社幹部数人が東京に向かったのも確かだが、不通になっていた東海道線ではなく中山道ルートで移動し、埼玉までたどり着いた。そこからはトラックに乗せてもらって東京中心部に入らなければならなかった。何とか平野小剣宅にたどり着いて無事を確認し、それから有馬伯爵邸を訪問すると、天皇はすでに群馬県の高崎に移ったという。ほどなくすると警察の手が回り、安全を保証できないので二人は東京を出たほうがいいといわれた。彼らは九月九日に京都に戻った（高山 2005: 159; 師岡 1992: 83-6 も参照）。

混乱した、そして間違いなく混乱を誘う時代だった。水平社の組織は燎原の火のように広がっていったものの、明確な戦略はなく、部落民が直面している問題の性質についてしっかりした分析をしているわけでもなかった。おそらく、そんなことは問題ではないと考える者もいただろう。日本の労働者と農民が力を合わせることによって、やがて成功するであろう革命の坩堝《るつぼ》のなかで新社会が打ち立てられれば、自分たちの歴史的出自などすべてどうでもよくなると希望する者は多かった。あるいは、部落民が全員日本人であることは間違いないので、今上天皇が、「解放令」に表れた先帝の意思を徹底的に実行に移すよう強く主張すれば済むと考えたのかもしれない。

金静美は、初期水平社に関する批判的研究のなかで、創立後数年間の水平社の言説は、部落の指導者らが自分たちの問題を民族（人種）問題と考えているように思われる点で、かなりの程度民族主義的なものだったと指摘している。すなわち、自分たちは過去のいずれかの時点で日本にやってきたある民族の子孫であり、その民族的違いを理由に差別されているというのである。である以上、差別に対する部落民の闘いには、インド、アイルランド、アメリカ合衆国の諸集団が行なっている自決権要求闘争と共通の要素があることになる。しかし、主流である国家主義的思考の枠内に断固として留まり、自分たちと多数派日本人との間に民族的差異はまったくないと考える者もいた。第二回大会の最後には、水平社万歳の声とともに天皇皇后に対する「万歳」も叫ばれた。一九二三年三月、関東水平社創立大会に出席した泉野利喜蔵は、すべての日本人は天皇の子であるという国家理論に明らかに賛同しながら、自分たちの祖先は等しく天皇の赤子であると演説した（金静美 1994: 61）。同じ年の八月、京都水平社は明治天皇が埋葬された桃山陵まで提灯行列を行ない、自分たちを「解放」してくれた天皇に敬意を表した。

関東大震災については、治一郎の人生に関連する興味深い挿話がひとつある。伊藤野枝の叔父は、玄洋社の重要人物であり、超国家主義者のなかでももっとも活発で影響力を持っていたひとりに数えられる頭山満とも親しい、代準介だった。代は姪の遺体を故郷の福岡に帰す手配をし、一〇月一六日に葬儀を執り行なった。伊藤の四人の子どもたちの面倒も見ており、金銭的援助をしながら育て上げたが、その金の一部は治一郎から出たものである。その後、治一郎が国会議員になると、代は上京するたびに事務所を訪ねてきたという（部落解放同盟中央本部 1987: 84-5）。治一郎が代を通じて頭山の影響を受けていたかどうかについては定かなことはいえないが、頭山は広範な人々に――右派

1923年10月16日、福岡市西区今宿（伊藤野枝の実家）での大杉、伊藤の葬儀。遺児は左からルイズ（留意子）、魔子（真子）、エマ（笑子）、長男ネストル（栄、1924年に夭折）。右端が代準介氏。
[『部落解放史・ふくおか』創刊号より]

のみならず大杉栄のような革命左派に対しても——知的影響を与えており、治一郎もある程度の影響を受けた可能性はある。

四　徳川公爵辞爵要求事件

一九二四年三月三日、治一郎は九州から二〇名を引き連れ、第三回水平社大会に出席するために京都に到着した。それまでの一年の間に運動は大きく躍進しており、県水平社・地方水平社が多数結成されていた。大会参加者は二つに分かれていた。二五〇前後の支部の代表（代表の派遣は各支部二～三人に限定されていた）と、二〇〇〇人にものぼるその他の聴衆である。支部代表は会場の正面に陣取って討論に参加し、聴衆はそれを眺めていた。この大会の重要性は、公会堂の内外に配置されていた警察のみならず、水平社が目指すものに関心を持つ他の多くの人々の注意を惹きつけていた。会場には、融和団体のひとつの会長を務める有馬頼寧やマルクス主義活動家の堺利彦[3]もいた（実は堺は公会堂に入ろうとしたところを一時検束されている）。会場は、「荊冠旗の下に団結せよ」「進め自由と平等の世界へ」と参加者に呼びかける幟やポスターで飾り立てられていた。

治一郎は大会議長に選出された。大会では三つの決議が可決された。自分たちに対するあらゆる形態の差別に反対していくこと、解放の精神を弱めようとする本願寺等の宗教団体の思惑に抵抗すること、政府の「融和」政策を拒否することである。他に二五の議案が、熱意のほどはさまざまに異なるものの討議の対象とされ、うち二〇の議案が可決された。議案のなかには国際的問題に関わるものもあった——労農ロシアの承認を要求するもの、朝鮮衡平社への支持を表明するもの、内地の朝鮮人同胞への差別に反対するものなどである。運動が主要政党に「超越する」ことを促す議案もあったが、多くは単純に運動内部の問題に関するものであった（渡部・秋定 1973:73）。

その後、堺利彦は大会について次のように述べている。「議席も、二階の傍聴席も、ギッシリと人で埋っていた。優美な、高雅な、きらびやかな、貴族趣味の場内が、水平民族の為に踏みにじられていた」。堺の治一郎評はこうである。「其の大きな堅《が》っしりした身体がたしかに親分という風采に見受けられた。然し肉付きのいい赤味を帯びた顔に、チョピンとしたあごひげをつけている其の洋服姿には、多分の新しい味があった」（高山 2005: 162）。堺が社会主義に身を捧げたのは間違いないが、その記述にはどちらかというと見下したような響きが感じられる。治一郎もそれを感じ取っていた。水平社大会の直後、治一郎は大阪で開かれた日本農民組合大会に出かけていった。柴田啓蔵もいっしょで、二人は二階の傍聴席に座っていた。そのうち堺が鳥打帽を手に観客席を回り、カンパを募った。治一郎は柴田に一〇円札を渡して帽子に入れさせた。紳士は物乞いに直接金を渡すことはしないものだが、治一郎もそのように対応したのである（高山 2005: 165-6）。

その一年前、第二回水平社大会では、徳川家達《いえさと》公爵が高い地位を得ていることへの抗議を提案する議案が和歌山県水平社から提出されていた。議案は可決されたものの、何の行動もとられていなかった。今回は全九州水平社が同様の議案を提出し、家達は爵位を剥奪されるべきであり、あるいは自ら辞するべきであると主張した。家達は、徳川家の一員として最後に日本を統治した徳川慶喜の養子である。明治維新の決着の一環として公爵位を与えられ、一八九〇年に新設された貴族院に席を占めていた。家達は当時の政界の有力者で、貴族院議長を務めていた。家達に対するいかなる批判も、強烈な反応を引き起こす可能性が高かった。

議案の提案を行なった柴田啓蔵は、家達の地位と財産は徳川家から受け継いだものであり、その徳川家は、人を殺すことと財物を取ることによって地位を築いたのみならず、「士農工商の下に穢多という階級をつくり、われわれの祖先をいじめてきたのであり、現在もわれわれは苦しんでいるのである」と主張した（高山 2005: 163）。治一郎も議案に賛成して次のように述べた。

わが国は皇室中心主義でいかねばならぬと誰でも言うが、そこには矛盾がある。それは徳川家のごときものが存在するから矛盾が生ずるのである。畏《かしこ》くも明治大帝が明治十五年一月四日に陸海軍軍人に勅諭を賜ったが、その勅諭を拝読すれば、徳川将軍はいかに僭越なことをやっておったかということがよくわかる。徳川家達は貴族院議長として時めいておるが、彼の祖先は強盗の大頭目であったのだ。

注意深く読むと、この演説は、家達に対する、あるいは徳川家の不忠や強奪に対する批判に留まっていない。明治初頭につくり出された華族制のなかに徳川家を位置づけたのは「畏くも明治大帝」なのであるから、治一郎は天皇制そのものについて批判的だったのである。治一郎がこのような批判を公にしたのはこれが最初だったが、これで最後にはならない（部落解放同盟中央本部（編）1987: 86-7）。議案は全会一致で可決され、この諫言を徳川公爵に直接伝える委員として四人――治一郎、南梅吉、花山清、松本源太郎（やはり金平出身だが治一郎の親族ではない）――が選ばれた。

福岡に戻った治一郎は徳川公爵の問題に集中することにした。黒田三〇〇年祭反対運動の過程で県知事とは対決したことがある。今度は徳川公爵と対決しようというのである。徳川公爵一家は東京在住で、新宿駅の西にある大邸宅で暮らしている。大会からおよそ三週間後、四人の委員が徳川邸を訪れて公爵との面会を求めた。「辞爵勧告書」を渡したところ、公爵は病気療養中のため面会は受け付けていないという。治一郎らは四月二日に再訪したがまたもやすげなく断られたので、治一郎らは、帝国議会が再開して家達が東京にいなければならないはずの六月末以降に事を延期することにした。治一郎は六月二八日に議会に行って家達の車のナンバーを確認し、その日遅く、家達がその車に乗って帰宅したのを確かめたが、またもや面会拒否であった。治一郎はこれに腹を立て、配下の者のひとりに家達を見張らせた。福岡県水平社の佐藤三太郎が九州から送りこまれた。

七月九日、佐藤は東京駅前で警察に呼びとめられ、短刀と銃を所持しているのを見つかって徳川公爵殺害予備の容疑をかけられた。同じ日、福岡に戻っていた治一郎と松本源太郎も同じ容疑で逮捕された。治一郎はやがて釈放されたが、源太郎はポケットに銃を所持しているのを見つかった。七月一七日、治一郎は再逮捕されて源太郎とともに東京に連行された。その間に他の水平社幹部二人――南梅吉と米田富――が何とか徳川家達に会えたが、家達は身分制度に関する自分の責任を一切否定した。家達の主張によれば、徳川家の支配は明治維新によって終了した。養父である徳川慶喜に爵位を与えるという決定は明治天皇が行なったものであり、したがって徳川家の身分に対するいかなる批判も大御心の批判にほかならないというのである。運動はここで終わっていたかもしれなかった――これによって水平社が広く知られるようになり、部落差別問題を現代日本の身分序列というより大きな問題に結びつけることもできたのだから、治一郎はそう考えていたに違いない。しかし、これで終わりにはならなかった。

治一郎は夏の間ずっと収監されたが、虐待は受けなかったようで、九月二〇日に釈放された。当時、警察が被収容者を手荒に扱うことは珍しくなく、拷問さえ行なうこともあったが、治一郎はその対象にはならなかったようである。治一郎の威風堂々とした態度に、警察でさえそのような扱いを躊躇したのだという証言もある。しかし、治一郎は自分を収監している者に対してもっと断固たる姿勢を示し、「拷問するなら殺すまでやったほうがよか。そげんせんと、いつかはシャバに出るばい」といったのだと主張する者もいる（高山 2005: 179）。水平社関係者が糾弾運動で暴力を振るうという評判を得つつあったこともあるが、松本組と松尾組との間に起きた二日市事件で何があったかを知っていた警察関係者もいたはずである。

治一郎は九月二四日に九州に戻り、博多へと下る各駅で群衆による歓迎を受けた。数百人の水平社支持者が旗を振って治一郎を迎えたほか、取材のために待ち構える新聞記者もいた。しかしこうした歓喜の声は、数日後には、九月二五日に釈放される予定だった松本源太郎がその前日に死んだという報せでぱったり止んだ。検死の結果、栄養不良による心臓病の悪化が死因ではないかとされたが、水平社は、死亡は刑務所での虐待がもたらしたものであると主張した。博多駅前に数千人が集まり、源太郎の遺骨を持って帰ってきた遺族に弔意を表した。

徳川家達暗殺予備容疑での治一郎と佐藤三太郎の公判は、一九二五年一〇月一九日に東京で始まった。両名とも容疑を否認した。主たる起訴容疑は、治一郎が、博多駅前の食堂で佐藤三太郎と松本源太郎に銃と短刀を渡したというものだった。治一郎はこれを認めたが、自分の家には建設現場や炭鉱で働く者がしばしば泊まっており、短刀や銃を忘れていくことがあるのだと説明した。佐藤と源太郎もそうだったので返してくれと頼まれた、指摘のように食堂で渡したのは確かだが徳川家達を殺すためにそれを使う計画などまったくなかったという。佐藤も容疑を否認した。にもかかわらず二人は有罪とされて懲役四月の刑を言い渡され、上訴したにもかかわらず上級裁判所も有罪判決を維持した。裁判官が治一郎の説明を疑ったとしても不思議ではなかったかもしれない。治一郎のように会社社長の立場にある者が、佐藤や源太郎のような連中のために使い走りをして忘れ物を返しに行くなどということが本当に考えられるだろうか。治一郎と佐藤は一九二七年三月九日から刑に服した。

現在の日本が暴力犯罪、とくに銃犯罪の少ない国という評判を得ていることを考えれば、治一郎の陳述には若干の説明が必要かもしれない。まず押さえておくべきなのは、徴兵政策がとられていたということは、火器の使用法を知っている男が多数いたことを意味するということである。第二に、短刀や銃を用いた暴力が当たり前のように起きていた地域は当時の日本にはたくさんあり、筑豊の炭鉱地域もそのひとつだった。第三に、シベリア出兵に参加した兵士のなかには帰国時に各種の武器を密輸した者も少なくなかったのである。

九月一九日から二〇日にかけての夜、治一郎の公判が始まる約一か月前に、東京の徳川邸が全焼した。当初、火事の原因は漏電であるとされたが、警察はその後、数日前に起きていた帝国議会議事堂放火事件とこの火事を結びつけて考えるようになった。議会では治安維持法の審議が行なわれていたので、警察は社会主義者の関与を疑った。一年後、警察は大連で浜嘉蔵（当時二八歳）を逮捕し、裁判にかけるため日本に連行した。浜は、自分にとって不利な具体的証拠はなかったにもかかわらず、徳川邸への放火を自白した。福岡出身の孤児である浜は、おそらく部落の出ではなかったものの治一郎のことを多少知っており、治一郎宅で食事をしたこともあったかもしれない。炭鉱で働いた経験があるが、足を折って辞めた。その後は建設現場で糊口をしのぎ、いずれかの段階で松本組の仕事もしていた可能性がある。東京では東京市道路局の仕事をし、関東玄洋社や、別の右翼団体である大化会とつきあうようになっていた。同時に治一郎とのつながりも維持しており、少なくとも一度は岩尾家定と会って、治一郎への嫌がらせや松本源太郎の死への報復手段について話し合っている。

公判では、徳川邸襲撃の動機は松本源太郎の死への復讐だったとされた。裁判所は一九二七年にようやく判決を言い渡し、浜を懲役一五年の刑に処した（未決勾留に処されていた二年は算入されていない）。浜が一九四二年に釈放されたとき、治一郎は刑務所の門前で出迎えた。井元麟之は、治一郎が浜に大連逃亡のための金を与え、裁判費用まで支払ってやったのでないかとしている（高山 2005: 191-4）。

この事件をめぐっては謎がいくつか残る。このように足が不自由であった者に、壁を乗り越えて徳川邸に放火することが可能だったのだろうか。当日の夜、浜は筑豊出身の他の人物とともに徳川邸に行ったものの、侵入はしておらず、火事のことは翌日の新聞で見ただけだと主張しているという話もある。それではなぜ浜は自白したのだろうか。借りがあると感じていた治一郎が非難されないようにするため、自分が事件の責任を背負いたいと考えたのかもしれない。さらに、当時の日本の警察は被収容者を組織的に暴行・拷問するのが常だったので、警察が無実の男に自白を強要しただけだという可能性も忘れるべきではない。

一九四五年以降、治一郎は天皇家を一貫して批判するようになる。占領中にはその廃止も主張した。治一郎自身が人生を振り返った文章でも、その死後に出版された伝記でも、一九二〇年の黒田三〇〇年祭反対運動と一九五〇年代の共和主義的主張を結びつける一貫した論理を提示しようとする試みがなされている。確かに、治一郎は戦後、天皇に対する不自然な敬意と部落民に向けられる侮蔑はつながっていると指摘し、一方を解消することなしに他方を解消することはできないと示唆するようになった。治一郎が用いたのは「貴あれば賤あり」という表現である。しかし、治一郎がいつからこのような主張をするようになったかははっきりしない。一九二〇年代中盤にこのようなことを言っていたという証拠はなく、徳川公爵辞爵要求運動がもっと大きな反天皇制戦略の一環だったという証拠も多くはない。このような姿勢は、当然、関東大震災のときに明らかになったように多くの地方水平社や水平社幹部が表明していた明治天皇支持の感情とは矛盾することになっただろう。

第三回大会で可決された決議を起案したのが治一郎だったとして、徳川公爵辞爵要求運動に対する治一郎の貢献は、第二回大会では曖昧な懸念しか表明されていなかった状態から、より実際的な辞爵要求へと議論を動かしたところにある。さらに、運動の過程で行なわれた一連の発言を見れば、天皇批判はほとんど行なわれていないばかりか（もちろんそれは当時危険な行為だった）、運動の過程で頒布された文書のなかには天皇制への積極的支持を表明するものもあった。

徳川公爵辞爵要求運動の開始から四か月間の収監が始まるまでの間に、治一郎は水平社の活動への、そして国から直接の挑戦と見なされたもうひとつの運動——陸軍福岡連隊糾弾運動——への関与をますます深めていた。同時に、水平社運動は、自分たちがやろうとしていることについての理論と理解が欠けていることに（正面から対峙しなければならなかったというのは言い過ぎとしても）多少の注意を向けることも余儀なくされたのである。

五　水平社の再建

理論と組織体制の問題に取り組む必要があるという自覚を促したのは、治一郎らの逮捕によって生じたいくつかの問題である。佐藤が東京駅にやってくる予定であることを警察がどのようにしてあれほど正確に知っていたのかは謎だった。一九二四年一〇月に運動内部で行なわれた調査により、東京にいた遠島哲男が警察のスパイで、東京水平社の平野小剣や南梅吉から佐藤についての情報を得ていたことが明らかになった。遠島は政友会所属の政治家で当時司法大臣を務めていた横田千之助[4]のために働いていたが、同時に組織犯罪集団（ヤクザ）とも社会運動団体ともつながっていた。遠島が平野や南とどのような関係にあったのか、また遠島がスパイであることを二人が認識していたか、あるいは二人が警察から金を受け取っていたかははっきりしない。にもかかわらず二人は辞任を余儀なくされ、より若く急進的な指導者らがとって代わることになった。水平社本部も東京から大阪に移された（部落解放同盟中央本部 1987: 99-100; 高山 2005: 199-200）。

運動には社会主義者も何人か参加していたが、水平社幹部はとりたてて急進的でもなかった。前述のとおり、第二回大会後に南梅吉らは政府閣僚らと会談している（関東大震災直後の奇妙な出来事については言うまでもない）。一九二四年には、水平社運動の指導的地位には南と平野が就いていた。南はもともと京都出身だが、既成有力政党から金銭的にも政治的にも支持を得ようと東京で時間を費やしていた。実際、一九二三年六月には横田千之助を説き伏せて、部落民、朝鮮人、台湾人の日本社会統合のために活動する同和事業研究会に金を出させることに成功している。南は三〇〇円の給料を約束されており、新聞を発行する計画もあった。残念ながら、新聞発行の計画は震災後に頓挫し、研究会も一九二五年二月に横田が死亡すると立ち消えになった。

当時、南は個人的に深刻な問題を抱えていた。妻と娘が亡くなったばかりであり、息子は、父親が部落民で水平社幹部でもあることが発覚して郵便局に採用を拒否されてから、仕事を見つけられずにいた。水平社幹部になったときに商売をやめていたので、所得はまったくない。横田から提供される資金で、個人的問題も組織上の問題も解決されるはずだった。そこに遠島が現れ、社会運動、とくに水平社について取り上げる新聞を出すというアイデアを引き継いだ。その『同和通信』は一九二四年一月に新聞として登録された。購読料は（東京朝日新聞の購読料が月額一円二〇銭の時代に）月額二〇〜一〇〇円であったため、誰が読んでいたのかははっきりしない。記事のほとんどは水平社の中央委員を出所としており、そこには治一郎も含まれていた可能性があるが、遠島が国から直接金を受け取っていたこと、すべての情報が特高警察に筒抜けだったことは誰も知らなかった（高山 2005: 202）。

遠島が警察のスパイだったことが明らかになると、南も平野も、より若く急進的な活動家の批判にさらされることになった。このグループの中心にいたのが高橋貞樹（一九〇五〜三五）である。大分県生まれの高橋は東京商科大学（現・一橋大学）予科に入学したが、一九二二年に中退して社会主義運動に参加するようになった。すでに英語とドイツ語に熟達していた高橋はマルクス、エンゲルス、レーニンによる史的唯物論の古典的著作を読み始め、ロシア語も学び始めた。山川均が率いる水曜会の会員となり、一九二二年七月に秘密裡に結成された第一次日本共産党の創設メンバーでもあったと思われる。同時に水平社の創立者、とくに阪本清一郎とも懇意にしていた。第二回水平社大会後は全九州水平社の結成を手伝うために福岡に派遣され、博多でも筑豊地域でもマルクス主義思想についての講義を行なった。一九二三年六月に第一次共産党メンバーが大量逮捕されたときは女性解放誌『女性改造』の記者をしていた小宮山富恵にかくまわれ、やがて同棲するようになった。

しかしそれで逮捕を免れたのも束の間のことであり、七月には一か月拘留されて、ただでさえ弱かった体をますます痛めてしまった。震災後はふたたび「保護検束」の対象とされた。二人は一九二三年一一月に大阪へ引っ越したが、近い将来、いずれかの段階で水平社内部に共産党再建の本拠地を築きたいと考えてのことかもしれない。小宮山が保険の外交員をして二人の生計を立てようとしている間、高橋は体調が許すかぎりマルクス主義細胞作りと部落史の研究に打ちこんだ。週に一度の研究会を主宰して「レーニンの国家論」や「革命」といったテーマで講義をしていた高橋を指導者として、やがて全国水平社青年同盟が結成された。同盟は独自の機関誌『選民』[5]を発行し、運動の目的を「身分闘争」から「階級闘争」に変革することを決意していた。

一九二四年五月、高橋は代表作である『特殊部落一千年史』（岩波文庫『被差別部落一千年史』）を出版した。これはおそらく部落問題を全面的に取り上げた最初の著作であり、マルクス主義的分析の試みとしては間違いなく初めてのものである。第一編では、古代から一九世紀に至る被差別民集団の歴史に関する研究が要約されている。高橋は、部落民として別個の人種的・民族的アイデンティティを想定することには反対し、むしろ部落民は一〇〇〇年の歴史の産物であって、支配階層によって最下層民として生み出されたのだと提起した。その目的は、自分よりも下にいて見下せる集団を下層階級に与えることにより、下層階級にはけ口を与えて欲求不満を支配階層にぶつけないようにさせることにあった。一八七一年に身分制度が公式に廃止されたにもかかわらず身分差別が残っているのは、それが、一八七〇年代のブルジョア革命が不完全であったために手をつけられなかった封建制の残滓のひとつだからであるという。

第二編は水平社の現状とその目的の分析である。ここで、また出版から数か月の間に発表した別の諸論文で、高橋は、丸三年を迎えようとしていた水平社運動の状況を総括している。高橋によれば、水平社の運動は組合運動や小作人運動とともに急速に成長したが、現在どこに向かおうとしているのかは不確実である。差別と偏見を持続させている封建制の要素との闘いに運動を限定するのではなく、さらに進んで、他の労働者階級団体と連携して資本主義と闘わなければならない。高橋は、差別への抗議（糾弾）を奨励する初期の運動が水平旗のもとに人々を結集させるうえで功を奏したことは認めつつ、運動をより高次の段階に進めることが必要だと考えた。水平社の組織論の観点からは、中央委員会と県水平社・地方水平社との連携を強化するために体制の改善を図らなければならない。戦術的観点からは、単純な差別行為に焦点を当てる運動から離れて、その差別の根本を露わにする運動へと舵を切らなければならない。さらに、水平社は無産者運動の一角を占めるのであるから、無産階級政党（すなわち日本共産党）を支持するために、また部落の階級意識を高めるために、革命闘争の同志と力を合わせるべきである。高橋は、労農運動と連帯しながら資本主義の転覆を追求するとともに、部落民を穢れた存在とした伝統的な日本的考え方への異議申立てに乗り出すことを促した（高山 2005: 205; 部落解放研究所（編）1986: 519）。

水平社の青年幹部のなかには、一九二〇年一二月に結成された日本社会主義同盟のメンバーであったことから高橋のことを知っている者もいた。そのなかには後に日本共産党に加わり、水平社青年同盟の中核的メンバーとなった者もいる。水平社青年同盟は主として大阪を基盤としており、治一郎と佐藤が逮捕される前から、水平社幹部の日和見主義とまとまりのなさを批判していた。当時の水平社は、一部の天皇制支持者、あらゆる権威を否定するアナキスト、仏教徒、社会民主主義者、マルクス主義者の緩やかな連合体であり、差別反対という点で団結していたにすぎなかった。さらに、水平社本部は指導力を発揮せずに連絡役しか果たしていないと批判されていた。問題は、運動が直面している問題に、分裂を避けながらどのように対処していくべきかというところにあった。

南梅吉を中心とする幹部層が、警察の犬であった遠島のような人間と少なくとも行動をともにしていたことが一九二四年後半に発覚すると、急進派は幹部を打ち据える材料を手にすることになる。一九二四年一二月一日から三日にかけて、水平社各県代表二九人の会議が大阪で開かれた。会議の議長は穏健派の岡山県代表で、青年同盟に共感していることで知られていた治一郎が副議長を務めた。会議の委員会は幹部らの処分を発表したほか、一二月三日には治一郎を含む五人の少人数で秘密会議を開き、水平社本部を京都の南宅から『水平新聞』が使っていた大阪の事務所——ここは青年同盟の本拠地でもあった――に移すことを決定した。南は会議に出席しなかったが、自分が出席しない会議は無効であると伝言している。治一郎も遠島と協力したことがあり、一九二四年九月二三日付『同和通信』に治一郎についての記事が出た。しかし青年急進派は治一郎を幹部一派の一員とはみなしておらず、黒田三〇〇年祭反対運動は治一郎が天皇制反対の姿勢を有していることの証拠であると考えていた。加えて、当時治一郎の個人秘書を務めていた岩尾家定は水平社青年同盟のメンバーであり、おそらくは日本共産党の党員でもあった。

南梅吉は一二月の大阪会議で行なわれた決定を受け入れないと宣言し、一九二五年一月二〇日に自宅で会議を招集しようとした。古くからの幹部二五人が出席したが、当の南も、平野小剣もその場にいなかった。会議の二日前、群馬県にある小さな部落（二三戸）が近隣の村民一〇〇〇人（一部証言によれば三〇〇〇人）に襲撃されていた（世良田村事件）。暴力は一晩中続き、一五戸が被害を受けて家具をほとんど破壊された。一五人が重傷を負っている。襲撃後、その村は「大震災後の東京のような有様だった」。その村では一九二一年七月に水平社が結成されており、学校や公衆浴場での差別に関する抗議を始めていた。部落側の不満の表明が熱烈すぎたか、あるいは、元被差別民が待遇の平等を要求するとは傲慢だと部落以外の村民が憤慨したのか。事情はどうあれ、近隣村では今後の水平社の要求に抵抗するための自警団が結成された。事件のきっかけとなったのは、老人が「チョーリンボウ」（被差別民への暴言としてこの地域で使われていた言葉）と口にするのを水平社の同人が聞きとがめたことである。問い質されると、老人はいったんは謝罪することに合意し、会合を開いてその場で差別反対の意思を明らかにすることになったが、地元の在郷軍人会から圧力を受けて約束を翻した。村長が仲裁を試み、一月一八日に返事をするということになったが、返事の代わりに襲撃が行なわれたのである。警察は部落を守るための手をまったく打たなかった。ようやく襲撃参加者五八人が裁判にかけられたが、いずれも軽微な罰金刑で済んだ。他方、部落からは五人が、違法な行為により老人に公的謝罪を強要したとして有罪判決を受けた。

部落民にとって、この襲撃は一八七〇年代の反「解放令」暴動を思い出させるものだった。さらに、警察と裁判所が襲撃者の味方をしているように映ったので、当局が部落民の問題を真剣に受けとめていると納得させることはほとんど不可能だった。水平社の活動家にしてみれば、これは明治維新と「解放令」から五〇年を経てもほとんど何も変わっていないことの証だった。同時に、全国で部落を支援できる団体を発展させていくことの重要性は依然として変わらないことを示すものでもあった。急進派にとっては、もちろん、国家体制の階級的性質と、他の階級運動団体との連帯を強化していく必要性についての自分たちの見解の正しさを裏づける事件だった。

南は運動内部での権威を取り戻そうと、第四回大会を三月三日に開催することを求めた。しかし、ともに青年同盟の強い影響下にあった奈良と大阪の水平社は、その日に地方大会を開くと決定した。全九州水平社は三月二一日に大会を開き、南や平野を批判することこそ控えたものの、組織再編の一環として労働組合および農民運動との連帯を進めていくと決定した。最終的に、第四回大会は五月七～八日に大阪で開催されることになった。大会前日、治一郎は創立メンバー（阪本清一郎と西光万吉）および青年同盟の一部と会合を持った。討議の詳細は記録されていないが、おそらくこのとき、治一郎が南に代わって中央委員長に就くことが決定されたのだと思われる（高山 2005: 223）。もちろん治一郎が大会議長を務め、水平社の組織体制と今後の戦略に関する提案について二点のもっとも重要な討議が行なわれた。青年同盟の代表は、水平社は現在の混乱から脱するために「鉄の規律」を必要としており、また広く無産者運動に関与していくべきであると主張した。議論の核心は部落「問題」の性質である。それは権利の問題であって、ある程度の穏健な改革と多数派日本人の態度変更を経れば現行社会の体制内で解決しうるものなのか。それとも、それは現代日本資本主義社会の階級体制と分かちがたく結びついた問題で、その解決のためにははるかに急進的な改革、場合によっては革命が必要とされるのか。激しい議論で大会が二分されたため、議案は撤回された（藤谷・馬原 1972a: 70-2）。議長は採決せずに討議を打ち切り、問題は中央委員会による検討に委ねられた。

検討の結果、水平社は治一郎を長として再編成された。青年同盟から二人が中央委員となり、やはり青年同盟のメンバーである木村京太郎が書記に据えられた。旧幹部のほとんどは、南と平野を除いて留任した。治一郎はこうして部落解放運動の指導者としての地位を獲得し、その立場を終生維持していくことになる。しかしそれは、治一郎が、対立諸派を仲裁して運動の団結を保っていけるような成果を生み出す能力を実証したことによるものである。

高橋貞樹はマルクス主義者であり、日本共産党員であり、第四回大会当時は弱冠二〇歳だった。高橋は、部落問題に関する著作で、日本社会がどのような性格を有しており、そこで部落民がどのような立場に置かれているかについての深刻な問題をいくつか提起している。青年同盟と全国水平社無産者同盟は高橋の影響を色濃く受けており、運動内部におけるこれらの勢力の重みは増しつつあった。しかし、高橋の威光に反対する者がいなかったわけではない。水平社内部のアナキスト勢力はマルクス主義の影響力が高まっていくことに懸念を覚えていた。そこで高橋の出自を調査し、高橋は部落出身などではまったくなく、父親は士族の出身だと主張した。高橋の家族の正確な事情を確定することは当時も現在も困難だが、アナキスト勢力は、一九二六年五月に開かれた第五回大会で、高橋が部落民ではないこと、したがって「部落民自身の行動によって」解放を求める運動に居場所はないことについて賛同を得ることに成功した。高橋は除名されたが、そのころにはすでにモスクワ留学のために日本を離れていた。しかしモスクワ滞在も長くは続かなかった。一九二八年三月一五日の一斉検挙で日本共産党が崩壊した後、党の立て直しのために帰国を命じられたのである。一九二八年一二月に秘密裡に帰国した高橋は、一九二九年四月一六日の第二次一斉検挙で捕まるまで活動した。その後、残りの人生のほとんどを獄中で過ごすことになる。一九三五年後半に健康状態が悪化して帰宅を許されたが、釈放後ほどなくして死亡した（部落解放研究所（編）1986: 519）。

治一郎はこのとき三八歳で、マルクス主義者ではなかった——というより一度もマルクス主義者になったことはない——が、水平社の支配権を握った急進派に属すると見なされていた。一部の者ほど思想的立場を明らかにしていたわけではないが、国家の代表との直接対決、あるいは少なくとも交渉に臨み、必要とあらばその結果を甘受する覚悟のある指導者という評判を獲得しつつあった。治一郎は、水平社を再編成してより実効性のある団体にしていこうとする若き同志たちの試みを支持し、それが少なくとも原則としては民主集中制をとることにつながるのも厭わなかった。

治一郎の評判が高まりつつあったのは水平社内部だけのことではない。福岡では、治一郎の交渉能力が、小作人と地主、炭鉱夫と炭鉱主の紛争を解決するうえで役立つことが認識されるようになっていた。一九二五年晩春、福岡市のすぐ外側に位置する村で、地主が小作料の現物払いとして収穫の七分の五を要求した。小作人らは日本農民組合の支部を結成し、小作料を収穫の三割に固定するよう対抗提案を行なった。地主はこの提案を呑まず、小作人が小作地に立ち入ることを拒否した。紛争は長引き、田植えをしなければならない六月に入っても解決しなかった。このままではすぐに田植えの時期が過ぎてしまう。治一郎が調停を依頼された。六月二七日になってようやく、治一郎は交渉による妥結に成功した。同じ年の夏には、小さな炭鉱の経営者が賃下げと炭鉱夫の解雇を試みた。炭鉱夫らは組合を結成して復職、賃上げ、八時間労働の実施を要求し、その実現のためにストに入った。地元の労組連合である総同盟が炭鉱労働者を支持して、また内務省は雇用者側に立ってそれぞれ介入したが、解決策について合意することはできなかった。その後、九月一二日に調停を頼まれた治一郎は、炭鉱主側が争議の指導者一五人に解雇手当としてそれぞれ二〇円を支払い、その後は治一郎自身が一五人を雇うという形で調停を成立させた。一方、炭鉱主側は、引き続き炭鉱で働く者の労働条件を改善することも約束した（部落解放同盟中央本部 1987: 104-5; 高山 2005: 225-6）。

しかし、このときまでに治一郎は主として部落解放運動に傾倒するようになっており、一九二六年初頭に始まった運動では、日本最強の機関との衝突をもたらす行動に乗り出す。軍隊である。

六　福岡連隊事件

一九二〇年代前半は陸軍の威信と権威が低下した時期である。無駄が多くて評判の悪かったシベリア出兵（一九一八～二二）は、五〇〇〇人の命と九億円を費やしておきながらほとんどあるいはまったく成果がなく、陸軍縮小の要求が出ていた。一九二五年、陸軍大臣の宇垣一成は陸軍の合理化を実施し、兵の総数を歩兵師団四個分削減したが、戦術と技術の革新により兵力の深刻な弱体化には至らないとされた。しかしこれによって多くの将校が職を失うことになったのは確かであり、一九二五年七月以降、青少年の間で軍隊精神を広める方策として二〇〇〇人の現役陸軍将校を旧制中・高等学校に配属する計画が作られた。一六歳を過ぎても就学している青年は相対的に少なかったので、学校に行っていない者も徴兵前に軍事教練を受けられるようにすることが決定された。そこで一九二六年七月から青年訓練所令が実施され、青少年を対象として総計八〇〇時間の訓練（うち四〇〇時間は演習）を行なうこと、修養年限は一六歳から二〇歳までの四年間とすることになった。一〇月一二日までに全国二万二〇六四か所に訓練施設が設置された（新藤 1974: 46-7; Humphreys 1995: 92-3）。

一九二〇年代初頭には、社会主義運動の高揚と軌を一にして、とくに大学・高等学校の学生の間で厭戦感や反軍感情が急速に広がっていた。一九二三年五月に早稲田大学で開かれた反戦集会には学生五〇〇〇人が参加している。多くの学校・大学で社会主義研究会が結成され、文部省はこれらをすべて潰そうとしたほどである。旧制福岡高等学校の社会科学研究会は一九二四年一二月に解散を命じられたが、研究会のメンバー四人が関わった事件が翌年学校に通報され、数名が停学になっている。九州帝国大学の学生もこれらの事件に関与しており、その後、一部の者は地元の無産者運動で頭角を現していった。

教育および社会一般の軍国化に反対することは無産政党の綱領における重要なテーマのひとつに

なった。たとえば、一九二五年の農民労働党綱領にはとくに次のような要求を見ることができる。

・軍備の縮小
・一年兵制の実施ならびに徴兵より起こる家族の経済的窮乏に対する国庫補償
・民衆を軍国化する一切の政策に対する反対
・植民地民族の教育および職業に関する一切の制限の撤廃
・秘密外交の撤廃
・弱小民族に対する不平等条約その他一切の侵略主義的暴圧の撤廃

水平社もこの問題について独自の視点を持っていた。すでに第二回水平社大会の時点で軍隊内の差別に懸念を表明している。一九二三年三月には、井元麟之が先頭に立って、シベリア出兵に参加した兵士を記念するために建てられた記念碑から部落民の名前を外そうとした者たちに反対する運動が行なわれた（高山 2005: 233）。水平社の若い支持者は社会主義に傾きつつあり、また教育の軍国化の影響を直接受ける立場にあったことから、彼らがこの軍国化反対運動に重要な貢献を行なうことになるのは自然の理であった（新藤 1974: 70-1）。

井元麟之（一九〇五年生）は堀口村の住民で、一六歳で学業を終えた。しばらく電機工場で旋盤工として働いたが、組合を結成しようとして解雇された。学生ではなかったものの九州帝国大学の社会科学研究会に所属しており、一九二四年五月からは、教育軍国化反対運動に参加していた松原水平社青年同盟で活発に活動した。一九二六年一月八日に金平で開かれた、とくに軍事訓練所の設置に抗議する「軍事教育反対同盟会」の集会にも出席している。その二日後、二〇〇〜三〇〇人ほどの同志に付き添われるなか、井元ら一一人が第二四連隊の営門に到着した。旧福岡城の敷地に駐屯していた同連隊で、彼らはこれから二年間の軍役を務めることになる。井元の出自や考え方はほとんどの者が承知していた。

軍事教育に反対する声は、訓練所設置計画が実行に移されていくなか、その後数か月にわたって高まっていった。訓練所は、一九二六年六月から七月にかけて、福岡にある工場や炭鉱の近くに設置された。松原と金平の青年グループは訓練所に行くことを拒否したが、松園のグループは訓練に参加して内部から転覆させようと呼びかけていた（新藤 1974: 78）。

井元は第二四連隊内で複数の差別事件に遭遇し、上官と、外出日になると会いに行っていた治一郎にそれらを報告した。連隊には部落出身の兵士が一二〇人以上いることがわかり、井元はそのうち二〇人ほどを秘密裡に組織化して、偏見と闘い差別事件を報告する「兵卒同盟」を結成した。井元は後年、「……偉大なる、力強い、すばらしい、我々の救世主ともいうべき松本治一郎先生が後《うしろ》には控えておられ」たと語っている。治一郎は、軍隊指導部との対決にあたって井元を個人的に支えたのみならず、もっと具体的な利益も供与しており、井元たちに食費として一〇円札を渡すのを常としていた。部落の平均日給が一円四九銭、東京のカレー一皿が一〇銭の時代である（高山 2005: 240-1）。

井元は連隊長を説得し、差別をやめさせるための講演会を連隊内で行なわせようとした。連隊長は検討を約束したが、具体的行動はとらなかった。井元は水平社の仲間とのつながりを維持しており、

1926年1月に福岡歩兵第24連隊に入隊した井元麟之は、部落出身兵士の連絡網・兵卒同盟を組織し、連隊内の差別を摘発した。２列目左から２人目が井元。写真は1927年11月撮影で、兵卒同盟の人びとを写したものとされる。
［井元麟之資料、〔公社〕福岡県人権研究所蔵］

五月末までに、連隊内部で行なわれている差別に抗議するデモが営門前で何度か行なわれた。福岡連隊の連隊長はそれでも抗議への譲歩をいっさい考慮しようとしなかったが、久留米連隊の隊長が仲介に入り、七月末までに福岡市記念館で連隊全員を対象とする講演会を開催すること、将校のみを対象とする講演は連隊長の私宅で行なうことなどを内容とする合意をとりまとめた（高山 2005: 245）。

同じころ、水平社の第五回全国大会が福岡で一九二六年五月二一〜三日にかけて開かれ、ふたたび治一郎が議長を務めた。二〇〇〇人以上が出席し、日本農民組合、日本労働組合総同盟、いくつかの単組からも友誼団体として代表が派遣された。大会のテーマのひとつは、「ブルジョワ自由主義」を放棄し、水平社と官製融和運動との差異を明らかにするところにあった。水平社の活動を際立たしめるのは、それが確固たる階級意識に基づいていることであると主張された。水平社の綱領に次の一節を新たに加えるという提案をめぐっては、激しい議論が闘わされた。

我等は賤視観念の存在理由を識るが故に明確なる階級意識の上にその運動を進展せしむ

（渡部・秋定 1973: 127）

この提案はとくに、水平社の糾弾活動はもっと選択的に進められるべきであり、あらゆる差別事件にいちいち飛びついているだけではいけないということを含意するものだった。また、労働者団体と農民団体の双方を含む無産者運動の他の層や、男子普通選挙制下で初めて執行される次期総選挙に備えて結成されつつあった諸無産政党との協力を強めていくことを示唆するものでもあった。これらの提案に反対の声が出なかったわけではない。アナキスト勢力は、英国の炭鉱夫のストライキにマクドナルド首相が介入したことを引き、これは労働者階級の集団が議会政治に関わったときに起こりうることを示すものであるとして、「ブルジョワ政治」へのいかなる参加にも反対した[6]（渡部・秋定 1973: 140）。とはいえ、水平社幹部の間ではマルクス主義思想が優勢であった。西光万吉と木村京太郎はともに共産党と密接に協力しており、一九二七年初頭には地下党員になっている。阪本清一郎は党員ではなかったが、治一郎とともに労働農民党の第一回大会に参加し、一九二六年にはともに中央委員に選出された（部落解放研究所（編）1986: 294）。このように、水平社幹部は本当の意味で他の「無産者運動」勢力と関わりを持っており、緩やかな――労働者、農民、部落民の――三者連合を形成して、当時は軍国主義に反対することが高い優先課題であった労働者階級の戦略を支えていたのである。

福岡で進められていた陸軍将校との厳しい交渉の間、水平社幹部は、団結した労働者階級運動の支持者が地元でも全国的にも自分たちを支持してくれていると感じていた。水平社の指導者としての治一郎の立場は福岡大会でも再確認された。本部は引き続き大阪に置かれたが、治一郎は、福岡から汽車に乗って仕事で上京する際には、大阪駅のプラットホームで水平社大阪本部の者と短時間会って最近の出来事について話し合い、事務所維持費として現金を渡すのを常としていた。福岡連隊の連隊長と合意がまとまった後、治一郎は、当時水平社総本部の書記を務めていた木村京太郎と大阪通過時に会って合意について話し、連隊が「謝罪」することになったと伝えた。木村は本部に戻って「福岡連隊の差別事件大勝利解決す」と題するビラを作成し、水平社の全支部に送った。ビラには「頑迷固陋、階級差別によって固められた彼ら連隊当局の石頭連中も、遂に我らの正義の力の前に屈服した」とまで書かれていた（高山 2005: 247）。

陸軍がこのビラを目にするところとなり、七月一八日、これは注意深くとりまとめられた合意に違反するものだと通告してきた。そのため予定されていた講演会は中止になった。金平、松原、松園の在郷軍人会分会長と協力関係にあった治一郎は福岡連隊の連隊長に会いに行ったが、なぜ講演会を中止にしたのかという質問に対しては、上からの命令にしたがって行動しているという答えが繰り返されるばかりだった。同じころ、大阪でも似たような活動が進められていて、そこでも謝罪についての合意がまとまっていたが、福岡連隊の通告のちょうど前日に軍側が突然合意を破棄してきた。これにより、この決定は東京で陸軍中央の意思により行なわれたものではないかという疑いが確認されることになった。これは治一郎にとって、運動が、全九州水平社と第二四連隊との間に生じた地元の問題から、水平社と陸軍――ということはすなわち大日本帝国――との全国的問題に変化したことを意味した。

この段階で、治一郎の秘書を務め、治一郎宅に住みこんでいた岩尾家定が行方不明になった。福岡連隊糾弾運動拡大の計画を進めていたところだったので、治一郎は木村京太郎に、大阪から来て代わりを務めてくれるよう頼んだ。一〇月一〇日に水平社府県代表らの会議が開かれ、糾弾運動のための寄付が呼びかけられるとともに、運動を進めていくための委員会が福岡に置かれることになった。全九州水平社の機関紙『水平月報』が一万部発行され、状況を説明した。一〇月二〇日には九州劇場で演説会が開かれ、幅広い層から五〇〇〇人が出席したとされる。陸軍も演説会に招かれたが「軍令が許さない」と回答してきた(『水平新聞』一九二七年二月一日付)。一方、福岡連隊は一〇月七日から一四日にかけて地元で演習を実施し、兵士をある村の一部に宿泊させたが、近くの部落には兵士をまったく割り当てなかった――これは公然たる差別の証拠だと考える活動家もいた。水平社は、今後はいかなる兵士も自宅に宿泊させないようにと県全域で同人らに呼びかけた。運動は勢いを増しつつあった。労働農民党福岡県連は、福岡市記念館で一一月三日に開いた演説会で、この運動を積極的に支援していくことに合意した。労働組合九州連合会と北九州無産青年団体連盟も水平社の闘いを支援していくことで一致した(新藤 1974: 122)。

天皇は年に一度、陸軍の特別演習を観閲する。一九二六年には、摂政を務めていた裕仁皇太子が、父である大正天皇の代理として、一一月一六日から一八日にかけて観閲のために佐賀を訪れることになっていた。水平社はビラ一万枚を作成して佐賀県全域で配布し、支持者に対し、村人を説得して兵士を家に宿泊させないよう呼びかけた。

この六か月の間に、問題はいくつかの形で大きくなっていた。この糾弾運動はそもそも、福岡を本拠地とする全九州水平社と地元の連隊との間に生じた、営舎内の差別をめぐる紛争として始まったものである。治一郎らは他団体にも支援を求めたが、組織的にそうしたわけではない。謝罪とほぼ変わらない合意がまとまっていたが、中央司令部からの命令によると思われる形で陸軍がそれを破棄し、地元警察による説得の試みでさえ、水平社の要請に対して陸軍にさらなる譲歩をさせるには至らなかった。そのため、晩夏以降、治一郎を指導者とする水平社は、幅広い反軍運動にやる気を示していた労働組合、農民団体、無産政党などの他団体に組織的に支援を求め、実際に支援を受けるようになる。さらに、水平社や他団体の幹部は、マルクス主義および非合法の共産党が提示する一見揺るぎない姿勢や戦略にますます惹かれつつあった。最後に、水平社の幹部は、自分たちの運動を天皇への直接の異議申立てと位置づける――天皇の摂政が最高司令官として間もなくこの地域にやってくることになっていた――ことによって、事態をさらに一歩進めることになったのである。

しかし、治一郎はなお妥協による解決を模索しようとしていた。治一郎は一〇月下旬、東京電力の副社長になっていた松永安左エ門が宇垣一成陸軍大臣との面会の約束を取りつけてくれることを期待して、上京した。この目論見は、陸軍大臣が佐賀の特別演習の手配で忙しいこともあって、うまくいかなかった。しかし松永は、治一郎が佐賀で宇垣大臣と会えるように伝言しておくと約束した。そこで治一郎は福岡に戻った（部落解放同盟中央本部 1987: 124; 高山 2005: 256）。

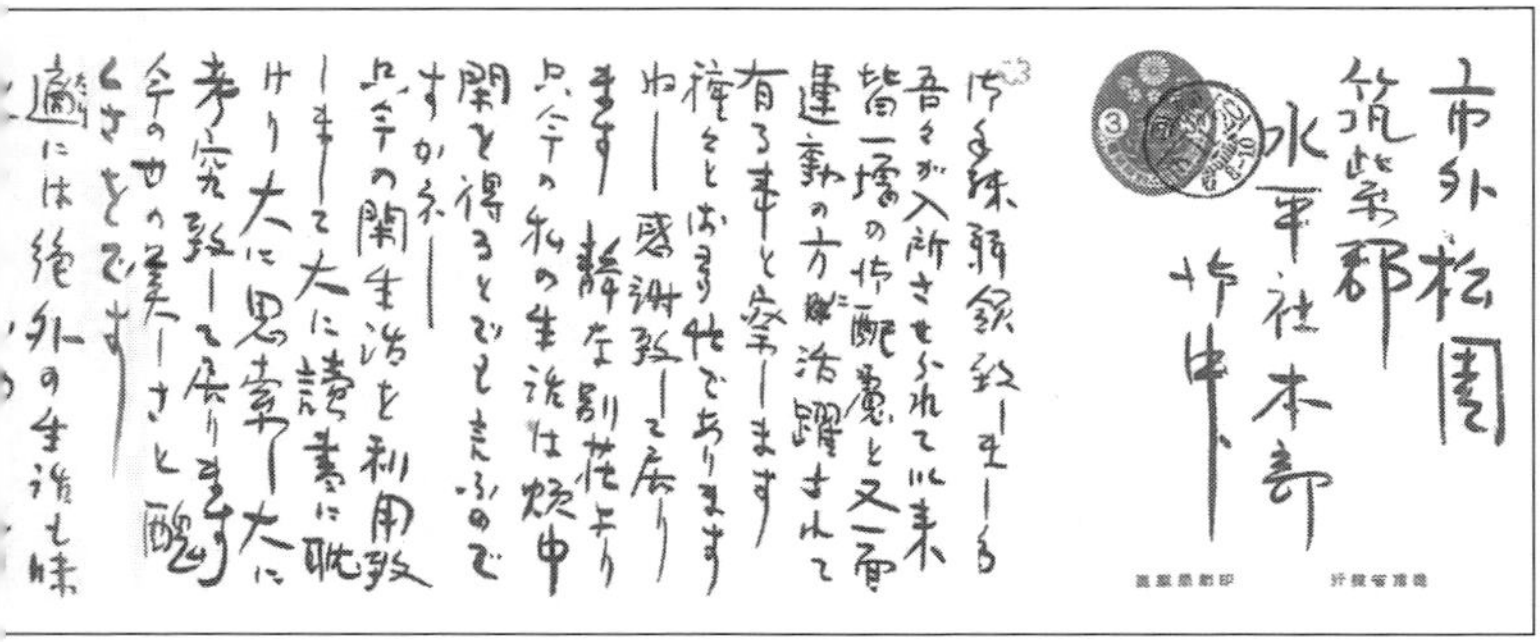

1926年11月19日、福岡市土手町拘置所から筑紫郡水平社宛に出した松本治一郎の手紙。「真理は倒れませんからネ」と、権力への闘志を燃やしている。
［井元麟之資料、〔公社〕福岡県人権研究所蔵］

一一月一二日、治一郎は朝早く家を出て、松本組が九州鉄道の停留所新設工事を行なうことになっていた建設現場に向かった。ほどなくして警察と検事局の捜査官がやってきて、治一郎宅および周辺の建物に加えて金平、松原、松園の水平社事務所の家宅捜索を行なった。全九州水平社の同人が一〇人以上連行された。警察は同時に大阪の水平社本部にも家宅捜索をかけ、木村京太郎と松田喜一を逮捕して五日後に福岡に護送した。夕方、治一郎が帰宅してみると自分に逮捕令状が出ていることを知った。県警本部に出頭すると、そのまま勾留された。治一郎はその後、第二四連隊の「営内にダイナマイトを投じて爆発せしめ」るべく共謀したこと、一九二六年七〜八月のいずれかの時点で拳銃一挺と空包の弾丸四二発を不法に購入したことを理由に起訴された（新藤 1974: 131）。決定的証拠とされたのは、岩尾の謎めいた失踪の五日後に岩尾宛に届いた、「熊本駅にて友人の妹より」差し出された手紙だった。

七　岩尾家定の動向――こぼれ話

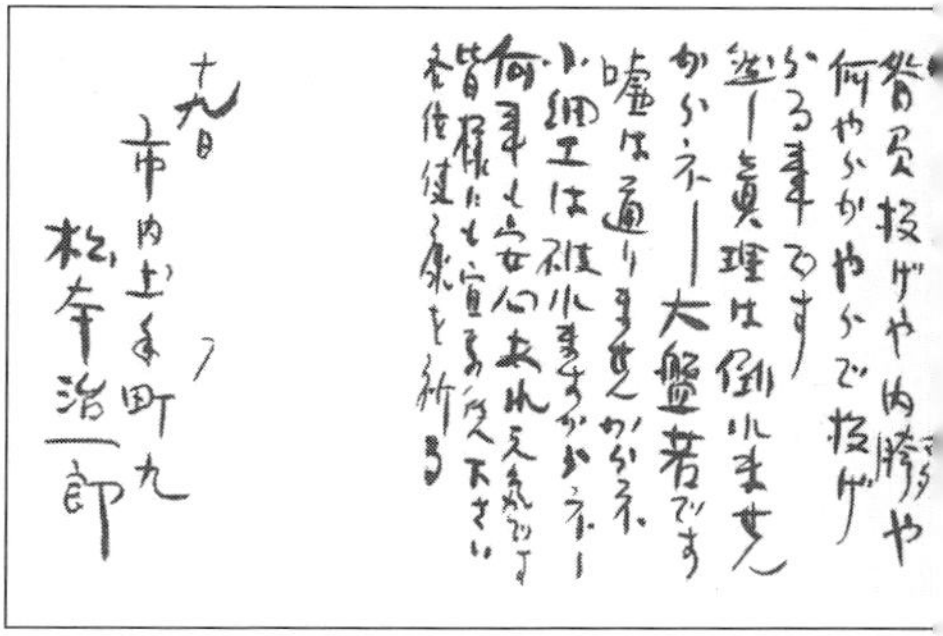

岩尾家定（一九〇四~四〇）は鹿児島県の生まれだが、高校卒業と同時に父の故郷である熊本県に引っ越した。一九二三年、熊本県水平社の創立に参加し、翌年には第三回全国大会に出席している。岩尾は治一郎の目に留まるところとなり、その後、引っ越して治一郎の家に住みこみ、個人秘書として働くようになった。福岡連隊糾弾運動にも密接に関わり、木村京太郎や井元麟之と同様、マルクス主義思想に強い影響を受けて青年同盟で活発に活動した。岩尾が失踪したのはこれが二回目である。一度目は福岡連隊糾弾運動が第二段階に入りつつあった八月初めのことで、金平出身の、一五歳になるかならないかの娘と出奔していた。

その後、その娘が警察に陳述したところによると、岩尾が最初に近づいてきたのは一九二五年四月のことで、自分はお前と結婚する運命にあるから卒業を楽しみにしていると言われた。娘の方でも、この痩身白皙《そうしんはくせき》のインテリに惹かれていたので妻になると約束をしたが、家族には何も言わなかった。岩尾は過激発言を理由に逮捕され、一九二五年五月から八月にかけて収監されたが、岩尾の釈放後、二人はまた会うようになった。もっとも岩尾は、普段どおりを装ってはいても、二人の関係は円滑に続かないのではないかと憂慮していた。二人は八月三日に東公園で落ち合い、一緒に暮らせないなら二人で死のうということになった。二人は九日に下関に行き、二日後、海に身投げするつもりで下関・釜山連絡船に乗った。しかし、デッキに出て行くと、船の乗務員に止められて飛び降りることができなかった。二人は娘の兄と岩尾の父から借りた金で福岡に戻ることになり、八月一四日に到着した。その後、娘は家族から厳重に監視され、岩尾と会うことは二度となかった。岩尾は数日間熊本に行き、その後、福岡の治一郎宅に戻ってきた。娘の家族に会って正式に結婚の申込みをしようと最後の試みをしてみたが、うまくいかなかった。そして、九月六日の夜にふたたび失踪したのである（高山 2005: 251-2）。

岩尾に何があったのか、長い間、誰にもわからなかった。治一郎が殺させたのだという噂もあった。これが事実でないことは明らかになっており、最終的に、岩尾はモスクワに無事にたどり着き、一九三〇年四月に帰国するまで東方勤労者共産大学で政治学を学んだことがわかっている。帰国した岩尾は日本共産党中央委員会の一員となり、作家の中本たか子と一緒に暮らした（部落解放研究所（編）1986: 37）。

一九三〇年二月、日本共産党中央委員会は「赤色自衛団」の結成を求める攻撃的方針を承認した。東京では、短刀やピストルで武装した三～五名の男からなる一五部隊が街頭に繰り出してビラまきやポスター貼りを行ない、「武装スト、放火、工場破壊」を呼びかける者もいた。彼らは一九三〇年のメーデーを武装蜂起の場にしようとしたが、無残に失敗した。これは共産党が弱体であることを実証しただけであり、当局からは同党のイメージをさらに貶めるために利用された。このときの共産党は、風間文吉や岩尾家定がモスクワから帰ってきたのでようやく活動を続けられるという状態だった（Beckmann and Okubo 1969: 194）。岩尾はこのような「極左的偏向」にきわめて批判的で、テロ活動の中止を指令したが、七月上旬に自分も逮捕されてしまった。岩尾は獄中で転向し、高橋貞樹とともに、コミンテルンには批判的だが天皇制には断固反対というわけでもない「一国社会主義」団体を結成した（Beckmann and Okubo 1969: 250）。にもかかわらず岩尾は一九四〇年初頭まで収監され、重病にかかったために釈放されて帰宅を許されたが、福岡に戻ると死亡した（部落解放研究所（編）1986: 37）。

八　捜査と裁判

一九二六年の軍国主義反対運動に話を戻すと、この時点で重要な要素となったのは晩夏に岩尾宛に送られてきた手紙だった。捜査の結果、差出人は熊本の清住政喜であることがわかった。肝心な部分は次のとおりである。

> マイトは何程でも注文のとおり手に入ります……数を知らしてほしい。ピストルは二、三挺位は手に入りますが、タマが思うようにありませんので……一挺三十円程でないと買えませんから……下関によいピストルを持った友人が居るから紹介致してもよろしく、いかがですか。
>
> （高山 2005: 258）

清住の陳述によると、八月末ごろに岩尾の家で会った際、岩尾からダイナマイトかピストルでも手に入らないかと頼まれたという。岩尾は、爆発物の性質や使用法については何も知らないことも認めた。清住は一週間ほどして岩尾に先の手紙を送り、岩尾が本気かどうか確かめようとしたが、そのころには岩尾はモスクワに向かっていたので返事はなかった。

この手紙と周辺の状況に関しては多くの疑問が思い浮かぶ。これは、日本共産党が治一郎を貶め、思い通りにできない運動である水平社の弱体化を図ろうとしたことの証拠なのだろうか。岩尾は、モスクワ行きの命令を心中未遂の前に受けたのだろうか、それともその後だったのだろうか。娘の親が結婚に同意していたとしたら、岩尾はそれでも銃とダイナマイトを手に入れたがっただろうか。それでもモスクワに向かっていただろうか。

高山は、戦後の運動では、一九二六年の福岡連隊糾弾運動が終始一貫して反軍国主義的であり、天皇および天皇制についても暗黙のうちに批判的であったというイメージ作りが試みられてきたが、その証拠は曖昧であると主張する。そもそも、軍隊全体で、あるいは福岡連隊の内部でさえ、差別が一貫して組織的に行なわれていたという証拠はない。差別が起きなかった部隊もあった（高山 2005: 235）。井元が求めたのは、差別反対と、部落出身徴用兵の処遇改善の要請にすぎなかったのではないかともいう。さらに、運動で使われた言葉を注意深く検討すると、天皇について批判的であるどころか敬意を払っているのは明らかだとも指摘する。

上陛下《かみへいか》の御心に背き、皇室の尊厳を冒涜する者は……国賊として逆賊として退治しなくてはならぬ。

之が糺弾《ママ》は単に水平社ばかりの仕事ではなく……皇恩に報い奉らんとする者の当然なすべき義

務。

（『水平月報』一九二五年九月一日付、高山 2005: 255 で引用）

高山の主張によれば、治一郎は生涯を通じてマルクス主義者にも国家主義者にもなったことがなく、社会民主主義者でさえなくて、「部落第一主義」者であった。治一郎が主として力を注いでいたのは、全国の部落の利益になるあらゆることだった。だから、共産党とつながる青年同盟にますます惹かれつつあった岩尾や水平社の若手幹部らとの間に緊張関係があっても、水平社に駆動力を与えてくれるかぎりは喜んで協力したのである。

水平社に対するこのような献身が必ずしも報われたわけではなかった。水平社内部で共産党細胞を結成した勢力は、運動を自分たちの思い通りにしようとし、それが不可能であれば運動を分裂させるか放棄する腹積もりでいた。もちろん、モスクワに行って研修を受ける時機だという命令が党中央から来れば、高橋も岩尾も躊躇することなく従った。木村京太郎も岩尾とともにモスクワに行くことになっていたようだが、福岡連隊糾弾運動で忙しすぎて出発できないと思っているうちに、一九二六年一一月に逮捕された（高山 2005: 264）。急進派が自分たちの思い通りにならない水平社内分子をどの程度まで貶めようとしていたのかについては、疑問が残る。高山の推測によれば、福岡連隊による合意破棄をもたらした木村京太郎作成のビラは、解決を阻止するためにわざと挑発的に書かれたものかもしれない。そうなると岩尾宛の手紙に関する疑問も出てくる。岩尾は、治一郎を貶めて重要な地位から引きずり降ろし、青年マルクス主義者がとって代われるようにするための手がかりを残すため、わざとあのような情報を清住に求めたのだろうか（高山 2005: 265）。

確かに、戦後になって書かれた部落解放運動史および治一郎の活動に関する記述――これには治一郎自身が行なった証言も少なからず含まれる――は、一九二〇年代の運動がマルクス主義的、反軍国主義的、反天皇的側面を有していたことに焦点を当てる傾向があり、読み方によってはそのような側面を誇張しているとも受け取ることができる。しかし、高山が正しく指摘するように、こうした思想ばかりが水平社内で幅を利かせていたわけではない。マルクス主義思想に対しては左派のアナキストからも右派の国家主義者からも批判が出ており、青年同盟のメンバーは年次大会で議案をなかなか通せなかった。治一郎がマルクス主義者になったことは一度もなく、金銭面でも気持ちの面でも水平社の発展に尽くしていたのは確かだが、だからといって無原則な日和見主義者だったわけではない。治一郎の思想がどこから来たものかを説明することは難しいが、一九二七年三月に水平社関係者に宛てた手紙で、治一郎は「我々は人権獲得のために大いにたたかわなければなりません」と書いている。「人権」という言葉は――というよりその概念そのものが――一九二〇年代の日本では一般的ではなく、一九四五年以降になるまで日本の政治的言説の主流で用いられるようにならなかったと考えられることが多いが、治一郎はここで、水平社の同志に宛てた手紙のなかで何気なくこの言葉を使用している。これは、治一郎および他の水平社関係者がこの概念に馴染んでいたことを示唆するものである（法政大学大原社会問題研究所所蔵の書簡）。

治一郎が幅広い政治的関心を有していたのは明らかであり、そのことは左翼運動内部でも認識されていた。一九二八年二月、普通選挙法（一九二五年）に基づく初めての選挙が実施されたが、左派は三つに分裂していた。日本労農党は一四人の候補者を立てて一人が当選している（総得票数九万三四〇〇票）。社会民衆党からは一九人が出馬し、二人が議席を得た（総得票数一二万八九〇八票）。労働農民党の支持を受けた候補者も四〇人おり、一八万八一四一票を得て二人が当選している。労働農民党は日本共産党から秘密裡に支援されており、候補者中一一人は実際に共産党員で、そのひとり、西光万吉は水平社の指導的メンバーでもあった。水平社幹部としては他に二人、岡山の三木静次郎と福岡の松本治一郎が立候補している。この初めての選挙で治一郎は五九九二票を獲得したが、議席を得るには至らなかった。全体として、左派は当選者数の少なさに失望したものの、政府の方では、左派政党がこれほどの支持を獲得しうることに戸惑った。何らかの形で共産党が関与しているのではないかと疑っていただけに、なおさらである。選挙から三週間が過ぎた三月一五日、共産党員であることが判明している者またはシンパだと疑われている者一五六八人が逮捕された。そのなかには、木村京太郎、西光万吉、松田喜一など水平社幹部数名も含まれていた。いずれも一九三〇年代中盤まで釈放されないまま過ごすことになる。

警察は、治一郎宅と水平社事務所に家宅捜索に入る前日に岩尾宛に送られてきた手紙のことを、どのようにして知ったのか。裁判の過程で、治一郎の取り巻きに「警察に協力した」者、つまり警察のスパイがいたことが明らかになった（高山 2005: 273）。その後、「スパイ」は柴田甚太郎であったことが判明する。柴田は地元の水平社運動で積極的に活動しており、岩尾家定や井元麟之の影響を強く受けていた。しかし、起訴がこの手紙だけを根拠に行なわれたわけではない。治一郎宅の裏手にある物置からは若干の火薬が見つかっていた。さらに、近隣にある他の水平社支援者宅で行なわれた捜索の結果、手榴弾二個とルーブル紙幣数枚が見つかっている（もっともこれはシベリア出兵の際に持ち帰った記念品で、ボルシェビキ支持の証拠ではないとされる）。検挙者は計一八人（高山によれば一六人）にのぼり、うち一四人が起訴された（新藤 1974: 128）。ほとんどはすぐに保釈されたが、治一郎、柴田、清住、浜嘉蔵の四人は一月二〇日まで釈放されなかった。

直ちに報道管制が敷かれ、解除されたのは治一郎が初めて出廷した日の翌日にあたる一九二七年二月一二日のことだった。各紙はいっせいに号外を発行した。検察側の主張は、福岡連隊をめぐる運動が行き詰まって、幹部らは盛り返すための方策を探っていたというものだった。その計画のひとつが、摂政裕仁が演習観閲のため佐賀県を訪問する機会に乗じて、軍隊内で差別が続いていることについて直訴を行なうことであり、もうひとつが福岡連隊の営舎を爆破することであったという。一部の逮捕者に対しては、おそらくは拷問も含む多大な圧力がかけられた。検挙された若者のひとり、大野清之助（一九二七年当時二〇歳）は、一一月一七日か一八日に直訴を決行する計画を一〇月一〇日に立て、治一郎らにも一〇月二〇日に会ったときに賛成してもらったと自白している（その後、大野は証言を撤回した）。一九二七年当時二二歳だった和田藤助は、検挙されたとき労農党の書記をしていた。和田は松園で青年訓練所反対運動に関わっていたが、そのやり方は、村に設けられた訓練所に潜入して無産階級的青年訓練所にしてしまおうというものだった。部落の若者五〇人とそれ以外の若者二〇〇人が訓練所に入所し、軍事訓練を実施しようとした担当将校に一斉抗議を行なった（高山 2005: 284）。和田は、やはり起訴された浜嘉蔵の友人であり、徳川邸焼失の夜、浜とともに現場に行っていた可能性もある。和田は殴られ、はげができるほど強く髪を引っ張られたが、和田が爆発物を注文したりその使用を計画したりしたことを示す証拠はまったく出てこなかった。[7]

現在では、少なくとも証拠の一部は警察によって仕込まれたものであること、岩尾宛の手紙は柴田が警察に渡したものであることを、ほとんどの論者が受け入れている。柴田は事件前に警察の子飼いになっていた可能性があり、おそらく検挙されたときに拷問も受けていただろう。治一郎らが一九二七年六月六日に有罪判決を言い渡されたのは、主として柴田が提供した証拠に基づくものである。治一郎は、一九二六年一〇月二二日の午後七時ごろに直訴および福岡連隊爆破の謀議を行なったとして、有罪とされた。治一郎と和田の刑期は三年六月である。他に木村京太郎を含む九人が三年の刑を言い渡され、他の二人は軽い刑になった。治一郎は当時、徳川家達暗殺未遂事件に関与したとして四か月の刑に服している最中だった（三月九日〜七月九日）。治一郎は上訴したが、一九二八年一二月に刑が確定した。

九　天皇直訴

一九二七年、天皇が統監する陸軍特別大演習が愛知県で行なわれた。これは、裕仁が天皇として出席するこの種の行事としては初めてのものである。また、ハンガリーから特別に輸入した白馬の一頭にまたがり、偶像効果をますます期待できる姿で公の場に現れる若き天皇（二七歳）が目撃される最初の機会でもあった。この観兵式に参加するために選抜された比較的隊歴の浅い兵士に、北原泰作（一九〇六〜八一）がいた。徴兵される前は水平社で活動しており、一九二四年以降はアナキスト勢力とつながりを持っていた人物である。一九二七年一月に招集された北原は、連隊本部の営門までつきそってきた社会主義者やアナキストを前にこう宣言した。

同志諸君、僕はいよいよ今日から殺人訓練を受けるわけだが、鉄砲は必ずしも前向きに撃つとはかぎっていない。

（高山 2005: 296）

北原は軍隊内部で差別との闘いを続けていくことを誓った。当初から協調的な態度を示さず、髪も入隊後まで刈ろうとしなかったほか、士官への敬礼も拒否した。二〇日間の営倉入りを命じられ、ハンガーストライキを決行したこともある。父親が呼ばれ、説得の末に牛乳を飲ませたが、処分終了後は衰弱のあまり陸軍病院に運びこまなければならないほどであった。このように、北原のやり方は、軍の規律に周到な注意を払い、常にきちんとした服装をし、事件の報告をしかるべき士官に行なうよう配慮した井元麟之のやり方とはかなり異なっていた。また、井元は水平社の同志に差別事件を報告して上官と交渉することができたが、北原は営舎外の者との接触がいっさいできなかった。このことが、天皇への請願を試みるという極端な手段に訴えなければならないと考えた理由かもしれない。これは軍隊では前代未聞の出来事だった（もちろん、治一郎がそれを計画したとして告発されたことはあった）。

同年一〇月二六日、ある女性解放活動家が女性の権利に関する直訴状を携えて天皇に近づこうとする事件が起きており、北原はこれを真似て同じことをしようと思いついたのかもしれない。北原の処分歴を考えれば、天皇の面前を行進するという栄誉がなぜ与えられたのかは理解困難だが、いずれにせよ、特別大演習の最終日である一一月一九日の午前八時半、裕仁の観閲のもとで大行進が行なわれた。小隊が天皇の前を通り過ぎると北原は列を離れ、天皇の方に静かに歩いていき、ひざまずいて名前と階級を述べると「直訴！」と叫んだ。退くよう命じられても耳を貸さなかった北原は、首をつかまれて引きずられていった。

数秒間の出来事だった。現場にいながら気づかなかった者も多いかもしれない。陸軍の対応は早かった。報道管制が敷かれた。北原は一週間も経たないうちに軍法会議にかけられ、懲役一年の刑を言い渡されて衛戍《えいじゅ》（軍事）刑務所に収監されることになった。報道規制が解除されると、この一件は国内各紙が発行した号外で取り上げられ、海外でも報じられた。『ニューヨーク・タイムズ』紙は一一月二八日と一二月一日の二度記事を掲載し、ロンドンの『タイムズ』紙は一二月一四日付で報じている（部落解放研究所 1991: 246-8）。

アナキストが天皇に請願するという行為には明らかな矛盾があるが、この事件はやや大規模な政治的街頭演劇だったと考えられるかもしれない。北原は、軍隊における一般的な差別問題と、捏造された証拠に基づく治一郎への有罪判決という具体的不正を広く知らしめる好機を利用した。何があったのか当日気づいた者はほとんどいなかっただろうが、新聞記事には直訴状の文面が掲載され、軍隊で根強く続く差別だけではなく、福岡連隊事件で治一郎らに言い渡された不正な有罪判決の背景についても取り上げられた。

入獄する治一郎を見送るために行なわれた集会の記念写真（1929年5月10日）。集会は、治一郎宅のすぐ裏手にあり、吉塚駅にも近い東公園で行なわれた。［松本治一郎資料］

福岡連隊事件裁判では、被告人全員の有罪判決および量刑の双方について検討する上訴審が一九二八年四月一八日と一二月一〇日に開かれたが、判決が覆ることはなかった。被差別民のうち七人は一九二八年末から刑に服し始めたが、治一郎は何らかの理由で翌年になるまで入獄しなかった（七人が入獄する際、見送りのために集まった群衆は治一郎とともに刑務所の門まで行進するつもりだったが、警察がこれを許そうとしなかったので、治一郎は一部の者のタクシー代を負担し、残りは電車でついていった（高山 2005: 290-1））。一九二九年五月九日、治一郎は支持者に向けた簡単な挨拶文を作成し、その後、これが『水平新聞』に掲載された。書き出しは次のとおりである。

全国の兄弟諸君！　私は今福岡県の青年闘士諸君と共に「福岡連隊爆破襲撃事件」

の首謀者として断罪され、入獄せねばならない。

挨拶文ではさらに、公判廷には謀議を立証する物的証拠が一片も提出されなかったが、にもかかわらず裁判所は有罪の判決を言い渡したと述べられている。

翌日、治一郎を見送るために三〇〇人近くの群衆が東公園に集まった（高山 2005: 251）。治一郎は大阪の水平社事務所にも打電した。

ゲゴクス　アトヨロシクタノム　マツモトジイチロ

一〇　小括

一九二三年春、全九州水平社の結成直前に拘留された時期から一九二九年五月にふたたび収監されるまでの六年の間に、治一郎の人生の軌跡は部落解放運動のそれと緊密にからみあうようになった。また、治一郎の生涯に関する文献では十分に掘り下げられていないものの、同じ時期、治一郎は農民運動の支援者でもあり、福岡で開かれた全国大会や集会に参加している。治一郎が人格的権威を備えた信頼できる男という評判を獲得したことは、小作人の闘争でも炭鉱夫のストでも治一郎が見事な交渉能力を発揮したことに見られるとおりである。治一郎は、社会主義運動の非革命派勢力と結びついて一九二八年に初めて選挙に出馬したが、同時に、権力を前にしても恐れることがないという評判も勝ちえていた。

もっとも、治一郎にとっての当面の主たる関心事は水平社であった。組織内では調整役を果たした。共産党に近い――とはいえ党員ではない――左派の社会民主主義者であった治一郎は、下手をすればマルクス主義者、アナキスト、国家主義者の諸勢力に分裂していたであろう運動を、人権の保護という考え方のもとに結集させることができたように思われる。これに続く一〇年の間に、戦争への備えとして国が急進的批判者への圧力を強めていくなかで、マルクス主義者やアナキストの影響力は弱まっていく。治一郎は運動を席巻していた理論的論争から距離を置いていたために、高橋貞樹やその同世代人から、治一郎は「部落第一主義」者に過ぎず、差別がどのように生じるのか、何が差別を維持させているのか、差別を終わらせるためにもっともふさわしい戦術は何かについての理解を深める素質がないと非難された。

しかし治一郎はいまや獄中にあり、運動にはいっさい影響を与えることができなくなった。治一郎が運動から離れている間に、水平社は積極的な役割を果たしているのかと疑い始め、解散するほうがよいのではないかと提案する者も出るようになる。

第三章　監獄から議会へ

一　一九三〇年代初頭の治一郎と政治

治一郎は、刑期満了まで一一か月を残した一九三一年一二月二六日に刑務所から釈放され、翌年いっぱい保護観察の対象とされた。四四歳であった。治一郎を迎えたのは、一九二八年五月に一時の別れを告げたころとは違う日本であり、違う政治環境だった。大正デモクラシーにともなって生じていた楽観主義はほとんど姿を消していた。日本共産党は、抱えこもうとした社会運動に分裂をもたらしたり方針に混乱が生じたりすることがしばしばあり、また最終的にはソ連の要求に従わなければならないのが常ではあったが、同党が有していた精緻な理論に基づく世界観と革命的変革の展望は、社会民主主義運動に携わる多くの者に方向性を示していた。しかし、日本政府は常に日本共産党を危険で破壊的な脅威とみなしており、一九二八年初頭から一九三一年末にかけてその影響力を根絶やしにしようとしていた。

水平社に関わるようになって以降、治一郎はほぼ三年半を監獄で過ごしていた。治一郎は後年、このときから「山より大きな猪は出ん。命より長い懲役はない」という態度をとるようになったと語っている（解放出版社（編）1976: 167）。このような方針は、「五禁」の誓いとともに、少なくとも以後の一〇年は治一郎の生活を規定していた。治一郎は、自分が政治活動の一生に放りこまれたことを、それにともなう危険は百も承知で受け入れていたように思われる。しかし一九三〇年代には政治活動を進められる余地が相当に狭まり、社会民主主義者の生活はますます困難なものになっていった。

警察は、治安維持法を持ち出して年間数千件にのぼる検挙を正当化することができた。検挙者のほとんどは共産主義者とは直接の関わりがない人々であり、間接的な関わりさえないこともあった。たとえば一九三一年には七六一一人が同法に基づいて検挙されており、期間は人によってさまざまであるものの、留置所に入れられている。しかし最終的に起訴されたのは三〇七人に過ぎなかった。一九三二年の秋には日本共産党のシンパと疑われた人々がさらに一万二五三人検挙されたが、やはり起訴されたのは六四六人だけだった。一九三三年にはさらに多くの人々――一万五四三九人――が検挙され、一二八五件のみが起訴の対象となっている（Steinhoff 1991: 48）。一連の検挙は、日本共産党を混乱させて最終的に崩壊させるとともに、水平社をはじめとする他の社会運動にも深刻な影響を及ぼした。一九二八年三月一五日に検挙された一二〇〇人のなかには、水平社の中央委員だった木村京太郎や西光万吉も含まれていた。一九二九年四月一六日にはさらに七〇〇人が検挙されたが、そのなかには、党再建のため年明けにモスクワから呼び戻されていた高橋貞樹もいた。一九三〇年二月にはさらに一五〇〇人の党員とシンパが検挙されている。そして一九三〇年夏にも一斉検挙が行なわれ、運動を引っ張っていくためにモスクワから帰国した活動家が主に検挙された。かつて治一郎の右腕だった岩尾家定もそのひとりだが、この一斉検挙で共産党は実質的に息の根を止められ、日本の社会運動における存在感を失った。日本共産党はさらに二年間奮闘したが、ベックマンと大窪が結論づけたように、「政治団体としての日本共産党の歴史は一九三二年の検挙によりいったん終わった」のである（Beckmann and Okubo 1969: 238）。その後も警察は活動を継続している社会運動を妨害し続けたため、人々は運動への参加をためらうようになった。社会運動団体や社会主義政党で活動することを選択した者は、誰であれ、警察による検挙・拘禁のリスクを抱えることになった。

一九三一年六月から一九三二年一〇月にかけて、日本共産党で指導的立場にあった二〇〇人が治安維持法違反を理由に東京で裁判にかけられた。このうち一八七人が有罪と認定され、懲役二年から無期懲役までの刑を言い渡された。佐野学と鍋山貞親は公判廷をプロパガンダの場として公然と利用し、他の者にも同様の行動を促した。二人は一九三二年一〇月に無期懲役刑を言い渡された。

水平社の幹部としては、西光万吉が一九二九年に懲役五年の刑を言い渡されていたほか（一九三三年釈放）、福岡連隊糾弾運動に参加したためにやはり有罪判決を受けた木村京太郎も一九三五年九月まで収監され続けた。警察による受刑者の虐待例は多数存在し、監獄の状況は、すでに健康上の問題を抱えていた者にとっては残酷なほど厳しいものだった。高橋貞樹は一九三五年後半に釈放されたが、健康状態が著しく悪化しており、ほどなくして死亡している。岩尾家定も九年の懲役刑に服したが、やはり刑期満了まで健康を保つことができず、一九四〇年に熊本の実家に帰ることを認められ、そのわずか数週間後に死亡した。

しかし、少なくとも依然として政治活動を続けていた人々にとって衝撃的だったのは、党の中心的指導者・理論家だった者の多くが、大々的に公表された転向声明で自分たちの信条を放棄したことである。転向声明の波を引き起こしたのは、佐野と鍋山が一九三三年六月八日に明らかにした宣言だった。そのなかで二人は日本共産党からの離脱を表明し、コミンテルンを批判し、天皇制には反対しないと表明するとともに、植民地独立運動への支持は唱道しながらも、日本、朝鮮、台湾、満州、中国本土を包含する帝国の内部での社会主義実現を促した。その後一か月のうちに、五四八人が同じように共産党との絶縁を宣言した。当局もこれを奨励し、何年か経つと、収監された政治犯に転向声明書への署名を言い含めるよう試みるのが刑務所の通常業務の一部になっていた。

この点について西光万吉が重要な役割を果たしたと指摘されることもある。一九三二年二月、西光は「マツリゴトについての粗雑なる考察」と題する声明を発表した。これは、「民族国家の家長的主権および私財奉還思想の断片的説明」である（師岡 1992: 88）。しかし、これを本当に転向声明と位置づけることができるかどうかについては若干の論争がある。これによって西光が日本共産党から距離を置き、国家主義的社会主義を支持するようになったのは確かだが、西光は佐野と鍋山が提唱した「公判」宣伝戦術に与したことはなく、それどころかマルクス主義については常に重大な疑念を抱いていた。さらに、はるかに小さな波ではあるが日本共産党を拒絶する動きはすでに数年前に起きていて、一九二九年、いわゆる解党派がコミンテルンによる日本共産党支配を批判して解党を主張し、皇室を中心とする日本型社会主義を唱道している。つまり、日本の社会問題の解決策として日本共産党が行なう提案の価値を活動家が疑問視する雰囲気は、一九三〇年代初頭からすでに醸成されており、佐野と鍋山の劇的な声明の前から新たな方向性を模索していた者が多かったのである。

しかし、もっと熱心だった共産党員に対して西光の声明が当時ほとんど影響を与えなかったとしても、西光の思想は、新たな方向性を模索していた水平社の内部では共鳴を誘った。一九三三年、西光は主に「マツリゴト」声明のおかげで刑期満了より数か月早く出所を許され、生まれ故郷である奈良県の村に戻って独自の部落解放運動を展開した。このようにして西光は差別に対する積極的反対の活動を再開したが、今度は、とくに中国における日本軍の活動を支持する、国家主義的かつ天皇中心の政治路線を主張する水平社の一支部としての活動であった。

一方、合法的左派に位置する社会民主主義諸政党の間では統合の動きがある程度進められていたが、満州・蒙古で高まりつつある危機への適切な対応をめぐる不和も再燃していた。一九三〇年、一〇以上の少数政党が糾合して全国大衆党が結成された。同党は次に、残る二つの中道左派政党、社会民衆党と労農党に合同を持ちかけた。社会民衆党指導部はこれに反対したが、分派集団が同党を離れて全国労農大衆党の結成に加わった。全国労農大衆党はとりあえず雑多な政策を背景として団結した党で、そのなかには「帝国主義と侵略に反対」も含まれていたことから、日本の満州政策には反対して撤兵を要求した（Beckmann and Okubo 1969: 221, n. 61）。しかし社会民衆党に残った者の多くは軍に対してそれほど批判的ではなく、アジアにおける日本の大義の正当性を純粋に信じ、膨張政策さえ支持していた。当時同党の書記長を務めていた赤松克麿は、何度か親軍的発言をした後一九三二年五月に離党し、日本国家社会党を結成した（Beckmann and Okubo 1969: 222）。

実のところ、トッテンが指摘するように、「ここに至って社会民主主義運動は、ある程度までファシズム運動または国家社会主義運動の草刈り場として機能するようになりつつあった」（Totten 1966: 79）。これ以降の二～三年間、かつての社会民主主義者が変節して国家社会主義政党や単なる国家主義政党への合流またはこうした政党の結成に走るなかで、社会民主主義思想の守り役は、社会民衆党の残留勢力と全国労農大衆党によって一九三二年七月に結成された社会大衆党が引き受けることになる。「合同条件」によれば、同党は帝国主義的戦争に反対し、「衰退しつつある資本主義制度の打破」を唱道するとともに、唯一の無産政党であることを望みつつも「反ファシズム戦線の強化」に賛成していた（Totten 1966: 89-90）。社会大衆党は、八年にわたる存続期間を通して社会民主主義運動の大黒柱であったが、批判的・社会主義的視点を維持しようとする党内分子の抗議にもかかわらず、着実に右傾化して内外の国策を支持するようになっていった。

二　水平社解消の提案

一九二〇年代の水平社は治一郎の金銭的支援に著しく依存していたし、治一郎は兄の治七を説き伏せて会社の金庫から金を出させることができていた。治一郎が獄中にある間、水平社の活動は顕著に停滞した。しかし、この衰退は治一郎の金銭的支えがなくなったことだけによるものではない。水平社の幹部はほとんどが獄中にいた。獄外にいた者もしばしば検挙されていたし、多くの活動家がいまなお指導力を発揮してほしいと望んでいた日本共産党の残存勢力も、まったく頼りにならなかった。それどころか、その方面から出される指示といえば、水平社の活動を完全にあきらめたほうがいいと思わせるようなものであった。

治一郎が入獄する前でさえ、水平社はすでに衰退期に入っていたように思われる。一九二八年には集会を三九一回開いたとされるが、一九二九年は一一七回に過ぎなかった。治一郎は、それぞれ一九二九年（名古屋）、一九三〇年（大阪）、一九三一年（奈良）に開催された第八回・第九回・第一〇回大会には出席できず、運動に喝を入れたり金銭的に支援したりすることができなかった。当初の熱狂が冷めていくにつれ、水平社は深刻な内部分裂を経験しつつあった。誰がどの勢力に属するときれいに分類できるわけではないが、支持を求めて争い、運動を牛耳ろうと試みた潮流は主として三つ存在する。第一に、国家主義的な「純化」派の水平社内集団があり、水平社が、部落民のための、部落民の、部落民による運動以外の何ものでもないという当初の目的に忠実なままであることを望んでいた。これらの集団は、部落民自身の行動による解放を追求するとともに、解放とは多数派社会によって受け入れられることであると考えていた。他の政治団体との連携には基本的に反対したが、政府が融和政策を通じて組織した団体や改善事業への協力には反対しなかった。

一方、第二の勢力であるアナキスト派は、「政府者流と結託」した「融和運動を撲滅」すること、「裏切者」である「共産党一派……を駆逐」することを追求した。この勢力は、水平社が（民主集中制に対するものとしての）自由連合主義にのっとって組織を再編し、「明確なる階級意識」を指針としながら他の被搾取集団と連帯していくことを望んだ。「『ブルジョワ』の政治」も「『プロレタリア』の政治」も何ら変わりはないと断言し、したがっていかなる形であれ政党政治に関わることには反対した。この潮流の支持者は主として関東と名古屋を基盤としていたが、数が特段多いわけでもなく、金もほとんどなかった。にもかかわらず大会では影響力を発揮することができ、とくに治一郎が獄中にいる間、議事進行を牛耳ろうとするマルクス主義勢力の試みに抵抗した（渡部・秋定 1974a: 439-41）。

第三の主要勢力は日本共産党の指導を仰ごうとした。同党には、国内的展開を国際社会の変化ともっともらしく結びつけられる理論的説明ができるという、はっきりした魅力と優位があった。水平社の一部メンバーにとって、マルクス主義は部落および部落差別が存在し続けている理由を説明できるのみならず、差別の克服につながるかもしれない戦略を提案してくれるものでもあった。偏見と差別は、不完全なブルジョア革命のために明治時代の開始時に解消することができなかった封建制の残存物であると説明された。ここで思い出さなければならないのは、高橋貞樹の著作という注目すべき例外を除き、部落史に関する真剣な研究は一九四五年以前にはほとんど行なわれておらず、それどころか一九六〇年になるまで本格的に開始されなかったということである。一九二〇年代初頭は、水平社の創立メンバーも、社会主義者である支持者の一部（佐野学など）も、部落民は過去のいずれかの時点で日本に移住してきた人々の子孫であり、そのため多数派の日本人とは民族的に異なるという前提から出発していた。そのため、部落民の立場はもっと近年になって移住してきた朝鮮人の立場にどちらかといえば似ていると考えられた。

マルクス主義的分析によれば、部落問題は「根強く残存する封建的要素」であるとされ、さらに部落における階級分裂——すなわち無産者層、プチブルジョワ層およびルンペンプロレタリアート層の存在に注意が払われる。このような分析において重視されるのは、積極的な階級意識を喚起することにより、部落民に対し、封建的倫理体系のもとに温存されてきた差別的側面を根絶するという具体的目的を有する運動としての水平社の独自性は維持しながらも、支配階級を相手どった他の政治闘争と協力するよう奨励していくことである（一九二八年七月の府県代表者会議に提出された新運動方針書、渡部・秋定 1974a: 25-7）。この路線は日本共産党からもおおむね支持されたが、同党が立場を変更したときに問題が生じた。決定的な争点は、明治維新の性格と、既存国家を確実に転覆させるであろう革命の性格をどのように解釈するかである。まず、コミンテルンが支持する共産党主流派は、明治維新はマルクス主義用語でいう不完全な革命だったと主張した。というのも、同党の一九二七年綱領の言葉を借りれば、明治維新は政治権力を「封建分子の手中に」残したからである。さらに、このような「封建的特質は、たんに伝統的な遺物、過去の名ごりというにとどまらなかった。それはまた、資本主義の原始的蓄積のきわめて便利な用具であって、日本資本主義はその後の発展の全行程にわたってこの用具を巧みに利用した」（Beckmann and Okubo 1969: 297）。したがって、革命は必然的に二段階で進むことになる。第一段階では、日本共産党が主導して革命的労働者、農民、「都市小ブルジョアジー」の統一戦線を組み、「ブルジョワ民主主義革命の……社会主義革命への急激な転化の客観的前提条件」が存在することを認識しつつ、明治維新によって始まったブルジョワ民主主義革命を完遂する（Beckmann and Okubo 1969: 298）。この勢力（講座派）によれば、革命の主たる目標は封建分子の一掃である。

しかし、この二段階革命論に異議を唱える者もいた。一九二七年一二月、「戦闘的マルクス主義者」

のグループが雑誌『労農』の発行を開始し、明治維新は絶対主義に対するブルジョア革命だったのであって、そこでは下層武士が決定的な役割を果たしたが、やがてブルジョア層に吸収されて「反動的な帝国主義勢力」が生み出されたと主張した。この分析によれば、政治権力はいまやブルジョワ層の手中にあるのだから、民主主義のための闘争は、「資本主義から新社会秩序への移行の基礎的条件を確立する」一段階革命へと導かれることになる（Beckmann and Okubo 1969: 36）。これが、日本共産党の党員ではない、いわゆる労農派の歴史観であった。

しかし、一九三一年にはコミンテルンは考え方を――あるいは少なくとも力点の置き方を――変えたようである。依然として労農派には批判的で「裏切り者の集団」と呼んでいたが、日本の当面する革命の性質は「ブルジョア民主主義革命の任務を広汎に包擁するプロレタリア革命」であると主張するようになった（Beckmann and Okubo 1969: 315）。これは都市プロレタリアート層と貧困農民層との革命的同盟によって可能になるが、そのような同盟を確立して引っ張っていけるのは共産党だけであるという。他の合法左翼政党は労働者や農民を小資本家、商人、給与労働者、国家主義者と団結させようとするが、そのやり方は「プロレタリアートではなく小ブルジョアジーのヘゲモニーを確保する」ものであるとされた。

一九二七年の金融危機――そして世界経済危機が一九二九年以降日本経済に及ぼした影響――は、周縁に追いやられていた部落の経済を深刻に損なった。そのため、水平社なり他のいずれかの社会団体・政治団体なりに参加しようという熱意は、たとえ指導者層が健在であったとしても、削がれたことだろう。しかし、幹部のほとんどが獄中にあり、同人や治一郎による財政的拠出という支援も得られなくなった水平社は、運営自体が困難になっていた。中央委員会は一九二九年に『水平新聞』の刊行再開を決定し、基金として必要な一〇〇〇円の募金を発表したが、同年一一月に開かれた第八回大会までに集められたのは七四円五〇銭だった（藤谷・馬原 1972a: 126)。

井元麟之は二年間の兵役を終了して一九二七年末に軍を離れ、すぐに水平社大阪本部で働き始めていた。しかし、一九二八年三月に水平社中央委員会の共産党員らが検挙されると、井元は何から何まで自らやらなければならなくなった。一時は大阪からの退去まで命じられて京都の朝田善之助宅に避難せざるを得ず、そこから運動を細々と回していこうと努めたこともあった（高山 2005: 310)。北原泰作は二年間の兵役および衛戍刑務所での服役期間を経て一九二九年一〇月に除隊した。最初は東京でしばらくマルクス主義の勉強をしていたが、やがてふたたび水平社に参加するようになった。北原は、当時やはり日本共産党と近かった井元麟之とともに第九回大会（一九三〇年一二月）に向けた文書を作成したが、そこでは、差別は「封建的残存としての遺制」であり、差別の物質的基盤を明らかにしなければならず、もはや独占資本主義・帝国主義の段階に入りつつあるとみなしうる日本資本主義を相手どった大衆闘争に参加することが重要であるとはっきり述べられている（藤谷・馬原 1972a: 141)。この派に属していたもうひとりのメンバーである朝田善之助は、左派系労働団体で地下共産党の隠れ蓑になることもあった京都評議会の共同議長を務めていた。

水平社が部落民のための独立の団体として存在し、そのうえで他の労働者階級運動と協力することは、一九世紀の不完全なブルジョア革命で手つかずとされた封建的要素を現代日本資本主義の分析によって明らかにできるかぎり、（マルクス主義者にとっては）理にかなうことであった。水平社は、差別の解消を含むブルジョア民主主義革命の完遂において部落民を引っ張っていく役割を果たしたうえで、他の無産者団体とともに社会主義革命への転化に参加していくことができるはずだった。しかし、日本共産党「三一年テーゼ」草案が主張するように、当面する革命が「ブルジョア民主主義革命の任務を広汎に包擁するプロレタリア革命」であるならば、また「日本資本主義は国際資本主義システムにおける最も弱い環のひとつである」ならば、プロレタリアートの解放なくして部落民の解放はありえず、したがって部落民である労働者や農民が身分差別反対運動を進めるのはエネルギーの無駄なのであるから、資本主義打倒のための革命的労農連合に加わるべきであるとも主張しうる。さらに、「階級闘争の原則に基づく下からの統一戦線」ができれば、部落内の階級分断の存在が明るみに出されることになろう。このような見解の支持者は、水平社はこれまですべての部落民が兄弟（および姉妹）であるという前提で活動してきており、部落民は現在の資本主義制度の枠内で解放を見出しうると言い張ってきたが、そうすることによって実際には支配階級を支えてきたのだと主張した。身分闘争を階級闘争として進めることは不可能であるから、これはプロレタリア革命の前進にとって反動的妨害物である。このような考え方を受け入れるならば、見出しうる唯一の結論は、水平社は解消すべきであり、部落民である労働者と農民は、労働市場における自分たちの立場にふさわしい運動における階級闘争に力を注ぐべきであるということになる（「全国水平社解消の提議」、渡部・秋定 1974a: 592-5に引用。この文書の執筆者は北原泰作である。高山 2005: 323-5 参照）。

「一九三一年テーゼ」草案は、労農団体、青年団体、婦人団体、失業者運動には明確な指針を示すものではあっても、水平社の活動家に明確な助言を与えるものではなかった。北原のように日本共産党に近かった者は、この一九三一年文書に掲げられたコミンテルンの諸原則を水平社が直面している状況に当てはめ、水平社運動は「革命のための主観的条件」を前進させていないので解散するべきであると、いささかもっともらしく結論づけたのである。「解消の提議」は、一九三一年一二月一〇日に奈良で開かれた第一〇回水平社大会に提出された。提案者は井元麟之だったが、これは九州代表を説得できる可能性がもっとも高いと思われたからである。大会に出席した六九人の代議員のおよそ半数は賛成していたようだが、最終決定は先延ばしされた。

井元と北原は、運動が停滞状態に陥っていることを踏まえ、水平社の活動をやめてもっと幅広い革命事業に精力を振り向けても、失うものはほとんどないと考えたのかもしれない。日本経済の状況は改善の兆しを見せていなかった。部落の客観的条件は劣悪であり、さらに悪化しつつあった。手の打ちようのない状況に陥りつつあるのではないかと支配階級が恐怖心を抱くなかで、労働者階級運動への圧迫は日ごとに厳しさを増していた。多くの者はこう考えた――これは日本資本主義内の矛盾が臨界点に達しつつあり、革命状況がまもなく生ずることの証左だろうか、と。さらに、国際資本主義のもっとも弱い環である日本という国の革命家にとっては、革命的闘争に精力を振り向け、反動分子に攪乱されないようにする国際的義務があるのは明らかである。ロシア革命の衝撃で、世界各地の社会主義者は、自分の国でも革命は可能であり間近であると確信するに至った。決定的に重要なのは正しい戦術を採用することであり、日本も例外ではないのであった。

もっとも、井元は、全国水平社の解消を主張している際、あと数週間で治一郎が出獄することを認識していたのだろうかという疑問も生ずる。井元と北原は自分たちの階級分析について考え抜き、その情勢認識を明らかにすることによって、治一郎との間に壁が生じることを自覚していただろうか。このころには隆盛を誇るに至っていた松本組という建設会社のオーナーたる松本一族が、どのようにすれば井元・北原の提案する労農同盟と多くの共通点を「客観的に見て」持ちうるのか、理解するのは困難である。出獄後の治一郎はこのような状況をどのように見るだろうか。

三　治一郎の出獄と水平社の停滞

「解消」についてどう考えていたかはともかく、治一郎は出獄するとすぐに兄を説き伏せて毎月五〇円の寄付を再開し、これによって運動は細々と続いていった。治一郎が出席した一九三二年三月の中央委員会会議では解消についてさらに議論が行なわれ、北原の意見に井元と朝田善之助が賛成した一方、治一郎と他の二名（阪本清一郎と泉野利喜蔵）は反対した。治一郎は、解消についてこれ以上議論するのを回避するためか、七月に開かれた次回の会議には出席しなかった。一一月の会議には委員が四人しか姿を見せず、そのうちの二人――北原と泉野――は辞任を希望したが、治一郎に慰留された。

『水平新聞』の発行は一九二九年一二月から再開され、一九三〇年は七回発行された。一九三一年の発行回数は五回だったが、一九三二年になると資金不足に陥った。二月には一枚だけの号を発行して前年一二月の大会の様子を伝えた。三月に発行予定だった号は印刷後すぐに警察から発禁処分を受けたようで、そのためますます資金が失われた。最終号は一九三二年七月に発行されたが、この時点で休刊となった。最終号には治一郎が三月に書いた手紙も掲載されており、治一郎は刑務所生活の様子を述べるとともに全国の同志の支援に感謝を表明している。また、近年の階級闘争の高まりに触れて、刑務所で時間を無駄にしたことが残念だとも述べている。とはいえ「よき日」の社会は歴史が約束するものであって、しかもそれは自らの手によって建設しなければならぬ社会であると同志を鼓舞し、そのために自分は最後の血の一滴まで闘い抜くことを約束している（『水平新聞』一九三三年三月三日付、『水平新聞・世界文庫復刻版』1972: 157に再録）。しかし治一郎の情熱も及ばず、中央委員会は『水平新聞』発行再開の計画をいっさい放棄することに決めた。年次全国大会も延期されることになった。これはひとつには資金と熱意が足りないためであったが、解消派と反対派の意見の違いがいまなお解決されていないためでもあった。大会は一九三三年三月に開催することにし、開催地は福岡として、費用の大半を治一郎が負担することになった。

振り返ってみれば、一九三三年三月三日に福岡で開催された第一一回水平社全国大会は決定的な画期だったが、それはひとえに、水平社が一〇年前の創立以来のどん底に落ちこんだという意味においてである。水平社は大阪の事務所を撤収し、吉塚駅前にある松本治一郎宅に一時的に事務所を移した。大会までの数か月というもの、中央委員会は何度か会議を持って大会の細部を詰めていたが、それと並行して解消派も同じことをやっていた。解消派の人数はもはや五人にまで落ちこんでいたが、井元と北原はまだ残っていた。解消派は「革命的反対派」を自称し、水平社を「プロレタリアートの指導」の下に置くことを目指していた（渡部・秋定 1974b: 18）。解消派が運動内部で依然として影響力を保っていたのは大会の事前文書からも明らかである。これらの事前文書によれば、日本政府は中国やソ連に対する侵略的外交政策を推進しているとされ、一方、国内では失業やインフレが悪化して部落の生活水準にことのほか深刻な影響を与えている。日本資本主義は、独占資本主義の段階に入りつつある一方でいまなお若干の封建的特質も示しているというのが、これらの文書における全般的情勢のとらえ方である。水平社の課題は、身分差別との闘いを奨励しつつ、同時にこれらの運動をもっと幅広い階級闘争と結びつけていくような戦略を生み出すところにある。とりわけ強調されているのは、経済的困窮の悪化にともなって部落への影響力を増しつつある融和運動に対抗していく戦略を策定する必要性である。

大会自体は今後について何らの結論も出さずに終了したが、翌日開かれた中央委員会で「部落民委員会活動」と称する新たな戦略を支持することが合意された。これは、部落の民衆を支援する委員会を設置し、たとえ水平社のメンバーではなくとも、差別事件や厚生施設要求のためには奮起するという人や、借金返済期限の延期、家賃・電灯・ガス・水道料の引き下げといった具体的要求を持っている人を支援していこうというものである。「解消派」の意向に真っ向から反するわけではないやり方で、差別事案について抗議するだけの運動から、より資金力がある融和団体と同じように部落住民の生活支援のために取り組んでいく運動へと方向転換しようとする試みであった（高山 2005: 339）。大会終了後に開かれた集会で演説した治一郎は、水平社の目的は搾取と差別のない社会の建設に貢献することであり、水平社が存在するかぎりその両方との闘いを続けていくと宣言した。

運動は危ういほどに弱体化したままであった。五月にはあらためて大阪に事務所が設けられたが、それも治一郎が三〇〇円を寄付したからこそである（渡部・秋定 1974b: 24）。全国大会に各地から一六二人の代議員が出席したといえば盛会だったように思えるが、都府県別の代議員数を検討してみるとそうでもないことがわかる。

福岡	一〇八人
佐賀	一〇人
長崎	五人
熊本	五人
山口	五人
岡山	三人
岐阜	五人
大阪	五人
京都	五人
三重	五人
香川	一人
東京	五人

それでも、第一一回大会は「解消派」が（日本共産党における解消派の思想基盤が前年に消失してしまっていたにもかかわらず）運動に影響を与えようと試みた最後の機会となった。五月から七月の間

に、日本の情勢の新たな分析である日本共産党「一九三二年テーゼ」がモスクワから届いたのである。北原はこれを一九三二年七月一〇日付の『赤旗《せっき》』で読んだと思われる（高山 2005: 329）。同テーゼは、「社会主義革命に強行的に成長転化する傾向をもつブルジョア民主主義革命」という戦略を復活させるとともに、「国内の……封建遺制」にも（主として天皇および「地主という封建的、寄生的な階級」を指していると思われるが）はっきり触れている（Beckmann and Okubo 1969: 332）。また、「自己の物質的状態と政治的地位との改善のための労働者階級の日常闘争の経験に基づいて」党の利益を前進させる必要性についても取り上げている（Beckmann and Okubo 1969: 348-9）。党の行動綱領に「エタに対する真の同権」の要求を盛りこむべきだとさえ述べているのである。

水平社の本来の目的は、善意に基づくものであろうがなかろうが他人の行動を頼みとすることなく、「部落民自身の行動によって」解放を前進させるところにあった。運動は最初の数年間で急速に発展したが、運動が置かれた状況については曖昧な理解しか持ち合わせていなかった。初期の文書のなかには部落の状況について「エタ民族」の観点から語っているものもあれば、水平社の闘いは（たとえばインドにおける）反植民地主義運動の闘いに似ていると説明するものもある。「権利」や「身分集団」という考え方がある程度うかがわれる文書もあるが、その区別については、高橋貞樹のような著作家でさえ、十分に発展させたり理解したりしているわけではなかった。一九二〇年代に運動に関わっていた者に、差別を下支えし再生産する社会的・政治的・経済的基盤についてまとまった形で緻密な分析を行なった者は誰もいない。実のところ、一九三〇年代になって運動が停滞し、国家主義者、無政府主義者、マルクス主義者から相互に矛盾する提言が行なわれるなかでようやく、戦術論と、運動を取り巻く理論的問題の一部に対応しようとする試みが初めて行なわれるようになったのである。治一郎がこうした議論に真剣に関わることは一度もなかったように思われる。この段階では、人権に焦点が当てられていた証拠はない。治一郎が同時代に書いたものを読むと、左翼的見方に対してはおおむね共感していたが、解消案についてはそうでなかったことがうかがえる。これは、水平社運動が治一郎の政治的支持基盤であったからであると考えられるかもしれないし、それほど意地悪い見方をとらず、治一郎は常に理論的な議論よりも政治的活動に関わっていくことのほうに関心があったのだと考えることもできよう。

治一郎が刑期満了まで釈放されなかったら、戻るべき水平社はすでになかった可能性もある。出獄後の治一郎の寄付によって水平社は歩みを続けることができたが、活動家の間で闘わされていた議論について治一郎がどのような態度をとっていたかを明らかにしてくれる証拠はほとんどない。治一郎の「部落第一主義」を踏まえれば、部落の生活や生活水準の向上にあたって水平社が重要な役割を果たしうると考えていたことは推測できるが、会議や大会のために作成された文書でこうした考え方について詳しく述べたことはないようである。その後の一〇年間、日本と水平社は困難な時代に突入する。日本共産党は、常に日本の労働者階級の利益に奉仕してきたわけではなかったにせよ、他者の方針について判断する際の基準となりうるしっかりした方針を提出してはいた。さらに、国内の出来事を国際的発展と結びつけて考えることにつながりうる世界観も有していた。日本共産党は、間違いを犯したり誤った指導を行なったりすることがあったにせよ、方針や戦略の策定に示唆を与えることができた。このような同党の思想を参照することができなくなったとき、日本の社会運動は方向を見失った。その後の数年間、水平社は万人の予想を超えるほど劇的な復活を果たし、治一郎が国政の舞台に進む展望も視野に入るようになったが、水平社は道を指し示してくれる理論的羅針盤を有していなかったし、治一郎も同様だった。

四　高松地裁判決糾弾運動と水平社の再生

徳川時代のあらゆる被差別民集団――エタ、非人、かわた、茶筅など多くの名称が用いられていた――は、明治天皇による一八七一年八月二八日付の勅令により、公式の諸制限から名目上解放されていた。部落の家族には、このことを感謝とともに認識して、家に明治天皇の写真を飾っているところが多かった。周縁に位置づけられたこの集団を指すために用いられる名称も世紀の変わり目をはさんでゆっくりと変化していき、一九三〇年代中盤になると水平社は「被圧迫部落」を好んで用いるようになっていたが、公式な状況では「特殊部落」が用いられることのほうが多く、そこには侮蔑的な含みがともなっていた。差別は存在し続けていたが、その理由については意見の一致が見られなかった。自由主義団体や、政府の後援を受けた融和運動団体は、これは被差別民解放についての勅意に関する理解が国民の間でいまだ不十分なためであるにすぎないと考えた。マルクス主義左派の間では、これは近代的社会構造のなかに封建的要素を維持している日本資本主義内部の矛盾のひとつであると論じられた。治一郎のように中間的立場をとる人々は、差別はいまだ生き残っている不合理な偏見に基づくものだと考えた。これらの見解に一致点はほとんどなく、あるとすれば、どのような偏見や差別であれ、存在し続けるいかなる法的根拠ももはや存在しないという点ぐらいであったかもしれない。

一九三三年六月三日、高松地方裁判所が久本米一（三三歳）と山本雪太郎（三八歳）に誘拐罪でそれぞれ一年および一〇月の懲役刑を言い渡した。前年の一二月一五日、大阪で仕事を済ませてフェリーで高松市に帰る途中であった二人は、丸亀市のカフェで女給をしていた石原政江（一九歳）と仲良くなった。やがて久本と政江が結婚できないかという話になり、政江がカフェのオーナーから借金している三七円を返済すれば結婚しようということになった。しかし久本も山本も金を工面することができなかったので、政江は家に帰り、結婚を申しこまれたと母親に話した。久本はその後、自分が部落出身であることを知られたくなかったので、部落の外で政江と一緒に暮らし始めた。一方、娘が誘拐されたと思った父親は行方を探し始め、一二月二三日、銭湯帰りの政江に偶然出くわした。父親は、久本が娘を誘拐したと警察に通報した。政江は、警察から山本と久本は部落民だと告げられて結婚についてて考え直した。一九三三年一月、二人は誘拐の容疑で裁判にかけられることになり、六月に刑が言い渡された（森山ほか 2003: 98）。

久本は一九三二年夏に離婚しており、一九三三年一月に息子を引き取る予定になっていた。再婚したがったのはそれが理由かもしれない。検察は、二人が数々の方法で政江を騙したと主張した。第一に、本当はクズ鉄業者にすぎないのに自動車販売に関わっているかのように見せかけた。第二に、久本が以前結婚していたことを告げず、もっとも重要なこととして、自分たちの「特殊な身分」について触れなかった。これが父親の反対理由の中核であり、白水勝起検事は、論告において公然と「（被告人らは）特殊部落民でありながら、自己の身分をことさら隠し、甘言・詐謀をもって同女を誘拐」

したと述べたほか、公判中にさらに何度か「特殊（特種）部落民」という表現を用いた。久本の支援者七〇人以上が公判を傍聴しており、弁護人は記録から差別的文言を削除させようとしたが、裁判官は認めなかった。判決公判で、裁判官は検事と協議した後に予審決定書から「特殊部落」の語を削除することだけを決定し、他の使用例はそのまま残された。被告弁護人の主張は、「特殊（特種）部落民」であることを明かさなかったことをこれほど重視するのであれば旧「賤民」は全員そのような義務を有していることになるが、裁判所がこれを認めるのであれば「解放令」の意図が損なわれるというものだった。

水平社の香川県連から大阪本部に連絡があり、調査員が送られた。問題の深刻さが明らかになると、北原泰作が派遣された。やがて治一郎もこの運動を全面的に支援することになった。後年、治一郎はこう述べている。

この差別事件で、私はそれまでとはちがった新しい目をひらかされた。いままでの弾圧は、われわれの闘いに対してであった。したがって、われわれが何もしないでおとなしくしておれば弾圧はないと思いがちだし、事実水平社運動は過激な運動だから警察に目をつけられるという人が少なくなかった。しかし高松の事件は部落民が何もしなくっても、部落民という存在自体が罪になるということなんだ。これはえらいことだと思ったね。

（森山ほか 2003: 100 で引用）

治一郎は地元グループを援助するために井元麟之を送りこんだ。七月三日に水平社中央委員会が開催され、次の四つのスローガンのもと、高松地裁判決に関する全国的運動を開始することが決定された。

・差別判決を取り消せ
・久本と山本を釈放せよ
・裁判関係者を免職しろ
・差別反対運動への干渉に反対する

幹部の間に生まれていた新たな現実主義的感覚を反映して、スローガンをもっと急進的なもの——一例として「階級的、ファッショ的裁判絶対反対」——にしようという提案は却下され、より幅広く訴えかけられるものが採用されたのである（高山 2005: 346)。

七月一一日、治一郎は北原や高松の現地グループ代表を含む一団を率いて上京した。そして左翼系弁護士からなる二つの団体と相談したが、そのひとりである布施辰治は治一郎が徳川事件のころから知っている弁護士だった。判決はすでに決まっているから、それを取り消させるためには検事総長への非常上告しかないというのが布施の助言だった（森山ほか 2003: 105)。翌日、一団はさらに三人の弁護士をともなって小山松吉司法大臣を訪ねた。司法大臣は、検事局や裁判所に差別があってはならないという点には同意しながらも、「裁判調書は、『特殊部落』の人とは結婚するのはイヤだと言っている者がいるという事実を明らかにしているだけだ」という趣旨のことを述べた。これに対して治一郎は、「だがその場合でもそんな差別文字を使うことはイケナイ。第一『特殊部落』というのは公法上存在しないのだ。(このまま判決を確定させてしまったら)明治四年の解放令を取消して、再び『特殊部落』という差別される身分を法律で認めることになる」と応じた。大臣は調査を約束した(高山 2005: 349)。

八月二八日には、「解放令」を記念し、高松地裁判決糾弾運動を支持する全国集会が、各地の部落——水平社の支部がある部落ばかりではない——の代表者の出席を得て大阪で開かれた。北原泰作は、高松地裁判決と、ファシズムおよびナチズムに反対する広範な国際的運動を結びつけて演説した。北原は、ドイツではナチス政権がユダヤ人差別を制度化しつつあるが、日本ではファシスト政権が裁判所を通じて我々の兄弟に対する封建的抑圧の制度化を図ろうとしていると指摘した(渡部・秋定 1974b: 38)。

次に計画されたのは、一団が福岡を出発し、各地で大衆集会を開きながら東京まで一二〇〇キロを踏破しようという「請願行進」である。九月二五日に東京に向けて出発する予定だったが、内務省の干渉により行進は禁じられ、参加できる人数も各府県から二名ずつに制限された。水平社幹部は抗議したが如何ともしがたく、代わりに鉄路で行くことに決定した。治一郎は一団を引き連れて一〇月一日に博多駅を出発した。一行には制服警官と特高警察の両方がついてきており、列車から演説をするな、窓から手を振るなどと怒鳴ってきた。一行は下関駅で二手に分かれ、一方は日本海側を松江方面に、他方は瀬戸内海側を広島方面に向かった。一行は道々、駅であるいは駅の近くで開かれる演説

高松差別裁判の請願行進隊出発前の激励演説会ポスター［松本治一郎資料］

差別裁判取消要求関連資料第２集［井元麟之資料、〔公社〕福岡県人権研究所蔵］

会のために途中下車しながら移動を続けて一〇月九日に大阪でふたたび合流し、一九日にようやく東京に到着した。この間、一行は演説会に四七回参加して計一六万四〇〇〇人の聴衆を集め、他に各駅で計一九万九〇〇〇人の送迎を受けた（高山 2005: 352）。この運動は、社会大衆党や、小作人運動の多くの関係者からも支持された。

　東京で治一郎はふたたび司法大臣と会見したが、大臣は事件についてあらためて遺憾の意を表明しながらも、判決自体は法的に瑕疵のないものであるため自分にできることはほとんどないと述べた。一行は一〇月二四日に検事総長と会い、一一月八日には司法大臣と三度目の会見を持った。検事総長によれば、判決には法律に違背した点がないので非常上告はできないとのことだった（高山 2005: 353）。この時点で運動は第二段階へと突入する準備が整い、公民としての三つの義務――納税、就学、兵役――を拒否するよう部落民に呼びかける計画も立てられた。さらなる直訴が企てられているという噂まで流れた（渡部・秋定 1974b: 52-3; 高山 2005: 356）。運動を支えていたのは全国の水平社からの寄付である。目標額二〇〇〇円のうち一八〇〇円が集まったのは圧巻だが、東京に一か月滞在しているうちに全額を使い切ってしまった。これでは運動を続けていくことができない。東京に置かれた請願隊本部からは、本部がすっからかんになってしまったことを説明する、やや切迫感のあるビラが出された。「本部は金は全部使い切り、動きがとれなくなっています。戦い《ママ》が勝てるように、貧乏人全体の暮らしのための闘いと思われて、基金募集に応じてください。お金一銭でも二銭でもよい。お米一合でも二合でもよい。野菜一株でも二株でもよい」（森山ほか 2003: 108-9, 114）

一一月一二日、山本が一四日の刑期を残して釈放され、一二月七日には久本も刑期を四七日残して釈放された。ほどなくして高松地方裁判所長は退職し、検事は京都府へ転任した（高山 2005: 354）。司法大臣は事件について遺憾の意を表明し、このような差別語が裁判所でふたたび用いられないようにするよう命ずる通達を発した（森山ほか 2003: 115）。水平社は、差別的表現を用いた検事の糾弾を続けることに決定した。一九三四年四月に京都で開催された第一二回全国大会では白水勝起検事に対する抗議活動継続の決議を採択し、水平社幹部も白水と会って辞職を促した。京都で開かれた抗議集会には一五〇〇人が参加し、治一郎も演壇に立った。これに対して司法大臣は、同検事をふたたび、今度は福島県に転任させた。部落がきわめて少なく、県水平社も設けられていないところである。この段階で検事の糾弾は終了した[1]（高山 2005: 354）。

しかし、高松地裁判決糾弾運動を振り返ってみれば、これによって水平社が全国的に息を吹き返したのは確かである。過去、もっとも多いときには約八〇〇の部落で水平社が活動していたと推定されていたが、一九三〇年代初頭には二〇〇に満たないまでに減少していた。しかしこの運動後には一二〇〇以上の部落が積極的に関わるようになった。これはおそらく、すべての部落民にとって身近な問題である結婚差別の事例に焦点が当てられたからだと思われる。配偶者になるかもしれない相手に自分の身分を「告白」しなければならないという圧力を経験したり、このようなジレンマに直面しなくてすむよう部落民以外の者とは関係を持たないようにしたりする者は多かった。関連する問題として、政江がカフェで働くようになる前に支払われた前借金の問題があったが、これは政江本人に渡されたのではなく、父親が酒と博打に使っていた（高山 2005: 343）。当時の部落の貧しい家庭にとっては、娘を雇用主に「売る」ことを余儀なくされるのも珍しくなかったのである。

しかし、主たる重要問題は、高松地裁判決が、この事案のように個人的な関係のなかで、あるいは仕事を始めるときでさえも、自分が部落民であることを明かさなかった場合はそれが犯罪になる可能性もあると受け取れる判断をしたところにあった。これがそのまま先例になっていれば、一八七一年に確立されたように思われた法の前の平等の原則が損なわれていただろう。このような理由から、大多数の部落民やその他の社会運動関係者を巻きこむことは、結果的にそれほど難しくなかった。そして本書でもっとも重要なのは、この運動によって治一郎がどのように変わったかということである。そ井元麟之は、この運動の過程で治一郎が初めて指導者らしく振る舞うようになったと報告している。「請願行進」の際、大阪で下車した治一郎は自分を迎えてくれた群衆の前で演説を行ない、憲法や権利と義務について話をするとともに、反戦・反ファシズムの立場を明確にした。治一郎が演説で「皆さんの松本治一郎」と自称するようになったのもこのときが初めてである。井元が別の場所で述べたところによれば、治一郎はこのころから水平社の指導者に「選ばれた」という感覚を持つようになった。それまで、治一郎が水平社の経営者であることは広く認められていたが、高松地裁判決糾弾運動の過程で水平社の指導者となったのである（高山 2005: 351）。

治一郎が自信を喪失することはけっしてなかったが、この運動の経験は治一郎によりはっきりとした目的意識を与えたらしい。そのことが何よりも明確に表れているのが治一郎の演説である。後年、井元は次のように述べている。

そのときの松本の演説を聞いて私も皆んなもびっくりしました。それまでの松本の演説といったら委員長のごあいさつといえるもので「ご多忙中、ご苦労様でした……」という程度の全くひいき目にも上手とはいえない演説だった。ところが、この高松事件の演説は「憲法ではこれこれのことを保障し、これこれの義務を負わせているではないか。しかるにわれわれ〔部落民〕には義務だけを負わせて、なんらの保障もやってないではないか……」という憲法論をひっさげての堂々たるアジテーションですよ。そのすばらしいこと、内容の充実していることといったら、まるで生れかわった松本治一郎ですよ。高松事件が治一郎を生れ変えさせた。そして〝解放の父〟という出発は高松事件以来なんです。

（高山 2005: 351）

五　水平社と財政と政治

北原泰作や朝田善之助らの「解消派」は一九三三年初頭に「部落民委員会活動」戦略をとりまとめていた。これは、差別事件に対する抗議と部落内の生活条件改善要求を結びつけることによって運動の復活を図ろうとしたものである。その目的は、水平社の活動家が主導・開始する運動に広範な部落民共同体を巻きこむことにあった。高松地裁判決糾弾運動は水平社にとって全国的な活動の中心となったが、地方の団体はこの機会を利用して自分たち自身の要求を展開させていった。

水平社が会員制組織になったことはない。警察による推定では、一九二〇年代後半にはおそらく四万八〇〇〇人もの同人がおり、そのうち二万六〇〇〇人が九州の、一万八〇〇〇人が福岡県の同人だった。同人数は一九三二年には二万七〇〇〇人まで減少していた。警察の監視強化や日本共産党員の検挙という状況を考えれば、水平社運動への支持は減り続けていくだろうと予想されたかもしれない。しかし高松地裁判決糾弾運動によって情勢は変わり、水平社はふたたび成長を始め、一九三七年までに同人数が四万人に達した。こうした数字は算定方法が明確でなく、信頼性にも疑問符がつくが、部落民の間での活動の増加を反映していることは大筋で確かなように思われる（渡部・秋定 1974b: 1027）。運動の勢いが復活したことを示すもうひとつの出来事は、一九三四年一一月に行なわれた、水平社機関紙『水平新聞』の復刊決定である。これは一九三七年二月の第二三号まで続けられ、ほぼ毎月発行されていたことになる。

しかし全国水平社の組織上の問題はほとんど解決されていなかった。財政的にも治一郎に著しく依存したままであった。高松地裁判決糾弾運動の際、井元麟之は「治一郎の財政力を抜きに水平社運動は考えられなかった」と述べている（森山ほか 2003: 108で引用）。水平社大阪本部が置かれていた建物は一九四四年から四五年にかけて米軍の爆撃により破壊されてしまったため、このような支援がどの程度行なわれていたかを実証しうる記録はほとんど残っていないが、一九三四年から三五年にかけて治一郎がどの程度の金額を寄付していたか、井元が記録していた。

一九三四年
五月一八日　三〇円
五月一八日（再）　三〇円
五月二四日　五〇円
六月一五日　五〇円
七月一日　五〇円
七月二二日　四〇円

一九三五年
五月二五日　一〇〇円
七月一一日　一〇〇円
七月二七日　一〇〇円

八月一二日	一〇円
八月一九日	五円
八月二〇日	一〇〇円
九月九日	一〇〇円
九月一七日	五〇円
一〇月九日	一〇〇円

（高山 2005: 358）

一九三五年夏、井元は事務所を回していくために借りていた九五円を返済する必要に迫られていた。金策のめどが立たず、井元は七月初頭に治一郎に手紙を書き、「私の一生の最后の願い」であると約束して資金提供を依頼した。返事が来なかったので自ら福岡に出向いたが、治一郎といえども四〇円しか都合できなかった。井元は絶望して自殺を決意したものの、それはやりすぎだと思い直すと、治一郎に辞任届を送って福岡に帰った。治一郎はこの行動に衝撃を受けたようで、借金返済のために必要な額だけではなく機関紙発行のために必要な資金も工面している。[2]

さらに、治一郎は同時に全九州水平社にも資金を提供していた。一九三三年八月から一九三四年三月にかけての全九州水平社の総収入は一五九六円だったが、そのうち四二六円は治一郎が出所である（高山 2005: 363）。治一郎は九州以外の水平社にも寄付を行なっていた。岡山県連から送られた一九三四年一〇月二五日付の手紙では、治一郎が岡山訪問時に行なった寄付への感謝が述べられてい

1931 年頃から東公園で始めた炊き出し用の大釜（直径約 80cm）［松本治一郎資料］

る（高山 2005: 366）。東京の弁護士、布施辰治が獄中にあるときは、家族の生計費として布施の妻に四〇〇円を貸した（与えた可能性のほうが高い）。田中織之進《おりのしん》は戦後社会党から出馬し、和歌山の有権者の支持を得て計八回当選した政治家だが、一九三〇年代初頭に九州帝国大学で法律を勉強していたころ治一郎から資金援助を受け、半年あたり六〇円の学費を払ってもらっていた。一九三五年九月に木村京太郎が八年の刑期を終えて出獄し、その後しばらくして北原泰作が出獄したときも、二人は療養のため治一郎の費用で福岡に滞在した。治一郎自身が一九三一年に出獄したときには、自宅を出て角を曲がったすぐのところにある東公園で野宿している日雇労働者に毎朝おにぎりを振る舞うようになったほか、正月を迎えるたび、人生の三年以上を過ごした福岡刑務所の受刑者全員に弁当を配るための費用負担を死ぬまで続けた。

　こうしたことができたのは、もちろん松本組が生み出す利益があってのことである。治一郎の存命中に松本組がどのように発展してきたかを追跡することは、いまのところできない。同社は、一九六六年、治一郎の死のわずか数か月前にようやく株式会社化された。同社の沿革を跡づける詳しい資料は断片的に残っているのみである。治一郎の存命中、同社の経営はほとんどの期間、兄の治七が担っていたが、現存する会社関係の書類には法律上の代表者として治一郎の名前が挙がっている。

一九二〇年代の松本組の繁栄は、地元の鉄道会社（戦後の西日本鉄道株式会社）および地元の発電会社である東邦電力（後の九州電力）の発展と緊密に結びついていた。松本組は、鉄道網が福岡県外に広がっていくにつれて、橋の建設に関わるいくつかの重要な契約を獲得した模様である。一九三七年四月、土木会社から建設会社へと正式な格上げに踏み切ったことは、松本組が行なう業務の幅と質が高まったことの表れであろう。松本組がどのような仕事に関わっていたかについては、同社が一九三八年九月から一一月にかけて行なった事業の計画書からある程度うかがうことができる。これは東邦電力から受注した、福岡市呉服町地区の空中と地下に電線を架設する工事で、路面電車改良事業の一環として行なわれたものである。契約は松本治一郎の名で結ばれたもので、総額六六五三円一二銭の事業だった。[3]

松本組の規模や従業員数を確かめることはどの時点についても困難である。他の国々と同じように、日本の建築工事でも下請けがおおいに活用されるもので、松本組もその例に漏れなかった。部落にも、福岡市の路上（および東公園）にも、一時的労働力の潜在的供給源がかなりの規模で存在したことはいうまでもない。さらに、松本組の業務展開は柔軟だった。治一郎の自宅と松本組本社は、当時は福岡市の外れに位置していた、主要駅のひとつであり資材置場でもあった吉塚に近接していた。一九三〇年代の終わりごろになると松本組は業務を多角化して石炭運搬にも乗り出している。同社がすでに所有していたトラックを、筑豊の炭鉱から運ばれてきた石炭を受け取って市内の家庭や事業所に配達するために活用したのだと思われる。

松本組は、東京や大阪に本社を置く最大手の建設会社に匹敵するほどの企業ではなく、こうした会社と競争するほどの規模も有していなかったとはいえ、一九三〇年代の福岡ではおそらく最大の建設会社だった。治一郎は、同社を通じて、水平社運動と自身の政治的キャリアを支えるために必要な財産を蓄積することができたのみならず、選挙のために活用できる人脈も築いていった。治一郎の兄・治七は後年、会社の資産がこのような形で流出することがなければ（この状態は一九五〇年代を通じて続いた）、松本組は全国の同業者と伍してやっていけるほどに成長できていただろうとこぼしている。

六　一九三六年選挙

一九三二年五月に犬養毅首相が暗殺されたことにより、戦前日本の政党政治に終止符が打たれた。軍部・文民官僚の威信が高まりつつあったのに対して政党エリートの影響力が相対的に低下したことから、議会は「より能力の高い国家公務員の政策提案を裁可する機関」とほとんど変わらない場所になってしまった（Berger 1988: 115）。しかし、当時からこのことが明らかであったわけではまったくなく、遅かれ早かれ衆議院の諸政党を基盤として内閣を組織する慣行が復活するだろうと考える者も多かった。一九三六年二月二〇日に選挙が行なわれることになったが、これは民政党にとって、大衆の支持を獲得し、政友会に代わって衆議院第一党となり、もって次期内閣の中心となる機会を提供してくれるものだった。この選挙は、官僚にとって、不満を無害な方向に逸らすことによって共産主義左派の弾圧政策を強化する機会にもなると主張する向きもあった。そのはけ口として選ばれたのが、方向性としては反資本主義で既成政党にも反対しているものの、天皇制支持の方向へ向かいつつあった社会大衆党である（Berger 1977: 73）。
治一郎が帝国議会選挙出馬の準備をどのぐらい前から進めていたのかは判断しにくい。先に示唆したように、治一郎が一九二〇年代から出馬を念頭に置いていたとすれば、黒田三〇〇年祭反対運動は抜け目のない動きだったということになろう。実際、治一郎は一九二八年に労働農民党の支持を受けて立候補しており、六〇〇〇票近くを獲得したものの当選には至らなかった。治一郎が一九三二年二月の選挙への立候補を考えていたかもしれないことを示す手がかりもあるものの、このときは出獄から選挙まで数か月しかなかった。井元麟之や朝田善之助のように革命闘争に傾倒していた同人もいたとはいえ、地方議会への進出を通じて政策に影響を及ぼすことは水平社の戦略の欠かせない一部だったらしく、一九三三年には複数の候補者が地方選挙に立候補している。県議選に二人（福岡と和歌山）、市議選に二四人、町村議選に二七二人である（渡部・秋定 1974b: 25-6）。一九三五年の県議選には水平社幹部七人が出馬したが、当選したのは二人だけで、いずれも福岡県だった。

水平社は次期国政選挙に二人の候補者（福岡で松本治一郎、大阪で泉野利喜蔵）を立てるつもりだったが、泉野は前年の大阪府議選で選挙違反をしたとして有罪判決を言い渡され、五年間の公民権停止処分を受けていた（高山 2005: 375）。一九三六年一月発行の『水平新聞』に委員長名で掲載された治一郎による年頭所感には、来たる総選挙に出馬する意思が満ち満ちている。「公平論出不平人《こうへいろんはふへいのひとよりいづ》」と題されたその所感の全文は次のとおりである。

親愛なる全国の皆さん！

一九三六年の初頭に当つて聊《いささ》か所感を述べ御挨拶に代へさせて戴きたいと思ひます。

新年が来たと申しましても日頃から苦しい生活をさせられてゐる私共には、別に之といふ目出たさうな事もありませんが、戦ひから戦ひへと進むお互にとつて新年は、解放の佳き日へ、一歩々々と築き上げられてゆく勝利への一里塚として考へます時に——今年《こんねん》もまた更に勇躍邁進するぞ！大いにやるぞ！といふ意気込みを一層固めて戴きたいのであります。

強きもの富める者、権力に誇るものがもつ将来は敗北と滅亡のみであります。それに引代へ弱く貧しく虐げられしお互ひには輝かしい勝利と解放が未来を約束してをります。一切を奪はれた吾々は前途に失ふべき何ものをも持つておりません。而して闘争によつて獲得すべき全世界を持つてゐるのであります。

私は常に『公平ノ論ハ不平ノ人ヨリ出ズ』といふ言葉を愛誦してをります。この言葉の意味を私は真実に公平な意見を持ち最も正しい事を為し得る処の者はこの社会に於て最も公平ならざる立場に置かれてゐる者、即ち不当・暴虐・圧制の至らざるなきドン底生活をさせられて来たお互ひのみが、真の公平と正義を実現し得る資格を持つものであるといふように解釈してゐるのであります。

世の中はます〳〵ヒツパクして参りました。もうどうにも成らぬやうになつて来てをります言換へると、今の社会は今迄通りの政治のやり方や仕組や、今の支配階級ではどうしてもやつて行けない処まで行詰まつてをります。失業者は街頭にあふれ、農民は飢へと寒さに泣き、あまつさえ彼ら資本家地主共は断末魔の一策として戦争までも企んでゐるのであります。

斯うした情勢のもとに迎へる新年に当つて私達お互ひは、凡ての被圧迫勤労大衆と固く〳〵手を拱んで、一歩々々と解放への条件を築き上げ最後の決戦に飛躍すべく『今年も亦大いにやるぞ！』の決意で不撓の闘争に邁進されん事を切望いたします。

不肖私も　親愛なる全国の同志諸君と共に、最後の血の一滴まで戦ひ抜くことをお誓ひして、希望と確信に輝く一九三六年初頭の御挨拶といたします。

（『水平新聞』一九三六年一月五日付）

治一郎は国政選挙に無所属で立候補したが、実際には社会大衆党福岡県連合会の支援を受けていたほか、当然のことながら、福岡県水平社の支持者、地元の労働組合や農民団体、松本組の仕事をしていた多くの地元下請業者からも支援されていた。一九三六年二月五日、治一郎は「明朗なる」民衆政治樹立のために「最後の血の一滴まで闘い抜く」ことを約束して選挙運動を開始した。治一郎が掲げた一五項目の政策には、労働者の税負担軽減と富裕層への課税強化、失業保険の創設、労働者の最低賃金の設定、戦死傷病兵士家族への国家扶助、義務教育費の全額国庫負担、身分的・民族的差別反対、ファッショ反対などが挙げられていた。階級闘争の話はほとんどせず、むしろ生活条件改善の必要性について好んで語った。治一郎は選挙運動に邁進し、演説を一七六回行なって総計二万三〇〇〇人以上の聴衆を集めた。一日で一〇回演説したこともある。送った推薦状は一万九〇〇〇通、配った饅頭は二万個にのぼった（高山 2005: 377-8; 部落解放同盟中央本部 1987: 166-7）。

福岡一区の定数は四人で、過去二回の選挙では政友会の議員三人と、民政党の党員だったがさらに右に傾きつつあった中野正剛が選出されていた（Hunter 1984: 139-40）。新たに既成政党から二人、中道団体および中道左派団体から一人ずつが立候補したので、治一郎を加えて九人の候補者が争うことになった。治一郎の選挙事務長を務めたのは、左翼弁護士で戦後に福岡市長を二期連続で務めることになる三好弥六《やろく》である。中心的な運動員のひとりに、日本共産党の支援活動を理由に一九三三年に逮捕されて五〇〇日収監された後に政治活動に復帰していた、北原泰作もいた。投票の結果、治一郎は一万四四三九票を獲得して三位で当選した。そのうち地元の部落票と思われるのは六〇〇〇票程度にすぎず、治一郎の支持基盤は水平社だけではなく、それよりもはるかに広いことが明らかになった。

しかし、選挙からわずか数日後の二月二六日、一握りの陸軍青年将校がクーデター未遂事件を起こし、陸軍省、参謀本部、首相官邸、皇居に通じる道路など、東京の中心部をかなりの規模で占拠した。高橋是清大蔵大臣や斎藤実《まこと》内大臣（海軍大将・前総理）らが暗殺された。反乱の目的は「国体顕現」であり、天皇を政治の中心に復帰させるところにあった。しかし天皇は反乱部隊をまったく認めず、二月二七日には鎮圧命令書に署名した。命令は速やかに実行され、反乱部隊の占拠地域は二月二九日の朝までに掃討された（Connors 1987: 164-8）。しかし戒厳令が直ちに敷かれ、五月まで解除されなかった。制圧されたとはいえ、この蜂起は左右を問わず政治家全体の面目を潰すことに成功し、日本をさらに一歩右傾化させた。

七　小括

治一郎は四九歳になっていた。出獄から四年の間に、治一郎が水平社運動の指導者であることが異論の余地もないほど再確認されるとともに、地域でしっかりと足場を固め、全国的にも評判が高まりつつある存在であることもあらためて明らかになっていた。一九三四年に出版された福岡名士録は、治一郎を「親分」と呼びつつ、「弱きを助ける勇者」とも書いている。「正義のための闘いにあっては勇敢で恐れ知らずではあるが、……泣いている子供をその腕に抱けば泣き止むのである」。その人気を票へと変える手腕を、治一郎は一九三六年の選挙で見せつけた。治一郎の得票はすべてが地元部落票というわけではなかったのである。

治一郎は水平社運動の筆頭資金援助者であり続けたが、高松地裁判決糾弾運動の過程で指導者然とした振る舞いを見せ始め、実際に指導者として認められるようになった。皮肉な見方をすれば、このような変化が起きたのは、急進的立場をとっていたライバルのほとんどが自由な言動をますますしにくくなりつつあった時期とぴったり重なっているといえるかもしれない。こうしたライバルは、実際に収監されていなかったとしても、検挙の恐れのなかで暮らしていた。このような恐れには治一郎も直面していたが、治一郎は、許された範囲内で活発な行動を続けつつ、こうした運命をできるかぎり回避することを決意するようになっていたと思われる。問題は、その後の一〇年の間に、許される範囲がますます狭くなっていくところにあった。

第四章　松本治一郎の代議士時代の一九三六〜四一年

一　政治的背景

治一郎が帝国議会議員に選出されたのは一九三六年二月のことである。同年九月には名前の表記を「次一郎」から「治一郎」へと正式に変更した。この表記はしばらく前から——遅くとも一九二四年以降には——使っていたが、それでも正式に変更したことは重要である。新たに用いた「治」という字には、「政治」「統治」だけではなく「改良」「治療」という意味もある。治一郎は、このように名前の書き方を変えることにより、国政への関与とともに、日本の改革を試み、社会への部落民の全面的統合を進めていくことへの決意も新たにしていたのかもしれない。しかし、治一郎が国政への一歩を踏み出したのは、政治のあり方を左右するさまざまな要素が急速に変化しつつある時代だった。当選からわずか六日後、陸軍青年将校がクーデターを決行した。これは失敗に終わったが、政府の重要人物が三人暗殺され、さらに三人の命が狙われた後のことであった。治一郎は、この後数年の間、それまでの政治経験では想定していなかった決断をいくつか迫られることになる。

治一郎が帝国議会の代議士に選出されたとき、衆議院は政治の中心ではなくなりつつあった。一九二〇年代には、日本の政治は、政友会と民政党という二つの政党が内閣を中心とする政府の支配権を争い、最終的には民主的に選出された議員に対して責任を負う議院内閣制に向かいつつあるように思われた。立憲体制のなかに、枢密院や貴族院など民主的影響力がほとんど及ばない領域も残されていたのも確かだが、民主的統制の高まりを受けてその影響力は弱まりつつあったと考えることは可能である。一九三二年に犬養首相が暗殺されると斎藤海軍大将が代わって首相の座に就き、二大政党の代表者を含む挙国一致政権をまとめ上げた。これは特別な危機に対応するための一時的解決策であるはずだったが、蓋を開けてみれば、政党政治家が優位な立場を取り戻せる状況に近づくのは一九四五年の終戦を待たなければならなかった。

これには多くの理由がある。第一に、既成政党は、議会や東京の政界でこそいっそうの敬意を払われるようになりつつあったものの、有権者層と緊密なつながりを発展させることには失敗していた。そのため、政党をじわじわと権力から排除しようとする文民・軍部官僚の試みに抵抗する大衆的動きは、国民一般の間にはほとんど生じなかった。他方、経済的需要を刺激するための措置がとられ、とくに、農漁業の再活性化計画とあわせて大規模な公共事業計画が策定された。これにより、地方と内務省・農林省との直接のつながりが強化され、選挙で選ばれた代議士はそのあおりを食うことになった。

軍部もまた、帝国在郷軍人会を通じて国民への影響力を高めつつあった。在郷軍人会は当初、兵役を済ませた者に、四〇歳に達するまで軍事訓練の機会を提供する目的で一九一〇年に設立された組織だが、一般大衆の愛国心を涵養するという、より幅広い機能も担うようになっていった。一九一八年以降は青少年団や婦人部も設け、ほぼすべての町村でひとつまたは複数の在郷軍人会支部が活動するようになった。すでに見たように、在郷軍人会は一九二〇年代には青年集団を対象とする軍事訓練も行なうようになっている。これに対しては労働組合やその他の左翼活動家から若干の抵抗があったが、一九二〇年代末には制度として定着した。一九三〇年代中盤には一一〇〇万人以上の国民がいずれかの在郷軍人会支部に加盟しており、陸軍大臣は軍部が望ましいと考える主張の働きかけを行なうために――たとえば政党による国防予算削減の試みに反対するために――これらの男女・青年を動員できた。軍部は在郷軍人会とのつながりを通じて政党政治家より草の根の国民の事情に通じているという主張にも一理あった。一九三〇年代後半の健康保険制度拡大につながったのは、既成政党ではなく、農村部から徴集された新兵の健康状態の悪化を懸念した軍部の圧力によるものだったのである。

国際的には日本は孤立の度を増しつつあり、一九三三年の国際連盟脱退以降はそのことが紛うことなくはっきりしたことから、「総力戦」に備えて自存自衛の力を高めていく必要性に関する議論が緊迫感を帯びてきた。永田鉄山大佐が一九二七年に次のような趣旨のことを述べたとおりである。

国家総動員とは、必要が生じた時に国家社会全体を平時態勢から戦時態勢へと移行させることである。その際国家は、物質的・人的資源の一切を組織化・統一して活用し、軍事力としての国力を最大化しなければならない。

(Berger 1988: 112)

永田は一九三〇年代初頭から、自分の計画を支持してくれる、華族から社会大衆党党員に至る多種多様な人脈作りに乗り出した(Berger 1988: 114)。一九三五年に暗殺されたために計画実現を目にすることはできなかったが、計画を前進させてくれる者は他にいた。戦争のための国家動員を進めるべきか、だとすればどのように進めるかについては一九三〇年代を通じて議論され続け、水平社の指導者である治一郎もその議論に中心的に関わることになった。

代議士を目指す者がいかなる政党とも結びつけられまいとする傾向が強まりつつあった。無所属で立候補する者の人数は、全候補者の四%(一九三二年)から二四%(一九三七年)に上昇した。議会政治家はさらに、その活動の重要性の低下とともに、それまで得ていた理論上の支持さえ失ってしまった。議会政党の影響力の強化に向けた法的主張の根拠となる憲法理論を展開していた美濃部達吉は、一九三四年に、「洗練された経済社会政策を計画するには専門知識が必要であるが、これが政党政治家には著しく欠けている」旨のことを記している。議会は官僚から出される政策提案を裁可する以上のことをすべきではないというのが美濃部の考えだった。美濃部は、議会政党を基礎とする組閣の慣行は再開すべきではないと考えていた(Berger 1988: 115)。

こうして、日本が自存自衛方針に向けた動きを進めるなかで、政党の地位を低めることに成功した文官と軍部は国策決定機関の支配を強化しようとした。しかしどちらの官僚も、急進的改革を追求する者と、そのような改革は憲法違反であり国家および国防を弱体化させるだけではないかと恐れる者とに分裂していた。失敗に終わった一九三六年二月二六日の反乱（二・二六事件）は、前者の傾向が劇的な形で明らかにされたものである。反乱は速やかに鎮圧されたが急進派と保守派の争いは続き、広田弘毅首相（一九三六年三月就任）は仲裁役を果たすことしかできなかった。軍部はすでに内閣に対する拒否権を取り戻していた——内閣が軍の提案を承認しようとしなければ、陸軍大臣は辞任し、首相が考えを変えるか新たな組閣が行なわれるまで軍部は内閣を支持しないということである。軍部は、一九三七年一月以降広田首相の支持を拒否したので、林銑十郎大将が代わって首相の座に就いた。林は、自分が提起した改革案に議会で相当の反対が出たことから、もっと自分を支持してくれる議会構成になることを願って一九三七年に総選挙を行なうことにした。二大政党はいずれも林の政策に反対する選挙運動を展開し、引き続き衆議院を牛耳ることに成功した。すると林は辞職し、外交面では穏健派で国内エリート層の調整役を務めていた近衛文麿が代わって首相に就任した。しかし近衛には軍部を統制することがまったくできなかった。一九三七年七月に北京近郊で起きた小競り合い（盧溝橋事件）を、軍部は中国民族主義運動に対する大規模な攻撃を開始する口実として利用した。それから六週間のうちに日本は全面的な交戦状態に突入し、蔣介石軍を根絶やしにしようと中国北部・中部から軍隊を送りこんだ。

いまだ宣戦布告が行なわれないままに進められたこの戦争は、永田鉄山があらましをまとめ、石原莞爾が引き継いでいた計画——社会・国家組織・経済を総動員して軍部を支えること——を実行に移す試みの呼び水となった。衆議院は、戦争遂行努力を支えるために経済生活のほとんどの側面に介入する権限を国に与えるという政府の企図にあえて抵抗しようとはしなかったものの、一九三八年に進められた交渉の末、政策立案システムにおける自分たちの位置づけを一時的に勝ち取ることができた。衆議院は、大陸における紛争がいっそう深刻化するまで国家総動員法の実施を遅らせるべきだと強く主張するとともに、同法の運用を監視する目的で設置される企画院でも、議会としてある程度の役割を果たすことにした（Berger 1988: 130-1）。

急進的改革派は近衛の妥協に不満を抱き、政友会と民政党だけではなく他のすべての政党にとって代わりうる、そしてこれらの政党を取りこみうる単一の政党を創設しようという構想がいくつか案出された。社会大衆党は一九三七年までに社会民主主義への支持を放棄し、それに代えて軍部の国家経済統制計画を支持するようになりつつあった。近衛自身が新政党運動の音頭をとってくれるのではないかという希望もあったが、近衛はこのようないかなる行動にも与することを拒んだ。けっきょく、一九四〇年の中盤まで近衛はこのような行動に乗り出さなかった。

第三章で、政治活動家、とくに非合法の日本共産党シンパであると考えられた活動家の周期的検挙によって、一九三四年までに同党のいっさいの活動が実質的に停止させられた経緯を検討した。少なくともそれと同じぐらい同党の評判にとって痛手だったのは、主導的立場にあった元共産党活動家の転向である。一九三三年六月、佐野学と鍋山貞親は共産党を脱党し、「労働者階級を強暴な資本の鉄鎖より解放」しなければならないという点についてはこれまでの信念を放棄しないとしながらも、日本民族の社会生活および心理的特徴の独自性に鑑み、日本においては皇室の下で一国社会主義革命を遂行することが自然であり可能であると主張した（Beckmann and Okubo 1969: 45-6）。二人はさらに、中国の民族主義者は西洋資本主義の工作員として行動しており、日本の大陸侵攻は四億人の中国民衆の解放を目的とするものであるとさえ述べている。これは米国と日本の戦争に発展するかもしれないが、それは「アジアの勤労人民を欧米資本の抑圧から解放する世界史的進歩」につながりうるというのが二人の結論だった。日本共産党に対する二人の批判の多くは、共産党を「我が労働階級の解放を目指す党」たるよりも「ソ連邦防衛隊又はその輿論機関」にしてしまったコミンテルンに向けられたものである（Beckmann and Okubo 1969: 247-9）。ただでさえ弱体化していた共産党からの脱党が一般化した。より幅広い社会運動における同党の影響力は急速に低下し、獄中にあったさらに多くの共産主義者が国家主義的主張へと「転向」した。実のところ、警察や検察はこのような思想的変節を積極的に奨励し、一部の者については起訴を猶予したり刑期満了前の出獄を認めたりしている。こうした考え方は、エリートである共産党元幹部の間で広がっていただけではなく、水平社内部の活動家を含む多くの元党員の間にも行き渡っていた。

一九三〇年代中盤には二つの問題が政治課題の中心に浮かび上がった。対中方針の確立といわゆる「国民生活安定」措置である。中国については、ソ連が支持する共産党の運動（中国共産党）、イギリスが（そして同国ほどではないにしてもフランスと米国も）支持する民族主義政党（国民党）、日本と同盟する統一中国のいずれに与するかという選択肢があった。中立を選ぶ余地はなかった。一九三二年に傀儡国家「満州国」を創設して以降、日本はすでに「日満ブロック」を構想していた。この構想はやがて「日満支経済ブロック」へと拡張され、さらに「東亜新秩序」となり、「大東亜共栄圏」として完成された。これは東アジアから西洋帝国主義を放逐し、中国人その他の臣民を解放する日本の歴史的使命の一環なのであると元左翼の多くを言いくるめるのは、結果的には難しいことではなかった。

この間、最悪の世界恐慌は終わりを迎えつつあるように思われたが、都市部でも農村部でも続いていた貧困は依然として懸念の対象であった。永田および軍部内の永田支持者が、労働者階級にとっては経済的に助かる国家総動員を計画する一方、社会大衆党の党首・麻生久は、軍部による資本主義体制改革の動きを歓迎した。多くの部落は経済恐慌による深刻な影響を受けており、一九三二～三五年の四年間で融和事業にさらなる金が注ぎこまれた。融和運動は一九二八年から一九三五年にかけて発展していたので、部落がある府県のほとんどには融和団体の事務所が置かれており、毎年二月に府県団体代表者会議が開かれていた。一九三五年には「融和事業完成十箇年計画」が開始され、偏見と差別がなくなるよう、部落の経済的・文化的水準の向上につながるような方法で五〇〇〇万円を投じる計画が立てられた。可能な場合には水平社とも何らかの協力をするとされていたが、融和運動の目的は「階級意識」や「反資本主義思想」の蔓延防止にあるとも述べられており、各地の融和運動活動家は常に警察や地元名士との協力に意を払っていた。多くの地域で、融和団体の事務所は警察署内に置かれていたのである（さらに詳しくは Neary 1989: 182-3 参照）。

二　治一郎の議会活動（一九三六～三七年）

治一郎は一九三六年の選挙に無所属で出馬したが、社会大衆党福岡県連、福岡県水平社、農民・労働団体、選挙区内の多くの建設下請業者の支援は受けた。治一郎が主要な政策方針として掲げたのは、部落解放、労働者の生活水準防衛、ファシズム反対の三つである。森山ほか（二〇〇三年）にはより詳細な政策が列挙されており、そのなかには次のようなものもあった。

・労働者階級の税負担軽減と富裕層への課税強化
・基礎的最低賃金の確立
・義務教育費の全額国庫負担
・身分的・民族的差別反対

（森山ほか 2003: 123）

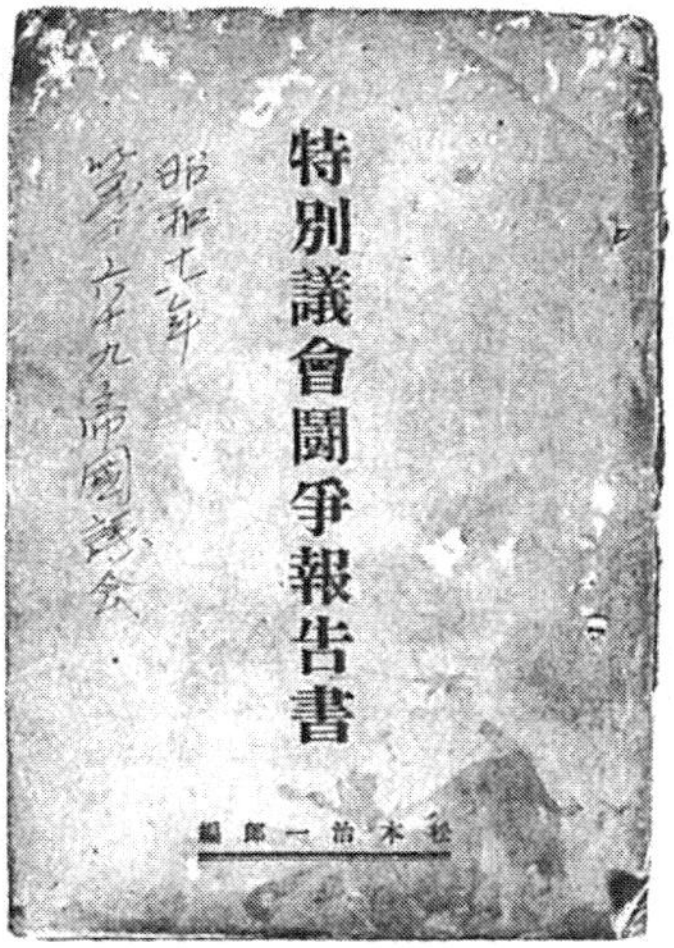

『特別議会闘争報告書』。1937年1月15日発行。第69特別議会における社会大衆党を中心とする無産派議員の闘いの報告書。［松本治一郎資料］

これは当時の社会大衆党の政策より急進的であるように思われ、治一郎がすでに同党の左派に対して、場合によっては党外の勢力に対して、いっそう共感していたことの表れであるかもしれない。

二・二六事件のときに敷かれた戒厳令は七月一八日にようやく解除された。治一郎は五月に赤坂で東京事務所を開設し、北原泰作を筆頭に四人の常勤スタッフで回していくことにしていた。議会では社会大衆党が議席数を五から一八へと増やしていたほか、他に労農無産協議会からも社会民主主義者が五人当選しており、議席総数四六六のうち二三を「無産者」系議員が占めていた。日本共産党は国内では実質的に消滅していたが、亡命先の党員らは、反ファシズム統一戦線の形成を「プロレタリアート左傾分子」に対して促していた。とくに、共産党支持者に対しては、社会大衆党に加入し、同党内で「（プロレタリアートの）反ファッショ人民戦線をつくり出す」ために闘うこと、「社会大衆党内の反動的分子とは闘争」することが促された（Beckmann and Okubo 1969: 352-61 の野坂・山本書簡〔一九三六年二月〕参照）。

治一郎は、実際には当時社会大衆党の党員ではなかったものの、同党の所属議員を撮影した写真には写っているほか、治一郎は同党の顧問だったとする証言もある。社会大衆党自体、麻生久のように国家社会主義的立場に移行しつつあり、軍部や「革新官僚」との協力を進めようとする勢力と、何らかの反ファシズム「人民戦線」を追求する勢力に分裂していた（米谷 1997: 79）。治一郎が後者に共感していたのは明らかで、当選から数か月は、社会大衆党左派と労農団体・水平社との間で活動の調整を図ることに忙殺された。一九三六年五月に結成された政党で、社会大衆党よりも左翼的立場にあるとされた労農無産協議会の幹事長は加藤勘十が務めていた。労農無産協議会も治一郎と同様に反ファシズム統一戦線の創設に向けた動きを進めていたが、警察は加藤が前年にアメリカで野坂参三と会ったことをつかんでおり、コミンテルンを後ろ盾とする反ファシズム戦線を主導しようとしているのではにないかと疑っていた。いずれにせよ、社会大衆党党首の麻生は個人的に加藤を嫌っており、治一郎が何とか二人を同席させようとしても常に抵抗した。最終的に、治一郎は社会大衆党所属議員九人、

帝国議会で演説する治一郎（1936年）。
[『全国水平社　創立80周年記念冊子』より]

加藤および水平社代表三人（治一郎、泉野利喜蔵、田中松月）で会合を持つことができた。特高の報告書によると、治一郎はその場で社会民主主義に対する支持をあらためて表明するとともに（ただし日本共産党への支持表明には至らなかった）、二・二六事件を主導した青年将校の要求を頭から拒否するべきではないとも述べたという。治一郎は、軍部が政治における主導権を要求するのは支持しないが、経済的・社会的改革の要求には同意するとした。治一郎は政治家の同盟づくりに向けて引き続き努力していくと約束した（高山 2005: 386-8）。

治一郎は、第六九回帝国議会が開会した一九三六年五月に登院した。治一郎は予算委員会に配属され、五月一六日、おそらく議会で初めて部落差別に関する演説を行なって「地方改善費」（融和事業の多くに拠出されていた資金の名称）について質問した。治一郎はまず、六〇〇〇部落に暮らしている三〇〇万人の部落民が経験している不平等について簡単に紹介し、水平社はこのような不平等が存在するゆえに結成されたのだと説明した。そして明治憲法第二章「臣民権利義務」から第一九条〜二二条[1]を引用し、これらの規定は部落民を有効に保護していないと主張した。さらに、水平社が結成されて一五年以上経つにもかかわらず、差別事件が起き続けていると述べた（最近の例として岡山と伊勢で起きた事件を挙げている）。このことや、部落の悲惨な経済的状態についてますます多くの証拠が集まっていること——治一郎が引用した一九三三年の調査によれば、神奈川県と三重県の部落では失業率が五二%に達していた——を踏まえ、治一郎は地方改善費（融和事業費）を年額一〇〇〇万円に増額するよう提案した。当時の水準のおよそ一〇倍である。潮恵之輔内務大臣は、差別が続いていることとは遺憾とし、差別が解消されるようにするために全力を尽くすと約束したものの、拠出金の増額要求は拒否した。

治一郎は、部落民に対する差別を支えているのも華族制度を維持しているのも同じ社会制度であるとも指摘した。華族制度の廃止なくして差別観念の撤廃はできないというのである。当時、これは大胆な発言であった。これは、通常の公的議論の限界を超える皇室批判にきわめて近かったからである。潮大臣の答弁は、慎重に考究したうえでないと回答できないというものだった（高山 2005: 389f; 演説のテキストは部落解放同盟中央本部 1972: 121-31 に掲載）。

同じ週の五月二〇日、治一郎は「華族制度改正に関する質問主意書」を提出し、華族制度と部落差別の歴史的関係について同様の主張を行なった。先の演説とこの主意書は、秘書である北原泰作と労農無産協議会の鈴木茂三郎が作成した叩き台に基づくものと思われる。主張の趣旨はこうである――「解放令」は自由と平等を与えたが、これは財閥資本が労働者たる部落民を搾取する自由にほかならず、公民としての苛酷な責務（納税や軍役）を果たす平等な義務を課しただけにすぎないが、その一方で華族は温存されて新たな特権を与えられている。この主意書に対し、潮内相はやはり意味のある回答を行なわなかった。治一郎は、このような過激な要求を支持することは危険であり、何者かに――おそらく右翼国家主義者を指しているものと思われる――殺されるかもしれないと警告された。治一郎は、「自分は本件のごときことにおいて死するは本望だ」と笑い飛ばした（高山 2005: 393; 部落解放同盟中央本部 1972: 134-8）。

治一郎は部落問題のことにばかり関心を持っていたのではない。同じ会期中、地方救済のための新たな鉄道建設の活用（五月一二日）や小区画の土地の開墾に対する助成（五月一一日）についても質問しており、また刑務所看守のような下級官吏の労働条件改善も要請している（五月一九日）（部落解放同盟中央本部 1972: 131-4）。

治一郎の反ファシズム統一戦線活動は東京での集会に限られているわけではなかった。一九三六年九月には奈良、三重、愛媛、徳島で開かれた集会で一二回演説し、コミンテルンからの助言とは慎重に距離を置きつつ、統一無産者戦線の創設を呼びかけている――「日本においては共産主義団体の存在は許されない。しかし、反ファッショの為の大衆的戦線統一運動はぜひおこさねばならぬ」（徳島の集会で行なった演説より）。治一郎が奈良県の駅前で演説したときは、雨のなかを七八〇〇人の群衆が集まって耳を傾けていたという（森山ほか 2003: 128-9）。

一九三七年に入り、治一郎は、軍部が内閣の支配権を強化しようとしているなかで日本が転換期を迎えつつあると感じていた。日本はファシズムへと突き進む圧力に屈してしまうかもしれないし、日本型立憲主義という困難な道筋を歩み続けていくかもしれない。治一郎は寺内寿一陸軍大臣と面会して直接抗議しようとしたが、約束を取りつけられなかったので、労農無産協議会の加藤・鈴木および小作人運動をやっていた黒田寿男に電話で連絡をとった。治一郎は三人を東京の事務所に呼んで、日本の憲政を阻害しようとする計画について陸軍に問い質すとともに、軍部の改革政策は日本がファシズム国家へ転換することにつながるのではないかという危惧を表明しようと提案した。一月三一日、加藤、黒田、治一郎は寺内陸軍大臣に文書を送付し、主要紙にも写しを送った。質問事項は次の四つである（要旨）。

軍はわが国固有の憲政の運用を阻害するものと国民に認識せしめる惧れはないか。

軍にはなお派閥の存在を思わしめるものあり、粛軍の成果を疑わしめないか。

軍の主張する革新政策及び言動は、ファッショ的なものかの疑念を生ぜしめはしないか。

軍事費の増大から国民の負担は頗《すこぶ》る増大したが、軍は如何にして国民の生活を安定せしむるか。

（高山 2005: 397; 渡部・秋定 1974b: 500）


驚くまでもなく、返答はなかった。

次に治一郎は山川均に会いに行った（一八八〇年生まれなのですでに六〇歳近くになっていた）。日本の社会主義運動の草分け的指導者で、一九二一年から二二年にかけて日本共産党の創立に関わった山川は、一九三一年に政治の現場から退き、鎌倉で卵を売って生活していた。二人の話の内容は残念ながら記録されていないが、北原泰作によると、治一郎は山川に感銘を受けなかったという。二人は協力の基盤について合意することはできなかった。治一郎が「理論家タイプ」に好感を抱くことはなかったのである（高山 2005: 397-8）。

治一郎は今度は元代議士の尾崎行雄に会いに行った。初当選は一八九〇年で、このときは七八歳になっていた。治一郎の考えに対する尾崎の答えは、憲政の擁護と議会の役割の防衛の必要性については同意するものの、「わたしは高齢で、もはや若い人たちと一緒に活動する体力がない。あなたがたは若くて元気だから、国民のため、国家のために、奮闘してください」というものだった（高山 2005: 398-9）。治一郎は尾崎の消極的態度に落胆した。それでも治一郎はくじけることなく、政友会と民政

福岡で演説する治一郎（1937年2月）。治一郎が反ファシズム戦線への支持を集めようとしていた時期に八幡で撮影された写真と思われる。左に掲げられているのは集会の後援者で、とくに松本治一郎、北原泰作（社会大衆党福岡県連書記長）、朝倉重吉（社会大衆党全国委員）、田中松月（全国水平社）らの名が見える。右に掲げられているのは、「ファッショ反対・議会防衛」「国民生活安定方針の確立」「林弱体内閣の打倒」「労働者と中小企業・下級官公吏保護政策の設定」「秘密独善外交の排撃」「平和外交方針の樹立」「三十億準戦時予算絶対反対」「ファッショ的行政改革・議会否認反対」などのスローガンである。[『全国水平社　創立80周年記念冊子』より]

党の本部に文書を送って、自分たちには国民の代表として議会政治を防衛する義務があり、これは政党政派を超越するものであると説いた。どちらの政党からも返答はなかった（高山 2005: 399）。

二月七日から九日にかけての三日間に、治一郎は「議会防衛のために」をテーマに福岡市とその周辺で七回の演説を行なった。北原泰作が記録したその内容（北原自身が演説草稿を書いた可能性も高い）をもとに同名のパンフレットが作成され、二〇〇〇部が水平社の各支部やその他の無産運動団体に送付された。[2]治一郎はそこで、「北条、足利、徳川の時代の政治のやり方」と「イタリーのムッソリーニ、ドイツのヒトラーの独裁政治のやり方」は同じであって、このようなファシズムが日本で蔓延しつつあるとはっきり述べている。治一郎は、「既成政党に猛省を促して、新議事堂を……国民生活の安定と世界平和の国策を論議する真の意味の立憲政治の殿堂たらしめねばならない」と主張した。また、日本の対中国政策は完全な失敗であるともいう。「今日の中国大衆は、支配階級的独善外交のために日本を敵国のように嫌っている」。治一郎は広田内閣の総辞職に触れつつ、「林内閣がいっそうファッショ的性質であることは間違いない」という怖れを表明している。

演説の結びは次のとおりである。

私は今日こそ、われわれが敢然起って議会政治を防衛し、人民の自由と権利を擁護し、国民生活の安定を期する為にたたかわなければならぬと考えるものであります。この運動の為に私は斃れても、ニッコリ笑って死んで行く覚悟を持っておることを、この壇上から皆様にお誓い致します。この松本がファッショ反対のたたかいの為に斃れたなら、必ずや皆様が私の骨を拾って下さるであろうことを固く固く信じております。

二月二一日に労農無産協議会が第一回大会を開いて無産党への名称変更を決定した時点で、統一プロレタリアート戦線の夢は潰えた。翌月、同党は再び名称を変更して日本無産党とし、治一郎にも入党の説得を試みた。当時の治一郎は、政治的には社会大衆党の幹部よりも日本無産党のほうに近い立場をとっていたが、福岡県水平社が社会大衆党を強力に支持していたため、申入れを断った。

議会では、治一郎は軍隊救護法改正を審査する委員会の委員になっていた。第一回委員会には一八人の委員のうち六人しか出席しなかったが、治一郎はその場で、委員長が二大政党間の事前合意にしたがって役員を選ぼうとしたのに反対した。ある委員が治一郎を子どもっぽいと非難したことで二人の怒鳴り合いが始まり、それが取っ組み合いに発展して、治一郎は鼻血が出て歯も二本欠けた。この件を新聞で知った福岡の支持者は治一郎に加勢する一団を送ることを直ちに決定し、二月二六日午前六時には、福岡県水平社の代表一五人が、治一郎を守り、必要とあらば加害者の代議士に思い知らせてやろうという気持ちにはやった状態で東京駅に着いた。しかしそのころには治一郎は事を収めており、彼らは説得されて翌日福岡に帰った（高山 2005: 401-3）。

治一郎は、同委員会の同じ会期で、傷病により除隊した元兵士に対する救護費を相当に増額するよう要求した。さらに、国家が元兵士とその家族に恩恵を施しているかのような名称を用いるのではなく、この給付は国家に奉仕した対価として兵士が獲得した権利ととらえられるべきではないかと提案した。負傷兵への補償額を増やしても軍事費全体の負担はわずかであるとも指摘したが、大臣の答弁は、復員兵士とその家族に支払う金を増やせば前線に立つ兵士への支援が減るというものだった（部落解放同盟中央本部 1972: 138-46）。翌月初め、治一郎は引き続き軍の問題を取り上げ、海軍内の差別解消のためにとられた措置について質すとともに、かつて寺内寿一に対して送りつけた質問を引き継ぐ形で陸軍の国防観念について尋ねた。治一郎が知りたかったのは、陸軍の国防観念が軍事問題だけに関連する狭義のものか、それとも広く国民生活の安定を含むものかという点であった（部落解放同盟中央本部 1972: 146-50）。

三月一七日、治一郎は議会で、アメリカ大統領のフランクリン・ルーズベルトが世界軍縮会議を呼びかけていること、イギリス労働党の議員もすでにイギリス政府に対してこの提案を歓迎・支持するよう要求していることを取り上げた。[3] 治一郎は、日本が侵略的帝国主義国家、国民の利益を犠牲にして軍の増強を進めている国という印象を持たれていることを指摘したうえで、日本が同会議に招待された場合、「世界平和と人類社会の進歩発展に貢献せん」という希望を真に示したいのであれば政府は前向きに対応すべきであると提案した（渡部・秋定 1974b: 502）。三月二七日、日本政府はイギリス政府に対し、主力艦への艦砲搭載の制限を理由として同会議には参加しないことを決定した旨、通告した。[4] 治一郎の軍縮支持は実らなかった。

軍部の影響力の増大は治一郎が頭で考えていただけのものではなかった。一九三六年後半から一九三七年初頭にかけて、陸軍大佐の石原莞爾は広範な改革プランを提示していた。これは、内閣に代えて国務院を設置し、主要産業を国の所有・経営の下に置き、新たな大衆政党を結成して軍部独裁を確立するという目標を五年以内に達成しようというものである。その目的は、総力戦のために全面的動員を行なうことのできる「国防国家」の樹立にあった。二大政党はいずれもこれらの計画にさしたる共感を示さず、寺内陸軍大臣と林首相の支持を得た、やや抑えた改訂版についてさえ同様であった。それどころか、第七〇回帝国議会では、国内政策の立案に不当に介入しようとする軍部の試みが一貫して批判されている（Berger 1988: 106）。一九三七年春には、林首相（陸軍大将）は議会からも産業界からも革新主義的政策への支持を得られなくなり、「議会刷新」を目指して総選挙を実施することにした。選挙民に、軍部の立場にもっと共感してくれる代議士を当選させてもらいたいと考えたのである。

こうして、議会議員としての治一郎の最初の任期は一九三七年三月に終わりを迎えた。治一郎は帝国議会の会期に二回（第六九回および第七〇回）参加し、主に予算委員会で活動した。治一郎が自分の立場を活用して部落問題の位置づけを高めようとしたのは確かだが、それだけではない。治一郎はこの間、一九二〇年代中盤から口にしており、生涯にわたる継続的関心となる、部落差別と華族制度の存在との関係に関する考え方を発展させた。また、（質問したときにはすでに失敗がほぼ確定していたとはいえ）軍縮会議に参加するよう政府に促そうとし、その議会提案のなかで日本を「侵略的帝国主義国家」と批判した。一方、議会外で「無産」政党の反ファシスト統一戦線を実現しようとするだけではなく、主流政党に対しても、政治過程において議会の役割を防衛するよう演説やパンフレットで促した。治一郎が危ない橋を渡っているのではないかと恐れた人々もいる。確かに、極右団体には批判者を暴力で黙らせることを厭わない構成員もいたし、警察も、すでにこのときから、国家に対してあまりにも批判的な者の検挙をためらわなかった。とはいえ、しばらくの間は、軍部権力による侵食への抵抗を促す政治家は治一郎のほかにも少なからず存在していた。

三　水平社と戦争の勃発

治一郎が国レベルの政治家としてのキャリアをどのように積み上げていくかについてはあらためて検討するが、当時の水平社内部の変遷についても検討しておかなければならない。一九三二年から三三年にかけて「解消派」が進めた運動が瓦解して以降、水平社では治一郎のような社会民主主義左派の影響力が支配的になっていた（もっとも、共産党の残党と近い関係にある者、あるいは少なくとも共産党に近い考え方を有している者も一部に残っていた）。また、西光万吉と阪本清一郎を中心とする街頭新聞社による国家社会主義運動も奈良県で誕生していた。西光は日本共産党とのつながりを理由に収監されていたが、一九三二年初頭に国家社会主義者へと「転向」していた（おそらく転向という過程をくぐった最初の人々のひとりであると思われる）。一九三三年に出獄しても引き続き水平社運動への積極的参加を呼びかけていたが、部落問題は、天皇の慈愛に満ちた威光のもと、既存の国家体制内で解決できると主張した。警察がとりまとめたいくつかの統計によると、当時の全国水平社は三七八の支部と約三万八〇〇〇人の同人を擁していた一方、西光らが率いる国家社会主義団体は奈良県を中心に六支部・一〇〇〇人強であったという（渡部・秋定 1974b: 305）。

　当時の水平社本体は活力を取り戻していた。月刊の機関紙『水平新聞』の部数は毎号三〇〇〇部にのぼり、[5]一九三六年四月下旬に埼玉県で全国大会を開催する計画もあった。大会の告知では、「外には戦争の危機、内には二・二六事件を画期線として政治権力は急速にファッショ化しつつある」旨の認識が大会の主たる意義任務として掲げられていた。しかし、二・二六事件後に敷かれた戒厳令にともなう制限を利用して当局が大会の開催を拒否したため、第一四回全国大会は翌一九三七年三月三日になってようやく東京で開催された。とはいえ、情勢を鑑みれば水平社は外見上は好調を維持していた。たとえ、財政的にはいつものように治一郎に頼りきりであり、毎月二〇〇円の経費のおよそ半分という大金を援助してもらっていたとしても、である（部落解放同盟中央本部 1987: 201; 森山ほか 2003:

130)。

第一四回全国大会の記録によれば、運動が勢いを失いつつあること、差別反対の活動がこれまでほど熱烈に支持されていないことに若干の懸念が表明されたという。出版、映画、演劇、ラジオ番組の内容にもっと注意を払うべきだという提言も行なわれた。大会では、一九三五年に「融和事業完成十箇年計画」を開始していた融和運動に反対していくことが再確認された。融和事業で使える金の額は達成しようとする課題に比して完全に不十分であり、そこで主に意図されているのは状況の改善ではなく、部落をなだめて「官僚的ファッシズム」への移行を強化することであるとも指摘された。とはいえ、融和事業のなかには部落の生活条件改善のために活用できるかもしれないものもあることは認められ、したがって水平社同人は融和事業のための委員会に積極的に関与することを試み、事業資金が最善の形で使用されるようにするよう提言された。

水平社の綱領も大きく改訂された。階級を基礎として活動していくという条項案は部落問題の身分的側面を十分に認識していないとして却下され、「部落民自身の行動」による解放という原則は、水平社が発展してきたのは主として部落民の行動力によるものだとはいえ、完全な解放は部落民の努力だけでは達成できないという理由で削除された。これは、融和運動をこれまでよりも肯定的に評価するとともに、労農団体のような他の大衆運動も社会変革において役割を果たしていることを認めたものであるように思われた。新たな綱領は次のとおりである。

我等は、集団的闘争を以て政治的・経済的・文化的全領域に於ける人民的権利と自由を擁護伸張し、被圧迫部落大衆の絶対解放を期す。

しかし、水平社が急進的な姿勢を失いつつあったと考えるべきではない。大会宣言の冒頭では次のように述べられている。

満州事変を画期として日本資本主義はいわゆる統制経済への躍進を遂げた。「カルテル」「トラスト」の結成による財閥資本の集中化がほぼ完成し、それと国家資本との急激なる抱合が進展しつつある。このことは統制経済の政治的反映であるファッシズムの基礎的経済条件の成長を意味する。

結びは次のとおりである。

政府の反動的十ヵ年計画完成反対。……政治的自由の擁護伸張。……反ファッショ戦線の統一。封建的身分制廃止による被圧迫部落大衆の解放、これである。

（渡部・秋定 1974b: 492-3）

大会直後に中央委員会が開かれ、公営住宅の供給と、裁判所における差別および警察による差別の糾弾に関する提議について合意が行なわれた。その後、これらの要求は内務省と議会に送付された。

統一戦線の結集に向けた治一郎の取り組みには特高警察も気づいていたが、現役代議士を検挙するのはためらわれたのか、三月二五日、代わりに井元ら七人を日本共産党再建謀議の容疑で検挙した。一年後に裁判が開かれ、懲役五年（執行猶予付）の刑が言い渡された（高山 2005: 404）。これが水平社の弱体化を狙ったものであったことは明らかである。治一郎も活動の主たる支え手を遠ざけられることになった。

七月四日には水平社の活動家らが治一郎と秘密の会合を持ち、井元らの検挙・勾留を受けて組織をどのように維持していくかについて話し合った。代替要員を見つけなければならないほか、水平社の財政を立て直すために二〇〇円が必要であることも指摘され、治一郎はその半分を用意すると約束した。この会合では旧幹部の多くが非難された。そのうち四人（南、阪本、西光、米田）は国家社会主義、そして軍部が提唱する政治革新の支持者であった。他に、ある者は刃傷沙汰で検挙されて収監され、ある者は軍部と協力しながら大陸で活動し、またある者は水平社から完全に手を引いて独自の精神主義を唱道していた（森山ほか 2003: 130）。井元らの検挙にもかかわらず、治一郎に率いられた水平社主流派は、依然として左翼的な社会民主主義の主張を放棄していないことを熱心に示そうとしており、右翼に傾きつつある勢力から距離を置きたがっていたように思われる。

三日後、北京の盧溝橋付近で小規模な軍事的事件が起きた。八月中旬には、無法な中国を「征伐」しようと日本から遠征軍が派遣された後、蔣介石が率いる中国国民党軍と日本軍が公然たる戦闘を開始していた。これが中国における全面戦争、ひいては太平洋戦争の引き金となる。また、日本国内では、国家が国民に総力戦への備えをさせるなかで、政治的・社会的自由が新たに制限されていくことになった。一方、諸団体や国民はさまざまな形で自制し、国家の任務遂行に協力するようになっていった。

このような変化のただなかにあった一九三七年八月二八日の午前一〇時三〇分、治一郎はラジオで演説を行なった。おそらく、ひとつのラジオ番組全体が部落問題についての議論に費やされたのはこれが初めてである。約一年半前、水平社は、中江兆民（一九世紀後半に指導的立場にあった自由主義者のひとり）を取り上げたラジオ番組に部落民を侮蔑するような表現が含まれていたとして制作者を批判していた。これが全国的な抗議運動に発展し、一月になって中央放送局――戦前にあった放送局でＮＨＫ（日本放送協会）の前身――がいっそうの配慮を約束し、水平社と協議しながら部落問題に関する番組を増やしていくことに合意してようやく解決を見ていた（渡部・秋定 1974b: 319-21）。この約束をもとに他に何らかの措置がとられたのか、それがどのような内容だったのかは明らかでないが、治一郎がラジオ演説に招かれたのはこの合意の一環だったと思われる。演説全文の写し数千部が水平社の各支部周辺で配布された。

時間が一八分しか与えられなかったため治一郎はあまり多くのことは言えず、いずれにせよ発言内容は逓信省による事前検閲の対象とされて半分の長さになっていた。治一郎はせいぜい、差別と偏見がいまだに問題を引き起こしていること、部落の貧困や不利益は一八七一年の「解放令」で与えられた自由と権利が十分に実施されていない結果であることを訴えることしかできなかった。治一郎が発言を認められなかったこと、すなわち検閲によって削除された内容は、部落産業が遅れているのは財閥資本の圧迫によるものであり、それは部落資本が財閥資本とは異なり一九世紀に国の支援を受けられなかったからであるという主張だった。また、差別と偏見が社会的・経済的・政治的生活のあらゆる側面で続いていることや、部落民にとって不利に、華族にとって有利に働く構造的不平等もやはり封建時代の残滓《ざんし》であって日本の発展の邪魔になることについても、発言を認められなかった。そして、朝鮮人が直面している圧迫に言及することも、締めくくりに「我々の旗印は国内的にも国際的にも自由と平等と正義と平和の建設であります」と述べることも許されなかった（渡部・秋定 1974b: 502-5）。

四　一九三七年選挙と近衛文麿

前述のとおり、一九三七年春、首相を務めていた林大将は議会からも産業界からも革新政策への支持を得ることができなかったため、予算が可決されると直ちに、日本のための自分の構想を支持する候補者に有権者が投票してくれることを期待して一九三七年四月三〇日に総選挙を行なうことにした。既成二大政党は精力的に林首相打倒運動を展開し、社会民主主義諸政党も、これは議会における代表を増やし、政府への影響力を強める機会になると感じていた。

この選挙で水平社が推薦した候補は四人おり、それぞれ福岡、熊本、山口、三重から立候補した。このうち当選したのは福岡の治一郎のみである。このほか、水平社の支持者である田原春次[6]が福岡四区で社会大衆党から立候補し、当選した。この選挙の際、治一郎は社会大衆党の全面的後援のほか、水平社、無産団体、そしてもちろん地元建設業者の支持を得ていたようである。得票数は一九三六年選挙より一三〇〇票近く多い一万五七九〇票で、そのかなりの部分（おそらく三分の一程度）は部落外の票だったに違いない。この後数年の間に起きることを考えれば、治一郎がこの選挙で掲げた政策をもう少し詳しく見ておく価値もあろう。

一九三七年選挙政策
一、選挙粛正の徹底。
二、選挙法の即時改正――大選挙区（一府県一選挙区）比例代表制／有権者年齢の低下（満二十歳迄）／選挙公営の徹底。
三、職能代表による貴族院の改革。
四、内閣制度及び行政機構の改革。
五、軍事費の合理化。
六、税制の根本的改革――大衆課税（煙草、郵便料金、地方独立税、臨時租税増徴法等）の引下及び撤廃／総合財産制の創設／社会的地方交付金制（十億円）の確立／国債利子支払猶予。
七、重要産業の国営（電力、鉄、石炭、石油、紙、肥料、砂糖、ビール等）。
八、配当制限法の制定。
九、農業損害国営保険の創設。
一〇、中小商工業者・農民の生産資金の無担保融資／国立民衆銀行・国立農業銀行の創設／農業借金支払猶予令の制定。
一一、国民年金制（養老、寡婦、孤児等）の確立。

一二、労働者農民保護法の制定、労働組合法、小作法及び小作組合法、最低労働時間法、失業保険法、商店員保護法の制定。
一三、国民健康保険組合法の制定。
一四、外交政策の刷新と国民外交の提唱。

（渡部・秋定 1974b: 507）

これは、一部にごくわずかな違いがあるのを除いて、社会大衆党本部作成の選挙パンフレットに掲げられた一連の政策と実質的に同一である。

けっきょく、政党制度を掘り崩そうとした林首相の企みは不成功に終わった。四六六議席のうち三九二議席は既成二大政党が獲得し、林の革新政策を支持する議員は四一人のみとなった。おそらく何よりも驚きだったのは、社会大衆党が九〇万票を獲得して議席数を一八から三七に増やしたことであったろう。

一九三七年六月、近衛文麿が首相に就任した。選挙結果は、軍部の革新思想に対する熱烈な支持はほとんど存在せず、逆にいまなお政党が――それが左翼政党であっても――相当に支持されていることを示していた。しかし近衛は、就任から一年半の間に議会を丸めこみ、戦時体制下における政府の産業・金融統制の強化を容易にする多数の措置を支持させることに成功した。ほどなくしてこれが国家総動員法（一九三八年）の可決へと至る流れにつながっていく。日本が大陸で公然たる戦闘にのめりこんでいくなか、これは難しいことではなかった。

遅くとも一九三六年以降、（とくに）軍部が追求する行政改革への支持をとりまとめる新たな官製政党を求める声が出されていた。一部の右翼団体は保守政党にとって代わりうる新政党の創設を模索しており、一九三七年にはこれに、社会民主主義の提唱を放棄して軍部の国家経済統制計画支持に回った社会大衆党の一部勢力が合流した（Berger 1988: 131）。「既成政党」への圧力は一九三八年二月中旬にますます高まった。民政党・政友会所属議員の東京宅や東京事務所に対して行なわれた、新党創設案支持を要求する脅迫事件に、周辺的な役割にすぎなかったとはいえ近衛首相も関与していたのである。もっともこれは、当面、引き続き独立を維持しながら積極的に活動していく議員らの決意をますます固めただけだった。

この後、新党を創設し、既存の議会政党にとって代わるとともに、他のすべての団体（労働組合、農民団体、青年団体、在郷軍人会、商工会議所など）と手を結ぶ中核的大衆組織とすることによって中央政府とも結びつくべきであるという提案が行なわれた（Berger 1988: 167）。社会大衆党内の中心人物、麻生久と亀井貫一郎も、一九三八年九月には、近衛を党首とする新党創設のために右派諸政党の代表と協力して動いていた。この新党の思想的基盤は、強力な反資本主義思想と、特定の「支那問題」観――日中両国の民衆は協力し合って中国人労働者を欧米支配から解放しなければならず、また日本資本が欧米資本にとって代わって中国人労働者の搾取を繰り返さないようにする態勢を整えなければならないと強調する見方――が組み合わさったものになるはずだった。河野密が一九三八年九月作成の文書で説明しているところによれば、この戦争は日本人と中国人との間で戦われるものというよりも、日本人と中国大衆の共存を確立しようとする努力の一環なのであった。この目的のため、中国で新たな政治体制を構築すること、日支満を統合する新東亜経済秩序を生み出すこと、そして最後にこれらの任務にふさわしい新たな制度の基盤を日本国内で確立することが必要になるとされた（河野 1938）。大日本党と呼ばれる予定であったこの新党は、国内でも中国でも資本主義を統制下に置けるはずであった。

こうした計画に対しては、少数政党の間にも、また政府の一部からさえ支持があったものの、右派のなかには、社会大衆党の元「左翼主義者」の関与は社会主義思想を維持しようとする何らかの「赤化陰謀」ではないかと疑う向きもあった（Berger 1988: 169）。もっとも、最終的には近衛が支持を拒否したために計画は頓挫し、一九三八年一〇月末には無期限に棚上げされることになった。

しかし、この計画が放棄されるや否や、大日本公民会（仮称）という別の政党の創設計画案が作成された。これは、中央官僚組織にとっても既成政党にとっても脅威にならないという点で、これ以前に計画されていた党とは異なっていた。そこではもはや大衆団体の取りこみは目指されておらず、社会大衆党幹部も主要な役職から外されていた。この計画も近衛の気に入るところとはならず、実行には移されなかった。一方、官僚の間では、既存のすべての大衆団体を統制下に置くことによって農村部にも支配権を及ぼそうとする二つの計画が立案された（Berger 1988: 199）。しかしこれも近衛の支持は得られず、やはり実行には至らなかった。一九三九年一月、近衛に代わって首相の座に就いた平沼騏一郎は、新党運動にも、大衆団体の統制方法の再編成にも関心はないと公言した（Berger 1988: 205）。とはいえ、新党創設の野望が雲散霧消したわけではなく、近衛が首相としての二度目の任期を開始する一九四〇年後半にふたたび浮上することになる。

五　水平社の時局順応

国レベルで急速に生じつつあったこのような事態の変化は、治一郎と水平社運動にどのような影響を与えたのだろうか。治一郎は一九三七年九月三日に大阪で開かれた全国農民組合の大会で演説し、警察が厳重な警戒態勢をとっていたにもかかわらず、「私は福岡で衆議院議員に当選した。それは、帝国主義戦争体制に、反対する住民によって当選した」と口火を切った。警戒していた警察官がすぐに立ち上がって演説を中止するよう警告した。

それからわずか数日後の九月七日、水平社の幹部——治一郎の他に一〇名——が東京都心の喫茶店で盧溝橋事件後初めての会議を持った。彼らは次のような書き出しの声明を発表した。

　われわれは勿論東洋平和と日支両民族の共存共栄のためにこれ〔事変の拡大〕を遺憾とするものであるが、事ここに至った以上は、国民としての非常時局に対する認識を正当に把握し、「挙国一致」に積極的に参加せねばならぬ。

声明は続けて、だからといって、差別に反対したり、部落家庭が貧困から脱出できるよう援助するためにさらなる要求を行なったりすることができなくなるわけではないとも指摘した。しかし、この立場表明が融和運動との協力を示唆するものであることは明らかだった（渡部・秋定 1974b: 498; 高山

2005: 413)。

一九二〇年代以降、融和運動と水平社との関係がどのように変遷してきたかについてはすでに取り上げた。融和運動が、部落に対する統制をいくばくかでも取り戻し、左翼思想の影響を最小限に抑えようとする国の戦略の一部であったことは明らかだが、両運動の幹部の間には公式・非公式のつながりがある程度存在した。たとえば、融和運動において影響力のある指導者のひとりであった有馬頼寧は、一九二八年の選挙で西光万吉の立候補を支援するために三〇〇円もの大金を出したとされる。もっとも、西光が当時日本共産党員であったことを有馬が知っていたかどうかは疑わしい（藤野 1984: 173）。一九三〇年代初頭には、融和団体は、景気低迷の影響をもっとも強く受けた農村を援助するために放出された資金の使途をある程度握っていた。一九三二年以降、融和団体はその資金を使って部落民に植民地――とくに満州――への移住を奨励するようになった。これは一九三〇年代を通じて融和政策の一環であり続け、一九四三年に至るまで続けられたものの、納得して移住した人数はごく少数で（たとえば一九三九年には四三二人にすぎなかった）、目標値に達することはめったになかった（藤野 1984: 228, 265, 278, 302）。治一郎は、一九三六年五月に行なった議会での初演説で、これらの事業に国庫から支出される額が少ないことを批判し、少なくとも一〇〇〇万円に増額するよう提案している。しかし一九三〇年代も下るにつれて自由主義的分子は放逐され、融和運動は国家主義をよりあからさまに打ち出す官僚に乗っ取られた。山本政夫[7]は一九三七年に中央融和事業協会を退職し、一方で平沼騏一郎のような国家主義的政治家の影響力が増大した（藤野 1984: 253）。

自由主義者が影響力のある立場から放逐されつつあるなか、政治的活動を続ける者は国家による嫌がらせの対象とされた。一九三七年末と一九三八年二月には、「統一戦線」活動に従事していた人々の一斉検挙が二回にわたって実施された。一九三七年一二月一五日には治一郎も警察に呼び出され、二年前に出された「人民戦線」戦術に関するコミンテルン勧告への関わりについて細かく問い質されている。治一郎は、「二年まえのことを、だれがおぼえているか。私は漢文で忘却先生という一文を習った。私は何事も忘れるというのが主義である」と述べたという。二日後、警察は捜査の打ち切りを決定した（高山 2005: 414）。

しかし、加藤勘十、鈴木茂三郎、荒畑寒村など、人民戦線運動に関与していた他の者はほぼ全員が検挙され、その数は四四六人にのぼった。加藤の日本無産党と、日本労働組合全国評議会は解散させられた。これ以降、反ファッショ統一戦線という考え方を支持し続ける議員は治一郎だけになった（高山 2005: 415）。一方、社会大衆党の党首・麻生久は、「人民戦線」分子を党から追い出し、一九三七年一一月の全国大会で、大陸での戦争について「日本民族発展の一段階にして、支那における英米資本主義の打倒とソ連勢力駆逐による東洋民族の解放を図る聖戦にして、国内的には国家革新の推進力なり」と述べていた（高山 2005: 424）。社会大衆党はあらためて単一政党国家の創設の呼びかけを取り上げ、近衛が主導して主要政党の解体を図るべきだと主張した。

水平社もこうした右傾化の流れと無縁ではなかった。日本共産党の元党員で、刑務所で四年を過ごした後に水平社大阪府連の委員長を務めていた松田喜一は、府連の同人二〇～三〇人とともに大日本青年党に入党していた。また、演説では「支那を英米資本主義の搾取から解放すること」や「支那の共産主義化はアジヤ文化のソ連への永遠の隷属を意味」することについても述べている（高山 2005:

427-30)。一九三八年一月一五日には、治一郎の出獄以来そのそばで活動し、一九三六年の当選以降は治一郎の秘書を務めていた北原泰作が辞職の希望を明らかにした。その数日後には社会大衆党福岡県連の書記長も辞任し、後任には田中松月が就いた。北原がこのような行動に出た正確な理由は明らかでないが、後年、治一郎を取り巻く連中に嫌気がさしたからだと述べている[8]。だからといって、とりあえずこの時点では、北原が水平社まで離れたわけではない。

水平社の中央委員会が開かれたのは二月七日のことである。日本共産党を支持していた過去から距離を置くため、「統一戦線」戦術を批判する声明を出そうという提案も一部から出された。治一郎は、それでは現在獄中にあるかつての同志を見捨てるように映るという理由でこれに反対し、引っこめさせた。にもかかわらず中央委員会は、現在は戦時体制下にあること、このような時期にあっては社会的摩擦を解消しなければならないことを「認める」決議を行なった。

四月に開かれた次の会議で、水平社中央委員会は組織の基本文書を洗いざらい見直した。運動方針にいくつか基本的修正を加え、「階級闘争」の基調に代えて「人民的権利」アプローチを採用してから一年も経っていなかったが、今度はこれも新たな一連の中心的目的と置き換えられることになる。その根幹に位置づけられたのが次の綱領である。

吾等は国体の本義に徹し国家の興隆に貢献し、国民融和の完成を期す。

(渡部・秋定 1974b: 545)

これらの提案を公式に行なったのは松田だが、起案は北原によるともいわれており、確かに北原も会議の場にいた（高山 2005: 431）。これは国の国家総動員計画への全面降伏のように思えるし、水平社を融和運動とほとんど区別のつかないものにしてしまった。

八月二八日に開かれた中央委員会では、とくに、北原泰作と山本政夫が立案した水平社解消策謀の頓挫について田中松月から報告が行なわれた。この策謀は水平社を大日本青年党に合流させようとする計画の一環だった可能性がある（高山 2005: 432）。その後ほどなくして北原は今度こそ水平社を離れ、大日本青年党に職を得た。

一九三八年五月に第一五回大会を開催する計画は延期を余儀なくされ、ようやく一一月に開催されたころには、水平社は国策を支持する方向へさらに進んでいた。水平社旗は大会会場のどこにも見当たらず、代わりに日の丸の旗と、戦争支持のスローガンで埋めつくされた横断幕が掲げられていた。議事は「君が代」斉唱、皇室の賞賛、戦死した兵士への感謝の表明で始まった（森山ほか 2003: 140）。大会では、アジアを英米勢力のくびきから解き放ち、共栄圏の臣民たるアジア諸民族を解放する必要性が指摘され、戦争遂行の支持が表明された。しかし、水平社が批判能力を完全に失ったわけではない。軍隊内の差別に抵抗していく必要性は述べられたし、これまでの融和運動非協力方針は放棄したとはいえ、融和事業の見直しは促した。華族制度改革の提議さえ支持されたが、警察はこれを大会議事録から削除するよう要求した（渡部・秋定 1974b: 551-4）。

翌日、水平社大会の出席者と融和運動関係団体の代表三九人の会合が持たれた。水平社が解散し、翌日に融和運動と合体する何らかの計画があったようにも思われるが、水平社は、どれだけ妥協を重ねて国家を支持しようとも独立は維持したいという希望を手放さなかった。組織の維持に対するこのような決意は、部分的には治一郎に由来すると考える者もいる。一九三八年九月に福岡で持たれた地元紙の代表との会見で、治一郎は、水平社が解消するというのは根拠のない噂であると明言した。むしろ、水平社には国民融和の過程で果たすべき重要な役割がまだまだあり、部落問題の解決を主導しなければならないというのである（渡部・秋定 1974b: 536）。

水平社は一九三八年の間に思想的に大きく変遷した。とくに関西を拠点とする勢力は左翼的原則をすべて放棄し、新党創設による国家改革を促す勢力を全面的に支持するようになった模様である。第一五回大会の日付まで、一部国家主義者の主張によれば「部落解放」の立役者である、明治天皇の誕生日に合わせて設定されていた。しかし福岡を拠点とする治一郎周辺の一団は、国民融和の大義のために水平社を犠牲にするつもりはまだなかった。

並行して、水平社幹部を取り巻く事態もややこしくなりつつあった。一九三九年二月、北原泰作が山本政夫（このときは産業組合中央金庫で働いていた）および成沢英雄——ともに中央融和事業協会の元メンバー——と大和会の結成について合意したのである。その目的は、「これまで対立関係にあった全国水平社と融和団体を統合して時局に即応する新しい国民融和運動を起こす基本方針を研究する」ところにあった（高山 2005: 463、北原の文章の引用）。関係者はいずれも国家社会主義のための理論武装団体である日本国体研究所とつながりがあった。北原にとって大和会の方針は次のようなものだった。

この際、国内政治の動向を転換し、反国体的な資本主義的秩序を改革して新日本を建設しなければならない。そして日中事変を正しく解決し、東亜共同体を建設して抑圧されたアジアの諸民族を解放しなければならぬ

（高山 2005: 464）

こうした考え方は、水平社中央委員の多く、とくに大阪・京都の委員の間で広がっていた。一九三九年一一月、これらの中央委員を含む一団――北原泰作、朝田善之助、松田喜一、野崎清二――が温泉保養地で会合を持ち、水平社の今後と大和会との関係について検討した。その後、中央委員六人のうち三人――朝田、野崎、松田――が大和会支持に回った。上田音市は態度を決めていなかったが、水平社全面支持派は井元麟之と泉野利喜蔵を残すのみとなった。

北原と朝田が一九四〇年四月三日に大阪で開いた集会には、本州全域から四〇人以上が参加した。彼らは、水平社が基本としているのは自由主義思想か階級主義思想のいずれかであり、どちらも部落民の生活とはほど遠いとして水平社を批判した。また、部落解放への道は新国家体制に参加する協同体的団体のなかにあると主張した。差別が悪いのは、差別は万民が天皇の赤子であるという考え方に逆行していて「反国体的」だからだというのである（渡部・秋定 1974b: 663-9）。そして新たに「部落厚生皇民運動」を起こすことが提案され、有馬頼寧の資金援助を得て八月二八日に大会を開く計画が立てられた。この構想は、奈良を拠点とする国家社会主義志向の団体、元日本共産党支持者、一部の自由主義的な融和運動支持者をとりあえずまとめることに成功した（金静美 1994: 148; 高山 2005: 446）。

特高警察は、こうした考え方は九州ではほとんど支持されておらず、それはおそらく水平社がすでに融和団体を含む国の官吏との協力強化に向けて動いているためであろうと記している。一九三九年一月七日には、福岡県水平社の幹部八人が福岡市役所社会課、特高警察、陸軍連隊の代表と会合を持って融和政策について話し合っていた。治一郎は、発言のなかで融和教育政策や満州移民を支持したのみならず、どのような政策がとられるにせよ、主たる問題は差別、とくに結婚差別であると主張した。治一郎にとってはこれこそが鍵だったのである。高山は、これは治一郎の「部落第一主義」がもっとも明確に表れた発言のひとつではないかと指摘している。日本が戦時にあってさまざまな面で不確定な状況に置かれているなかでも、治一郎にとっての最優先課題はあくまでも偏見と差別の克服であって、アジア民衆の解放でも、資本主義体制の革命的転換でも、自由主義と階級主義の克服でもなかった（高山 2005: 467）。

さらには、治一郎の取り巻きのなかにも、たとえば田中松月のように、水平社を解消して融和団体とともに国民的運動に合流する時期が来たという者がいた。実際、治一郎も融和団体の指導者とともに諸活動に参加していた。一九三九年四月には、水平社東京事務所の深川武および中央融和事業協会の理事である小山三郎とともに、日本漂白竹皮履物工業組合連合会の役員に就任している。これは履物（雪駄・草履）を製造する伝統的な部落産業のひとつで、実際、治一郎の両親も従事していた仕事である。全国水平社第一五回大会では銃後部落厚生運動の支持を決議しており、製造に用いる原材料の共同購入や品質、価格、最終製品の流通の統一を図るこの動きは、厚生運動の好例であった（高山 2005: 470）。

六　代議士・松本治一郎

治一郎の公式な役割の検討に話を戻すと、治一郎がいかに議員としての自分の立場を活用して、部落民だけではなく貧困下で生活している人々が直面している問題を浮き彫りにする演説を行なっていたかがわかる。一九三八年二月に開かれた第七一回議会で、治一郎は、「社会事業」への国家支出が相対的に少ないことを指摘した。日本が社会政策に費やしている予算は他の「一等国」に比して非常に少なく、また予算が拠出されている事業も貧窮者を援助するというより貧窮者への国家統制を拡大するものになっているというのがその要点である（部落解放同盟中央本部 1972: 151-2)。一九三九年二月一日の本会議では、夫婦関係等に関する調停委員の制度を設置する人事調停法の提案について質問した。治一郎はこのような調停の複雑さについて多くの指摘を行ない、とくに小作人の生活では地主が自分の理解できない問題について調停を求められることが多いと述べた。治一郎がとくにこだわったのは、調停委員の少なくとも半分は女性にすべきだという点である。答弁に立った大臣は、治一郎および他の代議士に対し、事業が戦争努力の支えになるようあらゆる措置をとるが、それほど多くの女性調停委員が選任されるかどうかは請け合えないと述べた。

数日後の予算委員会では、融和事業予算も含む「地方改善費」についていくつか質問を行なった。治一郎は、部落は経済的に弱体であり、戦時体制の悪影響を受けている、とりわけ皮革産業が打撃を受けていて失業率もきわめて高い[9]と指摘した。答弁に立った広瀬久忠国務大臣は、転業を可能にするための資金を提供しようとしているところであり、その金額も将来的に増やしていくと述べた。さらに、自分も首相もこの問題にはかねてから深い関心を抱いていると明言している。三月二三日には兵士家族のための軍事扶助建議案について発言したが、治一郎の基本的不満は、この扶助が受取り手にとって恥辱となるような恩着せがましいやり方で支給されるという点にあり、その実例として地元選挙区のある家族の話を挙げた（部落解放同盟中央本部 1972: 167-72）。

近衛は一九三九年一月初頭に首相の座を降り、代わって、元枢密院副議長（一九二五～三九）で一九二〇年代には融和運動の指導者のひとりであった平沼騏一郎が首相に就任した。治一郎は三月半ばに平沼と会い、自分が現状をどのように見ているか、また水平社と融和運動が差別反対のためにどのような活動を行なっているか説明した（高山 2005: 469）。一方、地方水平社の活動家は全国各地で融和団体との協力を開始しつつあった。福岡では、県議会議員に選出された田中松月が二つの運動のいっそう緊密な協力を主張しており、それどころか水平社はいまこそ解散して融和運動と合併すべきだと提案するまでになっていた。

一九三九年一一月、治一郎は皇軍慰問議員団の一員として中国北部・北東部を訪れた。治一郎は後年、これは中国民衆への同情を表明する訪問だったと述べたが、金は、これはむしろ中国の収奪と中国民衆の虐殺を進めていた軍部への連帯を示す行為だったと主張する。さらに、国家的な移民計画への協力に関して水平社第一五回大会で可決された提議に関連したものであったかもしれないとする（金静美 1994: 145, 265, 371）。

治一郎は、融和運動に関して一九四〇年三月一五日に行なった議会演説で中国訪問に言及した。治一郎は、この日が（たまたま？）明治天皇による「五箇条の御誓文」の発布記念日であることに触れたうえで次のように語を継ぎ、拍手を受けている。「申すまでもなく東亜新秩序の真意義は、『八紘一宇の大理想を顕現する、具体的なる実践行動でありまして、天下一家、四海同胞の大精神』を以て東亜を建直すことであり、欧米列強の植民地ならざる新東亜を建設することであります」（傍点引用者、部落解放同盟中央本部 1972: 173）。日本の大陸進出を正当化するために用いられていた当時の標語が使われているとはいえ、治一郎の主旨は、日本国内の部落差別を解消できなければ中国人や韓国人の不当な取扱いに対応することもできず、そしてそれができなければ平和なアジアをつくりだすことはできないという点にあった。治一郎は、厚生大臣、文部大臣、内務大臣、農林大臣、陸軍大臣に対してさまざまな質問を行ない、それぞれから、部落問題については真剣に受けとめており、省内でも融和推進の措置をとる旨の答弁を得た（部落解放同盟中央本部 1972: 173-9）。

高山が指摘するように、この演説は一見したところ、治一郎が戦時体制への協力を受け入れているものであるかのように見える。とくに、「八紘一宇」「天下一家……の大精神」「四海同胞」等の体制側の常套句をこのような形で用いているのを見ると、その印象が強まる。しかしもっと注意深く読むと、国内における部落問題の解決がなければ新秩序における民族間協力の構築にもほとんど希望が持てないことを、治一郎があらゆる機会を捉えて説いていることが明らかになる。さらに、治一郎は戦うことの必要性はほとんど強調しておらず、平和を確立する必要性についてははるかに多くの言葉を費やしているのである（高山 2005: 462）。

その一か月前、治一郎は議会で起きたある重大な出来事に少し関わっていた。一九四〇年二月二日、民政党の斎藤隆夫が中国戦における陸軍の戦略と政府の精神主義的態度の両方を批判したのである。斎藤は、戦争というのは生存競争であって精神運動ではないと述べた。陸軍はこの冒涜的発言に色をなし、演説のもっとも侮辱的な箇所を会議録から削除するよう要求してこれに成功した。それでも陸軍は満足せず、採決によって斎藤を議会から追放することを断固として求めた。治一郎と社会大衆党所属の八人は棄権したが、この八人はその後同党を除名された。治一郎は当時実際に社会大衆党の所属ではなく（このことはトッテンが明確にしている（Totten 1966: 105））、除名されなかったのはそのためである。党首の安部磯雄も棄権したが、当時体調を崩していたために懲罰の対象とはされなかった。

もっとも、安部はこの後、勤労国民党と呼ばれることになるはずの新党の結成準備を開始し、治一郎も参加を促された。治一郎は、福岡の水平社関係者および個人後援会と相談したうえで参加に同意した（高山 2005: 460）。しかし、新党結成が間近に迫った一九四〇年五月七日、内務省は同党が「社会主義」党であり「無産者を支持基盤にしている」という理由でこれを禁止した（Totten 1966: 105）。

陸軍によって支配され、なおかつますます不寛容の度を増していた警察力によって支えられた国家の目的を全面的に支持しようとする者は、水平社の内部にもいた。松田喜一や、はては北原泰作までもそうだったが、治一郎は、水平社の内部でも議会でも、部落で暮らす人々の利益を保護するために自分のできることをやるという決意を保っていた。さらに、治一郎は単に急進的な外れ者としてこのような対応をとっていたわけでもない。治一郎は、水平社だけではなく草の根の支持者とも継続的に連絡をとっていたと思われ、こうした支持者から、実際に結成されていれば合法政党のなかでももっとも急進的な存在になっていたであろう党に参加することを勧められていたのである。

七　水平社と戦時の融和運動

治一郎は社会大衆党の一部勢力と勤労国民党の結成について話し合っていたが、同党の他の議員らは極右政党・東方会に合流しようと交渉を進めていた。東方会党首の中野正剛（やはり福岡一区選出）はナチス・ドイツを賞賛しており、いつもナチスの制服（あるいは少なくとも黒シャツ）を着ていたとされる。水平社内では、北原泰作、朝田善之助、松田喜一、野崎清二が、大和会を研究団体としてしか考えていない同会の他のメンバーにうんざりしつつあった。同会を、「新日本建設をめざす革新的国民運動の一翼として」の新しい解放運動に発展させていきたかったからである（高山 2005: 471; 北原 1974も参照）。四月三〇日には全国から集まった三三人の代表と大阪で会議を持った。

この会議では、水平社は自由主義思想か階級主義思想のいずれかを基本にしてきたと批判された。部落解放への道は新国家体制に参加する協同体的団体のなかにあるというのが彼らの主張だった。彼らは新たに「部落厚生皇民運動」を起こすことを提起し、有馬頼寧の資金援助を得て八月二八日に大会を開くことを計画した（金静美 1994: 148）。この構想は、奈良を拠点とする国家社会主義志向の団体関係者（西光万吉など）、元日本共産党支持者（木村京太郎など）、一部の自由主義的な融和運動支持者をとりあえずまとめることに成功した（高山 2005: 472-3）。彼らは水平社と融和運動の双方を部落問題解決の妨げになっているとして批判し、それに代えて、天皇統治下の体制内で生産協同体・農業協同体を基礎組織とする社会を建設していくことにつながる新たな世界観を提案した。

国レベルでは、近衛文麿が一九四〇年七月二二日にふたたび首相に就任し、いまや総力戦に乗り出しつつある国家体制に国民を統合することによって政治制度を転換する「新体制」創設に力を注いだ。これが何を意味していたのかははっきりしないが、けっきょく大政翼賛会の結成は一〇月を待たなければならなかった。しかし、多くの政党や社会運動団体はこの新団体の結成を見越して夏の初めに解散していた。最初に解散した政党のひとつは社会大衆党で、七月六日のことである。歴史の古い中道政党は自主的解党にもっと躊躇していたが、八月一五日までにすべての大政党が解散し、その二日後には、まだ残っていた労働運動団体の日本労働総同盟も、解散命令を受けるまでもなく自主的に解散することを決定した（Totten 1966: 105）。有馬頼寧は数年前から、資本主義の打倒、金融資本の国家統制、個別の搾取からの労働者の解放、工業・農業生産を基礎とする協同体的企業の創設を組み合わせた新たな経済社会制度を提唱していた（Berger 1977: 164）。一九四〇年七月には、商業団体・組合の連合体を基礎とする新たな政治体制を提唱した。近衛は、部落厚生皇民運動がこの新体制の下に置かれる団体のひとつになることを期待していたと思われる。

ここへ来て、近衛のシンクタンクとして活動していた昭和研究会の中心メンバー、後藤隆之助が水平社に接近し、新党と新体制に合流するつもりがあるかと尋ねてきた。[10] 治一郎が近衛と直接会見し、この新体制は議会に対する軍部支配を弱めることにより首相の軍部統制能力を強化することにつながると説得された可能性さえある。七月一日に治一郎の名義で発表された声明書は、新たな単独政党創設の決定をおおむね支持する内容になっていた（高山 2005: 489）。しかし治一郎は融和運動団体も解消するのでなければ水平社の解消には同意しないつもりであり、中央融和事業協会会長の平沼騏一郎が

もこれを認識し、一一月か一二月のいずれかの時点で二回の会合を持ち、部落厚生皇民運動の歴史的使命は達成されたとして団体の解散を決めた。実のところ、北原らと水平社主流派との間に大きな違いがあったことは一度もなかったが、この分派団体が、国家主義的戦時事業について話し合っているときでさえもマルクス・レーニン主義団体のスタイルと言葉遣いを保っていたのは注目に値する。

治一郎は、一九四〇年九月、中央融和事業協会の役員で平沼の右腕でもある菊山嘉男と何度か議論した。治一郎は、水平社を解消する用意はあるがそれは融和団体も活動を停止する場合に限ると繰り返し主張した。治一郎としては、差別を解消したいという真摯な気持ちが融和団体にあることを確信できなかったが、融和団体の側でも、左翼的思想に導かれた反国家運動に関わってきた連中との協力には懐疑的であった（高山 2005: 514-15）。

一九四〇年一〇月一二日に大政翼賛会が結成されると、有馬頼寧が初代事務総長に就任した。有馬は、おそらく近衛や革新主義的右派（中野正剛のほか北原・朝田らも含まれていた可能性がある）とともに、この会を、あらゆる段階の統治機関・行政機関の間の関係を一新し、国内外の国家的使命に対する民衆の支持を動員する「政治団体」として構想していた。一部の者が考えていたように、同会が水平社／融和団体等の大衆団体を基盤とする革新政党として発展していくことはなかったが、治一郎は新体制下で水平社が果たしうる役割についての議論に関わり続けていた。治一郎は、水平社がなくなる日を先送りするために時間を稼いでいただけなのだろうか。それとも、自分が代表している部落共同体にとって可能なかぎり最善の取引ができるよう、交渉を試みていたのだろうか。

一九四一年前半に大政翼賛会の組織が変更され、あらゆる政治的要素が取り除かれるとともに、平沼内相の指導の下に置かれることになった。有馬と取り巻きの役員は辞任した。バーガーの言葉を借りると、「……大政翼賛会は政党化せず、憲法を逸脱しない『限定的な多元主義』が生き残った」ということになる（Berger 1977: 344）。大政翼賛会新体制の発足を記念する式典が四月に開催され、議員全員が招待された。ただし勤労国民党を結成しようとした急進派は例外であったため、治一郎は出席しなかった。

一一月二日、水平社の府県代表が東京・浅草の本願寺で会議を開き、「我々は全国水平社解消の決意を有す」「我々は総てを挙げて大和報国運動を支持す」と決議した。次の日には同じ場所で大和報国運動発足会が開催された。翌日の『大阪朝日新聞』は、「水平運動から翼賛運動へ」という見出しを立てて、水平社が大和報国運動に改名し、融和運動支持者二〇〇人とともに大政翼賛会運動に合流したと報じた（高山 2005: 517; 金静美 1994: 170-1）。多くの人々にとっては、これが全国組織としての水平社が消滅した瞬間であった。

大和報国運動の第一回全国大会は一九四一年五月五日に開催された。七〇〇人の参加者のなかには治一郎もいたが、議長は島本正一中将が務めたため、どことなく面白くなさそうであった。その日はほとんど別室で不機嫌に過ごしていたようだが、病気のため出席できなかった有馬から、代わりに簡単な演説をするよう頼まれていた。治一郎は、「大和報国運動を支持するということは、水平運動が悪いから大和報国運動を支持するというのではなく、これを支持しても妨げにはならぬから支持しているのである」と述べたうえで、議長を指さし、「差別の苦しみは、被差別者でなければわからない。いかに口先でうまいことを言っても、体験のない者には決してだまされてはならない」と語を継いだ

（高山 2005: 521）。治一郎が大和報国運動と関係を持ったのはこれが最後である。島本はその後数か月で運動の組み換えを図り、一九四二年四月には大日本興亜同盟に合流させた[12]。

中央融和事業協会は一九四一年六月に名称を「同和奉公会」に変更したが、同時に、これまで「融和」という言葉を用いてきたすべての運動団体、委員会、出版物も、名称の「融和」を正式に「同和」に代えた。「同和」という言葉が選ばれたのは、大正天皇の没後ほどなくして昭和天皇が一九二六年一二月二八日に行なった演説にこの語が登場するからだという[13]（藤野 1984: 293）。名称変更は、これらのさまざまな団体等の機能に何らかの変化が生じたことを象徴するものではないが、それらを大政翼賛会の傘下に置こうとする取り組みの一環であり、また皇室との結びつきを公式に打ち出すものであった。

元厚生大臣の吉田茂は、運動の大同団結を図る最後の試みとして、同和奉公会の菊山嘉男、大和報国会の島本正一、そして水平社の治一郎を招いて六月一八日に会合を持とうとした。この会合の設定には井元麟之が相当な努力を払ったようだが、会合予定日の前日、治一郎は東京を離れて福岡に向かった。おそらく吉田の水平社潰しを阻止しようとしたのだと思われる。井元も治一郎の頑固さにうんざりして投げ出すことにした。井元は福岡に戻り、治一郎とは金輪際関わりを持たないと誓った（高山 2005: 524）。

八　総力戦の開始と治一郎——小括

一九三〇年代後半から一九四〇年代にかけて国家権力に反対するのが難しかったことを疑う者はいない。日本がますます中国での戦争に傾注するようになって、国家に対する民衆の支持が広がり、一方で異論を抑えこむ国の力も拡大していくと、困難の度は増していった。一九三六年から一九四一年にかけての治一郎の活動記録を見ると、少なくとも史料の一部は、治一郎が、国家総動員の発展に抵抗するために他の人々と同様に——そしてほとんどの人々以上に——行動していたことをうかがわせる。反ファシズム人民戦線を組織しようとした治一郎の取り組みは、エネルギッシュであると同時に危険をともなうものだった。一九三六年から一九三七年にかけて、軍部の影響力が政治を侵食することに抵抗しようと、同じように熱心だった左翼寄りの中道右派が多数いたのは確かである。しかしこれらの人々のなかからも、アジアにおける日本の「防衛」戦争の正義を確信し、あるいは抵抗の無意味さに納得する者が徐々に増えていった。一九三八年の暮れには、治一郎は、国政の場で政府の政策を公然と批判するごく少数の現役政治家のひとりになっていた。興味深いのは、治一郎は自分の立場を詳しく語らなかったものの、明治憲法で保障された平等の概念に傾倒していたように思われることである。治一郎が公の場で初めて憲法に言及したのは高松地裁判決糾弾運動のときのことだが、一九三〇年代後半には折に触れて言及するようになった。もちろん、これは相対的に安全な立場である。警察官も政府官僚も明治憲法の規定に反対するわけにはいかない。また、超国家主義的政治家のなかには、本来は天皇に属すべき権限を戦時政権があまりにも多く行使しているのは違憲であると考える者もおり、憲法への言及はこうした政治家と気脈を通じさせるものでもあった。

一九三〇年代後半の水平社がどのぐらい活発だったか、あるいは解散を拒否することにどの程度の意味があったかを判断するのは容易ではない。水平社の構成員に関する官憲の推定では、一九三〇年代後半まで水平社の組織は強力だったことがうかがえるものの、同時に、集会参加者を集めたり糾弾活動への参加を促したりするのが難しくなっていることを訴える地方幹部からの報告も増えていた。とはいえ水平社が、一九三七年後半に大陸で戦争が勃発してからも活動を続けていた社会運動団体のひとつであったことは、単独での団体規模は最大ではなかったかもしれないが、十分に考えられる。

金庫にしまって荊冠旗を守っていた治一郎、それを持って演説する部落解放同盟第 11 回全国大会（1956 年 10 月、写真上）とその旗（写真下）〔部落解放同盟中央本部提供〕

しかしこのころには、水平社のもっとも適切な方向性のあり方をめぐって幹部が深刻なほど分裂する状況に至っていた。英米の帝国主義的略奪から中国の民衆を防衛せよという軍部の美辞麗句に惹かれた活動家も多く、それが日本国内における徹底的な反資本主義的改革の展望と結びつけて語られる場合、なおさらであった（こうした考え方は、彼らが共産党員だったころ支持していた国際主義や革命思想とまったく矛盾するものでもなかった）。さらに彼らは、革新派が近衛に生み出してほしいと望んだ「新体制」下で再編された水平社が果たすべき役割についても、容易に構想することができた。その新社会で差別が解消されること、すでに重なりあいつつあった水平社と融和運動が完全に合体することもありうるように思われたのである。

治一郎はそう簡単に納得しなかった。過去二〇年の間に治一郎が水平社運動に投じてきた時間や金額を考えれば、水平社の解消をこれほど躊躇したのも驚くには値しない。さらに、生まれもっての反権力主義的傾向により、国が部落の利益に配慮するという約束を信じることはできなかった。よかれ悪しかれ、水平社の指導者、「解放の父」となって以降の治一郎の人生において、第一の優先課題は日本における部落差別を少なくすることであり、可能であれば最終的に根絶することであった。そのために治一郎が近視眼的になったと考える者もいるが、気をそらされにくくなったのも事実である。一九二〇年代の運動（そのひとつは福岡で軍隊を相手にしたものだった）の結果、治一郎が四年間収監されていたことも忘れるべきではない。水平社に代わるべき運動を退役将校が率いることについて治一郎が不満を抱いたのも当然である。

第五章　松本治一郎と太平洋戦争

一　総力戦開始時の治一郎

議員を務めてきた五年間というもの、治一郎は、戦争を目的とした政治・社会・経済面での国家総動員に対する何らかの抵抗を組織化しようと可能なかぎり努めてきた。こうした傾向が続けば日本はファシズム国家になるというのが治一郎のとらえ方であった。治一郎の努力の成果がごくわずかだったことは認めなければならない。水平社は活動を完全に停止するか官製団体に合流するべきであるという要求が、警察、競合相手の融和（その後「同和」）運動団体、そして多くの元活動家からまで出されていたにもかかわらず、治一郎はなんとか水平社を存続させてきた。とはいえ、水平社としての活動はもはやごくわずかであり、指導的活動家の精力は主に、自分たちの目的と希望を官製諸団体のそれと適合させる道をどのように見出すかに費やされていた。

しかし、これまでよりも広範な国際的圧力により、日本の指導者らは、一九四一年後半には米国を攻撃する以外に選択肢はないと考えるに至っていた。米国は七月に石油の対日輸出を全面停止していたのである。石油の輸入がなければ、陸海における日本の軍事作戦は二年ももたずに停止を余儀なくされる。ハワイを本拠地とする米艦隊と、英国に支配されているマレーシアおよびシンガポールを同時に攻撃すれば、蘭領東インド（現インドネシア）の油田を押さえることが可能である。そうすれば日本がアジア勢力圏を支配し、一九三七年に開始された中国支配の任務を完遂するために必要な資源が得られる。欧州の同盟国であるドイツとイタリアが英国、フランス、オランダを当面立ち直れないほど敗北させることに成功すれば、日本も停戦交渉を行ない、アジアにおける支配的地位を獲得できる。これが、一二月七日（日本時間で一二月八日）に真珠湾を攻撃するという決定の背景にあった考え方である。

治一郎は常々、自分と水平社がたとえ戦時にあっても果たしうる役割のひとつは部落民の生計維持手段の保護に資することだと主張していた。治一郎が、部落産業推進の方策として日本漂白竹皮履物工業組合連合会の顧問就任に同意したことはすでに見たところである。治一郎が日本新興革統制株式会社（東京・浅草）の社長になることを望んだのも、これによって説明することができよう。

大阪水平社の石田秀一と成川義男は、犬皮革の生産を統制経済から外し、その配給権を自分たちに認めるよう商工省に陳情していた。その努力がようやく実り、一九四一年七月、治一郎の東京事務所を住所として新会社が設立された。「ワンワン会社」の通称で呼ばれたこの会社は、野犬の皮で皮革製品を製造して流通させるとともに、その肉で缶詰も作っていた。犬皮の衣料品、とくに手袋は満州のような極寒の地でとりわけ重宝されたし、困難の度が増しつつあった都市生活で、犬肉は配給食糧の足しにするのに役立った。大阪支配人の成川が一九四一年八月に軍に入隊すると、治一郎は井元麟之に後任を頼んだ。井元は最初断ったが、その年の九月二八日に治一郎の姪と結婚し、式の後に治一郎からあらためて頼まれると、今度は承諾した（高山 2005: 525）。

戦争が始まってから数年間、同社は誰が見ても大繁盛していた。同社の事業について残されている証拠は乏しいが、金は、皮革統制会配給部が陸海軍省および被服廠と一九四四年六月に開いた会議で同社への言及があったことを発見している。そこでは、犬皮・猫皮の製造を中央の統制下において「ワンワン会社」に委託し、価格は陸海軍との協定により固定することで話がまとまっていた。同社はその年の九月に総会を開き、皮革製造に使用する化学薬品の統制会社との連繫を密にするために取締役会の構成を変更したが、社長は治一郎のままであり、井元も役員として残留した。井元は一九四五年三月まで同社で働き続けたが、米軍による大阪空襲の際に支社が焼け落ち、工場だけではなく、秘蔵されていた水平社運動関連文書も全滅してしまった（金静美 1994: 668）。

一九四一年一二月九日には表現、出版、集会および結社の自由がさらに制限されることになった。これによって水平社は「思想結社」に指定され、存続許可申請のために三〇日間の猶予を与えられた。最後の抵抗として、治一郎は申請を拒んだ。許可申請が行なわれなかったので、翌年の一月一九日、井元は大阪事務所にかけられていた「全国水平社総本部」の看板を外したが、治一郎はそれでも水平社解消を正式に宣言しようとはしなかった（高山 2005: 527）。二月に入ると有馬頼寧が大政翼賛会への協力を持ちかけてきたが、治一郎は断った。東条首相が「大東亜共栄圏」計画を明らかにするなか、一九四二年三月には大政翼賛会のあり方がさらに変更された。この再編の過程で水平社、中央融和事業協会、大和報国運動が解消合併することもありえたと思われるが、やはりそのような運びにはならなかった。春になると治一郎は内務省に呼び出され、言うとおりにしなければ来たる選挙で大政翼賛会の後援は得られないと警告された。そうなれば再選は危うくなるおそれがあったが、治一郎は揺らがなかった。治一郎は後年、このとき次のように言ったと語っている。

「水平社は、自然発生的に生れたもので、運動の必要がなくなれば自然解消する。運動をしなくてもよい世の中をあなた方は考えているか、その保障はできるか。……たとい目くされ金の二、三百万円でも部落改善費として国庫予算に計上しているのは、これは必要があるからではないか。われわれは好きでこの運動をやっているわけではない。われわれは政府を頼ったり、世の中を頼っても駄目だから、われわれ自身の力で起ち上ったのがこの運動である。だから運動が必要なくなる時まで私は絶対にやめない」

（高山 2005: 527-8、『政界ジープ』一九四七年九月号の記事からの引用）

治一郎はいまなお議会審議で積極的な役割を果たそうとしていた。三月一〇日には東京に戻り、石炭産業（一二日）や国民融和事業（一五日）について議会で質問をしている。二四日には戦時刑事特別法の審議に参加し、反対討論に立った。

二　一九四二年選挙

一九四二年選挙についての議論は論争になりやすい。治一郎は大政翼賛会の公認候補者であり、そのため後に米占領当局や一部の水平社史研究者から批判を受けた。しかし、重要な公的人物のひとりになっていた治一郎にとって、この新たな国民運動の外に身を置くことはもはや不可能だった。一九四〇年一二月二日に大政翼賛会福岡県支部が創設された際には顧問として一六人の名が挙げられていたが、そのなかには福岡・久留米両連隊の司令官、九州帝国大学総長、福岡日日新聞社長、そして地元選出代議士である治一郎が含まれていた（高山 2005: 519）。大政翼賛会として、このような高い地位にある構成員の推薦を拒否することができただろうかという疑問もあろう。他方で内務省は、水平社の正式な解散を治一郎に呑ませようとするなかで、一九四二年の選挙で治一郎の推薦を差し控えると脅しをかけていた。それでも治一郎は推薦を拒否できただろうし、実際に拒否して当選した者もいる。

もっと幅広く当時の状況に目を向けると、東条首相と軍部はこの選挙を利用し、大政翼賛会の青壮年組織である翼賛壮年団（以下「翼壮」）を内務省の統制下に置くことをやめて、政党政治家の影響力の残滓を一掃することを望んだ。そして、翼壮には公認候補者の選挙運動だけをさせることにしたいと考えた。この構想でまず問題になるのは、翼壮を内務省の管轄から外すのは無理であることだった。第二に、「あらゆる分野の代表」三三人から構成される大政翼賛会の候補者指名委員会で委員長を務める阿部信行大将は、政党政治家に相当の敬意を持っており、委員会に政党政治家を何人か入れていた（Berger 1977: 348）。その結果、現職議員二三四人——その多くは二大政党の元所属議員である——が公認候補となり、そのうち二〇〇人が当選している。公認候補は四六六議席に対して四七一人であり、このほか八五人が国の推薦を受けずに立候補して当選した（Oates 1985: 98）。公認を受けることは翼壮が選挙運動をしてくれるという点で重要であり、臨時軍事費から二〇〇〇円～一万円の金銭的援助を受ける資格も得られた（Totten 1966: 309, n. 20）。

トッテンは、治一郎が大政翼賛会に推薦されたのはどのみち当選することがわかっていたからではないかと指摘している（Totten 1966: 372）。本当の問題は、治一郎には公認を断ることができたかという点である。治一郎は戦後の一九四八年から四九年にかけて、（一九四二年の選挙では）本意ではなかったにもかかわらず推薦されてしまったと述べたが、一九五四年になると、（推薦は）きっぱり断ったと主張するようになった。断固として拒否したなら推薦されなかったのではないかという論者もいる。治一郎の資産、地元の名声、少なくとも六年間存在していた後援会のことを考えると、おそらく翼壮の支援も特別資金も不要だったろう。公式に推薦を受けなくとも再選は可能だった。東条政権に批判的だった右翼の中野正剛は、治一郎と同じ選挙区で国の後援を受けずに再選されている。元社会民主主義者は七五人が立候補したが、そのうち推薦を受けたのは八人で、その全員が当選した。しかし推薦を受けなかった残りの候補者で当選したのは一一人のみだった（Totten 1966: 310）。推薦によって当選の確率が高まったのは明らかである。

「土木請負業者松本治一郎」は、福岡第一区で翼賛政治体制協議会の推薦を得た四人の候補者のひとりだった。[1] 治一郎の立候補宣言の冒頭には次の三つの選挙スローガンが掲げられていた。

一、仕事の為には汗を流せ
一、人のためには涙を流せ
一、御国の為には血を流せ
（高山 2005: 530; 金静美 1994: 348）

金は、これらのスローガンは社会民主主義者の西尾末広が用いていたものと似ているものの、右翼の赤尾敏や笹川良一が使っていたもの――「戦争には血を。増産には汗を。政治には涙を」――よりはやや穏やかになっていると指摘している（金静美 1994: 418-19）。さらに、一九四二年に『靖國の精神』を出版した仏教学者・高神覚昇の言葉遣いとも非常によく似ている。同書のある箇所で高神は次のように記している。


では、その靖國の精神を發揮するには、どうすればよいか。けつきよく、次のことばを、文字通り實践することである。

國家《みくに》のためには喜んで血を流せ。

社會《ひご》のためには悦んで涙を流せ。

自分《おのれ》のためには歡んで汗を流せ。

松本治一郎立候補宣言

大東亜総力戦完遂のため真の政治體制を確立せん

松本治一郎

推薦の辞

松本治一郎《マツモトヂイチロー》

治一郎の第 21 回衆議院選挙での立候補宣言（1942 年 4 月）［福岡市博物館蔵］

第 21 回衆議院選挙（福岡県第一区）に治一郎が第 2 位で当選した記念写真（1942 年 4 月 30 日）。

支持者に囲まれる選挙時の治一郎（1942 年４月）。
[『全国水平社　創立 80 周年記念冊子』より]

けだし、その血、その涙、その汗によつてのみ、はじめて東亜の天地に、地球の上に、明るい平和の春を迎へることができるのである。

（高橋 2006: 162-3 で引用）

治一郎は選挙公報の書き出しで次のように述べている。「輝やく大東亜戦争の真只中に、敢然として断行される此度の総選挙に当りまして、三たび私は衆議院議員候補者として、親愛なる皆様の前に立たせて戴くことを、此の上もなく光栄に存じます」。この演説の言い回しをどのように理解すべきかは難しい。支持者と批判者のどちらについても、その見解を裏づける証拠が存在する。他方、治一郎は「高度国防国家」の完成といった常套句を使用しつつ、これは「勤労国家体制の確立」を意味するものであると同時に説明したりもしている（金静美 1994:

348-9)。一九四二年四月は日本の軍事作戦が最高潮に達していた時期だった。米国の手で初めて重大な敗北を喫し、太平洋戦争の転換点となるミッドウェー海戦は六月初頭のことになる。少なくとも当面は、軍事的冒険の結果について楽観的見通しを持ち、戦争が実際に「輝やく」ものであると信じるだけの理由があった。

いずれにせよ、治一郎の選挙運動は個人的には成功を収めた。得票数は二万一五七六票――有効投票数の二〇・四%――にのぼり、七人の候補者中二位で当選した。選挙における治一郎の人気は一九三六年以降相当に高まっていた。一九三六年の得票数を一〇〇とすると、一九三七年には一〇九になり、一九四二年には一五〇に達した――福岡市だけに注目すると一六〇になる――のである。治一郎が福岡市全域で支持を獲得しつつあるのは明らかだった。

三　戦時中

治一郎が一九四二年以降どのような活動をしていたのかについては、断片的な証拠しか残っていない。議会では良心派のひとりだった。選挙に出馬しておいて当選後は議会の活動に参加しないというのでは筋が通らないので、この点は予想されたことだといえよう。治一郎はさまざまな討議や議論に参加するとともに、国民教育振興連盟のような議会内団体にも加盟している。一九四三年初頭に開かれた議会では、宗像神社改修の提案に賛成したほか、薬事法改正（二月九日）、人事調停（二月八日・二四日）、兵役法改正（二月一二日・二〇日）について演説を行なった。

北海道旭川市で。左端が治一郎（1942 年 8 月）。
［松本治一郎資料］

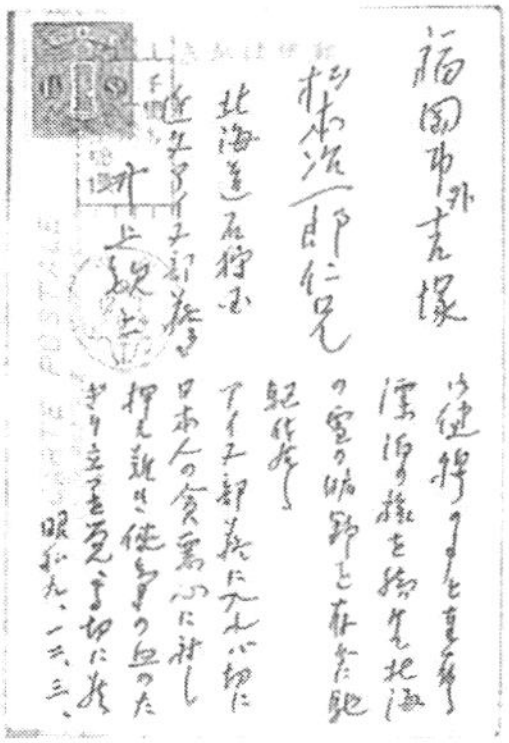

「北海道石狩国アイヌ部落」と記された治一郎宛の葉書。
［松本治一郎資料］

治一郎は、自分の立場を活用して、政府の政策についてもっと有効なやり方で抗議したり、政府の政策転換を試みたりできたのではないかと問う声もある。治一郎は、その行動から、あるいは行動しなかったことから、戦時の政府の政策にどの程度あからさまに協力していたと考えられるだろうか。同胞たる部落民や社会の周縁に追いやられたその他の集団を支援するためにできることがあったとして、何ができただろうか。確かに、治一郎は一九四二年の夏に北海道を訪れ、議会でアイヌ問題について演説したが（アイヌは北海道の先住民族である）、部落問題に直接関連する行動を議会で起こしたようには思われない。さらに金静美は、治一郎が、朝鮮人を徴兵の対象とするために一九四三年二月に法改正を行なった委員会の委員のひとりであったことを指摘している。治一郎はこの委員会のすべての会合に出席したのみならず、一度は議長まで務めた。一九四四年四月一日から兵役のために出頭することを朝鮮人青年に強制するこの法案は全会一致で承認されたが、その最終投票の場に治一郎もいた（金静美 1994: 356-7）。

治一郎は一九四三年一二月から一九四四年二月にかけて、予算委員会の下に設けられた、最終的に朝鮮・台湾からの徴用へと至る措置を審議した二つの小委員会の委員も務めた。ここでも、正面から反対することはできなかったにせよ、批判派の一部の委員がやったように決定的投票が行なわれる会合を欠席することで、何らかの形式的抗議を行なうことはできたはずである（金静美 1994: 357-8）。治一郎は、第八二回～八八回議会に参加して積極的役割を果たし、予算委員会、とくに内務省、厚生省、商工省の活動に関する小委員会に出席している。金は、治一郎がたとえばいずれかの年次予算の可決に反対することによって政府の政策にはっきりと抵抗した証拠はないと指摘している。

しかし、総力戦という事態に鑑みれば、政府の政策提案に対して本当に反対し続けることは困難であったろう。また、治一郎が細かな政策に影響力を行使しようとする試みをほとんど行なわなかったという点では金に同意しなければならないにせよ、治一郎が反体制的活動への参加を続けていた証拠も若干存在する。治一郎は、おそらく自分の事業の利益を図ったり議会で活動したりするためであろうが、東京で時間を過ごすことが多かった。一九四〇年代初頭、東京の松本邸には明治大学で勉強中の楢崎冨男が住んでいた。ある日、楢崎が夜更けに帰宅すると、「ワンワン会社」事務所の雨戸が固く閉ざされて誰も外からのぞけないようになっていた。中で行なわれていた会合には鳩山一郎（自由主義者）、中野正剛（右翼国家主義者）、安部磯雄（元社会大衆党）、冨吉栄二、椎名悦三郎がいた。商工省の革新官僚の希望の星であった椎名を除けば、全員が政治家である。これが何の会合だったのかは不明だが、この種々雑多な一団は、軍部の政治支配に反対しているという点で、そしておそらくこの会合を詮索の目から隠したいと考えている点で、共通していた（高山 2005: 525）。

治一郎は一九五四年に、戦争努力に協力したことはないと主張して、一九四二年二月に戦時刑事特別法に反対する討論を行なったことを説明している。「最初は百八十七人もの議員がこれに反対していたが、買収と弾圧に屈して、最後までたたかったものは水谷長三郎、[2] 斎藤隆夫等と私のたった七人にすぎなかった」（解放出版社（編）1977: 230 および金静美 1994: 632 で引用）。この証言の問題は、斎藤はこのとき議員ではなかったことである。斎藤は、軍部を過度に批判する演説をしたとして一九四〇年に議員を除名されており、一九四二年四月の選挙でようやく（大政翼賛会の後援を受けることなく）再選された。とはいえ、翌年二月に東条首相が同法の改正案を議会に提出すると、水谷や赤尾敏をはじめとする議員二七人が委員会を結成してそれに反対している。治一郎も斎藤もこの委員会には参加しなかったが、本会議の採決では確かに反対票を投じた。赤尾敏のような国家主義者がこの法案に反対したのは、あまりにも多くの権力が首相の手に集中してしまうからである（国家主義者は、権力は天皇に属するのが正しいのであるからこれは違憲であると考えていた）。治一郎が後に述べたことと記録に表れていることとの食い違いは、一〇年の時を経て治一郎が事実を混同しただけであったのかもしれないが、金が指摘するように、この幸運な記憶違いのおかげで、治一郎は国家主義者と結びつけられるのではなく自由主義者および社会民主主義者の括りに入れられることになった（金静美 1994: 632-6）。

同様に、これは治一郎の名声を損なう可能性のほうが高いが、治一郎が、一九四三年六月一四日に開かれた八日会（真珠湾攻撃の日を記念した会）の結成式で演説した証拠も残っている。これは衆議院議員二七人で構成された団体で、中野正剛、笹川良一、赤尾敏のような悪名高い数名の国家主義者のみならず、治一郎や、かつて「無産系」団体のひとつで活動していた平野力三なども参加していた。同会がどのような活動をしたのかは明らかでない。その「信条」はいわく言いがたいものである。

一、戦勝の第一条件は国体の明徴にあり、我等は一切の行動を国体の本義に発す。
一、我等は大詔を奉戴し断じて戦ひ断じて勝つの信念を以て行動す。
一、我等は憲法の条草に恪循し奮励努力誓つて帝国議会の議員たる職責を全ふす。

（金静美 1994: 350）

「この胸に迫る日の祝賀」のために杯を捧げる一方で、八日会は同時に、「帝国議会の議員としての職責を全うすべく、現状を検討し、諸問題の実情を明らかにする」ために頻繁に集まることも決議している（部落解放研究所 1991: 106）。この会が結成された背景には、二つの重要な経済統制措置を可決するために召集された、三日間の議会特別会期がある。議会審議はきつい統制の下に置かれたものの、鳩山と中野が音頭をとった「太鼓持ちによる政府の腐敗」についての抗議は、翼賛政治会の会合で行なうことができた（Oates 1985: 105）。しかし八日会は一時的な組織に留まらず、一九四五年まで会合を持ち続けていた。

治一郎は一部の右翼的な政治家・政治団体にはよく知られており、その多くは福岡と関わりを持っていた。治一郎は自分自身をずっと権威に立ち向かう力および意思を持った存在と考えており、八日会に入会したのも、それが一九四三年の日本で反権威主義を表明する唯一の方法だったからかもしれない。議会制民主政治を堅持する姿勢の表明だった可能性もある。そのため、金のように、この会に他に誰がいたかということだけを論拠に治一郎を性急に非難するべきではない。これは「呉越同舟」に過ぎなかったのかもしれないのである。

松本組は戦争中もずっと事業を続けていた。戦死者を祀る地域の神社は「護国神社」と改称され、東京の靖国神社との結びつきを強めていた。松本組は福岡市の護国神社の建設契約参加企業のひとつで、治一郎が工事に参加しているところの写真も残っている。このことは、宗像神社改修動議を治一郎が支持したことの説明にもなるかもしれない。松本組は一九四四年三月に九州土木建設業界統制会に加盟しており、年間取引高が少なくとも五〇万円にのぼっていたことがわかる（金静美 1994: 315, n. 120）。同会への加盟により、さらに多くの仕事を請け負う機会ができたはずである。

大陸に出征する徴用兵の集合場所は、治一郎宅のすぐ裏手にある東公園だった。後に部落民の指導者となる上杉佐一郎は、一九四二年五月、第二四連隊の他の兵士とともに公園に集合したところ、リンゴとミカンをいっぱいに積んだリヤカーの横に治一郎がいるのを見て驚いた。治一郎は、「決して死んでくるな。生きて帰ってこいよ」と言いながら果物を若い兵士たちに手渡した（上杉 1975: 45; 高山 2005: 531）。これはよく見られる光景だったらしい。田中松月の回想によれば、治一郎は戦争に批判的で、少なくとも私的な場面では日本の敗北を予言していたという。議員であった治一郎は、連合国による対日進軍が順調であることについて、一般市民は知らなかったであろう情報を入手できた。逮捕されやすい状況にはあったものの、警察は治一郎の政治家としての地位を尊重していたようであり、また自宅には水平社同人や時には九州出身の相撲取りも泊まっていたので、右翼の襲撃からも守られていた（高山 2005: 532）。

治一郎は、戦争努力を推進する福岡市の諸団体でも依然として重要人物であった。一九四四年四月に国民総決起運動中央・地方連絡会議が結成されると、翌月、翼賛政治会福岡県支部も同会議に加盟し、治一郎が常任代表に就任した。一九四五年春になると、政府は考えうる本土侵攻への備えを開始したが、これは大政翼賛会を何らかの軍隊外戦闘部隊に変えるということを意味した。内務省、軍部、大政翼賛会の間には多くの点で未解決の緊張関係があり、そのためこのような部隊の設置はなかなか進まなかったものの、四月下旬には国民義勇隊協議会が設置された。そして一九四五年六月には第八七回議会に法案が提出されて国民義勇隊が正式に発足し、一五～六〇歳の男子および一七～四〇歳の女子全員の奉仕が義務化された。武器は提供されなかったものの、この体制は、本土侵攻軍への最後の抵抗を組織化するのみならず、必需品の製造と必須役務の提供を継続的に確保することも目的としていた。治一郎が複数の戦時地方団体で果たしていた役割について明らかになっていることを踏まえれば、六月八日に設けられた福岡県義勇隊の二〇人の顧問のひとりとして治一郎の名前が挙がっているのも道理である。国民義勇隊は、幸いにして大したことをやるまでもなく、八月一〇日に廃止された（照沼 1979: 201-18）。

四　他の全国水平社幹部

最後に、治一郎の水平社の同志が一九三〇年代および戦時中にどうしていたか、簡単に述べておこう。

北原泰作は一九三三年から三四年にかけて水平社内部の日本共産党勢力の一員だったが、一九三四年一月二八日に福岡で検挙された。三〇〇日ほど収監された後、治一郎が払った二〇円の保証金のおかげで、そして心からのものであったかどうかは不明だが転向声明を書いたことによって、一九三五年一月一〇日に釈放された。拷問は受けなかったようだが刑務所生活のために著しく衰弱し、治一郎の費用で福岡で半年間静養した。健康状態が思わしくないことも、転向声明を書いたことも、また警察から厳しく監督されていることも、北原が一九三六年初頭の治一郎の選挙のために働くことの妨げにはならず、選挙後は東京に引っ越して治一郎の東京事務所立ち上げを手伝った。一九三八年に治一郎の秘書を辞任し、東京にあった国家主義団体「大日本青年団」でもっと給料のよい仕事に就いた。同団体は、学生、大学生、勤労青年に「新体制」への参加を奨励することによって「新党運動」を支援した。この新しい仕事を始めてから一か月後、北原は二六の青年団体の代表とともに満州を訪れているが、これは移民奨励を試みてのことだったと思われる（北原 1974: 313-14）。

朝田善之助は、治一郎の死後、運動の指導者の座を引き継ぐことになる人物である。一九二〇年代から京都で水平社と労働運動の両方に関わっていたが、一九三〇年一二月に検挙されて拷問を受けた。出獄と同時に水平社左派の立場で活動を再開し、差別糾弾に参加している。一九四〇年四月、とくに北原や上田音市と手を組んで水平社の競合団体「部落厚生皇民運動」を結成した。同団体の創立声明は、大陸における「反帝国主義戦争」を支持するとともに、「部落問題」の解決を、戦争を成功裡に遂行するために必然的に求められる日本の国内分裂を解消する過程と結びつけている。朝田らは第一六回全国水平社大会と同じ日の八月二八日にふたたび集会を開き、国民的支持を集めていると主張した。治一郎と井元麟之を中心とする水平社主流は、この時点で、融和運動との合併の可能性について内務省および平沼騏一郎と話し合いをしていた。最終的に、平沼と治一郎が妥協による解決について合意することはできなかったのはすでに見たとおりである。しかし、部落厚生皇民運動の主目的は水平社が戦時国家体制のなかでもっと積極的な役割を果たすようにするところにあり、朝田らは、水平社と融和団体との間で交渉が行なわれていることをもって目的は達成されたと感じていた。一方で、「虚偽の」または「不徹底な」転向声明を行なった者に対して警察が行動を起こそうとしているのではないかと恐れた朝田らは、わずか八か月後に団体の解散を決定した。朝田は一九三八年三月から京都市役所社会課に勤めて住宅改善事業に携わっており、一九四六年三月までその仕事を続けている（前川 2002: 546）。

上田音市は戦後部落解放運動のもうひとりの中心人物である。上田も、出身地の三重県で水平社の発展にきわめて重要な役割を果たした。一〇一歳まで生き、亡くなったのは一九九九年一月のことである。上田にとって、一九二〇年代に水平社の同人になったことは、地元の農民団体も労働者団体も含めた日本共産党主導の無産運動に参加することのひとつの流れだった。このような活動は警察の注意を引くことになり、一九二三年五月一三日に三重県で検挙された一五〇人の活動家に上田も含まれていた。どうやら完全に転向したと判断されたようで、一二月一二日に釈放されている。だからといって、一九三七年の総選挙に「反ファッショ」候補として立候補したり（落選）、同年一〇月に社会大衆党の党員になったりすることが妨げられることはなかった（部落解放研究所（編）1986: 41）。上田は「部落厚生皇民運動」結成の提案に熱狂的に反応し、その集会や大会に出席している。

総力戦の時代に入ると、彼らの進む道は分かれた。北原は国家主義的青年団体での仕事を続けた。朝田は京都市役所で住宅関連の業務を続けるとともに、再編された融和運動の県組織である親和会の活動に定期的に参加した（前川 2002: 548）。上田は大政翼賛会三重県支部で高い地位に就き、一九四三年以降は松阪市翼賛壮年団の団長を務めた。上田はその立場から、同胞たる部落民に対し、「新体制」運動で前向きな役割を果たすこと、旧来の地域社会や産業とは縁を切って国内で、場合によっては海外へ――たとえば満州に――移住することを促した（宮本 2002: 536）。

五　小括

全体として、戦時中の日本の歴史の検討はこれまでのところ不完全な形でしか行なわれてこなかった。日本の他の多くの社会科学分野と同様、社会史でもマルクス主義史観の歴史学者が優勢を占める傾向にあったが、「善戦」した左派はきわめて少ない。原理原則を曲げず、収監されたままでいるか、中国かソ連に亡命した者――ほとんどは日本共産党とつながりがあった者――も存在した。残りの者は、多かれ少なかれ熱意を持って戦時政権に協力するか、政治の世界から完全に足を洗った。そのため、戦後の社会運動の指導者らが一九四一年から一九四五年にかけて何をしていたのか、あまりにも突っこんで検討するのは避ける傾向が遺されてしまったのである。また、戦後左派の中心にいた活動家の生涯をその存命中に注意深く検討するのはややためらわれるという事情もあった。日本共産党の野坂参三や水平社の上田音市のように一〇〇歳を越えて生きた活動家もいたので、こうした活動家およびその同志の戦争中の記録を学者が再検討し始めたのは、ようやく一九九〇年代に入ってからということになる。

治一郎の活動ぶりに焦点を当てれば、一九三〇年代に治一郎とともに差別反対闘争に携わった人々から批判を受けるようなことには何も関与していない。治一郎は全国レベルでも地方レベルでも活動し、かつての同志たちと非常によく似たことをやっていた。舌を巻くほど詳細な金による研究で、戦時中の治一郎の経歴にはまだ十分な調査が行なわれていない面があること、またこの点に関わる治一郎自身の主張や治一郎に代わって行なわれてきた主張は綿密な吟味に耐えうるものではないことが明らかになった。しかし、金のように、部落民を侵略戦争支持に煽り立てたことをもって治一郎を非難する（たとえば金静美 1994: 30）のは、完全に公正とはいえないように思われる。一九三〇年代後半の治一郎は、成功こそしなかったものの、徐々に全体主義へと向かう流れに組織的に反対しようと試みた人々のひとりだった。一九四〇年以降、治一郎が戦時体制に関与するようになったのは確かであり、戦後の批判者のなかには、いくら何でも関与の度合いが深すぎるとして不快感を覚える者もいるだろうが、それは政権への協力以上のものではなく、戦争責任を共有しているといえるほどのことではけっしてない。それどころか、民主主義的実践と勤労国家に対する治一郎の傾倒ぶりが、戦時政権支持の常套句を表面的に散りばめたにすぎない諸発言に何らかの形で潜りこんでいる様子を見出すことも可能である。

しかし、総力戦およびこれにともなう社会全体の戦争動員が始まった後の治一郎の事業活動はどのように評価すればよいだろうか。治一郎が竹皮履物や犬皮の会社に関与したことをどこまで批判するべきか。これを、自分の威光と商売勘を部落のために活用しただけと考えてよいだろうか。治一郎は、運動全体のためであれ、困窮している運動関係者のためであれ、財産を分け与えることをけっして渋らなかった。

太平洋戦争勃発後の治一郎の政治活動をどのように評価すべきかは、もっと難しい。治一郎は、民主的に選出された議会を統制下に置こうとする軍部の試みに抵抗し続けるため、それがたとえ自由主義者も超国家主義者も含む他の反対議員らと手を組むことを意味するとしても、自分にできることをやったと主張することもできよう。他方、金のような批判者は、議会の諸委員会における治一郎の活動が政府省庁内で行なわれる諸決定に強い正当性を与えたのであるから、治一郎の戦時責任について問い質すことは不適切ではないことを明らかにしている。

治一郎が一九四二年に選挙に出馬せず、自分の建設会社と部落産業関連企業を経営しながら身を低くして戦争終結まで過ごしていたとしたら、戦後に政治家としての活動を再開した際に批判する者もほとんどいなかっただろう。一九四二年以前に政府を批判する勇気が治一郎になかったわけではないし、その後もある程度の批判は行なっていたように思われる。金にとって、また本書の著者にとっても苛立ちの種になるのは、戦後、治一郎が故意にこの話題を避けていたことである。治一郎は、戦時の活動歴に関する真剣な回顧をまったく行なわなかったばかりか、時には意図的に自分の行動を曖昧にしようとして、たとえば自分は戦時政権がやることにことごとく反対したなどと主張した。

現時点で判断できる範囲では、治一郎は、獄外にあった同世代人と同じぐらい長く――おそらくは彼ら以上に長く――国内外における日本政府の政策を断固として批判し続けていた。この点は評価されてしかるべきである。しかし、一九四二年四月から一九四五年八月にかけて、兵役による朝鮮人の皇軍編入、朝鮮人・台湾人の強制労働に関わる決定に正当性を与えるうえで、治一郎の活動が少なくとも一助となったことも間違いない。政府を批判する存在としての治一郎の勇気を疑う者はいないが、戦後、自分の一連の政治的活動歴についてもっと誠実かつ明確に話をしていれば、評価はいっそう高まったことだろう。治一郎の同世代人が長い間そうしようとしてこなかったことで、日本国民は東アジアの近隣諸国民との友好的関係をなかなか再開できなかったのである。

第六章　松本治一郎と占領下の日本

一　降伏後

一九四五年八月一五日の正午、天皇は帝国全体の臣民に向けたラジオ放送を行ない、連合国軍に敗北したことを認めた。天皇は、降伏について直接言及することなく、「万世ノ為ニ太平ヲ開」くことが自分の目指すところであると宣言した（Bix 2000: 526）。これに対して治一郎が最初にやったのは大量の飯でおにぎりを作らせることであり、治一郎はそれを三輪トラックに積みこんで、博多駅前で腹を空かせていて住む場所もない人々に配った。治一郎は「わしがこれをせんじゃった場合、あの人たちは、どげんなるか知ってござるか。結局、罪を犯すようになる。それを放っておけるか」と語ったという（高山 2005: 536）。これが単純な善行であったのか、それとも戦争が終わって政治家として活動を始めるためのもっと計算づくの一手だったのかは、判断しにくい。確かに、このような行動で治一郎の評判が悪くなることはまったくなかっただろう。いずれにせよ、終戦直後は、九州が独立国となって治一郎が初代大統領になるという噂も流れたという（奈良本 1976: 118）。治一郎はおにぎりを配った後、おそらくこの変革期に政治の中心地にいたかったのだと思われるが、東京に向かった。

治一郎は、東京に戻ってからわずか一週間あまりで、九月一日に召集された第八八回帝国議会に参加し、九月四日には首相の東久邇宮[1]に対し、衣服、寝所、食糧、住宅再建支援を必要としている人々に即時の援助を与えるために政府が考えている当面の計画について質問する機会を得た。治一郎は、冬が近づくにつれて事態は悪化するばかりであると指摘した。答弁は、すでに対策はとられているがさらに対応を進めるというものだった。

その一方、東京の徳川義親侯爵邸でも議論が始まっていた。そこでは、戦争中も活動を続けていた西尾末広や片山哲のような社会民主主義者のほか、元労農党の荒畑寒村や、右翼団体・東方会の一部構成員まで顔を揃えていた（高山 2005: 538）。最初の正式な会議は八月二四日に開かれ、その後は毎週会合を持って、九月一四日には日本社会党立ち上げの提案がまとめられた。治一郎がこの議論に参加したことを示す直接の証拠はないが、治一郎はこのとき東京におり、話し合いの中心人物全員によく知られていたことから、治一郎が関与しなかったとは想像しにくい。

治一郎は、福岡を離れる前に、当時まだ県会議員であった田中松月に九州無産新党の創設に取りかかるよう指示していた。そのための会議は、正確な日時は不明だが、八月中に治一郎宅で開かれた。福岡市中心部は一九四五年六月に大規模な爆撃による被害を受け、B29による一度の空襲で中心部の商業地区の半分が破壊されていた（『ニッポンタイムズ』一九四六年一月五日付）。しかし吉塚駅前の治一郎宅は健在だった。治一郎宅には依然として松本組の本社が置かれており、ほどなくして新たな社会主義政党と部落解放運動が発展していく本拠地となる。

治一郎は、戦時中に行なった妥協にもかかわらず（あるいはひょっとしたらその妥協ゆえに）地元では高い人気を維持しており、数年の間に国政における中心人物のひとりになっていく。

本章ではまず、占領が開始されてから半年間の治一郎の政治活動から検討していく。この時期、治一郎は社会主義運動に携わる政治家としての人生をあらためて開始するとともに、議会においては新憲法制定に影響力を発揮し、また部落解放運動の再生でも役割を果たした。本章の後半では、新憲法下で治一郎の政治活動がどのように発展していったかを追跡する。

二　治一郎と戦後憲法

九州独立？

治一郎は九月中旬には福岡に戻り、地元紙のインタビューに応じて「不可侵《おかすべからず》、不可被侵《おかさるべからず》」（おかさず、おかされず）という基本哲学を開陳した。治一郎によれば、これは少なくとも三〇年前から自分の哲学であったという。これは世界の平和の基調であると治一郎は語った――「小は個人の生活から大は国際間の歩みに至るまで、侵さず、侵されずの関係が樹立されなければならぬ」。そして、数週間前の議会演説で行なった指摘の一部を（おそらく八月中旬まで政府が広く知られまいとしていた情報であったため）あらためて取り上げながら、日本がいかに広範に破壊されたかを詳しく述べている。続けて、冬が近づき、軍需工場が閉鎖され、兵士が復員してくるにつれてこれらの問題が悪化するのは避けられないと示唆した。こうしたことを背景として、新たな社会主義政党と政府の双方が直面している主要な問題——住宅問題、失業問題、食糧の確保、土地制度改革の要求——が生じているのであって、どの問題も社会党が存在しなければ満足のいく形では解決できない。治一郎はこのように主張したうえで、就労問題、高齢者および教育に注意を払う社会福祉制度実現の方針や、最低賃金制、公正な配給制度、軽工業復興、公益産業国営化、中小企業の生産協同組合化の必要性について説明した。こうしたことが新党の綱領に盛りこまれ、九月二二日に東京で開かれる予定の旧無産各派が出席する会議で発表される予定であると、治一郎は締めくくっている（部落解放同盟中央本部（編）1987: 246-8; 高山 2005: 538;『西日本新聞』一九四五年九月一八日付）。

松本治一郎関連文書のなかには、安部磯雄、高野岩三郎、賀川豊彦という「労働運動三長老」から送られてきた書簡がある。三長老は、社会主義的計画経済に基づいて経済再生と「民衆の生活安定」を図っていく必要があると論じて、九月二二日の会議への参加を治一郎に促している。手紙には、一一月二日に開催する日本社会党創立大会に向けた宣言案が同封されていた（三長老については Takemae 2002: 261 を参照；書簡は大阪コレクション第一号）。このように治一郎が、社会主義政党創設に関する初期の計画に関与していた人々と非常に近しい関係にあったことは明らかである。

これと並行して、治一郎は九州で独自の社会主義政党を創設する準備も続けていた。九月一五日に準備会が開かれ、九月二二日には第一回会合の開催を発表する告知が九州のすべての新聞に掲載された。予想をはるかに超えて一五〇人以上が出席したため、場所は治一郎宅から大光寺に変更された。参加者は四つのグループに分類できる。治一郎の取り巻きを中心とするグループ、もっと中道右派よりの小作人運動関係者のグループ、田原春次の取り巻きを中心とするグループ、そして最後に社会民主主義の立場をとる組合関係者のグループである。しかしこの運動の資金や熱意を支える原動力となったのは、水平社および福岡・佐賀の小作人運動を基盤とする治一郎のグループであった。翌月は毎週金曜日に治一郎宅で準備会を開くとともに、一一月二日に東京で開催される日本社会党結党大会に向けて三〇人の一団が出発した。少なくとも旅程の一部は貨物トラックで移動し、（東京の食糧不足を恐れて）米と餅を持参し、三日かけて東京に着いたという（高山 2005: 542; 日本社会党福岡県本部35年史編さん委員会 1983: 5-6; 森山ほか 2003: 167）。

この結党大会には左派・右派を問わず二〇〇〇人の社会主義運動関係者が出席した。治一郎はこの大会で二人の副議長のひとりを務め、会計に選出された。治一郎が個人としては最高額の現金を寄付してきたことからすれば、十分に妥当な人選である。田原春次は国際局長に任命された。福岡に戻った治一郎らは一一月二〇日に社会党の地方支部を設置し（場所はやはり治一郎宅）、四日後には日本社会党福岡県連の結成大会を開催した。大会では、政治的自由の保護、民主主義的体制の創設、資本主義反対、社会主義推進、万国との協力による恒久平和の確保が決議された。とくに、治一郎も少し前に厚生省に陳情していた住宅危機の国家的解決については強い要求が出されている。県連の書記長には田中松月が選出され、治一郎は顧問に就任した。委員長は空席のままとされたが、これは、治一郎一派に属さない誰かのために席を空けておく必要性を感じていたことの表れかもしれない。

その後ほどなくして、治一郎は第八九回議会に出席するため東京に戻った。第八九回議会は当初一八日間の予定で一一月二八日に招集されたが、その後四日間延長されている。議員の所属政党の再編が行なわれた結果、議会は日本進歩党二七七人、日本自由党四四人、日本社会党一五人、独立諸政党九〇人、欠員四〇人という構成になっていた（『ニッポンタイムズ』一九四五年一一月二八日付）。一一月三〇日、治一郎はふたたび首相に対して質問を行なった。このときの相手は幣原喜重郎[2]男爵である。治一郎は、華族制度廃止の要求、民主化の進行、そして「五百萬の水平社部落に属して居りまする者《ママ》」への継続的差別に反対するために自分が行なってきた運動を関連させながら取り上げた。代議士たちに対し、自分が三〇年以上前から華族制度に反対しており、部落差別反対運動の指導者でもあり続けたことを想起するよう促したうえで、治一郎は、一八七一年八月二八日に勅令が出されたにもかかわらず、差別は二〇世紀になっても根強く残り、大東亜戦争の期間中もずっと続いたばかりか、最近になっても問題が生じていると述べた。

　その問題とは、香川県商工経済会が後援した講演会で、講師が国際社会における現在の日本の立場を「世界の穢多村の如し」（距離を置かれ、蔑まれている）と表現したというものである。治一郎は、このような考え方の根源を除去しなければならないと強調し、続けて「民主主義の第一原則は人権の確立」であり、また「法律の前に総ての人間が自由平等に扱はれ、人格を尊重されねばならない」という思想を根づかせていくことであると述べた。そして具体的には、政府にはポツダム宣言の精神を踏まえて華族制度を廃止する意思があるかどうか質した。続けてもっと一般的な指摘をたくさん行なっている。治一郎はまず、戦時中、一般の民衆には利用できない料理屋や入手できない奢侈品を高

郵便はがき

料金受取人払郵便

神田局
承認

9745

差出有効期間
2017年4月
30日まで

切手を貼らずに
お出し下さい。

101-8796

537

【受　取　人】

東京都千代田区外神田6-9-5

株式会社 **明石書店** 読者通信係 行

お買い上げ、ありがとうございました。
今後の出版物の参考といたしたく、ご記入、ご投函いただければ幸いに存じます。

ふりがな お名前	年齢	性別
ご住所 〒　　-		
TEL　(　　)　FAX　(　　)		
メールアドレス	ご職業（または学校名）	
＊図書目録のご希望 □ある □ない	＊ジャンル別などのご案内（不定期）のご希望 □ある：ジャンル（ □ない	

書籍のタイトル

◆本書を何でお知りになりましたか？

□新聞・雑誌の広告…掲載紙誌名［　　　　　　　　］
□書評・紹介記事……掲載紙誌名［　　　　　　　　］
□店頭で　□知人のすすめ　□弊社からの案内　□弊社ホームページ
□ネット書店［　　　　　］　□その他［　　　　　］

◆本書についてのご意見・ご感想

■定　　価	□安い（満足）	□ほどほど	□高い（不満）
■カバーデザイン	□良い	□ふつう	□悪い・ふさわしくない
■内　　容	□良い	□ふつう	□期待はずれ

■その他お気づきの点、ご質問、ご感想など、ご自由にお書き下さい。

本書をお買い上げの書店

［　　　市・区・町・村　　　書店　　　店］

今後どのような書籍をお望みですか？

今関心をお持ちのテーマ・人・ジャンル、また翻訳希望の本など、何でもお書き下さい。

ご購読紙　(1)朝日　(2)読売　(3)毎日　(4)日経　(5)その他［　　　新聞］

定期ご購読の雑誌［　　　　　］

協力ありがとうございました。
意見などを弊社ホームページなどでご紹介させていただくことがあります。　□諾　□否

ご 注 文 書◆　このハガキで弊社刊行物をご注文いただけます。

□ご指定の書店でお受取り……下欄に書店名と所在地域、わかれば電話番号をご記入下さい。
□代金引換郵便にてお受取り…送料+手数料として300円かかります(表記ご住所宛のみ)。

	冊
	冊

定の書店・支店名	書店の所在地域 都・道　府・県　　市・区　町・村
	書店の電話番号　（　　　）

級将校が利用・入手していたことに触れた。さらに、この期に及んでも、民衆が住むところを失って腹を空かせている一方で、軍の上層部は備蓄されていた食糧や医薬品を私用にしたり闇市場で販売したりするために持ち出していることも指摘した。そして、このような行為をやめさせ、絶対的に困窮している民衆にこれらの物資を配分するよう要求している（帝国議会会議録 001/006 89、本会議、第四巻、一九四五年一一月三〇日）。

これらが深刻な問題であったことは間違いない。竹前は、降伏から数日〜数週の間に「……有力者が不意打ちをかけ、推定で日本の軍需品の七割を持ち去った。これに加えて、GHQから内務省に引き渡された一〇〇〇億円相当の……建設資材や建設機械もなぜか消えうせていた」と指摘している。旧エリート層は財を成したが、「推定一四五〇万人の国民は貧窮しており、うち約一〇〇〇万人は餓死の瀬戸際にあった」（Takemae 2002: 76-7）。幣原が答えられたのは、差別反対のためにあらゆる努力をする必要があるという点には同意するが、政府として「一体華族制度と云ふものを全面的に廃止すべきや、又は相当の改正を加へて之を存置すべきやと云ふ問題は……愼重に考慮中である」ということぐらいであった（『ニッポンタイムズ』一九四五年一二月二日付）。その後の三週間、治一郎は議会の諸委員会や本会議で積極的に発言した。戦死者の妻子のための社会保障給付について質問した（一二月一一日・一二日）ほか、炭鉱の再開に関する議論でも意見を述べ、たとえば復員を進めるにあたって採鉱経験のある兵員を優先してはどうかと提案もしている（一二月一三日）。会期は一二月一八日に終了した。

古参代議士の尾崎行雄は、一二月一四日と第八九回議会の最終日の二度にわたり、国際紛争防止・

武装なき平和國へ

都市は農村に分散

九州共和國の構想

九州共和国構想を発表する治一郎（西日本新聞、1945年12月28日）

解決の力を持つ公的機関を設置しようという「世界連邦建設」に関する決議を提案した。治一郎や西尾末広（党内では両極の立場にあったもののいずれも日本社会党の所属議員）をはじめとする三〇人の議員も支持した同決議案は、「建国以来の未曾有の敗戦の屈辱を招来した昭和の日本国民は……」という書き出しで始まり、このような状況を踏まえて「本院は世界連邦の建設を提唱し、その実行を促進せんことを切望」すると述べている。そして、国際的には、このような機関の資金は軍需産業を廃止することで捻出可能であり、国内においては、酒やタバコのような贅沢品を禁止したり、甚大な国民的恥いう提案が行なわれたこともあった（渡辺 1990:21）。九州が自治圏や自給経済圏になってはならない、あるいは独自の「九州国」アイデンティティを発展させてはならない明らかな理由はなかった。さらに、アジアの他の諸共和国の枠組みのなかに九州共和国を位置づけることで、治一郎は強烈な地域的アイデンティティと汎アジア的視点および「世界はひとつ」という考え方との折り合いをつけることができた。

このような考え方は途方もなく理想主義的であったかもしれないが、当時、何らかの世界政府は実現可能であるのみならず必要であるという治一郎の考え方を共有する人々は世界各地に多数存在した。治一郎がかつて抱いていた九州無産政党結成構想を思い出してもよいかもしれない。あたかも、この構想が世界政府に関する尾崎行雄の考え方と融合して日本の連邦化という未来像を生み出したようにも思える。これ以降の数年間に、治一郎は日本社会党内部の現実主義的政治家として、また国政の重要人物のひとりとして成長していくが、その世界観にはこのような国際主義が保たれており、機関誌『世界政府』の購読も、一九五〇年代に入っても長く続けていた。

マッカーサー憲法

マッカーサーに当初与えられた任務指示には、日本の憲法の改正までは含まれていなかった。それどころか、占領軍による憲法改正は占領軍一般の権限について定めた一九〇七年ハーグ条約に違反すると考える者もいたのである（Takemae 2002: 232）。そのような対応は、人民は自決権を有するという考え方にも反していた。マッカーサーはまず、以前からの政治エリート層に対し、自国の政治体制を民主化するべきではないかと提案した。元首相の近衛文麿と、東京帝国大学教授（法学）で当時国務大臣を務めていた松本烝治に対し、個別に、またどちらもおたがいのことは知らないままに、憲法の改正案の提出が求められた。他方、いくつかの民間団体も憲法の研究を始めており、個人として独自の改正案を明らかにする者までいた。エリート層から出された案は一様に保守的で、もっぱら天皇の地位の保全に関心を示していた一方、民間から出された案には急進的で独自性のあるものが多かった。たとえば高野岩三郎は、人権を力強く擁護する規定を含み、天皇制の廃止を提唱する私案を発表している。高野はその後、一九四六年前半に詳細な憲法改正案を作成した左派政党（日本社会党）の顧問を務めた（Takemae 2002: 273）。

マッカーサーは松本烝治らに苛立ちを覚えるようになっていたが、一九四六年二月にようやく保守的な松本私案が公表された。同時に極東委員会（ＦＥＣ）が創設され、ソ連をはじめとする連合国に占領政策についての拒否権が認められることになった。けっきょくＦＥＣが米国の占領政策を何らかの形で統制することはまったくできなかったものの、マッカーサーとしては、憲法論議になってしまえばソ連とオーストラリアが天皇制の解体を強く主張し、天皇を戦犯として裁判にかけることまで求めてくるのではないかと恐れていたようである（Takemae 2002: 98）。そこでマッカーサーは、ＳＣＡＰ[3]（連合国軍最高司令官総司令部）民政局に設けられた、二四人からなる少人数のグループに憲法草案の作成を委ねた。この作業が行なわれたのは一九四六年二月六〜一〇日の五日間である。草案は、戦々恐々たる雰囲気のなかで二月一三日に開かれた閣議に提出され、二月二二日には「基本的に」受け入れられた。日本の保守派が天皇制を必死で維持しようとしていた一方、ＳＣＡＰに配属されていた米国民の多くも、たとえ「国家の象徴」としてではあっても天皇が新体制下で何らかの役割を果たしたほうが、安定した民主主義秩序の維持が容易になると考えていた。米国側は、速やかに行動することによって、新憲法の制定を思いどおりに進めることができた。ＦＥＣは二月二六日に最初の会合を開催し、七月二日には提案されていた憲法草案を承認した。

しかし憲法草案が完全に日本人の手で作成されたものであるという虚構は維持され、また草案が承認されたのも明治憲法に基づいて設けられた体制を通じてのことであった。マッカーサーは一九四六年三月八日に憲法草案を発表し、これは「新しい開明的な憲法を日本国民に向けて提示するという天皇および日本政府の決定に基づくものであり、この決定は私の全面的承認を得ている」ものであるとした。一週間後、米国務長官のジェームズ・バーンズは、憲法は「日本国民が有していた権利にのっとって国民自身が書き上げた」ものであると宣言した（『ニッポンタイムズ』一九四六年三月八日・一四日付）。この憲法草案はそれから数か月の間に衆議院（一九四六年四月一〇日改選）、貴族院、枢密院の承認を得て、最終的に天皇の名のもとに公布されて一九四七年五月三日に施行された。当初の憲法草案があわただしく秘密裡に作成されたことを考えれば、日本国民が広く協議の対象とされたことはありえない。しかし起草過程に参加した総司令部関係者は、二月六～一〇日の集中的な取り組みの前後に日本国民と接触している。治一郎は一月から二月上旬のいずれかの時点でベアテ・シロタ[4]と会い、自分の公職追放に固執しないことを民政局関係者に納得させようと試みていた。シロタの回想によれば、治一郎は、彼女が戦前東京に滞在していたときには遭遇したことのなかった部落差別の現実について、滔々と説明してくれたという。治一郎は、民生局憲法起草グループの公民権小委員会でシロタとともに働いていたピーター・K・ロウスト中佐およびハリー・ワイルズ博士とも、この問題について話し合った。これらの議論が直接間接の影響を及ぼした結果、憲法第一四条の初期の案には「階級」（caste）も含まれることになったが、最終的には「門地」（family origin）に修正されている（常岡ほか 1993: 24, 99; 部落解放・人権研究所 1999: 27-31）。

一九四六年の春から夏にかけて四つの憲法草案が作成された（三月四日、三月六日、四月、六月）。憲法が作り上げられていくにつれて、さまざまな人々がその文言に影響を与えた（部落解放・人権研究所 1990: 134）。よく知られているように、当初案では一院制議会が提案されていたものの、第一院の決定を修正する二つめの議院を創設できるよう、この点は修正された。華族制については、米国の当初の意図は華族をこれ以上増やさないというだけで、そうすれば徐々にいなくなるだろうと考えていたが、日本社会党（とくに鈴木義男と思われる）は華族制の廃止を強く主張し、子爵・男爵・伯爵・侯爵・公爵九一三名の爵位と特権の解消を求めた（部落解放・人権研究所 1999: 138; Takemae 2002: 288）。米国は、基本原則が維持されているかぎり、あらゆる種類の提案に対して開かれた姿勢をとった（部落解放・人権研究所 1999: 105 に掲載されているケーディスの発言を参照）。また、やはりよく知られているように、ベアテ・シロタは女性の権利が憲法上保護されるようにすることにとりわけ腐心した。たとえば第二四条は彼女が担当したものである。

第二四条　婚姻は、両性の合意のみに基いて成立し、夫婦が同等の権利を有することを基本として、相互の協力により、維持されなければならない。

二　配偶者の選択、財産権、相続、住居の選定、離婚並びに婚姻及び家族に関するその他の事項に関しては、法律は、個人の尊厳と両性の本質的平等に立脚して、制定されなければならない。

（傍点は筆者）

しかしこの点についても「松本神話」が存在し、いまなお当たり前のように繰り返されている。「（両性の合意）のみ」という文言は、治一郎が、高松地裁差別判決糾弾運動（一九三三〜三四年）の経験と、自由な結婚だけが最終的に偏見や差別の解消につながるという多くの機会に表明していた信念に基づいて強く主張した結果、盛りこまれたというものである（渡辺 1990: 33）。確かに、当初の「マッカーサー草案」に置かれていた第二三条[5]と最終的に採択された第二四条との間には相当の違いがあり、さらなる修正の余地も大きかったことをうかがわせる。渡辺がシロタとケーディスに行なったインタビューによると、治一郎の影響もあった可能性はあるようであり、どちらもはっきりとは覚えていないものの、そういうことがあったとしても不思議ではないと認めている（部落解放・人権研究所 1999: 105）。しかし高山は、「あれは私が書いたんです」と断言するシロタの言葉を引用している（高山 2005: 563）。

もはやこの問題に決着をつける時機は失われた。治一郎は、「のみ」が自分の手柄であったか否かにかかわらず当然そのように主張したであろうし、そのことは占領時の治一郎の経験に関する証言に抜きがたく組みこまれている。事の仔細にかかわらず、戦後憲法に関する直接の議論に治一郎が関与していたという話は、もっと幅広い関連性を有する経緯についていくつかのことを明らかにしてくれるものである。第一に、いまとなっては「連邦制国家」の提案がどれほど理想主義的に見えようとも、それは当時の国際的潮流――冷戦期の現実主義が定着する以前の、戦後の平和的問題解決の可能性をめぐる楽観主義――にうまく適合していた。第二に、憲法草案は日本人が作成したものであるというマッカーサーとバーンズの主張は真っ赤な嘘だったとしても、起草過程に関与した人々のなかには日本の政治家と連絡をとっていた者もおり、これらの政治家が最終文書の内容に少なくとも若干の影響は与えていた。

最後に、憲法は、日本国民にとって何の関連性もなく、国民が理解もしていなかった考え方の影響を受けて作成されたものであると、民主的価値観、権利、平和といった考え方を強調しながら指摘されることがある。そのような状況にあった日本人もいたことは事実かもしれないが、同様に明らかなのは、治一郎のように（しかし治一郎だけではない）、天皇を完全に廃止し、それどころか日本国の体制そのものを変えてしまって、憲法をはるかに急進的なものにしたほうがよかったと考える者もいたという事実である。このような考え方は採用されず、治一郎は、左派の理想主義的政治家であり続けたとはいえ、こうした提案を取り下げるだけの現実的姿勢も備えていた。とはいえ、治一郎は新憲法を非常に誇りに思っていた。憲法の写しを持ち歩き、暗記しようとしていたともいう（高山 2005: 564）。

三　戦後初期の解放運動

一九四一年から四二年にかけて、多くの部落民は左翼的な考え方や団体に背を向けて融和団体に加わった。融和団体のほとんどは国の統制下にあり、国の戦争目的を支持していた。かつての水平社支持者のなかには、左翼的思想や活動を放棄したことの証として、水平社旗を公然と燃やす挙に及んだ者さえいる。治一郎自身は水平社を正式に解散せよという要求を拒否し、話によれば、水平社旗を燃やすどころか、金庫に慎重にしまいこんで戦争が終わるまで保管していたという（１９９頁写真参照）。

米軍は、とくに占領初期の段階では、部落問題についてほとんど知識や関心を持っていなかった。権利の問題に関わる米軍の関心は、差別を少なくするといういっそう具体的な問題よりも、表現・結社の自由を確保することにもっぱら限定されていた。すなわち、一方で部落出身活動家は、自分たちの活動は日本の民主化という目標を支持するものであるという体裁をとるかぎり、思いどおりに運動を発展させられたということである。他方、残っていた同和事業の一環で府県から部落のために拠出されていたわずかな額の資金は、一九四六年三月の占領軍の命令により停止されてしまった。部落の状況に関する全国調査を実施するよう求める要求に対しては、日本政府も米軍もまったく関心を払わず、その後およそ二〇年間というもの、国レベルで対応がとられることはなかった（渡辺 1990: 41）。

一方、降伏から数日後の八月一八日には、関西の部落関係者——朝田善之助、上田音市、野崎清二、松田喜一——が集まって運動の再生の方法について話し合った。参加者のほとんどは一九三〇年代中盤から後半にかけて日本共産党に関わったことがあり、一九四〇年ごろに視点を国家主義的な方向に転換した人々であった。彼らは、運動再生の鍵が福岡の関係者、とくに治一郎とのつながりを確立するところにあることを認識した。一〇月には井元麟之が京都を訪れて彼らと会い、治一郎の立場を説明して今後のことを話し合っている。井元の提案は、占領軍は部落問題にほとんど関心を払っていないので、かつて融和団体で活動していたか水平社で活動していたかにかかわらず、できるかぎり多くの人をまとめられる団体の創設に努めるべきだというものだった（竹森 1995: 45）。治一郎個人は水平社の名前を残したいと強く願っていたが、他の関係者は、それでは抽象的にすぎると主張し、高松地裁差別判決糾弾運動中に考案された「部落委員会」方式はうまくいったので、これが運動再建の鍵になるとした。しかしけっきょく、左派を惹きつけつつも、かつて融和運動に関わっていた自由主義者も包摂する幅広い運動体づくりを試みることで合意がなされた（『解放新聞』一九四七年四月一日付参照）。同時に、マッカーサーは政治犯の釈放と「戦争犯罪人」三九人の検挙を発表した（検挙者のなかには後に獄死する平沼騏一郎男爵もいた）。

この段階では、治一郎は主として日本社会党の立ち上げに注力していた。一方、一九三八年まで治一郎と緊密に協力していた北原泰作は、日本共産党を合法政党として立ち上げるための準備に関わっていた。日本共産党は一九四六年一二月一日～三日に戦後初の大会を開催したが、北原の尽力により、あらゆる形態の身分差別に反対する旨の記述が同党の綱領に盛りこまれた（部落解放同盟中央本部（編）1987: 294; 師岡 1980: 31）。

治一郎本人は一貫して社会民主主義者だったとはいえ、その周辺には北原や、もっと近しい存在であった井元麟之をはじめ、戦前、日本共産党の党員であったり同党と緊密に協力したりしていた者もいた。彼らは引き続き治一郎と協力しながら部落解放運動の再建に取り組んでおり、治一郎に対し、共産主義運動の戦後初期の発展を支援するよう促した可能性もある。徳田球一は、転向を表明せずに獄中で長い期間（徳田の場合一八年）を過ごした、戦前の数少ない共産党指導者のひとりであ

部落解放全国委員会（1946 年）。部落解放運動の再生を目的として２月に開催され、部落解放全国委員会の創設につながった大会の際に撮られた記念写真。［『全九州水平社　創立 90 周年記念誌』より］

る。徳田は、他の四三九人余とともに一〇月一〇日に釈放された際、治一郎から若干の金銭的支援その他の援助を受けている（Takemae 2002: 240; 高山 2005: 548）。治一郎は、徳田が「地下」に潜った一九五〇年にも援助したといわれている。後に日本共産党の指導者となった野坂参三は大陸に逃れて戦争をやりすごし、一九四〇年四月以降は延安の共産党基地で暮らしていた。野坂はフェリーで帰国の途につき、一九四六年一月一二日に博多に到着することになったが、右翼に襲撃されるおそれがあったことから、井元に対し、若い衆を四〇〜五〇人集めて野坂を港で出迎え、博多駅まで送らせるよう依頼があった。松本組の提灯を提げた若い衆は、野坂が無事に列車に乗りこむのを見届けた（日本社会党福岡県本部35年史編さん委員会 1983: 14; 高山 2005: 549）。その後、野坂は記者会見で、日本社会党と日本共産党の両方を含む人民戦線の創設を通じて保守派に対抗していくことを呼びかけた。この左派連合は全国的には長続きしなかったものの、福岡ではさまざまな協力関係が占領期を通じて続いた。たとえば一九四六年六月一三日には、社会党、共産党、労働組合、小作人団体、部落解放運動の代表が集まって「民主人民連盟」を結成している（川向 1990: 54）。

民主化プロセスで鍵となる要素のひとつは、超国家主義および戦争を支持していた者を一掃することだった。一九四六年一月四日に「公務従事に適しない者の公職からの除去に関する件」（連合国最高司令官覚書（SCAPIN）第五五〇号）が発布され、二月一三日には、一九四二年の「東条」選挙で大政翼賛会の公認を受けた者も全員対象とされることになった。もちろん治一郎もそのひとりである。最後の帝国議会を構成した四六六人の議員のうち三八一人が政界から追放され、次期選挙への参加を禁じられた。それから数か月というもの、治一郎はこの決定をなんとか覆させようとかなりの時間を費やした。ベアテ・シロタなど総司令部（GHQ）民政局の関係者と接触していたひとつの理由はそこにあり、自分が信頼に足る民主主義者であることを納得させようとしていたのである。

しかし、公職追放令に脅かされていたからといって、治一郎が部落解放全国委員会の正式な立ち上げへの参加をためらうことはなかった。委員会の創立大会は一九四六年二月一九日に京都で開かれ、いまなお連絡も行き届かず、食糧事情もよくないなかで、二三府県から二四〇人の活動家が出席した。同委員会はまず治一郎を委員長に選出し、次いで中央委員の人選を行なったが、一〇人中四人が新生共産党の党員だった（高山 2005: 552）。当時の楽観的雰囲気を反映して、発言者は日本の民主的変革の展望について熱っぽく語った。北原泰作は、日本共産党の立場を反映して、民主的改革の徹底的実施を確保する運動の一員として行動するよう同志に促した。北原は部落解放全国委員会のことを、左派を幅広く糾合する民主戦線のモデルと捉えていたようである。井元麟之は、思想や政党の枠を超えて左右両陣営を包含する運動をつくりだすという野心的目標に重点を置いて発言し、北原と同様、糾弾――差別に対する抗議――を民主化運動の前進のために活用することができるのではないかと述べた（師岡 1980: 36-40）。大会では三つの基本方針が決議された。

一、われらは財閥資本に奪われた産業を奪還し、官僚的統制を即時廃止して部落産業の全面的振興を期す。
二、われらは華族制度、貴族院、枢密院その他一切の封建的特権制度を廃止して、身分差別の撤廃を期す。
三、われらは一切の反動勢力を打倒し、強力なる民主戦線を即時結成して、民主主義日本の建設を期す。

大会宣言は次の言葉で締めくくられた。

いまや暴圧の嵐は永久に去った。すべての人民に人格の尊厳と自由とを保障する民主主義日本建設の大事業は、人民自身の手によって開始されたのである。この秋《とき》にわれら起たずして何時の日に起つべきぞ。

（高山 2005: 553）

翌日には部落解放人民大会が開催され、すべての主要政党――日本共産党、日本社会党、日本自由党、日本進歩党――の代表が出席した。井元は開会の挨拶で、「われわれ被圧迫部落民衆こそは」軍服組に支配されていた天皇制にもっとも鋭く対立してきたのだと主張した。治一郎は「民主主義革命」の達成について演説し、これは「人民大衆の上に不都合極まる優越感をもって君臨している上層身分の者を、完全になくすること」であるとして、「日本は変革されたのであります。部落の完全解放が達せられる新しい時代がやってきたのであります」と論じた（高山 2005: 551）。日本共産党を代表して発言した野坂参三は、部落民が苦しんできた不平等は天皇制の不平等から生まれてきたものであり、身分に対する偏見をなくすためには社会主義が必要であると主張した。

しかし、自由主義者と社会主義者が広く戦線を組むという井元の構想がうまくいかないことは、すぐに明らかになった。日本自由党の代表は共産党とともに登壇することを拒否し、会場の前方から演説を行なったし、日本進歩党の中川喜久は「民主主義的に天皇制を」護持しようと述べて参加者の「強い反発」を引き起こした（師岡 1980: 54-5; 高山 2005: 551）。治一郎と共産党は天皇制に批判的だったが、社会党右派は天皇制の改革を望んだのみであり、幅広い支持基盤を追求するという精神から、大会で決議された一二の基本方針には天皇制に関する言及がまったく盛りこまれなかった。治一郎の公職就任制限を解除すべしという要求は全面的に支持された。

治一郎は一九四六年初頭の時点ですでに社会党左派の重鎮となっており、公式に公職追放の対象とされたにもかかわらず、部落解放運動における立場も取り戻していた。治一郎としては、四月に予定されていた戦後初の選挙に立候補するつもりだった。部落解放全国委員会は、治一郎に対する追放命令を撤回するようSCAPに要請する決議を可決し、その理由として、戦前の治一郎は差別反対と民主化のために闘っていたこと、いまではその運動を再生させる取り組みに関わっていることを挙げた（増田 2000: 148）。ソ連大使館の支持も得て、GHQに嘆願署名も送付された（高山 2005: 554）。井元も多くの時間を費やしてGHQの説得を試み、方針転換をさせようとした。

「公職追放」を監督していたのはGHQ民政局だったので、全国委員会の支持者らは同情的だったケーディス大佐（民政局次長）に働きかけた。しかし当時の外相でやがて首相に就任する吉田茂は同情的ではなかった。そのため、追放解除命令は四月三日に承認されたものの、実際に発布されたのは四月二七日のことであり、二週間前に行なわれた選挙に治一郎が出馬するのには間に合わなかった（部落解放研究所（編）1991: 238）。水平社創立時から治一郎とともに活動してきた田中松月が代わりに立候補し、当選した（高山 2005: 556）。田中を含め、福岡県の二つの選挙区（それぞれ定数九）では日本社会党の候補者が一二人出馬しており、県全体では八人の社会主義者が当選した。日本社会党福岡県連は選挙活動についての声明を発表し、この成功は治一郎が過去および選挙期間中に注いでくれた労力によるものだと述べた（日本社会党福岡県本部35年史編さん委員会 1983: 16）。治一郎の地元人気は高く、社会党は福岡市長選への出馬を説得しようとしたが、断られた。治一郎はあくまで国政への復帰を目指していたようだが、自分の弁護士でありかつての選挙参謀でもあった三好弥六が市長選に立った際には支援している。三好は順当に当選し、その後市長を二期務めた。

終戦から半年の間に、その後の占領を左右する枠組みと基調がいくつかの点で確立された。憲法改正の主たる枠組みを確定したのは、シロタをはじめとするＧＨＱ関係者が作成した草案である。戦後解放運動の道筋は、社会主義・共産主義政党の部落民が優勢を占める部落解放全国委員会の結成（一九四六年二月）を受けて設定された。そこには未来への楽観と、「上からの民主主義革命」をうまく利用したいという思いがあった。

四　新憲法下の政治活動

一九四六年九月に日本社会党第二回大会が開催された際、治一郎は党内右派の細野三千雄と会計の座を争い、三四九票対三五八票の僅差で敗れた（Colbert 1952: 78）。党の顧問の座には留まっている。日本社会党福岡県連の第二回大会は、一九四六年一〇月二七～二八日、いずれも治一郎宅に近い松源寺と千代小学校で開催され、治一郎が県連委員長に、田中松月が書記長に選出された。国レベルでは社会党と共産党の距離はますます開きつつあったものの、地方では両党の協力への情熱がまだ残っており、一九四六年一二月に行なわれた、吉田政権の政策に反対する一連の共同デモには福岡県連も参加している（日本社会党福岡県本部35年史編さん委員会 1983: 20-1）。一九四七年になっても、福岡の社会主義者左派は日本共産党の党員との共同戦線活動への参加をずっと続け、石炭産業国有化や警察民主化を求める運動を支援した。このような共同活動が、一九五〇年代の反基地行動や一九五九～六〇年の安保反対運動の基盤となったのである（日本社会党福岡県本部35年史編さん委員会 1983: 31）。

一九四六年の選挙への出馬には間に合わなかったとはいえ、公職追放令が撤回されたことにより、治一郎は国レベルでも福岡県でも日本社会党の役員としての政治活動に復帰することができた。一九四七年の春には、東京の本拠地を新築の二階建てビルに移した。一階は事務所として部落解放全国委員会と共有し、二階は自分用のスペースに確保して、たいていは四～五人のアシスタントを住まわせていた。二階には大きめの部屋もひとつあり、客にすき焼きを振る舞うのが常だった（高山 2005: 564）。

当初の憲法草案では、国会は選挙で選ばれた議員で構成する一院のみとすることが定められていた。マッカーサー草案の検討の過程で帝国議会が提出した最大の制度的修正案は、枢密院に代わるものとして第二の「修正院」を創設するという提案である。枢密院が使っていたのと同じ建物を使用するが、名称は「参議院」とする。選出方法は衆議院とは異なるものとし、異なるタイプの人々が政治参加の意欲を持てるようにして、国会の専門性の基盤の拡大を図る。参議院はわずか二五〇人の小規模なものとし、任期は六年として、三年ごとに半数の議員について改選を行なう。選挙のたびに、七五議席は都道府県を基盤とする選挙により選出し、残りの五〇議席については全国を一選挙区として選挙を実施する。そのため選挙人には二票が与えられ、一票は都道府県選挙区で、一票は全国選挙区で投票する。こうした構想の背景にあったのは、幅広い支持基盤を有しているもののそれが薄く広がっている候補者も、全国選挙区でなら健闘できるのではないかという考え方である（ここには、社会大衆党が一九三〇年代に提唱した、他に職業を持っている人々の代表が何らかの形で議会に参加できるべきであるという考え方も反映されていたかもしれない）。当然のことながら、このような選出方法は、散在する部落の有権者の支持を立候補の際に集めることができれば、治一郎にとっては理想的なものとなる。

新憲法下での最初の選挙は一九四七年四月に実施された。知事選と市長選は五日、参院選は二〇日、衆院選は二五日、都道府県・市議会議員選は三〇日である。日本社会党は、吉田政権が食料配給の改善、石炭の増産、インフレ抑制に失敗してきたことを批判するとともに、炭鉱と肥料産業を国の管理下に置くこと、戦時中および戦後の闇市で暴利をむさぼった者に重税を課すことを提案した。

日本社会党福岡県連は治一郎が県知事選に出馬することを希望していたが、治一郎自身は、二月一一日までに、自分の望みは国政復帰であることを明確にしていた（『西日本新聞』一九四七年一月一四日付、一九四七年二月五日・一四日・一五日付）。治一郎は、部落解放全国委員会の同意を得て、参院選に全国区で出馬することを決意した。治一郎の得票数は四一万九四九四票で、全体では四位に位置し、福岡県で投じられた総票数の二割以上（一四万三一〇五票）を獲得する結果となった（『解放新聞』一九四七年五月二日・一五日付：日本社会党福岡県本部35年史編さん委員会 1983: 31）。この選挙では、部落解放全国委員会に所属する八人の部落民が衆院選で当選し、全国委員会のメンバーではない部落民も二人当選している。このうち宮村又八（熊本）、田中松月（福岡）、田中織之進（和歌山）はいずれも水平社の元活動家である。[6] 部落解放全国委員会の支持を得て国会や地方議会に選出された議員全員で「解放議員同盟」を結成するという話もあったが、実現しなかったと思われる（部落解放・人権研究所 1999: 264-5）。

衆院選後は日本社会党が最大政党となったが、四六六議席のうち一四三議席しか占めていなかったので、単独で政権を組むことはできなかった。治一郎などの左派勢力は日本共産党を取りこんだ連立政権を提案したが、共産党の議席は参議院で四、衆議院で五にすぎず、また共産党を含むことになれば中道右派を遠ざけることになるので、連立を組んだとしてどうなったかを判断するのは難しい。治一郎は、当時の社会党幹部としてはただひとり、日本共産党とのつながりの維持を一貫して主張していた（Colbert 1952: 216, 231）。しかし五月に行なわれた交渉の結果、片山哲が首相に就任し、日本社会党、民主党、国民協同党から構成される内閣がそれを支えることになった。ただし、連立協定の条件により、鈴木茂三郎が率いる左派勢力は内閣には入れないこととされた。治一郎を厚生大臣に就けてはどうかという話も出たが、社会党右派に拒否された。

日本社会党は参議院でも四七議席を占める最大政党だったが、やはり過半数にははるかに届かなかった。無所属の議員は一一一人おり、そのうち九六人は「緑風会」という緩やかな保守連合会派を組んでいた。治一郎を参議院議長に就けてはどうかという話も出たが、吉田茂はこの提案を拒否した。片山にとっては二院のうち権限がより大きい衆議院を掌握することが決定的に重要であり、衆議院で社会党が議長と副議長の両方を確保するために、治一郎の参議院議長就任に反対する声に妥協して、保守派である松平恒雄を議長候補として受け入れざるをえなかった。松平は非の打ちどころのない背景の持ち主で、旧大名の息子であり、外務省時代は米国と英国に大使として着任していた。皇室および徳川家とも姻戚関係にあり、一九三六年から一九四五年にかけて宮内大臣も務めた（森山ほか 2003: 72-3; 高山 2005: 575）。

治一郎はいずれにせよ議長選挙に立候補することにしたが、松平の九九票に対して二票しか投じられなかった。副議長選では一二七票を獲得し、次点の候補（八九票）をはるかに上回った。治一郎は

「議長、副議長、当選の夜」と自筆で裏書きされた写真［松本治一郎資料］

この結果に不満で、その後、選出過程で自分への差別があったと訴えている。[7] とはいえ、治一郎は驚くべき熱意で新たな仕事に邁進した。五月一五日には参議院で働く職員全員を招いてレセプションを催し、職員全員が参議院の民主化のために働くよう促す簡単な挨拶を行なっている。それから院内を回り、電話交換室の女性職員を含む全職員に声をかけて金一封を渡した。治一郎は、自室は常に開放しておくべきこと、ノックをする必要もないことを指示している（高山 2005: 576）。

参議院の最初の公式会議は五月二〇日に開催された。松平は、事務局の担当者が作成した、簡単かつ形式的な挨拶を読み上げた。治一郎にも同様の挨拶文が用意されていたが、松平とは異なり、治一郎はそれを読み上げないことにした。治一郎は、自分が一〇年前に隣の衆議院で演説し、華族制度の廃止を求めたことを取り上げた。そして、当時の広田弘毅首相が天皇大権を盾に答弁を拒否したことを持ち出し、いまや広田は獄中にあって戦犯として裁かれようとしているが、自分は副議長になったと述べた[8]（増田 2000: 153）。そして治一郎は、聞いている議員に対し、明治時代以降の民主主義のための闘いが、華族制度とそれを取り巻く特権を保護するために警察と刑務所を利用した国家によって弾圧されてきたことを思い出すよう求めた。そして、「すべて国民は、法の下に平等であって、……差別されない」と第一項で定めた新憲法の第一四条を引用し、次のように述べて演説を締めくくった。

> 明治の革命は曖昧に終わった。それはなぜであったか。看板は自由民権の看板を掲げたが、中身は鎧、兜を着た武士どもであった。封建武士どもであった。自由民権のベールをかけて、そうして多数の国民を絞り苦しめてきたのである。これからの政治はおたがい、国民の生活を守る政治でなくてはならない。……人民による、人民のための、人民の政治を実現させるために、ながいあいだ法律と軍隊と警察と刑務所によって守られておった一部特権階級は、もう引っ込んでいいはずであります。
>
> （高山 2005: 578）

治一郎の発言は保守系の議員たちを激怒させた。彼らは治一郎に野次を飛ばし、話が長すぎるといって、挨拶から逸脱しないよう求めた。治一郎は黙って聞けと言い返し、「いままでの貴族院とは違う」と怒鳴った。演説後には、戦時中は陸軍将校が衆議院議員に向かって「黙れ」と怒鳴っていたものだが、今度は違ったと語っている。「あれは国民を代表して問いただそうとする民衆の声を黙殺する、黙れだった。僕の黙って聞けは逆だ。自由な意思表明の挨拶を妨害する抑圧者への警告だ。いまからは参議院も、みんなが自由に発言できる言論の場にしなければね」（森山ほか 2003: 174; 高山 2005: 578-9）

治一郎は院外でも活発に行動した。戦争前、「特高警察」に検挙された人々とその家族の支援活動を担う団体として日本労農救援会があった。同会は一九四五年一〇月に再建され、その後数十年間活動を続けたが、治一郎は戦後同会の会長を務めた人物のひとり（一九四七年一月）であり、後年、自らも同会の活動の恩恵を受けることになる。同会の目的は、米国のある文書で要約されているところによれば、「労農運動の殉難者を援助するために赤十字のような活動を実施する」ところにあった（部落解放研究所（編）1991: 179; 部落解放研究所（編）1986: 849）。

一九四七年にはアメリカ自由人権協会（ＡＣＬＵ）のロジャー・ボールドウィンが来日し、日本でもこれに相当する団体を創設してＪＣＬＵ（自由人権協会）と称することが決まった。同団体は当時（一九四七年一一月）から主として弁護士で構成されており、その傾向はいまも変わっていないが、日本弁護士連合会館で開かれた創立大会には治一郎も招かれ、四人の副会長のひとりに選出されている。このことは、同団体が幅広い支持基盤を追求しようとしたことを示唆するものである（『解放新聞』一九四八年一月一日付）。その後、治一郎は短期間ながら同団体の会長も務めた。さらに、治一郎はこの新団体の立ち上げに役立つようにと「名義貸し」をしただけではない。海野晋吉が後に回想したところによれば、治一郎はもっとも熱心な支援者のひとりで、初期の段階では相当額の寄付も行なってくれたという。東京でＪＣＬＵが創設されたことは、五月に京都支部を創設する計画があることとともに、一九四八年一月の『解放新聞』一面で大々的に報じられた。同年夏、ボールドウィンは治一郎を自由人権協会国際連盟の大会に招待したが、治一郎は日本を離れることができなかった。

SCAPは、華族制度の廃止が憲法で定められたことを受けて、皇室の規模縮小、とくに明治時代の一八七〇年から一九一〇年にかけて創設されたさまざまな宮家の解消を強く求めた。天皇と直接縁戚関係にある一握りの人々に対してのみ、宮号と収入の維持が認められた。一九四七年一〇月一四日付で一一の宮家――東久邇稔彦をはじめとして計五一人――が一般市民と同じ立場となった。しかし彼らには一時金が支給され、天皇の主催による別れの晩餐会も開かれている。皮肉なことに、皇居で一〇月一三日に開かれた会議には治一郎が政府の代表として出席し、金銭的対応をめぐる協議の結果を発表した。治一郎は旧皇族への金銭給付にはまったく反対しており、この演説の機会を利用して次のように釘を刺した。

この大金は、皆様が新生活を始めるのに役立つようにと差し上げるものです。これは、戦争の被害をこうむった数千人の人々を援助しなければならないために国家支出が増大するなかで捻出された金だということを覚えておいていただきたい。国民の犠牲を忘れず、この金を善用していただくことを希望いたします。

（マッカーサー文書、一九四七年一二月一八日付）

いわゆる被差別民の指導者からこのように説教されたことについて旧皇族がどのように思ったかに

ついては、記録は残されていない。

治一郎は一九四七年の夏にも社共共同戦線の必要性を説き続け、同年一〇月には、「無産派長老政治家」としての威信を活用して、争いあっていた左派社会主義者の大同団結を試みた（Colbert 1952: 216, 231）。左派は平野力三が農林大臣に任命されたことを批判していた。片山が一一月四日に平野を罷免すると、左派は自分たちの同志が後継大臣に任命されるのではないかと希望を持った。しかし一二月一三日に波多野鼎が任命されると、これは他の連立政党による「不当な横槍」への屈服であり、社会主義者の多数派の望みに反するものであると批判した（Colbert 1952: 235）。治一郎は同月二六日に片山内閣に対する辛辣な攻撃を公然と開始し、総辞職を要求した。

しかし治一郎は同時に、おそらくはその立場が極端であったせいで、本拠地でも問題に直面しつつあった。一月一〇～一一日に開催された日本社会党福岡県連の第三回大会で、治一郎は県連の委員長を降りるよう求められたのである。国政で忙しいからというのがその理由だった。この要請は北九州在住の党員から出されたもので、彼らは社会党の機関に自分たちの地域の代表がもっと増えるべきだと考えていた。投票が行なわれた後（一五対一三）、治一郎は辞任して「最高顧問」になることに同意した。これは北九州派にとって、そしておそらくは他の地方の中道右派にとっても、勝利であった。

翌週東京で開催された日本社会党全国大会の際、治一郎の国会事務所で左派の五月会が会合を持った。[9]五月会は社会党指導部を批判し、軍閥係債権の利子支払いに反対し、とくに連立合意の破棄を促した。大会では、左派の諸提案は承認されたものの、党指導部には中道右派が選出された。浅沼稲次郎（三七六票）が加藤勘十（三三〇票）を破って党書記長に、中崎敏（三五六票）が日中松月（三四六票）を破って党会計に選出されたのである（日本社会党福岡県本部35年史編さん委員会 1983: 38-9）。二月に入ると左派は、鉄道運賃と郵便料金を倍にするという政府提案に対し、大会決議に反するとして反対運動を開始するとともに（部落解放研究所（編）1991: 287-8）、二月五日には野党と歩調をあわせて投票して補正予算撤回要求決議を通過させた。二月九日、片山は辞任を表明する。連立政権はさらに数か月続いたものの、首相は社会主義者ではない芦田均（民主党）が務めた。

五　天皇と「カニの横ばい」拒否事件

治一郎は、遅くとも一九四五年八月以降は天皇制に対する嫌悪感をまったく隠そうとしなくなり、後年には、これは一九二〇年代から自分の政治的世界観の根本であったと主張していた。この嫌悪感は、何らかの複雑な理論的分析に基づくものというよりは、思考停止に基づいた過剰な尊敬を集める皇室が存在するかぎり、社会的序列の他の極には不合理な貶められ方をされる人々が存在し続けるという直感によるものである。治一郎が追求した日本の民主化とは、この両方の差別と偏見の解消をともなうものであった。

慣例として、年が明けて最初の国会では天皇が開会式に出席することになっていた。一九四七年四月に選挙が実施された後、新憲法の規定に基づいて天皇が初めて国会に出席することになったのは一九四八年一月二一日である。国会議事堂には天皇が到着後に「休憩」するための部屋が常設されており、開会式で正式に天皇を迎える前に両院の議長と副議長が歓迎の挨拶をするのが通例となってい

「カニの横ばい」を拒否する治一郎を描く少年少女向け単行本の挿絵
[『水平の旗をかかげて』より、絵・吉郷幸治]

た。それまで踏襲されてきたやり方は、一人ひとり入室し、お辞儀をしてから部屋の中央に移動して天皇が座る机の正面に立ち、ふたたびお辞儀をしてから出口に向かい、あらためてお辞儀をするというものである。

ただし、その際は常に天皇に正面で相対することが不可欠だとされ、そのためには部屋をカニのように横ばいしながら歩かなければならなかった。四番目に控えていた治一郎は、日本社会党の二人の同僚と松平が、いずれも「カニがモーニングを着て」歩くような様でこの奇妙な儀式を執り行なうのを眺めていた。治一郎は、明らかに自然発生的に、自分はこのようなばかばかしい振る舞いをすることはできないと決意して部屋を普通に歩いていった。治一郎は後年、新憲法の精神にのっとって天皇はひとりの人間としての敬意をもって扱われるべきであり、それ以上でもそれ以下でもないと主張している。伝説によれば、公務を終えた天皇が議事堂から帰る際、治一郎が労をねぎらって「ご苦労様」と声をかけたこともあるともいう。

保守派、とくに吉田茂は激怒したものの、「カニの横ばい」をやろうとして一度転んだことがある松平は支持を表明した(『週刊朝日』第二二号、一九五二年七月)。主要政党は一月二四日に会議を開いて自党の立場をとりまとめた。一月二五日、治一郎は『朝日新聞』のインタビューに応じて、前年五月の第一回国会開会式のときは慣例どおりにやったが、もうこんなことは不必要だと考えていると述べた。このような作法は旧憲法時代の産物で、新憲法の精神にはふさわしくないというのである。治一郎は、批判してくる人々に対し、新憲法をじっくり読むよう求めた(『解放新聞』第五号・一九四八年二月一日付および第六号・同三月一日付での治一郎の発言も参照)。事件後の発言で、治一郎は次のように主張している。

主権在民を宣言した日本国憲法を保守の連中はまったくわかってないよ。……国会が国の最高機関で、開会式は国会が主催するものだよ。天皇はお客なんだ。昔は主権者の天皇から開会式の勅語を聞いたが、今は客としての天皇から祝辞を受けるだけの話。……天皇を神に持ち上げることは、かえって人間天皇を侮辱することだよ。

（高山 2005: 599）

ＧＨＱが当時公にした見解でも、治一郎の対応は天皇を国の象徴とするＧＨＱの考え方に沿ったものであり、その行動を次の選挙でどう判断するかは有権者次第であるとされた（高山 2005: 600; 森山ほか 2003: 177-81; 部落解放同盟中央本部（編）1987: 263-9）。実のところ、この日先例にしたがわなかったのは治一郎だけではなかった。『ニッポンタイムズ』によれば、衆議院の松岡駒吉は天皇に背を向けて開会演説を行なったが、それまでこのような例はなかったのである。しかし世間の注目を浴びて記憶されたのは治一郎の行動のほうであった（『ニッポンタイムズ』一九四六年一月二二日付）。

治一郎のもとには、支援を表明する若干の手紙、若干の批判、そして若干の脅迫が寄せられた。脅迫状の一通は岡山県のある村から送られたものだったので、治一郎はそちらに出向いて自分の行動の正当性を明らかにする演説を行なうことにした。演説会に集まった約二〇〇〇人のなかには、どう見ても右翼・暴力団の関係者である者も三〇人ほどいた。治一郎は、新憲法で保障された表現の自由を称揚し、批判者に対し、自分がやったことについて演壇で議論しようではないかと呼びかけた。しかし応じる者はいなかった。治一郎は演説後、天皇に対するいわれなき尊敬こそ部落民に対するいわれなき差別の根源であると述べた（高山 2005: 600-1）。治一郎は続いて広島県の福山と府中で演説会を開き、事件のおかげで有名になったことを活用して解放運動の再生に一役買おうとした。

「カニの横ばい」の慣行が復活することはなく、その後は、両院議長らは通常の礼節をもって天皇に挨拶することになった。治一郎の、そして松岡駒吉の行動が重要な先例となったのである。しかし、治一郎の天皇制批判はこれで終わらなかった。一九四八年一月二五日に開催された新年の歌会始には、招待状の高飛車な書き方に辟易して出席を拒否している。また、当時、赤坂離宮は空き家となっていたが、治一郎は部落解放全国委員会の仲間とともに一九四八年一月二九日にそこを訪れ、おそらく冗談だったのではあろうが、これを全国委員会に明け渡して東京事務所として使わせてもらいたいとジャスティン・ウィリアムズ（GHQ国会課長）に持ちかけた（部落解放・人権研究所 1999: 108; 増田 2000: 154）。これでまた脅迫が増えた。手紙を送ってきた久留米のある市民は、赤坂離宮に関する治一郎の発言に激高するあまり、命が危ないので九州に戻るときは気をつけろと記している（部落解放・人権研究所 1999: 290）。治一郎が真剣だったかどうかはともかく、このような話が出たことに吉田茂は警戒感を抱いたようで、赤坂離宮を一九四八年六月五日から国立国会図書館の仮庁舎とするための手配をすばやく済ませてしまった（高山 2005: 607-8）。

二月一九日、治一郎はラジオの全国放送で演説をした。聴取率がもっとも高いと思われる午後九時からの放送である。治一郎は、この一年の間に行なってきた演説で触れてきたテーマの多くをあらためて取り上げた。現在進められている民主的改革が重要であること、基本的人権の尊重が果たす役割は決定的に重要であり、それなくして行なわれる民主主義の議論は空論にすぎないこと、自分は部落民をはじめとするすべての被抑圧者の解放に献身していることなどである。治一郎は、部落民に対する差別など無視していれば忘れられていくだけだという人もいることに触れ、これは民主社会にふさわしい解決策ではなく、積極的に根絶しなければならないと述べた。数週間前に暗殺されたガンジーの業績についても取り上げ、「たくさんの人間に役立つことは常に美しい」という彼の考え方を、賛意をこめて引用している。「この言葉は極めて簡単ではありますがその言葉の中に、私たちは、吟味しなければならない多くのものが、含まれていると思うのであります」と治一郎は述べ、平和で民主的な日本のために働いていくという約束をして演説を締めくくった（演説原稿は『解放新聞』一九四八年三月一日付参照）。

治一郎はいまや全国的な有名人だった。一九四八年一一月、極東国際軍事法廷が東条をはじめとする「A級」戦犯の判決を言い渡してからしばらくして、時事通信が治一郎に天皇の戦争責任についてコメントを求めた。時事通信が報じたように、治一郎は、「天皇は戦争を防ぐことができる立場にあったのだし、実際戦争は彼の名において始められたのに、何も責任を問われていないのは『奇妙に』思える」と述べた。また、「その様な天皇が国の象徴として残るのは『危険』であり、『今生きているすべての人は天皇の存在など必要としていない』」とも主張したとされる（部落解放・人権研究所 1999: 21-3）。これでまた脅迫状が相次いだ（高山 2005: 610）。

とはいえ、治一郎は公の場では私的な場よりもはるかに自制を効かせていた。当時SCAPは治一郎の郵便物を監視していたが、密かに開封した手紙で治一郎は次のように記していたと報告されている。

……天皇には、敗北の時までに国民をこの上なく惨めな状態に陥れたあの無謀な戦争について責任があります。天皇が無知無能であったことは、責任回避の言い訳にはなり得ません。国民を搾り尽くすための機関としてずっと利用されてきた天皇制は、人民共和政府を実現するために直ちに完全廃止すべきです。このために私はたゆみなく闘いを続けていきます。……

（部落解放・人権研究所 1999: 160、一九四八年八月一一日付の手紙）

治一郎は、皇室経済会議の一員として、一九五〇年代を通じて反天皇運動を続けていくことになる。治一郎は同会議で、全皇室財産の国有化と皇室費用給付制限制度の創設をことあるごとに要求した。元皇族への給付額について片山と激論を交わしたこともあり、政治家としての生涯を通じて皇族の無駄遣いを批判し続けていったのである。

六　公職追放

片山内閣は一九四八年二月一〇日に総辞職したが、日本社会党・民主党・国民協同党の連立にはひびが入らず、民主党の芦田均が首相の座を引き継いだ。一方、国会では吉田茂への支持が広がりつ

追放通知書を突っ返して拒否する治一郎を報じた西日本新聞（1949年2月5日）

つあり、連立政権がインフレを統制できていない状況について左派・右派の両方から批判が出ていた。治一郎と社会党左派は、一九四八年夏、衆議院の早期解散のみならず、芦田政権の政策から距離を置くために社会党が連立支持を撤回することも要求するようになった。けっきょく芦田内閣は長続きせず、昭和電工事件で汚職疑惑が出て一〇月に総辞職した。昭和電工事件では六四人が検挙されており、そのなかには芦田自身や西尾末広（日本社会党）などの古参政治家も数名含まれていた。

芦田に代わって首相の座に就いた吉田茂だったが、衆議院における支持基盤は弱かった。衆議院が一九四八年一二月二三日に内閣不信任決議を可決したため、一九四九年一月二三日に総選挙が実施された。権力の座にあって力量を発揮できなかったこと、昭和電工疑獄に関係していたこともあって日本社会党は壊滅し、議席を一九四七年の一四三から四八へと減らしてしまった。吉田が率いる民主自由党は非常な成功を収め、二六四議席を獲得して明らかな多数派となったので、吉田は首相を続けていくことが可能になった。日本共産党は、社会党への不信感から利益を得る形となって三五議席（総投票数の九・七％）を獲得した。

福岡一区から選出されていた日本社会党の現職候補・田中松月は議席を失うことになるのではないかと怖れ、治一郎も東京から戻って田中の選挙を支援した。開票日の一月二四日、ラジオで選挙結果に耳を傾けていると、予想に反して田中は議席を維持できたことがわかった。ところが、それからわずか数分後、田中、治一郎、井元麟之ほか数名は日本の政界に関わりを持てなくなると通告された。公職を追放されたのである。追放令は二月二四日に効力を生じることになっていた。[10] そのことを知らされた直後、治一郎は吉田茂のせいだと非難した（上杉 1975: 58-9）。

ポツダム宣言には日本占領の指針となる主要な政策が掲げられており、とくに「日本国国民を欺瞞し……過誤を犯さしめたる者」を権力の座および影響力のある立場から除去することが命じられていた。一九四六年に出された第一次公職追放令は主として保守系政党の指導者を対象としたもので、これにより六〇〇人以上が四月の選挙に出馬できなかった。しかし、それから一年の間に追放の対象は拡大され、「戦闘的な国家主義及び侵略を活発に唱道した者」も公職から追放・除外することとされた。対象とされた者のほとんどは職業軍人（追放対象者の七七％）だったが、超国家主義団体の指導者、大政翼賛会の上級幹部などの分類も追加されており、最後に「その他の軍国主義者及び超国家主義者」という曖昧な分類も設けられていた。第一段階として一九四六年一月四日に政界関係者の公職追放が開始され、一年半続けられた。一九四六年五月からはこれを補完するものとして教育関係者の追放が始まり、三年をかけて教職にある者の厳しい吟味が進められることになった。そして一九四七年一月には「経済的」公職追放が開始され、実業・金融・産業分野の有力な地位から「超国家主義者」を淘汰する作業が進められた。けっきょく七一万七四一五人が調査の対象とされ、二〇万一八一五人が主要な公職から追い落とされている（Takemae 2002: 266-9, 352）。

治一郎が公職追放の対象とされたのは、新憲法下で二回目に実施された総選挙の翌日、一九四九年一月二四日に出された指令によるものであった。治一郎の公職追放はそれまでに三回検討されていたが、そのつど治一郎を擁護する嘆願が行なわれ、それを契機にGHQ内の米国人が介入していたのである。その最初の機会は一九四六年春で、治一郎は、一九四二年の「東条」選挙で大政翼賛会の公認候補だったので一九四六年の選挙には出馬できないと告げられた。これに対しては井元麟之が治一郎のために嘆願を行なったほか、治一郎も民政局で働く複数の米国人に話をした。とくにケーディス大佐は同情的だったが、最終決定は日本側に委ねられた。追放令は四月二四日に解除され、治一郎の立候補には間に合わなかったものの、前述のとおり田中松月が代わって出馬した（そして当選した）。

翌年、治一郎は参議院に全国区から立候補することにしたが、日本の公職適否審査委員会はまたしてもこれを阻止しようとした。日本側の官僚として追放手続に関与していた松島鹿男は、吉田茂に、一九四六年に治一郎を例外的取扱いの対象とするべきではなかったのであり、今回こそ出馬を認めるべきではないと進言した。カーロス・C・マーカム中佐とチャールズ・ケーディス大佐は治一郎の立候補申請を認めるべきだと決定したが、治一郎がそのことを通知されたのは立候補届出期限のわずか三日前だったので、選挙運動の準備に充てる時間が削られてしまった――とはいえ、蓋を開けてみれば、そのために治一郎が落選するということにはならなかった（部落解放研究所（編）1991: 11; 増田 2000: 152）。

治一郎に対する関心は一九四八年七月から八月にかけて三たび盛り上がり始めた。理由は定かではないものの、大日本興亜同盟とその構成団体が指定対象である超国家主義団体にあたるとされ、その役員は戦後政治に参加できないようにされるべきであるという話になったのである。この団体と治一郎との関係についての調査が開始された。治一郎には大和報国運動の「理事」だったという疑惑がかけられた。これは急進的な水平社と官製融和運動団体を合流させるため一九四〇年一一月に結成された団体で、一九四一年八月には再編されて大和報国会となり、その月のうちに大日本興亜同盟に合流したものである。一九四七年九月前半、融和運動や水平社運動に参加していた関係者数名が調査委員会に証言を行なった。かつての融和運動の指導者・山本政夫の説明によれば、内務省の目的は、融和運動団体と水平社を一元化して単一の行政組織下に置き、治一郎を二〇〇人の「顧問」のひとりにすぎない存在とすることでその役割を取るに足らないものとするところにあった。山本の証言によれば、治一郎は大和報国運動の発足大会には出席しておらず、一九四一年五月五日に開かれた会議でも、せいぜい気乗りのしない形で支持を表明したにすぎなかった。大和報国運動は同じ年の八月に名称を変更して興亜同盟に加盟したが、そのころには治一郎は何の関わりも持たなくなっていたという。一九四八年九月二日、チャールズ・ネーピアに対し、治一郎が大和報国運動の「役員」であったかどうか、また一九四一年五月に大阪で開かれた会議でどのような振る舞いをしたかについては相互に矛盾する証拠がある旨の報告が行なわれた。九月一三日には元首相の片山哲と水谷長三郎商工大臣から治一郎を擁護する書簡が提出された（松本文書の写しによる。福岡県人権研究所 Box 19/20）。当時の逓信大臣・冨吉榮二も九月一四日に治一郎の人物証明書を提出した。九月一五日にはＪＣＬＵの海野晋吉が嘆願書を提出した。九月一六日付でネーピアに送付された書簡には、証拠を審査した結果、治一郎を公職から追放するのは適当ではないという結論が記されていた（部落解放研究所（編）1991: 17）。この調査結果に基づいて鈴木義雄法務総裁が九月一六日に決定を行ない、治一郎は公職追放規定に該当しないとされた。

しかし一か月後には吉田茂が首相の座に復帰し、竹前によれば「天皇制のイデオローグ」であり「有力な反共主義者」である殖田俊吉を法務総裁に任命した（Takemae 2002: 220, 479）。治一郎は一九四八年一月に天皇の面前でのカニの横ばいを拒否して保守派を激怒させていたが、治一郎の公職追放を試みる四度目の目論見の引き金となったのは、極東国際軍事法廷による判決言い渡しの後、戦争に関する天皇の道義的責任を明らかにする必要があると述べたことだったと思われる。ある日付のない文書（一一月後半に作成されたと思われる）には、治一郎は一九四二年選挙の大政翼賛会公認候補だったことおよび大和報国運動の重要な役員だったことをもって公職から追放するべきであると述べられていた。同文書はさらに、島本正一陸軍中将、田中松月・田原春次（いずれも部落出身の日本社会党所属議員）、深川武（日本共産党から立候補しようとしていた）、井元麟之についても、戦時中に同じく大和報国運動に関わっていたことを理由に政治活動を禁止するべきであるとしていた。

殖田法務総裁と、後に首相（一九六四〜七二）となる佐藤栄作内閣官房長官は一二月一一日にＧＨＱのネーピアのもとを訪れ、治一郎の公職追放を要請した。その理由のひとつは、以前から言われていたように治一郎が大和報国会に関与していたからというものだったが、治一郎を追放すれば「共産主義勢力に一撃を加えられる」という理由も付け加えられた。この動きについては吉田も承認済みであるとのことであった。治一郎は「好ましくない階級闘争主義」を説いており、「強力な武器管理を通じて……自分の不合理な見方を」押しつけているとされた（部落解放研究所（編）1991: 29）。こうした立場に与する日本側の政治家は、超国家主義者とのつながりを理由に治一郎を公職から追放すれば、来たる選挙で社会主義者や共産主義者の評判を落とすことができると考えていたのである。もっと頭の回るアメリカ側関係者は、治一郎の公職追放は逆効果となる可能性もあり、選挙結果発表の翌日まで待つように忠告した。二日後、ハンス・ベアワルドはネーピアに対し、興亜同盟と関係していた他の役員は全員追放されているのだから、一貫性を保つために治一郎らの追放も実行に移すべきだと進言した。しかしこれは物議をかもしかねない動きだったので、ネーピアはホイットニー准将と直接話をするよう吉田に勧めた。公職追放の決定は、一九四九年一月一日付で吉田からホイットニーに送られた「秘密」書簡で確認された。書簡のなかで吉田首相は、自分は「純粋に法律的な動機から、……厳正に法律を守るため」に行動しているのであり、「（政治的）動機は全くありません」と准将に請け負っている（部落解放研究所（編）1991: 33）。

抗議の輪が広がった。在日韓国・朝鮮人の代表からは二月八日に直ちに反対の声があがり、治一郎が軍国主義に反対していたこと、朝鮮人を支援していたこと、共産主義者ではないことが指摘された。あくる日には部落解放全国委員会から抗議文が届いた。ＪＣＬＵも抗議した（二月一八日付ホイットニー宛書簡、松本文書、福岡県人権研究所 Box 18/40）。ＪＣＬＵの海野は当時ニューヨークにいたケーディスにまで手紙を送って介入を求めている（同Box 18/40）。治一郎の公職追放に抗議した団体の数は六〇にのぼった。国会議員の三分の二を含む一〇〇万筆以上の嘆願書がＧＨＱに提出された。国外からも、ＡＣＬＵのボールドウィンやソ連・オーストラリア・韓国の駐日代表部からも、こうした措置は不公正で非民主的であるという非難の声があがったが、いずれも効果はなかった（本多 2009: 83; 一九四九年四月一一日付のソ連の抗議書、部落解放研究所（編）1991: 84, 422）。

治一郎は二月一七日から正式な不服申立てを開始し、手始めにケーディスに手紙を書いたが、あいにくケーディスは前年の一二月に米国に帰っていた。当初の抗議は功を奏せず、治一郎は二月二四日に議員辞職を余儀なくされた。不服申立てが起こされたことによって綿密な証拠調べが始まったが、大和報国運動における治一郎の役割が事実取るに足らないものであり、時には運動の妨げになっていたことを確認すると思われる証拠がある一方で、一九四〇年三月一五日の国会演説で戦争努力への支持表明と思われる発言があったこと、治一郎が八日会の会員であったことも明らかになった（部落解放研究所（編）1991: 105-6）。

公職追放反対運動を、あるいは少なくとも日本に残っていた米国側関係者の間に存在していたかもしれない同情を台無しにしたのが、治一郎が共産党に入党していたという噂である。治一郎は二月一七日付の不服申立書でこれを一蹴している。その後、四月に入ってＧＨＱに提出された報告書には、三月九日、日本共産党の志賀義雄が「ある家（松本の親しい女性の住居だといわれている）」に治一郎を訪ね、日本共産党に入党するよう説得を試みたと記されていた（部落解放研究所（編）1991: 362-3; 部落解放・人権研究所 1999: 311）。たとえ治一郎が共産党員ではないとしても、一部の共産党員と近しい関係にあるのは間違いなかった。

言うまでもなく、部落関係者の間では治一郎の復職に対する広範かつ継続的な支持が存在した。治一郎の公職追放に抗議するため、九州の炭鉱地帯である飯塚で開催された日本共産党・日本社会党・労農党の合同演説会には、一六〇〇人を超える人々が集まった（部落解放・人権研究所 1999: 319）。部落解放全国委員会の活動家の一団は国会前でハンガーストライキに踏み切った。二月二六日にはJCLU、日本社会党、部落解放全国委員会、民主主義同盟（日本共産党系）、労農運動救援会の連絡委員会が設置され、おたがいに調整を図りながら三月末までに一〇〇〇万筆の署名を集める運動を展開すること、四月一〇日に東京でデモを行なうこと、全国各地でさまざまな集会を開催すること、四月末にメーデー関連の集会を何度か開くことなどが決まった（部落解放・人権研究所 1999: 342）。しかしことごとく効果がなかった。一九五〇年一〇月一三日には一万九〇人の公職追放が解除されたが、治一郎は対象とされなかった。当初のリストには田中、井元らとともに治一郎の名前も載っていたが、吉田が削除させたのだともいわれる（高山 2005: 620）。治一郎の追放解除は翌年八月まで待たなければならなかった（森山ほか 2003: 184）。

治一郎の公職追放の理由として挙げられたのは戦争中の国家主義的活動だったが、これは公職追放とはほとんど関係がなく、天皇制に対する治一郎の批判との関係のほうが大きかった。GHQ内部で治一郎を支持していた主要な人物、ケーディスは一九四八年一二月八日に帰国していた。いずれにせよ、このころには占領の性格が変化しつつあったのである。米国にとっての優先事項はもはや民主化ではなく、近い将来激しさを増すだろうと多くの人々が考えていたソ連との冷戦を背景として、日本を強国化するところにあった。占領の終了を見込んで政治的権限も日本側に戻されつつあった。治一郎は日本社会党の左派に位置しており、社会党の委員長になることへの関心さえあったかもしれず、少なくとも吉田茂はそのことを恐れていたという者もいる（部落解放同盟中央本部（編）1987: 290）。このようななか、一九四八年後半に吉田が治一郎の公職追放を提案して蹴られる可能性はほとんどなかった。

実際のところ、治一郎の公職追放は、政治的影響力のある地位から右派分子を取り除く追放過程の総仕上げというより、「レッドパージ」へと発展していく流れの最初の動きと考えるほうがおそらくは適切である。占領当局は一九四八年後半から教職者の「共産主義」に対抗するキャンペーンを開始した。その動きは翌年にかけて苛烈さを増し、一九四九年九月には文部大臣が容共教員の解雇の開始を都道府県教育当局に通達したほどである。一九五〇年三月までに約一一〇〇人の教員が職を失った（Takemae 2002: 481）。一九四九年二月、吉田は米国の非米活動委員会と同様の趣旨で衆院に「非日活動委員会」を設置する計画を発表した。この委員会は国会で日本社会党と日本共産党の強い反対にあっただけで、所期の役割を果たすことはできなかった。一九四九年七月に開始された行政組織縮小計画では日本共産党員が対象にされたが、一九五〇年六月以降は、より積極的に共産党シンパを公職から除去する方針がとられた。六月二五日に朝鮮半島で戦争が勃発したことにより、その作業はますます急を要するものとなった。ほどなくして、主要な新聞七紙とＮＨＫに対して共産党シンパの内部粛清を進めるよう指示が出され、八月一〇日からは反共キャンペーンが私企業にも広がった。同年末までに一万一〇〇〇人の公務員が解雇され、民間部門でもあまり変わらない数の労働者が首にされた。この「レッドパージ」の法的根拠は、治一郎らの公職追放の場合と同じように、一九四六年一月に出されたSCAPの追放指令に端を発するものだけだった。治一郎の公職追放によってこの流れが始まったことを考えれば、「追放解除」を最後まで後回しにされた人々のなかに治一郎が含まれていたことにも、不思議な点はほとんどない。

七　部落解放運動の再生

部落解放全国委員会の第二回大会は一九四六年一二月二～五日に開催された。これは吉田政権の打倒につながる民主人民戦線の創設が試みられるなかで開かれた大会だが、党派の枠を超えたこの人民戦線は、一九四七年二月一日に計画していたゼネストが禁じられた後に崩壊した。大会では、新憲法にあわせて全国委員会の綱領が全面改訂されたほか、地方支部から県連を経て全国本部に至る組織体制を整えるための第一歩が踏み出された。この時点における全国委員会の優先課題のひとつは、一部部落でいまなお重要な就業先だった皮革産業を支えることだった。運動の指導者のなかには、たとえば朝田善之助のように、小規模な事業を経営していて、この困難な時期に保護を望んでいる者も何人か存在した。一九四六年夏から一九四七年春にかけて商工省との話し合いが何度か持たれた（師岡 1980: 48）。

一九〇六年、有望な小説家として評判を勝ちえつつあったばかりの島崎藤村が『破戒』を出版した。東京の北西にある長野県の小さな町で働く教師、瀬川丑松の物語である。丑松は生徒に人気があり、同僚のひとりは師範学校の同級生で親友だった。しかし丑松には秘密があり、部落（エタ）の家の生まれだったのだが、父親は大変な苦労をして家族の素性を隠しており、息子にも素性をけっして明かすなと命じていた――『破戒』という題名はこの戒めを破ることに由来するものである。丑松は、自分が住んでいた下宿からある「エタ」が追い出されたとき、自分が注目されないように自らも下宿を出る。丑松はその後もうひとりの「エタ」を知ることになるが、その男は丑松と同じように高い学歴の持ち主である一方、丑松とは違って素性をまったく隠しておらず、本を出版しているばかりか人権活動家でもあった。赤貧の状態であったにもかかわらず、丑松は男の著作を購入する。父親の葬式の準備をするために郷里に向かっていた丑松は、列車でたまたま、友人の弁護士の選挙運動を支援していたこの活動家と同じ客室になった。丑松はこの活動家と旅の過程で何度も二人きりになり、自分の素性を「告白」する誘惑に駆られたが、けっきょく父親の戒めを守って実行はしなかった。葬式を仕切り終えた丑松は、この新たな知己に自分の素性を「打開《ぶちま》けて」しまおうと決意して家に帰るが、相手が政治集会の場で殺されてしまったので、それはかなわなかった。代わりに丑松は受け持ちの生徒たちを相手に「告白」を行なう。生徒たちは同情的で、丑松が学校に残れるように校長の説得を試みるが、けっきょく丑松は学校を辞めなければならないことがはっきりする。ここで登場するのが、物語の前半で下宿を追い出された「エタ」である。この男は実は資産家で、日本を離れてテキサスに農業村を作ることを決めていた。男は丑松に自分の助手をやらないかと勧め、二人が出国準備を進めているところで小説は終わる。

この小説は、近代化しつつあった日本における部落民の苦境を文学的に描写した初めての作品ではまったくないが、これほど社会的または文学的な衝撃を与えた作品は後にも先にもなかった。『破戒』の出版から二〇年後、全国水平社は福岡で開催された第五回全国大会でこの小説を取り上げ、作者に対する抗議運動を開始するかどうか議論した。多くの者が懸念したのは、作者は既存の差別的態度を再生産する以上のことをほぼしておらず、部落民の現状に対する配慮が皆無とはいわなくともほとんどなく、部落民の苦境にも、劇的な筋書きにつながるかぎりでしか関心を持っていないことである。この物語が暗に示しているのは、問題を解決するには自分の素性を隠すか日本を離れるかのどちらかしかないということだった。どちらの選択肢もほとんどの部落民にとっては不可能であり、水平社にとっても受け入れられるものではなかった。けっきょく水平社が『破戒』を公式に非難することはなかったが、作者の島崎藤村は批判によって守勢に立たされた（さらに詳しくは Anderson 2000: 151f 参照）。藤村は一九二九年に『破戒』を正式に絶版にした。一〇年後に再刊された作品は、井元麟之と何度か話し合いを持ち、その承認を得たうえで書き直された、不適切な表現等を修正したものだった（Anderson 2000: 160-1）。初版本のままの状態で再刊されるのは一九五三年まで待たなければならなかった。

一九四六年夏、東宝のプロデューサーが治一郎のもとを訪れて『破戒』の映画化について相談した。治一郎と部落解放全国委員会は映画化をよいことだとしたが、それは部落解放の取り組みにとって利益になる場合に限ると条件をつけた。しかし東宝は争議行為で身動きがとれなくなり、映画化は行き詰まった。一方で、一九二〇年代から指導的な無産派演劇活動家であった村山知義[11]を監督として、『破戒』の演劇公演も企画されていた。公演は治一郎から若干の支援も得て一九四八年春から始まり、

1948年9月に初版、2か月後には重版が発行された治一郎と部落解放全國委員会による225頁の書。当時は紙不足の時代だった。[〔公社〕福岡県人権研究所蔵]

東京で二四夜（二月二一～二五日）、大阪で十夜行なわれた。ラジオ公演も行なわれたほか、治一郎は知識層向けの『文藝春秋』一九四九年二月号にこの公演についての一文を寄せている。東京公演の際には、治一郎は全閣僚、全参議院議員、そして衆議院の日本社会党所属議員を特別上演に招待した（高山 2005: 591-3）。治一郎はその後、東京の有楽座で行なわれた公演は累計八万人が鑑賞し、当時の新劇の記録を作ったと主張している（松本 1948: 178-9）。

一九四八年一一月には、映画化を引き継いだ松竹によって映画版『破戒』がようやく公開された。戦後日本の解放された雰囲気のなかで、さまざまな芸術家が社会問題の探求を開始しつつあった。戦後になって再開されたばかりの解放運動にとって、こうした芸術作品は世論に重要な影響を及ぼすものであった（高山 2005: 594）。

一九四八年夏、治一郎は『部落解放への三十年』という小著を出版した。全五章の本で、第一章は部落解放闘争の現状を要約したものである。第二章と第三章では、一九二〇年代初頭から、一九三〇年代初頭の高松地裁差別判決糾弾運動に至るまでの水平社の発展の過程で生じたいくつかの論点を取り上げて検討している。続いて、戦前から戦後にかけて日本で公開された二本の映画に関する批判的考察を行なっている。ひとつは江戸の非人に焦点を当てた『女人曼荼羅』で、水平社は被差別民集団の否定的イメージを固定化するものであるとしてこれを批判していた。もうひとつが映画版『破戒』である。この映画の脚本作りには解放運動関係者も関わっており、実のところ、一九四六年夏に作成された第一稿を、まったく部落解放のためにならないという理由で突き返している。エンディングについてはとくに懸念があった。島崎藤村の原作では、主人公はテキサスで新生活を築くために日本を離れることになっていた。映画では行き先が東京に変更されたが、治一郎は、問題はそのまま残っていると主張する。主人公が、故郷で差別解消のために闘うのではなく、差別がない場所で個人的解決を図るために故郷を離れているからである。『破戒』が書かれた当時は身分を隠して逃避を試みることが唯一可能な方策だったが、水平社が目指したのは、自分が生まれた共同体のなかで偏見や差別に異議を申し立てるよう部落民を励ますことであったと治一郎は主張する。もっとも、筋書きに対する疑問にもかかわらず、治一郎は映画が部落問題の理解に資することへの希望を表明している。

同書の最終章では、治一郎自身にもっと直接関係する二つの問題が取り上げられている。衆議院で長年過ごした後に参議院に出馬するに至った経緯と、占領開始から一年の間公職追放を免れることができた理由の説明である。

このうちどのぐらいの分量を治一郎本人が実際に執筆したのかは定かでない。少なくとも一部は朝田善之助が治一郎に代わって書いたものであるし、部落問題に対する全般的アプローチに朝田の考え方が反映されていることは間違いない。たとえば、著者は同書の前半で――これは全編を通じて繰り返し取り上げられるテーマでもあるが——部落問題の本質という論点を取り上げている。これは、著者によれば、一九二〇年代の水平社運動関係者の一部が提唱を試みていたような、「民族」問題か「階級」問題かという単純な話ではない。その章では、部落民が何らかの形で他の日本人と民族的に異なっているという証拠はないこと、部落内の階級分裂を示す明らかな証拠があることが論じられている。むしろ、これは封建時代の残滓である社会階級の問題であり、一九世紀後半の不完全なブルジョア革命ではそのような残滓を一掃することができなかったというのが著者の主張である（松本 1948: 2-3）。治一郎本人が実際にこれを（自ら書いた部分があるとして）すべて執筆した可能性は低いと思われるが、治一郎の名前で出版された以上、本人が少なくとも目を通し、そこでとられている立場を承認したと考えなければならない。

部落解放全国委員会の第三回大会と第四回大会（それぞれ一九四八年五月九日と一九四九年四月三〇日）が開催されたのは、占領政策の重点が民主主義の推進から離れ、社会運動団体の活動に対するはるかに不寛容な姿勢へと移っていく時期のことだった。同時に、部落解放全国委員会では北原泰作を通じて日本共産党の影響力が増しつつあった。第三回大会では、地主、官僚、独占資本に代表される「旧」日本と、労働運動に主導された「新」日本の民主主義勢力との闘いの一環としての部落問題について分析が行なわれた。このような文脈において部落は「封建的身分の残存物」と位置づけられ、その問題を解決するためには民主主義革命の完遂が必要であり、その任務を果たすのはプロレタリアートの歴史的役割であるとされた（師岡 1980: 78-9）。

一九四九年一月に公職追放の対象とされた治一郎らは第四回大会には出席できなかったが、そこでは、戦後の運動が「排他的」で人民戦線活動への参加もためらう傾向にあることが批判された。また、部落民は日常生活において就業、健康、税金、差別に関わる多くの基本的問題に直面しているが、そのほとんどは他の労働者にとっての問題でもあると指摘された（師岡 1980: 89）。驚くべきは、在日韓国・朝鮮人団体、労働組合、左派政党から治一郎らの公職追放について抗議が行なわれていたというのに、この大会では公職追放についてほとんど触れられなかったことである。治一郎の公職追放に関する抗議の結果、部落ではいくつかの委員会が作られていたが、北原からはあまり支持が得られなかった。北原は、部落解放運動を構築していくことよりも、人民戦線の拡大に寄与することに主に関心を持っていたのである。北原は、松本治一郎公職追放抗議運動は孤立主義的であり、人民戦線闘争に寄与するものではないと見なしていた（師岡 1980: 102）。一部の部落で見られた「ボス支配」の批判やそのような部落の「民主化」に対する支持は、治一郎への遠回しな批判であったのかもしれない。他方、北原の主張によれば、公職追放についてもっとはっきりとした形で言及されなかったのは、すでに運動が幅広い支持を獲得しており、もはや部落解放運動だけの問題ではなくなっていたからにすぎないという（川向 1990: 57-9）。

運動は四年の間に徐々に進展していき、中央委員会の設置（一九四六年二月）、規約の作成（一九四六年一二月）、目的と理念をまとめた綱領の採択（一九四八年一月）が進められた（綱領は一九四九年四月に改正）。しかし、ほとんどの部落民が極貧状況にあり、自分と家族の食料や住居の確保にすべての資源とエネルギーを注がなければならなかったためか、民衆の支持はあまり集まらなかった。だからといって北原はそれほど気を揉んでいなかったようである。北原は部落解放全国委員会を、部落の指導・組織化・政治的意識向上を図るエリート主義的な前衛団体として構想していたように思われる（師岡 1980: 106）。しかしこれに対する批判も強まりつつあった。一九五〇年一月に中央委員会で長時間の議論が行なわれた結果、治一郎の公職追放解除を求める運動を展開していくことが合意され、けっきょく、市町村で運動を再生していくうえではこれが何よりも効果的だった可能性がある。ただし、朝田善之助の強い主張により、この運動は部落問題に関する国家的政策の要求と結びつけて進めていくことになった。

八　福岡の運動

一九四八年一月、福岡の部落民の状況に関する簡単な報告書が作成された。それによれば、福岡県には部落民が約一二万人おり、そのうち七割は、農地改革が有利に働く展望をある程度持てる農民である。福岡市内では松原、松園、金平の三つが主な部落であり、それぞれ一〇五〇世帯、五二〇世帯、四四六世帯を擁している。世帯の一〇～一五％は戦争で家族を少なくともひとり失っており、安定した所得を得て自立した住民になれるよう何らかの就業援助が必要である。都市部の部落民のほとんどは半失業状態にある。九州北部の炭鉱地帯で主に問題になっているのは農地改革の過程における土地取得闘争であり、これは炭鉱企業の所有地が再配分されていないためであった（川向 1990: 54-6）。

一九四六年二月に開催された部落解放全国委員会の第一回全国大会では福岡の関係者が強い影響力を発揮し、治一郎が委員長、井元麟之が書記長、田中松月が中央委員の座に就いた。全国委員会の福岡県連の創立大会は一九四六年四月一〇日に開催されたが、その模様の記録は見当たらない。推測によれば、井元の方針にしたがい、融和団体と水平社双方の元活動家が集まって結成したのではないかともいう。

その後何度か行なわれた県連の大会についても記録は残っていないが、『破戒』の福岡公演は一九四八年に二回行なわれている（川向 1995: 81）。差別とされた行為の非難――糾弾――に参加するグループもあった。一九四六年九月に宗像の町で起きた事件は、そもそもは差別語の使用に関わる単純な事案だった。しかし、これに地元の部落青年一七人が暴力的に反応し、発言者を襲って殺してしまって、その後検挙されたのである。二週間後、治一郎と井元を中心とする全国委員会福岡県連の関係者が会議を開き、当事者全員――命を失った者も検挙された青年たちも――が、部落を解放しようとしたとはいえ部落保護のためには何もしてこなかった国の政策の犠牲者であるという議論が交わされた。差別を払拭することは国の義務であり、そうしなければすべての人が被害をこうむるというのである。一方、福岡県連は被害者遺族のための募金運動を始めた。一九五〇年代初頭になっても上訴と反訴が続き、この事件が最終的にどう決着したのかは明らかでない（竹森 1995: 55-6）。

もうひとつの事件は、翌年、二日市警察署で部落青年が警官から侮辱されたことから始まったものである。事件が明るみになると、地元で有力な立場にあった二人の全国委員会関係者――近藤光と松本英一――の間で、とるべき方針について意見が分かれた。関係した警察幹部全員の責任を明らかにしたいと考え、その辞職を要求する近藤に対し、英一は、警察幹部全員に責任があることは認めながらも、福岡県警全体の教育に関する要求をむしろ重視した。竹森の指摘によれば、これは、戦前の水平社が個人の責任を重視していたことと、治一郎が望ましいと考えた戦後の「民主的」方針との違いを体現するものである（竹森 1995: 57）。

治一郎が公職追放の対象となったことに対する地元の反応はすばやかった。一月二九日には大光寺で会議が開かれ、二月には、日本社会党福岡県連が公職追放解除要求運動のための委員会を設置し、部落解放全国委員会の福岡県連とも密接に連携しながら活動していくことになった。一九四九年五月一六日に開催された部落解放全国委員会福岡県連の第五回大会では、当然のように、治一郎に対する公職追放令の解除が主要なテーマとされた。ただし、これと関連して、部落改善費として国全体で一〇億円を国庫から直接支出するよう要求していくことと、全国委員会の活動を支える共産党・社会党・労農党の民主統一戦線の発展を奨励していくことも決議された（竹森 1995: 53）。

運動の主眼は、治一郎に対する追放令の解除を支持する署名を一〇〇万筆集めることに置かれた。一九五〇年一月には九州の全国委員会関係者が代表団を組んで殖田俊吉法務総裁のもとを訪れ、公職追放の解除を要求したが、効果はなかった。続いて四月三日には社会党と共産党が地元労働運動関係者とともに東公園で大衆集会を開催し、五〇〇〇人が参加した。運動を前進させるために「人民委員会」が結成され、上京してGHQへの抗議も行なっている。米国以外の占領国の支持は得られないかと、ソ連大使館も訪問した。

一九五一年八月六日に治一郎の公職追放がようやく解除されると、日本社会党、日本共産党、労農党、総評（日本労働組合総評議会）福岡県連の共催で「復帰歓迎」の大衆集会が開かれた。治一郎は、支援に対する感謝の演説で「平和、独立、完全条約」のために闘っていく決意を明らかにし、提案さ

松本治一郎民主陣営復帰人民大会記念（1951 年 8 月 21 日）［松本治一郎資料］

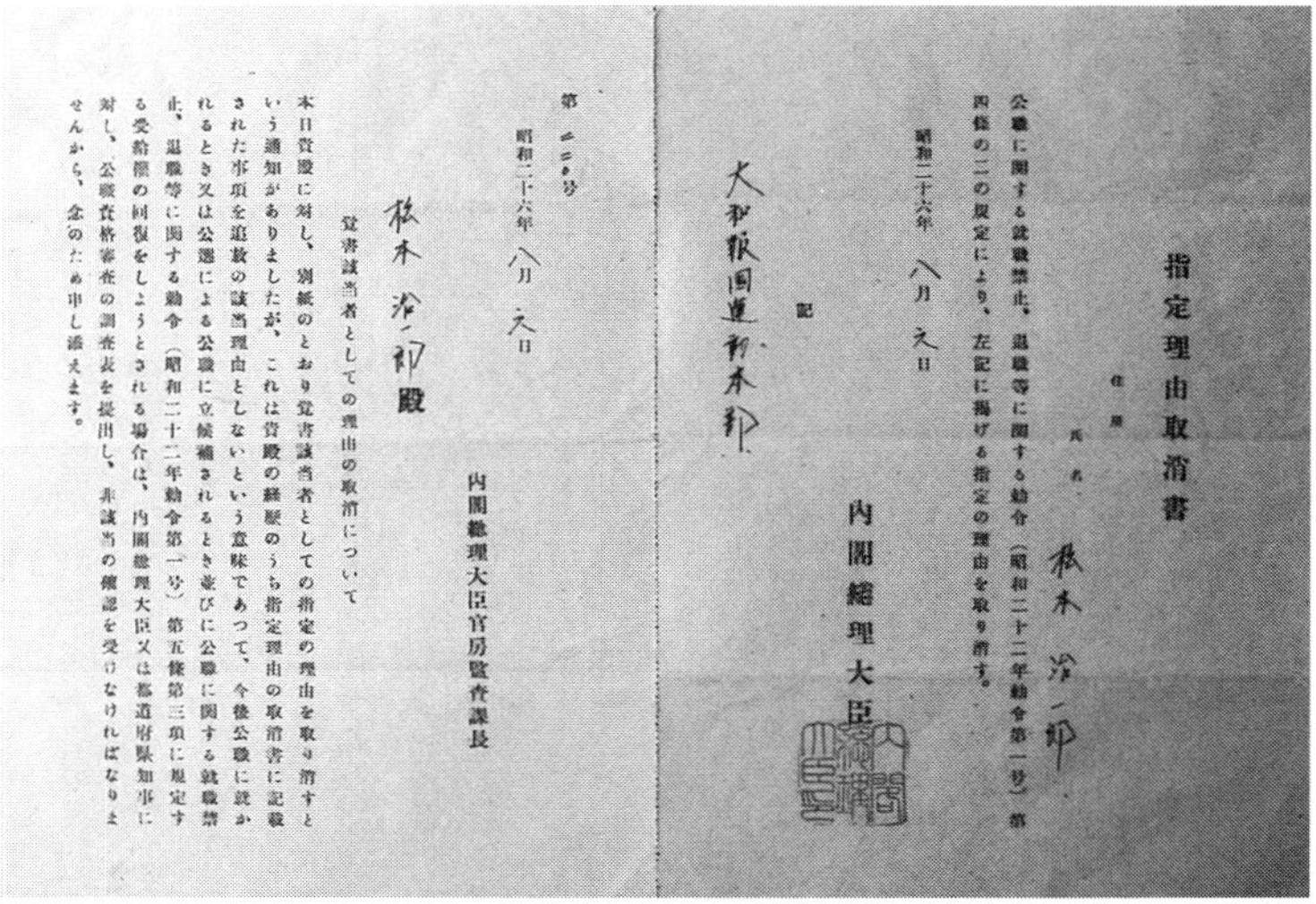

指定理由取消書

住所

氏名　松本治一郎

公職に関する就職禁止、退職等に関する勅令（昭和二十二年勅令第一号）第四條の二の規定により、左記に掲げる指定の理由を取り消す。

昭和二十六年八月九日

内閣総理大臣

記

大和報国運動本部

第　号

昭和二十六年八月九日

松本治一郎殿

内閣総理大臣官房監査課長

覚書該当者としての理由の取消について

本日貴殿に対し、別紙のとおり覚書該当者としての指定の理由を取り消すという通知がありましたが、これは貴殿の経歴のうち指定理由の取消書に記載された事項を追放の該当理由としないという意味であつて、今後公職に就かれるとき又は公選による公職に立候補されるとき並びに公職に関する就職禁止、退職等に関する勅令（昭和二十二年勅令第一号）第五條第三項に規定する受給権の回復をしようとされる場合は、内閣総理大臣又は都道府県知事に対し、公職資格審査の調査表を提出し、非該当の確認を受けなければなりませんから、念のため申し添えます。

不当追放を取り消す内閣総理大臣署名の書［松本治一郎資料］

れている安保条約と、朝鮮戦争勃発後に進みつつあった日本の軍事化に反対すると明言した。同じ月、この集会が開かれるよりも前に今後の政治的展望について尋ねられた治一郎は、「選挙に出るかどうかは党の方針にしたがう」と答えていた（『西日本新聞』一九五一年八月七日付）。しかし治一郎はすでに社会党委員長とも会っており、今後に向けた計画を立て始めていたことは間違いない。

しかし治一郎の視野はもっと広いものになりつつあった。その後、夏がまだ続いている間に吉田茂がサンフランシスコ講和条約に調印し、ソ連、中華人民共和国、北朝鮮などを除く四八か国と日本との間で講和がなされた。主権が正式に回復したのは一九五二年四月二八日午後一〇時三〇分のことである。その三日後、全国三三〇か所で行なわれたメーデーの示威行動に一〇〇万人以上が参加した。東京での集会は、「伝統的」に使われていた皇居前広場が吉田茂の決定により使用できなかったので、明治神宮外苑広場で行なわれた。約四〇万人の参加者が耳を傾けるなか、政府に経済的要求を突きつける演説や、日本の再軍備と米軍基地の日本駐留継続に反対する演説が行なわれた。その後、六〇〇〇〜一万人の集団が集会の場を離れて皇居前へと行進していった。警察隊との衝突が起こり、警察が催涙ガスやピストルを使用した結果、デモ参加者のうち二人が死亡、二二人が撃たれて負傷、さらに数百人の警官と民間人が負傷するという事態になった。これは、調和および序列の受け入れを特徴としてきた日本ではなく、根本的変革を希求する少数派が少なくとも相当数存在する日本だった。吉田茂首相を首班とする日本政府には、米国に従属すること、日本の領土に米軍が恒久的に駐留することを受け入れる用意があり、その引き換えに米国も日本を侵略から守ることに同意したのだが、政治家は左右を問わず――しかしとりわけ左派が――、これは新帝国主義的支配の表れであると考えていた。さらに、日本が自国防衛についてもっと責任を負うことを米国が要求し始めると、左派はこれを、再軍備の圧力であり、左派の多くが確固たる愛着を覚えるようになっていた憲法の平和主義の放棄であると見なした。次章で検討するように、一九五〇年代の治一郎は、部落解放のための要求の組織化に注ぐのと同じぐらいの――それ以上ではないにしても――精力を平和運動に傾けるようになる。

九　松本組

残念ながら、占領期の松本組の活動についてはほとんどわかっていない。公式な登記は松本治一郎名義のままだったが、日常的な経営は兄の治七が担当していた。この時期は、戦争被害への対応が進められ、福岡市・福岡県の戦後の成長の基盤整備が行なわれたことから、建設産業にとっては浮揚期であった。この点について語るのをはばかられる側面がいくつか存在する可能性はあり、そのために（いまだ正式にまとめられていない）社史においても、この時期についてはそれほど語られてこなかったのかもしれない。たとえば、松本組が戦後初期に獲得した最大規模の契約のひとつには、福岡市南部に位置する大野城の旧日本軍航空基地（米軍に接収されていた）の下水設備の再建があったといわれている。一九五〇年代になっても米軍が日本に駐留し続けていることに対する治一郎の批判を考えれば、このような関係を事細かに記録するのは得策でないと考えられた可能性はある。

占領も終わりに近づいたころ、地元のある企業家・江頭匡一は、運行を開始しつつあった商業航空路で機内食を提供する事業に可能性を見出した。また、米国の影響力を考えれば、日本人はパンをはじめとする西洋風の食べ物を好むようになっていくだろうとも考えた。しかし、江頭は当時会社を立ち上げようとしていたばかりで、最初の工場を建設するための資本がなかった。そこで松本組が手を挙げ、頭金なしで建物を建ててやったのだという（松本龍へのインタビュー、二〇〇五年五月）。この太っ腹な行為は、けっきょく商業的に見て健全な決定であったことが明らかになる。江頭の会社はロイヤル社へと発展し、いまも全国の空港で機内食を納入し続けているのみならず、「ファミリーレストラン」の全国チェーンも擁するに至ったからである。また、治一郎は公職追放によって政治の世界から一時撤退することを余儀なくされたが、そのおかげで少なくとも精力の一部を松本組に振り向けることができたとも考えられる。現状で判断できるかぎり、松本組が当時関与していた事業のほとんどは同地域の鉄道および道路の再建に関わるもの、とくに架橋事業だった。

一〇　小括

松本治一郎は占領期に国政の舞台に復帰し、参議院の重鎮のひとりになった。日本社会党の内部では、もっとも重要な資金源のひとりとして、また幹部をもっとも過激に批判する存在としての役割を担った。部落解放運動が再生するときには、治一郎がふたたび指導者になることに何の疑問もなかった。次章で見るように、治一郎は一九五〇年代にも重要な政治家のひとりであり続け、その視野をますます広げていくが、ここでいったん立ち止まり、治一郎がこれまでに成し遂げてきたことの意味を考えておくべきだろう。これは、つまるところ、関わりのあったいずれかの特定の分野で治一郎が何を達成したかということよりも、治一郎が成し遂げたことが全国の部落民にとって何を意味したかに関わる問題である。治一郎は資産家であり、事業でも政治でも成功を収めた。しかし、『破戒』の丑松とは異なり、治一郎は人生のいかなる時点でも自分の出自を隠そうとしたことはなく、むしろ、自分の出自を認めたうえで、そのためにたじろがなければならないという事実を拒否しようとした。この点で治一郎は、敗戦後の世界に向き合う準備を整えようとしていた全国の部落民に示唆を与える存在だった。

和歌山県の松本五郎（治一郎の親族ではない）という人物は、参議院の副議長室を訪れて治一郎と面会した。その後、井元麟之に次のような手紙が送られてきた。

> 松本先生の副議長室での御姿を拝見致しましたときは、涙の出る程嬉しく思いました。昔私たちの先祖が夜になると城下町へすら這入ることが出来なかった事を憶い出すとき、立派な参議院副議長の椅子に同じ血を分けた先生が悠然とお座りになっているのを拝見しましたときに、私たちの先輩同志の長い〳〵苦難の過程を憶い、よくもこゝまで辿り着いたものだと感無量でありました。あの先生の御姿を、もし徳川封建三百年間の自由と平等をしらず、迫害と圧制に呻吟の日を送った兄弟たちに見せてやることが出来たら、彼らはどんなに狂喜することでしょう。
>
> （高山 2005: 582）

井元と田中松月は部落民から送られてくるこのような手紙を多数処理していた。全国の教師から送られてくる手紙も多く、そこでは、自分の出自を認め、隠そうとするのをやめ、民主的な新生日本で「公正な世界」を築き上げていく動きに貢献していくことを決意する自信が治一郎のおかげで得られたという感謝が表明されていた。

占領期の治一郎は政治家としてのキャリアを積み上げていくことに力を注ぎ、一九四八年末には日本社会党委員長の座に就く手前まで行っていた可能性もある。治一郎が重要人物であることは、吉田茂が執念深く策を弄して一九四九年初頭に治一郎を公職追放に追いこみ、公職追放を解除せよという圧力に一九五一年夏まで抵抗し続けたという、奇妙な対応によっても認められていた。しかし、治一郎がふたたび自由に政治に参加できるようになったときには好機は過ぎ去っており、日本社会党内部の対立は解党の一歩手前に至るほど深まっていて、引き続き幹部の地位にあった治一郎にも、委員長になれる可能性はなかった。治一郎は、引き続き社会党上層部で積極的な役割を果たし、部落解放運動の指導者でもあり続けたが、新たに独立を獲得した日本にあって、国内政治に拘泥する時間は少なくなり、むしろ世界平和推進というよりいっそう視野の広い大望を追求するようになっていく。

第七章　一九五〇年代の松本治一郎

一　はじめに

治一郎は毎年一月、『解放新聞』新年第一号に論説を寄せるのを常としていた。一九五二年一月は日本が四月に予定されていた占領終了の準備を進めていた時期で、治一郎は新年の記事でそのことを展望し、独立後の日本で軍国主義復活のおそれがあること、また天皇が操られて政治の中心にまつりあげられるおそれがあることを警告するとともに、部落解放運動を拡大強化して政党の枠を超えた支持を得られるようにしなければならないと説いた。治一郎はこの記事を、アジアの同胞が解放と世界平和のために遂行している闘いに合流するよう部落民に促す一文で締めくくっている（『解放新聞』第三八号、一九五二年一月一〇日付）。治一郎は活発な動きを再開しつつあり、日本が正式に独立した一九五二年四月には政界に全面復帰する態勢を整えていた。治一郎の書きぶりからは、復帰の暁にはふたたび日本社会党内部で左派の立場をとるつもりであること、その視野を部落民の関心事に留まらない、それどころか日本国内にも留まらない地平へと拡げつつあったことがうかがえる。

日本の一九五〇年代は、米国による占領と一九六〇年代の「経済的奇跡」の狭間にあって、あまり重視されていない時期である。検討の対象にされたとしても、経済的には日本国民が刻苦精励して将来の経済成長の基礎を打ち立てた時代、政治的には自由民主党に結集した保守派が数十年に及ぶ一党支配の準備に邁進した時代と、一般的には考えられている。当時の日本についてのイメージは、米国の核の傘によって世界の他の国々から保護される状況に安住し、合意に基づく政治的目標を一致団結して支持し、産業政策によって経済的力を身につけられるという自信に満ちた、調和のとれた均質的な国というものである。

本章では、政治家・松本治一郎の生涯を記録するという本書の任務からは逸れないようにしつつ、当時の日本の国内的・国際的政治戦略にはおおいに欠陥があり、また当時の経済政策では一般国民の生活水準の向上にはつながらないと感じていた者も多かったことを示して、このようなイメージを掘り崩していく。

以下の叙述は三つのテーマをめぐって展開していく。第一に日本の国内政策において治一郎が果たした役割（これは本質的には一九四九年一月の公職追放の時期までに治一郎が作り上げていた政治家像の延長となる）、第二に治一郎の国際的活動（国際的平和運動との関連で開催された一連の国際会議に治一郎が参加していた一九五三年一月～一九五八年一〇月の活動と、中国との関係強化の提唱を中心に取り上げる）、そして最後に部落解放運動の指導者としての治一郎の役割である。

二　治一郎の政界復帰

正式に独立国となった日本の政治は、一九四〇年代後半の政治とはやや異なっていた。もっとも顕著な違いは日本が外部の影響を以前より受けやすくなったことで、経済面でも政治面でも、国際的要因が国内的決定にきわめて重要な影響を与えるようになった。日本の裏庭で起きた朝鮮戦争は、戦線が拡大して日本が軍事的に巻きこまれる危険もあったという点では脅威になったが、日本企業にとっては、米国／国連軍支援のためにトラックその他の軍用物資を提供する機会ともなったのである。さらに、日本共産党と日本社会党はいずれも国際組織とつながりを有しており、党内の議論でも影響を受けていた。治一郎もほどなくしてこうした議論に巻きこまれていく。

一九四七年には、世界の共産主義運動の情報交換の推進と指導を目的としてモスクワでコミンフォルムが設立されていた。一九五〇年、コミンフォルムは日本共産党がとった「平和的手段による日本の解放と民主的変革」戦略を手厳しく批判し、後に「左翼冒険主義」と評される、もっと戦闘的な革命戦術を代わりに採用するよう促した。これには、警察署を「火炎瓶」で襲撃することや、国家および資本の権威の象徴を同様のやり方でゲリラ的に攻撃することも含まれた。その結果、国が共産党に対して以前にもまして不寛容な態度で臨むようになったのも不思議ではなく、事実上、共産党幹部は地下に追いやられるか、ふたたび中国で亡命生活を送ることを余儀なくされた。治一郎は、『中央公論』一九五二年七月号に寄せた「地下への一言」という記事で日本共産党の地下潜行問題を取り上げ、ソ連は「自由も人権もない警察国家」ではあるが日本もたいしてましではないと指摘している。治一郎によれば、日本政府の政策の根本には次の三つの嘘がある。

・平和を唱えながら戦争を準備していること
・独立を謳いながら植民地化してゆくこと
・自由を唱えながらそれを束縛してゆくこと

こうした指摘の根底には、米国との恒久的従属関係に日本を縛りつける安保条約があった。もっとも、治一郎はややひねくれた調子でこの記事を締めくくっており、民心は吉田首相および保守派から離れつつあるとして、共産党がふたたび国民の前に顔を出せるようになるのもそう遠い時期のことではないだろうと述べている（『中央公論』一九五二年七月号、部落解放同盟中央本部（編）1972: 71-4 に再録）。

一方、国際共産主義運動の内部で進んでいる事態への直接の反応として、ヨーロッパの社会民主主義諸政党も、一九二三年から一九四〇年にかけて存在した労働社会主義インターナショナル（ＬＳＩ）に代わる社会民主主義国際組織の創設に動き始めていた。一九四七年には国際社会主義者会議委員会（ＣＯＭＩＳＣＯ）が結成され、これが発展して、一九五一年六月にフランクフルト・アム・マインで開かれた、主に西欧社会民主主義政党（英国労働党やドイツ社会民主党（ＳＤＰ）など）が参加した大会で社会主義インターナショナル評議会（ＳＩ）となった。しかしヨーロッパの外では社会主義運動は分裂していた――かつて宗主国であった（あるいはいまなお宗主国であり続けている）国々の社会民主主義政党が優位を保っている組織に合流するべきか、それとも再軍備化や植民地主義を批判しうる何らかの独立組織を創設するべきか。日本社会党も割れた。右派はＳＩに完全加盟するのがよいと考えたが、左派は西欧から自立した組織の創設を望んだ。

一九五一年初頭、社会党内部の議論はますます激化していた。もっとも重要な問題は、その後九月にサンフランシスコで調印されることになる講和条約と安保条約に諸派がどのような態度をとっているかであった。西尾末広に率いられた党内右派は中立主義を拒み、「自由世界」との「同盟」を主張した。一方、鈴木茂三郎に率いられた左派は、西側との同盟は日本を米国に従属させて軍国主義の復活をもたらし、他のアジア諸国、とくに中国の脅威となるので、共産主義国による侵略を刺激する可能性が高いと説いた。したがって中立的な第三の道をとり、アジアの他の社会民主主義国との同盟を模索するべきであるとした。西尾は講和条約と安保条約の両方を支持したが、鈴木はどちらも拒否した。一方、河上丈太郎に率いられた「中間」勢力も存在し、講和条約は支持するものの安保条約には反対していた。右派と中間派には妥協の余地があり、外国軍（主に米軍）が速やかに撤退するという条件で安保条約を支持するという合意を形成できた。しかし左派との妥協は不可能であり、社会党は、一九五一年一〇月、両条約の調印からほどなくして開催された第八回大会で分裂した（Stockwin 1968: 44-5）。

第八回大会で日本社会党が正式に分裂した後、治一郎は福岡に戻り、左派社会党の受け皿として階級政党型の地方組織を創設する作業に取りかかった。一〇月二八日に開催された第一回会議には八〇人が出席したが、これに対し、翌年二月一日に開催された右派社会党の第一回会議には三〇人しか集まらなかった（日本社会党福岡県本部35年史編さん委員会 1983: 73-6）。治一郎が顧問に就任した左派社会党は主に福岡の地方労働組合から支援を得ていたのに対し、右派社会党の主たる支持基盤は鉄鋼産業の町である八幡を中心としていた。左派社会党の九州ブロック会議が開かれた後、治一郎は記者会見を行なって、ますます反動的になりつつある吉田政権に反対していく必要性を説いた。

一九五〇年代には、社会民主主義政党が右派（民主主義的社会主義者）と左派（革命的マルクス主義者）に分裂するのは珍しくなかった。やや異例だったのは、リトマス試験紙となる争点が外交政策、より正確にいえば日米関係に関わるものだった点である。革命的左派にとっては、米国からの自立は、国会内外の手段を用いた民主的プロセスの結果として日本にもたらされる社会主義の実現に必要な前提条件であった。彼らは、安保条約は社会主義の発展の妨げとなり、また日本が直接利害関係のない紛争に巻きこまれることにつながるという両方の理由から、安保条約に反対した。それに代わるものとして彼らが提唱したのは、米国・ソ連・中国と個別に二国間条約を締結することであり、加えて「ロカルノ条約」式のアジア集団安全保障協定を成立させることであった。[1] 左派の関心は、「第三勢力」としてのアジアの位置づけを確立し、そのなかで日本が独立かつ中立の立場で行動できるようにするところにあった。そのためには、日本が中国との関係を正常化することが何よりも必要だった。

このような課題設定は治一郎にぴったりだった。治一郎は二〇代前半のころから自分のことを中国の友人と考えており、政府の戦争政策を支持したときも、その主な理由のひとつは、それが英米帝国主義の餌食になっている中国その他のアジアの民衆の解放につながると思えたからであった。アジア的システムのなかで中国と日本の民衆が連帯することはアジアにおける平和の確保につながり、それなくして世界平和は不可能であると治一郎は考えた。

一九五二年一〇月一日に総選挙が実施されることになり、福岡の左派社会党は、県内で擁立する六人の候補者のひとりに治一郎を指名することにしていた。しかし治一郎は、一〇月二日から一〇日にかけて北京で開催されるアジア太平洋平和会議に日本代表団長として出席するよう招待されていたので指名を辞退し、一九三六年から四五年にかけて治一郎が議席を得てきた福岡一区では、代わって福田昌子が当選した。けっきょく、外務省が旅券の発給を拒否したために治一郎は平和会議に出席できなかったのだが、だからといってアジアの平和という大義に対する治一郎の決意が揺らぐことはなかった。治一郎が北京会議に「アジア宣言」と題した文書を送ると、九月二八日、「アジア民族の親善こそ世界平和への道」と題して北京からそれが放送された。主たる部分では次のように述べられている。

> われらはここに時代の真に重大なことを認識し、深い反省のうえにたって過去の歴史を再びくり返すことなく何ものにもまさる兄弟愛に結ばれ、全アジアが一つとなって、後進性を克服し生活水準の向上を図るとともに、国際社会の間に平等公正な立場を樹立すべきことを提唱する。

締めくくりは次のとおりである――「アジアの平和と独立を主張する人々によって、真のアジア解

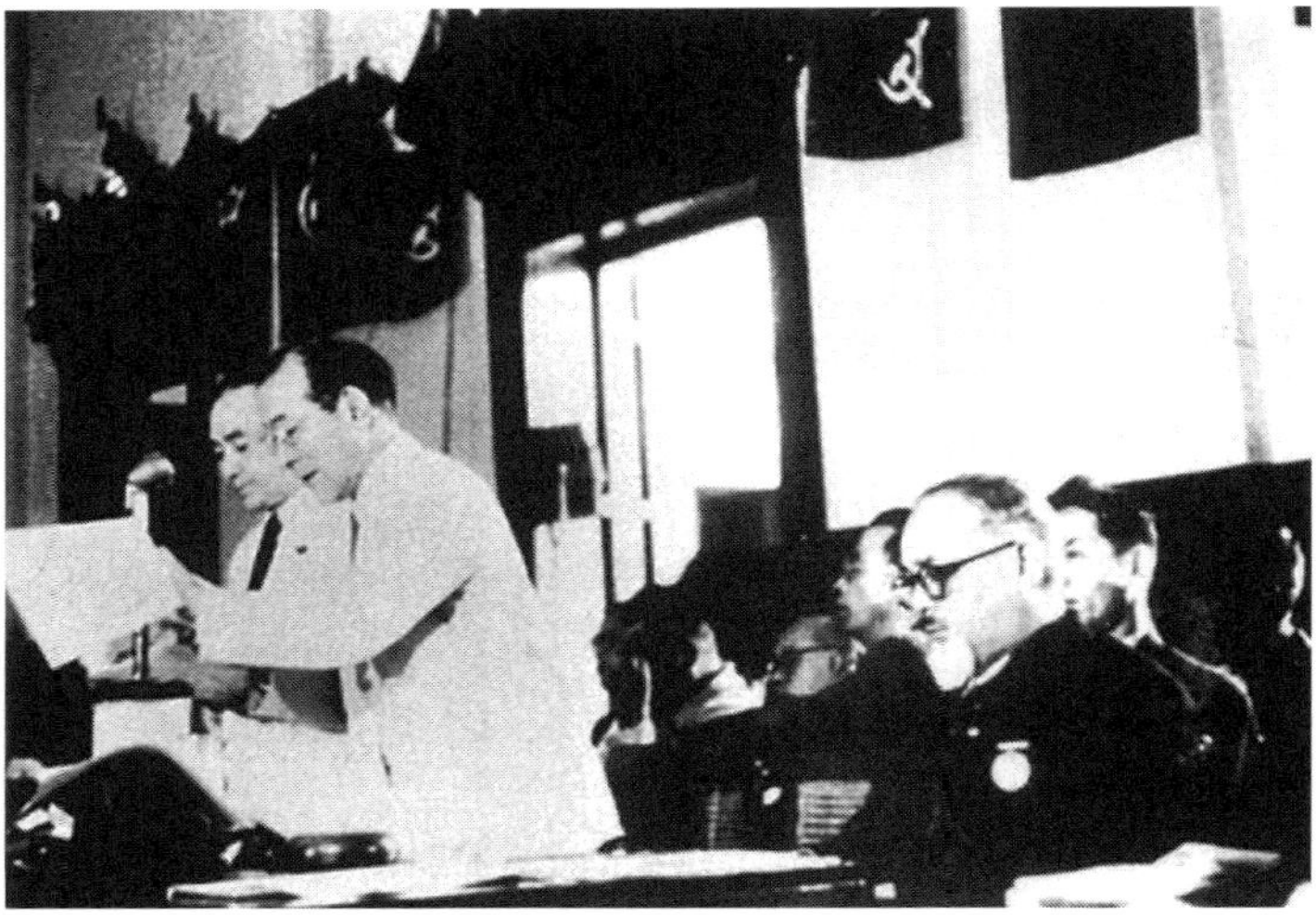

ビルマ（ミャンマー）の首都ラングーン（ヤンゴン）で開かれた「アジア社会党大会」に出席した治一郎（1953年1月）［松本治一郎資料］

放が達成されていくであろう。この仕事こそがまた私のこれからの生涯をかけた任務である」（部落解放・人権研究所 2007: 30）。

これによって、国内外の平和運動における治一郎の評判はますます高まった。後述するように、治一郎はラングーン（現ヤンゴン）で開かれる会議に出席するため一九五三年一月初頭に出国し、三月三一日まで外遊から戻らなかった。その間に部落解放全国委員会の幹部は、おそらく左派社会党との交渉の末、来たる衆議院選挙で治一郎を全面支援することを決定した。

国内的には、治一郎はより幅広い人権運動を支援し続けていた。ＪＣＬＵが創設されたのは一九四七年のことであり、同時に法務省には人権擁護局が設けられ、さらに人権擁護委員制度の設立へと発展していった（Neary 1997 参照）。世界人権宣言の作成において中心的役割を果たしたエレノア・ルーズベルトが一九五三年に来日した際、ＪＣＬＵは法務省と共催する形でセミナーを開催した。翌年の三月には、治一郎は他の多くの国会議員とともに新人権委員会設置法案を提出した。この委員会は政府から相当程度独立したものになるはずだったが、法案は成立しなかった（本多 2008a: 85-6）。

一九五一年初頭には、部落解放全国委員会や小作人団体、患者団体、零細事業者団体など多くの組織の支援を得て人権擁護団体協議会が結成された。協議会は一九五一年六月から機関紙『人権民報』の発行を開始し、権利に関わる幅広い問題について報じた。治一郎はこの事業に対して若干の金銭的支援を行なっていたとされる（本多 2009: 85）。

治一郎宛の手紙しか残されていない――治一郎が送った手紙は一通もない――ものの、治一郎は元ハンセン病患者の権利のための運動にも関わっていたようである。ハンセン病患者は伝統的に社会から隔離されていたが、一九五〇年代初頭に抗生物質療法が発展して以降、隔離の科学的根拠はなくなった。法改正運動の一環として、運動に関わっていた人々は一九五三年にＪＣＬＵ幹部である治一郎と海野へ手紙を送った。しかし運動は功を奏さず、新たに厳しい法律が成立してしまった。ハンセン病運動家らは一九五九年にあらためて治一郎へ手紙を書いている（本多 2007b: 85-6）。

これらの問題は二〇世紀を通じて未解決のまま残されていた。元ハンセン病患者を社会から隔離し続けた法制度は一九九六年まで廃止されず、補償を勝ち取る運動が成功したのはようやく二〇〇一年のことである。同じころ、独立した人権委員会の創設を提案する答申（「人権救済制度の在り方について」）が出されたものの、本書の執筆時点でその提案は実現しておらず、近い将来実現する可能性も低い。

表 7.1　参議院全国区で出馬した部落解放運動公認候補者の得票数（1947 ～ 65 年）

	1947 治一郎	1953 治一郎	1956 北原	1959 治一郎	1962 上田	1965 治一郎
北海道	887	3,874	913	3,166	5,023	6,076
東京	7,844	21,590	1,044	38,917	17,455	70,417
岐阜[3]	1,669	2,172	4,530	2,613	2,613	3,429
三重[4]	6,008	7,984	5,197	8,546	25,392	8,472
福岡	193,105	116,680	18,187	116,094	29,645	124,220
計	425,494	368,914	122,884	426,586	199,115	548,022

三　一九五三年選挙

部落解放全国委員会は、全国委員会の方針に共感する候補者への投票を支持者に呼びかけるという選挙戦略をとっており、一九五三年に実施された二つの国政選挙[2]では、全国委員会の政治研究会が推薦した候補者六二人のうち、衆議院で三五人（労農党二人、共産党一人、右派社会党二人、左派社会党三〇人）、参議院で五人（うち四人は左派社会党で一人は無所属）が当選した。治一郎にとって、この参議院選挙は一九四九年に公職追放によって奪われた議席を取り戻す機会だった。表7・1から明らかなとおり、治一郎は、支持票のかなりの部分は福岡で獲得したものとはいえ、全国的に票を得ることができた。治一郎は選挙後、自分に投じられたすべての票は吉田茂による公職追放への反対票であると述べている。治一郎は、以後六年間、日本の民主化と独立、自由と世界平和の創造のために闘っていくと約束した（『解放新聞』第五六号、一九五三年五月一〇日付）。

参議院が再召集されてわずか数日後の一九五三年六月一七日、

治一郎は最初の国会演説を行なった。まずはおよそ五年ぶりに吉田首相に会えて嬉しいと皮肉交じりに述べたうえで、治一郎は「明るい日本、平和日本、働く人たちの暮しよい日本」のために闘っていく決意を明らかにした。次に憲法第二五条（「健康で文化的な最低限度の生活を営む」権利を保障したもの）を引用したうえで、皇室に支出されている巨額の費用について質問した。そして軍備支出の増加を批判し、その削減を吉田首相に促した。治一郎は最後に、日本が米国と軍事同盟を結ぶことには反対であると述べ、日本はアジアとの協力を試みるべきであって米国の政策に追随すべきではないと主張した。吉田首相が米国の分断統治政策にやすやすと利用されれば、日本はアジアの孤児となってしまうというのが治一郎の主張だった（解放出版社（編）1977: 262-3; 部落解放同盟中央本部（編）1987: 313）。

翌年五月、治一郎は参議院の委員会で行なわれた防衛庁設置法案と自衛隊法案の審議に参加した。どちらの法案も衆議院ではすでに承認済みだった。治一郎は日本社会党を代表して、この二つの法案は違憲であり、日本の再軍備政策の一環であると批判した。そして吉田首相に対し、日本を米国に縛りつける政策を放棄して世界の日本になる道を進むよう促した。政府の金は武器の購入のためではなく生活水準の改善のために用いなければならないというのが治一郎の主張である。治一郎は、政策批判に交えて与党内の汚職の疑惑についても取り上げ、十分な説明を吉田に要求した。吉田の答弁は、汚職云々は罵詈誹謗である、両法案が合憲であることは政府として確認済みである、というものだった。また、審議中の法案と直接関係のない質問にはいかなるものであっても答えないとした（国会会議録、一九五四年五月一九日、内閣委員会）。

月刊誌『中央公論』一九五四年七月号には、「労働者階級と平和運動」という副題で治一郎の小文が掲載された（松本 1954）。けっして体系的な理論的分析ではないが、それでも治一郎の見解が端的に述べられた記事である。まず、戦争はけっして労働者階級の利益にはならないと治一郎はいう。労働者は戦争で被害をこうむる。資源が軍備に費やされれば労働者の生活水準は低下するのであるから、「労働者階級が自らの生活を守りつつ、平和のために闘うということは全く当然の任務である」。続いて治一郎は、自分の交友関係を少しばかりひけらかすような形で、歌手のジョセフィン・ベーカーや、亡命中のチュニジアの法相、サラ・ベン・ユーセフと少し前に交わした会話に触れ、その際に自分は人種差別と闘うこと、日本が米国ではなく国民の、そして世界のものであるようにしていくことへの決意を表明したという。治一郎の主張は、世界のための水平運動こそ世界平和につながるのであり、そのための第一歩は世界のすべての国——とくに米国——が自国の憲法に「九条」を含めることだというものである（部落解放同盟中央本部（編）1972: 78）。

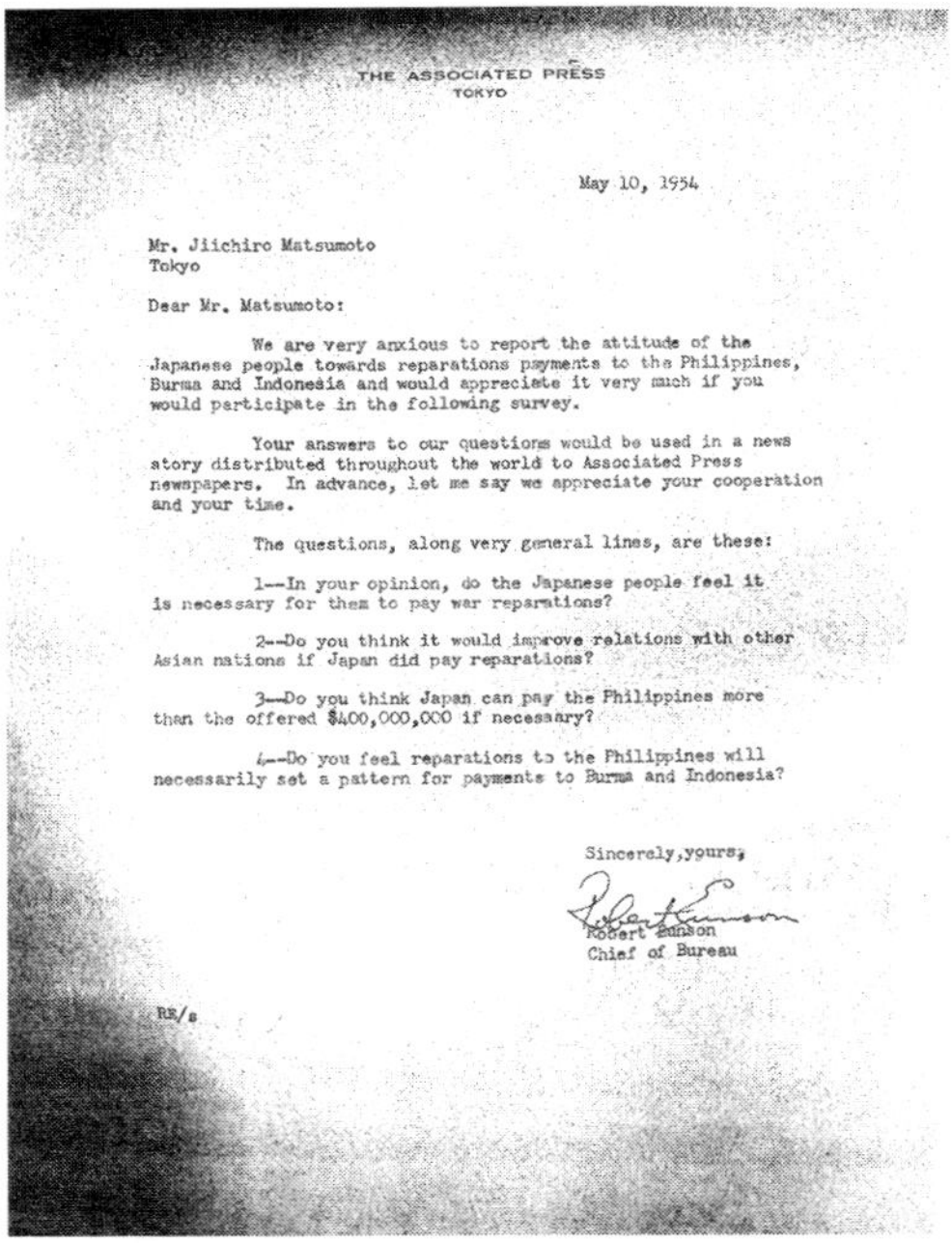

THE ASSOCIATED PRESS
TOKYO

May 10, 1954

Mr. Jiichiro Matsumoto
Tokyo

Dear Mr. Matsumoto:

We are very anxious to report the attitude of the Japanese people towards reparations payments to the Philippines, Burma and Indonesia and would appreciate it very much if you would participate in the following survey.

Your answers to our questions would be used in a news story distributed throughout the world to Associated Press newspapers. In advance, let me say we appreciate your cooperation and your time.

The questions, along very general lines, are these:

1--In your opinion, do the Japanese people feel it is necessary for them to pay war reparations?

2--Do you think it would improve relations with other Asian nations if Japan did pay reparations?

3--Do you think Japan can pay the Philippines more than the offered $400,000,000 if necessary?

4--Do you feel reparations to the Philippines will necessarily set a pattern for payments to Burma and Indonesia?

Sincerely, yours,

Robert Eunson
Chief of Bureau

RE/s

治一郎への国際平和に関する質問状［松本治一郎資料］

治一郎は続けて、大衆の参加――闘い――がなければ日本の民主化は形式的なものに留まるだろうとも主張した。したがって、解放運動に携わっている者にせよ労働組合で活動している者にせよ、自分の大義のために闘うこと、そしてその大義に役立つ相手なら誰であれ、たとえそれが――この記事ではっきりいっているわけではないが――共産主義者であっても、手を組むことが必要であるとした。

治一郎には他の国会議員の取り巻きが一九五三年末の時点で五人おり、一九五四年五月にはそれが八人に増えて松本派の中核を形成するに至った。この時点で、分裂していた日本社会党の両派の話し合いが始まろうとしており、やがて再統一へと至ることになる。松本派は再統一に断固反対であった。一九五五年八月二八日に福岡で開催された左派社会党の大会では、両派がふたたび行動をともにするようになるのは困難であるとの結論が出たものの、有権者が党の統一を願っていることにも留意された。再統一の見込みがはっきりすると、松本派は、一九四八年に党を割っていた労農党も同様にふたたび受け入れるべきだと主張した。おそらく、このような大規模な再統一であれば党内バランスが右に傾きすぎることもないのではないかと考えたのだろう。実際にはすぐにこれが実現することはなく、労農党が日本社会党に合流したのは一九五七年一月一七日のことだった。その後、旧労農党関係者は黒田派と呼ばれるようになり、再統一後に平和同志会を称するようになった松本派と緊密に協力していく。一九六〇年以降、両派は一体と見なされるようになった（Cole et al. 1966: 289-90）。

とはいえ、再統一がなったからといって党内分裂が解消されたわけではなかった。たとえば一九七八年一月に開催された日本社会党大会では、平和同志会をはじめとする左派が明確な階級論的基調に基づく方針の採択を促したことから、激論が交わされている。一方で穏健派からは、二大政党

表 7.2　1958 年衆議院選挙

	獲得議席数	得票率
自由民主党	287	57.8
日本社会党	166	32.9
日本共産党	1	2.6
無所属	13	6.7
計	467	100.0

制が成立しようとしているなかで重要なのは、投票してくれる可能性がある有権者を遠ざけないよう「責任ある」姿勢を発展させていくことであるという指摘が出た。当面の対応として、平和と独立のための闘い、民主主義の増進、生活水準向上のための取り組みを基調とする方針をとることが合意された。

新生社会党にとって最初の試練となったのは一九五八年五月の総選挙である。このとき社会党は、やはり新たに合同した保守政党、自由民主党（自民党）と対峙した。選挙結果は表7・2に示したとおりである。

日本はすでに二大政党制となり、日本社会党が与党になるのにもそれほど時間はかからないのではないかとも思われた。このときの選挙で主たる争点となったのは憲法改正で、自民党はこれを喫緊の課題と考えた。しかし社会党も、憲法改正が行なわれるべきではないという確信を同じぐらい強く抱いていた。この点に関わるもっとも重要な選挙結果は、憲法改正を成立させるために必要な、衆議院における三分の二の多数を自民党が獲得できなかったということである。

治一郎は、この時期には国会の公式な議事で目立った貢献をする存在ではなくなっていた。一九五三～五九年の任期中に国会で発言したのは、すでに概要を示した最初の演説を含めて一一回にすぎない。討議の場における治一郎の発言には、明確なテーマが二つあった。ひとつは平和運動に対する関心の延長線上に位置づけられるもので、もうひとつが天皇制である。治一郎は一九四〇年代に天皇制の廃止を提唱しており、その考えを変えてはいなかった。一九五八年三月二七日から四月一日にかけて、内廷費を三八〇〇万円から五〇〇〇万円に、皇族費を一九〇万円から三〇〇万円に増額するという提案との関係で、この問題がふたたび持ち上がった。治一郎は、この増加率はそれぞれ三一・五%と五八%になるが、これに対して一般公務員の給与の引上げ率は六・二%にすぎないと指摘した。そして高松宮の金の使い方についてやや詳しく取り上げ、高松宮が月会費一万円のクラブの会員になっていることなどに言及した。このような贅沢な金の使い方をするのではなく、住む場所がないために結婚できないでいる貧しい男女を援助するほうがよいのではないかというのが治一郎の主張である（部落解放同盟中央本部（編）1972: 214-15）。演説の最後のほうで、治一郎は次のように述べている。

もう時代は変っている。天皇一家の者だからといって働く者よりも何百倍かの金をかけて生活しなければならぬということは、よほど考えなければならぬ。五十才以上という人の中には、あの間違ったうその教育を受けた、それがまだ残っている。しかし、もうそういうことは日本ばかりじゃない。世界の多くの国が、人民の目ざめによって、王政から共和政に変っている。

（部落解放同盟中央本部（編）1972: 216-17）

治一郎はもっと直截に表現するのをいまなお躊躇しているようだったが、彼が依然として天皇制の廃止を望んでいることは誰の目にも疑いの余地がなかった。

政治の本流に復帰して以降の治一郎が日本社会党の要職に就くことはなく、思想面での議論に口を出すこともあまりなかった。治一郎は生涯を通じて理論家ではなく活動家だったのであり、それどころか、理論を重視しすぎる連中には疑いの念を抱いていた様子である。コール、トッテンおよび上原の指摘によれば、治一郎は「立場を得たいだけの猟官運動家」ではなかった。治一郎が受け入れたのは社会党の顧問という立場だけである。しかし、コールらは続けて、「……だからといって、けっして、社会党の党内事情における治一郎の影響力もその程度に留まっていたというわけではない」という興味深い指摘を付け加えている（Cole et al. 1966: 288）。社会党に対する治一郎の主たる貢献は金銭的なものだったとされているが、どの程度の貢献だったのかを資料で明らかにすることは不可能である。一九七〇年代になるまで、企業や組合が政党に行なう献金の規制はおろか、その金の流れを追跡するための試みも、政党に対して資金的支援の出所を開示させようとする試みも行なわれることはなかった。献金は現金で、領収証を求めることもなく行なわれるのが通例だった。このような制度は自民党にとっておおいに役立ったが、治一郎のように後援者の立場にある人物にとっても、いかなる痕跡も残さずに社会党に寄付することを可能にしてくれた。筆者に対し、とくに一九六〇年の安保反対運動以降の社会党は資金不足が甚だしかったのではないかと指摘してくれた人もいる。借金の金利の支払いが党費収入の三倍に達しており、党本部では電気代の節約のため二機あるエレベーターのうち一機しか使われていなかったという。そのため治一郎は、党の要職に就いていなかったにもかかわらず、党内で影響力を保つことができた。

社会党は両派の妥協によって一九五五年に再統一するに至ったが、深刻な分裂状況は依然として変わっていなかった。右派・中道右派に位置していたのが西尾派と河上派である。左派には四つの勢力があった。鈴木茂三郎が率いる社会主義研究会、和田（博雄）派、野溝（勝）派、そして最左派の平和同志会である。平和同志会は、一九六〇年までに旧労農党関係者が全員合流し、名称も安保体制打破同志会に変更していた（本多 2008c: 85）。最左派は日本共産党とほとんど見分けがつかず、実際、一九五九年七月に提出した党再編の提案では共産党とほぼ変わらない主張をしていた。彼らが望んだのは進歩的プロレタリアートを基盤とする階級政党の創設で、これが共産党の目標と同じであることにも言及している。さらに、両党の政策と綱領が似通ったものになりつつあるのだから、共産党との合同活動も拒絶すべきではないとした。それどころか、相互批判の余地を残しておく必要性は認めながらも、「共産党と社会党の合同活動を嫌うのは独占資本主義者と米帝だけである」という（高橋 1996: 69-70）。岡田春夫が同時に指摘したように、「戦略は異なれども、実際には我々は共産党と同じ活動を行っていた」（原 2000: 132）。当時の彼らの基本的スローガンは、「安保条約廃止」と「米帝は日中両国人民共同の敵」であった。

治一郎がこのような立場を提唱していたことは、一九五九年六月の参院選で議席維持を目指して行なった選挙運動に見てとることができる。治一郎が選挙期間中に行なったラジオ放送のメモによれば、治一郎は、解放と世界平和のために五〇年間運動してきたことを強調したうえで次の四つを公約したという。

一、政治の完全浄化
二、貧困や失業も差別もない明るく豊かな世界をつくる
三、日米間の不平等条約の廃止と日中国交回復のために取り組む
四、日本の真の独立とアジアの完全解放を通じた世界平和のための取り組みに全力を尽くす

（本多 2009: 82）

選挙の結果、治一郎は総得票数を大幅に——三六万八九一四票から四二万六五八六票へと——増やして議席を確保した。

四　反基地運動

一九四四年二月、福岡市東南の五つの村（そのひとつを板付《いたづけ》村といった）に暮らしていた五〇〇人の住民が土地を立ち退かされた。その場所に、朝鮮人、戦争捕虜、そして最終段階では学童の労働力を使って新たな飛行場を建設する準備が進められていたためである。空港は一九四五年八月中旬になってもまだ完成しておらず、一九四五年一〇月一七日に米当局から接収されて軍の飛行場として利用されることになった。米国は占領が終了してもこの基地を占拠したままで、それどころか拡張しようとした。これは、米国の軍国主義とそれに対する日本の従属の見本が治一郎自身の玄関先に現出したよ

1955 年、板付基地撤去集会の様子。治一郎は 1954 年裁判に訴え、２年後、一審では勝利した。［松本治一郎資料］

うなもので、治一郎が、日本から米軍を完全撤退させるためのプロセスの一環として、多くの基地拡大反対運動に関わるようになったのも不思議ではない。

一九五三年一〇月、米軍は基地を二万坪拡張したいという希望を明らかにした。治一郎はある意味で難しい立場に置かれることになった。この地域にかなりの広さの――全部で一万四八〇〇坪（ほぼ五〇平方キロ）に達する――土地を所有していたためである。治一郎がこれらの土地を所有するようになった正確な経緯は明らかでないが、治一郎は、一九二〇年代後半の景気後退で困窮した農民たちから好意で買い取ったのだと主張した。治一郎は後年、この土地が公共の用に供する空港のために使われるのであれば喜んで手放したが、朝鮮戦争で人殺しをするために使われるから反対したのだと述べている（井元ほか

1976: 28)。

国は土地所有者一九人と貸借契約を結ばなければならず、そのうちの二人が治一郎と松本英一だった。治一郎は、「個人的な利害にかかわりなく、日本人の土地が米軍に利用されることには反対である」と宣言して、国の要求の受け入れを拒んだ。一九五四年四月には吉田首相が拡張計画への支持を表明し、これは安保条約上の日本の義務とも合致すると述べた。これに対する反応として、七月五日、治一郎は他の二人とともに土地の強制収用を禁止する判決を求めて裁判所に提訴し、土地の接収は憲法違反であると主張した。板付基地拡張反対デモも複数回行なわれたが、これは日本人の土地に米軍基地が存在することそのものを問うデモでもあった。一九五五年六月には左派社会党と総評が全国軍事基地反対連絡会議を設置し、福岡での活動も連絡会議の支部によって調整が図られることになった。この運営委員会の中心人物のひとりは楢崎弥之助であった。

米国側は、係争中の裁判にもデモにもひるむことなく、自国の東アジア戦略の発展に沿ったさらなる板付基地拡張計画を発表した。一九五四年六月、高性能爆薬を保管する倉庫一三棟の建設計画を明らかにしたのである。治一郎は『解放新聞』紙上で、米国によるこのような基地の使用は憲法違反であるのみならず、世界が平和に向けて動きつつあるときに基地を拡張するのは日本国民の利益にもならないと説いた。逆に、市議会が計画していたように基地を国際空港に転換するべきだというのが治一郎の主張である（『解放新聞』第七一号、一九五四年九月一五日付）。一一月一二日には二万人近くの市民が福岡市役所前に集まり、米軍駐留反対演説に耳を傾けた。

福岡地裁は、治一郎が提訴していた事件についての決定を一九五六年二月一三日に言い渡した。治一郎の弁護士の主張は、治一郎が所有する土地の使用を米軍に認めることは軍事施設のための使用に当たるので憲法第九条（「平和条項」）に違反するというものであった。さらに、この強制的な土地貸与は憲法に反する目的のために行なわれたものであり、憲法第九条・第九八条第一項や民法九〇条に違反するので、強制執行は無効であるとも主張していた。福岡地裁は憲法上の問題については判断しなかったが、一九四八年以降は土地貸借契約の更新が適正に行なわれていないため、国が土地の使用を認めることは法律上の根拠を欠くと判示した。したがって占領終了後は国には土地の使用権がなく、国は「アメリカ合衆国軍隊使用の施設を撤去した上、明渡さなければならない」というのが裁判所の結論である。これにより、治一郎と共同原告は国に対する土地の貸与を拒否する根拠を得たことになり、米軍基地は閉鎖を余儀なくされるはずだった。しかし、国は安保条約上の義務を履行しなければならないとして直ちに控訴した。一九六〇年三月になってようやく、国の主張を支持する判決が高等裁判所によって出された（日本社会党福岡県本部35年史編さん委員会 1983: 121）。米国側はさらなる展開の計画を続けており、一九五六年九月には、F-86に代えて新世代の戦闘機F-100を導入すると発表した。これは、超音速で飛行できる（したがって騒音も大きくなる）のみならず、小型核兵器の搭載能力もある戦闘機である。新たな抗議のうねりが起きたものの、またしても無視された（日本社会党福岡県本部35年史編さん委員会 1983: 122）。[6]

板付基地反対運動はここで終わったわけではなく、一九六〇年代にあらためて再燃することになるが、政治的嵐の中心が二つの問題に移ったために数年ほど視界から消えた。ひとつは地方の、もうひとつは全国的な問題だったが、どちらにおいても治一郎は小さな、しかし重要な役割を果たすことになる。

五　三池争議と安保闘争

一九五八年には、日本の有権者が社会党よりも、保守党である自民党を好んでいることが総選挙の結果で明確になったが、左派にも楽観的見通しを保つ根拠はあった。左派の支持層は労働組合や都市住民であり、日本の工業化・都市化にともなって支持が増加する可能性は高いと見込んでいたのである。また、権威主義的国家体制の再生を狙っていると思われる施策、とくに警察権限の再編・強化、教育制度の中央統制強化を目的とする提案に反対するデモに民衆を動員することもできていた。これらの反対運動は一九五〇年代後半に継続的に行なわれ、教職員団体等によるデモや相当規模の市民的不服従をともなって、幅広くかつ成功裡に展開されていた。そして一九五八年末、はるかに大規模な二つの闘いの予兆が表れる。三池争議と安保反対運動である。

炭鉱

一九五八年の時点で石炭産業に従事していた労働者は全国で三二万五〇〇〇人にのぼり（Cook 1967: 105）、総産出量の三八％は福岡県で採掘されていた。日本国内の埋蔵石炭は一般的に品質が低く、採掘しにくく、したがって採掘費用も高くついた。こうした点は、一九五〇年の朝鮮戦争勃発とその後の産業好景気を受けて需要と価格が高騰したため、一九五〇年代には曖昧にされていた。しかし一九五八年を迎えるころには、通商産業省（通産省）の計画担当者らの目には、日本が国際競争力を獲得するためには石炭から離れ、相対的に安価な石油に移行するエネルギー戦略を採用しなければならないことが明らかになっていた。このような方針がとられた結果、一九五九年には福岡県内の四七か所の炭鉱が閉鎖され、一万五二二人が職を失った。当時の余剰労働力の大きさを考えれば、炭鉱の職を失うことは「失業と貧困という終身刑を言い渡されたにも等しい」ものだった。このような状況は炭鉱労働者自身のみならずその子どもにも影響を及ぼすことになる。主要炭鉱地帯である筑豊で、失業した炭鉱労働者を対象として一九六一年一〇月に実施された調査によれば、これらの労働者の子どものうち健康状態が良好なのはわずか七％にすぎず、残りは皮膚病、栄養不良、トラコーマを患っていた（Martin 1961: 26-7）。通産省は一九五九年にさらなる石炭産業再編案を打ち出し、新たに二〇〇か所の炭鉱を閉鎖して九万人の職をなくす方針を明らかにした。

一九四〇年代後半から一九五〇年代にかけて、炭労（日本炭鉱労働組合）が強力な労働組合として登場していた。炭労には、三井鉱山株式会社の労働者三万五〇〇〇人も、同社の企業組合である三鉱連（全国三井炭鉱労働組合連合会）を通じて加入していた。福岡県最大の炭鉱は三井が所有する三池炭鉱（大牟田市）で、そこには一万四〇〇〇人の組合員がいた。一九五三年、三池炭鉱の攻撃的な経営陣が、多数の組合活動家を含む二〇〇〇人の労働者を解雇しようとした。組合が呼びかけた部分ストライキによって炭鉱は一一三日間の操業麻痺に陥り、会社は大きな損失をこうむった。最終的に経営側が引き下がり、解雇の計画は放棄された。組合はこの闘争に勝利したことで力を増し、従業員が死亡や退職を理由に働くのをやめた場合、経営側はその妻、息子あるいは兄弟を代わりに雇わなければならな

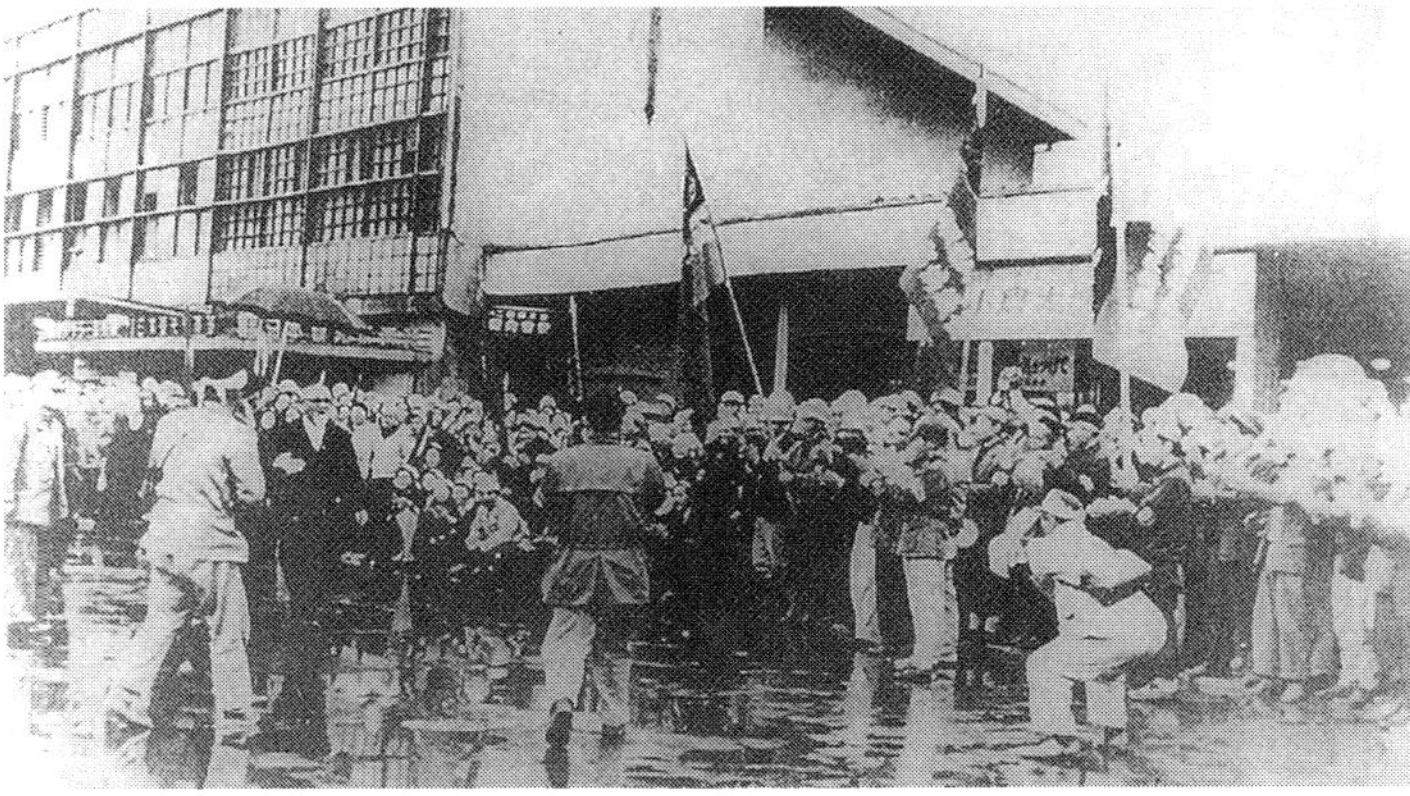

三池闘争の先頭に立つ松本治一郎（大牟田駅前）［『全九州水平社　創立90周年記念誌』より］

いと主張することさえ可能になった。三池炭鉱ではこの合意が厳格に守られたことから、普通よりも多くの労働力を抱えていた（Martin 1961: 27-8）。

一九五九年八月、三井経営陣はふたたび、解雇手当をともなう希望退職を募ることによって、炭鉱労働者数を五〇〇〇人減らして三万人とすることを提案した。六か所中五か所では十分な希望退職者が見つかったものの、三池炭鉱では必要な人数（二〇〇〇人）の半数しか申し出がなかった。そこで一一月、会社側は組合活動家三〇〇人（「生産妨害者」）を含む一二七七人に解雇通告を行なった。三鉱連は当初、毎週火曜日と金曜日にストライキを行なうよう指令を出したが、経営側が一九六〇年一月五日にロックアウトに踏み切ったことから、全面ストを宣言した。

左派の労働組合連合である総評が、スト基金に三〇〇円をカンパするよう傘下の組合員に呼びかけたほか、働いている炭労の組合員に対しては、三池の同志を支援するための臨時カンパ六〇〇円が要請された（日本社会党福岡県本部35年史編さん委員会 1983: 182)。一方、経営者団体である日経連は、他の大規模炭鉱の作業員を組織化して三池の顧客への供給が滞らないようにした。石炭の公定価格は下がっていたが、石炭の主要な消費者は従前の高い価格での支払いを続け、三井鉱山株式会社がその差額をロックアウト資金として役立てられるようにした。こうして、このストライキは組織化された労働者と資本との大規模な紛争へと発展していった。

安保

一九五九年初頭、日本社会党は声明を発表し、米国は安保条約に軍事同盟の性格を付与することを決定済みであると主張した。そのため、日本の軍事的関与は強まり——米軍・自衛隊の共同作戦も増えることになる——、戦争の危険性も高まるというのである。軍国主義は全体主義を強め、民主主義を損ない、生活水準に影響を与え、ソ連や中国との関係を悪化させるとされた。社会党が主張するのは「積極中立」政策であったが、これは、ストックウィンが指摘するように、それまでの主張と大きく異なるようには見えなかった。ただし、新たに核軍縮が強調されるようになった点と、日本が国連加盟国となっていたことを踏まえ、「バンドン精神」にのっとり、アジア・アフリカ諸国の一員としてアジアおよび世界の平和のために行動していくという構想が打ち出された点は違っていた。このような方針の採択は、社会党全体が党内左派寄りになっていく画期となった（Stockwin 1968: 82-3）。

二月五日には治一郎を含む社会党幹部四人が記者会見を開き、主だった左派系五団体の支持を得た共同声明を発表した。[7] 彼らはこの共同宣言で、安保条約の改定に反対し、同条約および関連行政協定の廃止を要求し、新たな対中政策の立案を要求することを宣言した（本多 2009: 89）。一方、岸首相は、いっそう平等な同盟関係のために安保条約の改定交渉を開始すると発表した。五月二八日、左派系一三四団体から六五〇人が結集して安保条約改定阻止国民会議を結成した。それからわずか二か月ほどで、福岡でも二八団体の代表からなる地方会議が創設されている（日本社会党福岡県本部35年史編さん委員会 1983: 167）。六月二五日には全国で安保反対デモが行なわれ、四〇〇万人が参加した。福岡でも二〇万人以上が集まったが、そこでは安保反対が基地反対運動および炭鉱産業合理化反対闘争の両方と関連づけられていた。

安保反対運動は一九五九年を通じて続けられたが、日米両政府の間では合意が成立し、一九六〇年一月一九日、岸首相とアイゼンハワー大統領がホワイトハウスの芝生の上で改定安保条約と新地位協定に調印した。しかしまだ国会、とくに衆議院による条約の批准承認が必要であった。自民党は衆議院の議席の三分の二弱を押さえていたので問題はないはずだったが、保守派のなかにも、米国と緊密な関係を続けることが賢明かどうかという点や、岸首相が左派からの批判を黙らせるために対決戦術をとってきた点を疑問に思う者もいたのである。あらゆる主要都市では引き続き路上デモが行なわれており、国会では社会党議員が安保条約に関する審議阻止のために議事を中断させようと試みていた。業を煮やした社会党は審議拒否に打って出た。けっきょく、五月一九日の早朝に条約批准は承認されたが、その場にいたのは自民党の議員のみで、しかも自民党からさえ欠席者が出ていた。そして、問題がこれで終わるわけではなかった。集会やデモが行なわれなくなることはなかった。六月には三〇万人のデモ隊が国会を包囲することもあり、また六〇〇万人が参加した大規模ストライキで経済は大混乱に陥った。条約更新を記念して米国大統領が訪日する計画もあったが、日本政府は大統領の安全を保証できないだろうという国務省の判断により、撤回せざるを得なかった。岸首相はこのような状況を脱する術を見出せず、一時は、自衛隊を動員し、東京の路上に戦車を展開させてデモを鎮圧してはどうかと口に出したほどである。岸首相のやり方に対する反発が自民党内でも高まり、岸は六月二三日に辞任を余儀なくされた。代わって首相に就任した池田勇人は反対勢力に対してもっと懐柔的な姿勢で臨み、政治の熱を冷ますのに成功したことから、年内は議論の種になるような問題が出てこないで済んだ。その甲斐あって、一九六〇年一一月に実施された総選挙では、衆議院における自民党の議席を（選挙前の二八七議席から）二九六議席まで増やすことができた。

治一郎は以上の出来事にあまり参加をしていなかった――このころには病院で時間を過ごさなければならなくなっていたのである。国会の外で行なわれたデモは何度か見たことがあるし、あるときなど、露店のアイスクリームを買い占めてデモ参加者に持っていかせたこともあった。若干の実質的支援も行なっている。井元麟之によると、安保反対運動のさなか、治一郎が当時社会党委員長を務めていた浅沼稲次郎に新聞紙でくるんだ包みを渡したことがあったという。浅沼が帰宅して包みを開けてみると、中には一〇〇万円の札束が入っていた（井元ほか 1976: 33-5）。当時社会党の会計を務めていた松原喜之次をめぐる話も伝わっている。社会党顧問の会合で松原が「デモ隊には交通費も弁当代も持たない諸君が案外いるし、党の財政は連日火の車です」と述べたところ、治一郎は「その話は私も聞いていたので用意してきました」と、またも一〇〇万円の札束を差し出したのだという（高津正道の証言、部落解放同盟出版社（編）1977: 281）。これは同じ出来事が異なる伝えられ方をしたものか、あるいは治一郎が実際に二〇〇〇万円を出したものか、判断するのは困難である。

三池闘争の終結

左派社会党からすれば、安保条約改定と九州北部の労働組合運動への攻撃は、占領期の自由主義的改革を掘り崩し、対ソ・対中戦争に備えて日本を米国との従属的関係にいっそうきつく縛りつけようとする岸首相の試みに関わるものであった。しかし炭鉱労働者の組合は困難に直面しつつあった。まず、事務労働者が使用者との交渉を始め、やがて炭労から完全に脱退してしまう。その後、一九六〇年三月一七日には三池炭鉱の労働者四五〇〇人からなる「第二」組合が結成され、そのうち二〇〇〇人がピケラインを突破して業務を再開した。仲裁の試みも頓挫し、炭労は三池支部の説得を受けて中央労働委員会の斡旋案（会社側の立場を支持するもの）を拒否した。すると企業組合の三鉱連は炭労から脱退し、三池スト基金への財政支援を打ち切った。若干量の石炭が産出されるようになっていたことから、焦点は、石炭を貨車やトラックに積みこむ場であるホッパーへと移った。生産が再開されても、石炭を出荷することができなければ会社にとっては利益にならない。三井は福岡地方裁判所に申立てて、ピケ隊に退去を命じる仮処分を出すよう求めた。この仮処分決定は五月二〇日に言い渡された。

七月一七日にはホッパーの前で一〇万人集会が開かれ、日本社会党書記長・江田三郎などが演説に立った。裁判所の仮処分命令の執行日が近づくなか、集会参加者のうち一万人がピケラインを守りぬく決意を固めており、一方で一万三〇〇〇人の警官が仮処分命令執行の態勢を整えていた。池田勇人新首相は、反感を買いやすく保守的な考え方の持ち主だという評判とは裏腹に、石田博英労相に対し、労使の休戦を図って新たな斡旋案を交渉させるよう促した。新たな斡旋案は八月下旬に出されたが、その内容は組合が蹴った旧斡旋案とほとんど同じであり、解雇手当がやや増額されているだけだった。しかし、このころにはストライキは孤立しており、金銭的にも逼迫していた。組合は一一月まで屈服しまいと踏ん張ったものの、けっきょくのところ、二八二日間続いたストライキの末に取引を受け入れる以外に選択肢はほぼなかった。このようにして抵抗を克服したものの、石炭産業は急速に縮小していき、一九七〇年には筑豊地域で操業している炭鉱の数は五か所にまで落ちこんでいた。一九七六年には、福岡でいまなお操業しているのは大牟田の三池炭鉱だけとなり、それも一九九七年三月三〇日についに閉山となった。

しかし、治一郎はこの件でどのような役割を果たしたのだろうか。正確な数字を出すのは不可能だが、一九六〇年の段階で、福岡県内で就業していた炭鉱労働者の約三分の一は部落出身者と考えられており、その多くは、石炭層がもっとも薄く危険性ももっとも高い採掘場で働いていたと思われる。部落解放同盟福岡県連は、二月二四日、三池炭鉱の経営側と闘っているスト参加者を支援する旨の決議を行なった。炭労とも緊密に協力し、炭鉱のピケを支援した。ストを組織した組合幹部のひとりは、後年、「解放同盟の支援がなかったら私たちの運動はどうなっていたかわからない」と語っている（森山ほか 2003: 234）。しかしここには負の側面もあった。ピケラインを組織した組合幹部らは「部落解放同盟の一〇人はデモ隊一〇〇人以上に匹敵する」と豪語することができたが、これはむしろ、部落民は暴力的であるという評判と、部落解放同盟は「左のヤクザ」であるという印象を強めることになってしまった。「第二組合」の結成後、使用者側は地元の暴力団員を雇ってスト破りを守らせ、ピケラインの突破に手を貸させた。部落の失業率は高く、つまり暴力団やヤクザ集団の関係者には相当の割合で――半数を優に超えるという推定もある――部落出身者が含まれていた。そのため、同じ部落の者がバリケードをはさんで対峙しあうこともあったのである。場所によっては、部落の年長者が炭労の組合員として働く一方、失業中の息子が暴力団に雇われてスト破りを実行するということもあった。ピケを張る炭鉱労働者に対する部落解放同盟の支援がこれほど効果的だった理由のひとつは、若手暴力団員は父親と対決するよりも逃げ出すことを選んだところにあるともいわれている（上杉 1975: 79）。

治一郎は三月二七日から二八日にかけて三池を訪れているが、三月二九日にはさらに暴力的な衝突が起こってスト参加者のひとりが死亡するに至った。四月七日、「第二組合」が炭労三池支部は「特殊部落」だとするビラをまくと、対立の度はさらに増した。このビラの表現は、あからさまな、そしておそらくは意図して用いられた、差別的かつ侮辱的なものであった（森山ほか 2003: 232）。暴力的衝突がさらに続いた。このときまで治一郎はストから距離を置いていたが、秘書の楢崎弥之助は、事ここに至っては何らかの対応をしなければならないと強く主張した。そこで治一郎は大牟田に出向いて集会で演説し、「みなさん、もうそろそろこの辺でよかろうが。殺し合いをして、なんの解決になるものか」と述べた。これで雰囲気が変わった。このときの様子を見ていたある人物によると、双方の部落民が退いていく様は潮が引くのを見ているようだったという（高山 2005: 692）。しかし差別事件をめぐる運動に続き、部落解放同盟も炭労を支援し続けた。数週間後、九州全域から三六台のバスに分乗してやってきた解放同盟員二五〇〇人が大牟田で開かれた集会に参加し、あわせて八〇〇〇人の活動家が、第二組合がまいた差別ビラを非難する声をあげた。その結果、第二組合の委員長は辞任し、組合も謝罪文を出した。これには治一郎は直接関わっていないが、このような経緯を把握していたことは疑う余地がない。

一九六〇年一一月、総選挙の直後に日本社会党福岡県連は方針検討会議を開いた。そこでは、新安保体制によって日本の対米依存がいっそう深まること、日本が核兵器の調達を含む戦争準備に巻きこまれる可能性が高まることが指摘された。このような指摘にもかかわらず、決議では、運動の優先順位は中国との外交関係確立を要求していくこと、地元の米軍基地への反対運動を強化すること、部落解放同盟の支援活動を進めることに置かれるべきであるとされた。この会議に治一郎が影響を与えていたのは明らかである。

振り返ってみると、このころが組合運動における、また有権者に対する、社会主義の影響力がピークに達していた時期のように思われる。別の言い方をすれば、三池闘争で組合の戦闘的姿勢が功を奏さなかったことと、安保反対運動が条約交渉の結果に影響を与えられなかったことにより、左派の本質的弱さが露呈されてしまったということである。一方、日本社会党は民主社会党（民社党）の結成によりふたたび分裂していた。共産党は、それから一〇年の間に、政界の末端に位置する状態から一〇％前後の得票率を誇るまでになり、右からは民社党、左からは共産党が社会党の権威を損なっていくことになる。

六　一九五〇年代前半の治一郎の国際的活動

治一郎が一九四五年一二月に行なったやや風変わりな提案――九州共和国を創設して日本連邦共和国の一部とし、さらに後者を東アジア諸国連合および世界政府制度の一部に位置づけるというもの――は、治一郎の戦後の世界観が日本という枠を超えていくことの最初の徴候だった。治一郎の考え方には、一九五四年に没するまで世界政府構想を提唱し続けた古参政治家・尾崎行雄の思想に負っている点がある。治一郎がこのような考え方に真剣な関心を持つようになったのがいつごろかははっきりしないが、福岡と大阪に保管されている治一郎関係資料のなかには、機関誌『世界政府』のバックナンバーや、一九五二年一一月に広島で開催された世界連邦アジア会議の議題の写しなども含まれている。もっとも、このころには世界政府運動には右翼的・反共的傾向が表れており、そのことは吉田茂が世界連邦アジア会議の名誉顧問に名を連ねていることからも明らかだった。

一九五〇年代に治一郎が行なった国際的活動には、相互に関連する二つの流れがある。ひとつは国際平和運動への関与で、これは世界政府に対する治一郎の関心を源流としている。治一郎がいつ最初に用いた表現かは誰も知らないようだが、一九五〇年代のいずれかの時点から、治一郎は「世界の水平運動」をつくりだすという意向を発展させていった模様である。これは、人種主義と差別によって抑圧されている諸集団の連帯を発展させていくという考え方と、国際平和運動への関与を広げていくかなければならないという考え方を組み合わせたものと思われる。もうひとつは、治一郎が中国文化に魅了されていたことと、中国との緊密な絆を再建したいと考えていたことで、これは治一郎の生涯を通じて繰り返し表れる主題である。少なくとも一九〇八〜一〇年の期間を大陸で過ごしてからというもの、治一郎は中国に対してロマンチックな愛着を持ち続け、国際連帯を発展させようとする取り組みでも、新たに共産主義の指導者のもとに置かれることになった中国とのつながりを確立することに多くのエネルギーを費やした。もちろん、治一郎の左翼的な見方、中国型社会主義への関心、そして平和運動の間にも強い関連性がある。

治一郎と中華人民共和国

一九五〇年初頭に日本中国友好協会（日中友好協会）という団体が創設され、二月二〇日には機関誌『日本と中国』創刊号が刊行された。創刊号の支援者リストに治一郎の名前はないが、治一郎の公職追放はまだ解除されていなかったので当然である。ただし、治一郎の盟友で後に日本社会党の松本派に所属する田中織之進[8]の名は見ることができる。協会が正式に発足したのは、中華人民共和国の成立一周年記念日にあたる一九五〇年一〇月一日である。創設時の会員七八人のうち、三分の一は中国に知的関心を抱いている学者、半数は在外中国企業の代表、そして残りは社会党議員、労働組合代表、社会運動活動家であった（Seraphim 2006: 112）。発足にあたり、協会は四つのテーマを活動の主軸に掲げた——世論、文化交流、貿易、外交政策である。[9]協会の初代理事長に就任した内山完造は上海で書店を経営していた人物で、一九三〇年代にはそこが日中の文学者（そのなかには日本帝国主義に批判的な者も何人かいた）の秘密の会合場所になっていた。

松本組は、大陸から九州帝国大学に留学してきた学生の支援を一九三〇年代初頭から行なっており、少なくとも一九九〇年代まで支援を続けている。一九四〇年代後半、まだ政治活動を行なえる状況にあった治一郎は、東京の事務所の二階に留学生を招いてすき焼きを振る舞うのが常だった。当初は大陸出身の中国人、韓国・朝鮮人、ベトナム人が中心だったが、やがて東南アジア全域からの留学生が参加するようになった（高山 2005: 640, 649-50）。この集まりがもっと正式な団体へと発展していったようである。治一郎の名前が『日本と中国』に最初に登場するのは、一九五一年二月、他のさまざまな「友好協会」の結成に関する記事のなかで、治一郎の東京事務所で会合を開いていたアジア民族懇談会準備会の存在に触れられたときのことだった。当時、治一郎が日本の対中政策に強い関心を抱いていたのは間違いない。一九五一年四月二八日、吉田茂政権が台湾の蔣介石政権を中国の正統政府として承認する意向を明らかにすると、治一郎は弁護士に異議申立てを行なわせている。

日本の左派一般と中国政府にとって、したがって日中友好協会にとっても、この時点における優先課題は占領終結時の「全面」講和条約を要求していくことにあった。すなわち、当時の米国の同盟国だけではなく、日本が戦争を行なっていたすべての国との講和を追求するということである。より一般的には、協会は「国民外交」を中核的戦略に位置づけていた。これは中華人民共和国主席の周恩来が造った言葉とされ、中国語では「人民外交《レンミンワイジャオ》」と言った。もっとも、中国語では中国人民と中国国家との一体感がうかがえるのに対し、日中友好協会が用いた日本語の表現は、日本政府がいかに日本国民の利益に奉仕していないかを説明するものとなっている。ただし、治一郎が一九三七年の選挙で掲げた公約にもこのような考え方は表れていることから、この言葉を（あらためて）発明したのが周恩来だったとしても、治一郎は馴染み深く感じたことだろう。

治一郎が中国と平和運動に関心を持っていることは海外からも注目された。一九五二年四月、「国民外交」の具体的例として九月に北京で開催することになっていたアジア太平洋地域平和会議の準備会合に日本から四人が招待されたが、治一郎もそのひとりに選ばれたのである。治一郎は旅券を申請したが、外務省は、治一郎の行動が「我が国の国益や安全を損なうおそれがある」として旅券の発給を拒否した。その後、四九三人の応募者から、一〇月の会議本番に出席する六〇人の代表団が選抜され、治一郎が団長に任命された。しかし外務省はまたもや旅券の発給を拒否した。旅券の発給を拒否された側からは座りこみをしたり暴力の脅しをかけたりする者も出たが、事態は進展しなかった。ある外務官僚は、「そんなに旅券がほしければ次の選挙で吉田内閣を倒せばいい」とうそぶいた。治一郎は自由人権協会の海野晋吉に頼んで外務省を相手どった裁判を起こしたが、九月二七日、裁判所は原決定を支持する判決を言い渡した（『週刊産経』一九五三年三月二二日号）。

一九五二年九月二八日に北京から電報が届き、治一郎の旅費その他の費用は会議が持つことが約束されたが、出国できなければ何の意味もない（福岡県人権研究所の松本治一郎関係資料に収蔵されている電報原文）。このとき治一郎のもとで楢崎富男が個人助手として働いていたが、その楢崎に日本共産党の中央委員が接近してきて、旅券が発給されない場合、治一郎には密航船で中国に渡る気があるかと尋ねてきた（高山 2005: 651; 部落解放・人権研究所 2007: 43）。治一郎がこの誘いに乗ることはなかったが、六〇人の代表団のうち一四人は何とか会議に参加しており、おそらく迂回ルートで北京にたどり着いたのだと思われる。会議は一〇月二日〜一二日の日程で開催され、三七か国から三七六人の代表と三七人のオブザーバーが参加した。会議の場で配布され、ラジオでも放送された公式声明のひとつは「日本問題」を取り上げたもので、全面講和条約を要求するとともに、日本国民が望んでいるのは「日本軍国主義の復活に反対し、これを防止し、独立・民主・自由・平和の新日本を建設」することである旨を表明し、すべての外国軍隊が日本の領土から完全に撤退することを求めている（Seraphim 2006: 118）。治一郎は、北京会議の場にはいなかったものの、アジア・太平洋平和連絡委員会の一一人の副議長のひとりに選出された（劉寧一からの一九五三年四月一一日付書簡、大阪コレクション所蔵資料）。

治一郎は、世界平和評議会（ＷＰＣ）書記長のジャン・ラフィットから、一二月一二日にウィーンで開かれる会議に出席するよう一九五二年一〇月二四日付の書簡で招待を受けた（大阪コレクション所蔵の書簡）。しかし旅券がないために出席できなかった。ＷＰＣはコミンフォルムの主導により一九四九年に設置された団体で、ソ連から資金提供を受けていた。[10] ＷＰＣは、一九五〇年代中盤にはソ連のフロント団体として批判されるようになる。たとえば、英米によるスエズ運河侵攻を批判する一方で、ソ連によるハンガリー動乱鎮圧は容認したことなどがその理由である。当時の議長はフレデリック・ジュリオ・キュリーで、一九五八年に没するまでその座にあった。

治一郎は、一一月二一日にはＰ・Ｎ・ラージボージからの手紙を受け取り、Ｂ・Ｒ・アンベードカルの訪日案についての助言を求められるとともに、やがて行なわれるアンベードカルの娘の結婚式に招待された（大阪コレクション所蔵の書簡）。低カースト出身のアンベードカルはインド憲法の起草に際して中心的役割を果たし、一九五一年までネルー内閣の一員でもあった人物である。[11] やはり、「不可触賤民」だったラージボージは、全インド指定カースト連合（ＡＩＳＣＦ）書記長で、一〇月上旬に京都で開かれた世界仏教徒会議に出席していた。会議終了後、ラージボージは部落問題研究所を訪れ、朝田善之助宅で一泊している。治一郎はたまたま一〇月八日に福岡から東京へ向かうことになっていたので、京都駅のホームでラージボージと短時間会見した（京都駅での会見について詳しくは部落解放・人権研究所 2007: 25 参照）。治一郎は、日本から一歩も出ないうちから国際的運動への関わりを開始していたのである。

七　ラングーンから北京へ

その数日前には、左派社会党の委員長であった鈴木茂三郎が治一郎に手紙を送り、左右両派の社会党議員の一団に加わって、一月初頭にラングーン（現ヤンゴン）で開催されるアジア社会党会議に出席してくれないかと依頼していた。アジア社会党会議の構想は、一九四七年一二月にデリーで開催された国際労働機関（ＩＬＯ）アジア地域会議までさかのぼることができるが、それから進展がなく、一九五二年三月になってようやく、インド、インドネシア、ビルマ（現ミャンマー）の社会党代表が左右両派の日本社会党関係者もオブザーバーとして迎えて会議を開き、準備委員会を発足させていた。これはフランクフルトで結成されていた社会主義インターナショナルと関連する動きだったが、もっと急進的な立場をとるアジアの社会主義者（インドや日本）のなかには、社会主義インターナショナルは西欧の政党に牛耳られていると考え、独立した機構を作りたいと考える者もいた。手紙のなかで鈴木は、自分は個人的にはラングーンに行きたくないとしつつ、英国の元首相クレメント・アトリーが右派社会民主主義勢力から招待されていると述べ、治一郎に、アトリーの影響力に対抗できる陣営を作るため顧問として行っていただきたいと依頼している（大阪コレクション収蔵の書簡）。左派社会党の機関紙『社会タイムス』は、一一月に発行された紙面で、「COMISCO（国際社会主義者会議委員会）とコミンフォルムはアジアの平和、特に世界平和に貢献していないので、第三勢力の強化が必要である」とした（『社会タイムス』第二六〇号、一九五二年一一月一六日付）。翌月の同紙に掲載された記事には、「忍び寄る日本の再軍備と反動、これと闘うには世界の平和勢力から協力を勝ちとらなければならない」と書かれていた。すなわち、ラングーンで開かれるアジア社会党会議で訴えなければならないということである（『社会タイムス』第二九四号、一九五二年一二月二一日付）。

治一郎はラングーン行きを望んだが、果たして外務省は旅券を発給するだろうか。外務省は渋ったものの、ついに一二月三〇日に旅券を発給し、治一郎は一月二日に日本を旅立った。戦前に大陸に二回渡ったことを除けば、治一郎にとってはこれが初めての海外渡航経験であり、本人は楽しかったようである。

第一回アジア社会党会議（ASC）は一九五三年一月六日〜一五日に開催された。治一郎は日本社会党から派遣された三〇人の代表団の一員で、人数は二番目に多かったが、左右に分裂していた。インド（七七人）、インドネシア（二六人）、ビルマ（一五人）からも相当数の代表が派遣されたほか、エジプト、レバノン、イスラエル、ネパールからもそれぞれ一〜三人が参加し、チュニジア、ケニア、ウガンダ、ユーゴスラビアからはオブザーバーが、社会主義インターナショナル（SI）からはクレメント・アトリーを筆頭とする三人の代表（他はスウェーデンとフランス）が派遣された。会議では、アジアの経済的発展や植民地主義からの解放の必要性などに関する一連の動議が可決されたが、会議で決定しなければならない最大の問題は、ＡＳＣはＳＩの地域組織になるのか、それともまったく独立して活動するのかということだった。右派社会党はＳＩとの緊密な連携を支持したが、左派社会党は、ＡＳＣが独立組織になったほうが自分たちの中立政策を支持してくれる可能性が高いと考え、その方向を望んだ（Rose 1959: 8）。アトリーの見解は、アジア諸国は安全保障に関して西側に依存しているのだから、アジア諸国の社会民主主義政党も単一の国際組織に所属するのが自然だというものだった。アトリーは、数年後に出版した回顧録で、「会議は、また新たな東西の結びつきを生み出した点で有益だった」との評価を下している（Attlee 1954: 215）。

左派社会党は、日本を発つ前に、「我々が喫緊になすべきことは独立国民国家の創出のために建設的な闘いを進めることである」という意思統一を図っていた（『社会タイムス』第三〇一号、一九五二年一二月二七日付）。左派社会党はＡＳＣを、アジアの独立路線を現実のものとする好機と見なしていたのである。しかし、それではＳＩからの脱退を提案するのかとアトリーに質されると、左派社会党関係者は、内側からの変革のために行動していくと回答している（『社会タイムス』第三一五号、一九五三年一月一一日付）。結果的には、アジア社会党会議は独立組織となるが、あらゆるレベルでＳＩと連携するということになった。また組織体制――会議、執行部および事務局――も、ＳＩの前身であるＣＯＭＩＳＣＯを範にとって決められた（Rose 1959: 12）。

会議の関連行事もいろいろと開催されていた。一月一一日、治一郎は五万人の労働組合関係者が出席した野外大会に参加して演説に立った。おそらく日本の政治家としては一九四五年以来初めてビルマを訪れたと思われる治一郎は、まずは戦争中の日本軍の行動について謝罪せずにはいられなかった。そして、日本の再軍備に反対し、アジアの平和の擁護のために闘っていくことを誓った（高山 2005: 654）。治一郎は、『社会タイムス』の読者に向けて、この渡航によって欧米の帝国主義がアジアにいかに深く根づいているかが明らかになったとし、解放への第一歩としてすべての外国軍隊が撤退しなければならないと書いている（『社会タイムス』第三一七号、一九五三年一月一三日付）。

治一郎の旅券は治一郎がビルマに行けるようにするためだけに発給されたものだったようだが、いったん日本を出ると、治一郎は簡単には帰国したがらなかった。まずはインドに向かい、カルカッタ（コルカタ）で飛行機を降りる（一月一六日）と翌日ニューデリーに移動してそこで二週間を過ごした。アンベードカルと会談する手はずも整えた。会談は当初一〇分間の予定だったがけっきょく四〇分を超え、両国の身分差別の状況についても意見交換をするに至った。治一郎は後年、アンベードカルは日本の状況についてはあまりよく知らなかったと述べている。治一郎は、北京で開かれたアジア太平洋地域平和会議に出席していたインド平和運動の代表たちや、全インド平和委員会デリー支部の書記長、マタディン・バゲリアとも会見した。一月三一日にはネルー首相と会見し、世界情勢について議論している。会見で取り上げられたのは、朝鮮半島問題、米国資本への依存度を下げるためにアジア諸国の協力を進めていく必要性、アジアにおける「国民外交」の必要性などであり、インドのアウトカーストである「ハリジャン」の現状と今後の展望についてもやや詳しく話し合った（部落解放同盟中央本部（編）1972: 86-95）。

治一郎は次にボンベイ（ムンバイ）に行って仲間の平和運動活動家たちと会い、地元で支持を集めることの難しさについて聞かされた。第二次世界大戦が英国からの独立闘争に寄与したと広く考えられていることや、政府が軍事費の増額を正当化するための手段のひとつとして未解決のカシミール問題を利用していることなどがその原因だった。治一郎の旅は続き、次にカラチに足を運んで（二月四日）、日本の大使とも日本企業の駐在員たちとも会見した。大使はパキスタンが独立後に進めてきた経済発展を賞賛したが、企業関係者はまったく違ったとらえ方をしており、日本と通商条約を結んでいない国で事業を行なうことの難しさを語った（部落解放同盟中央本部（編）1972: 1034 に採録された『西日本新聞』の記事）。企業関係者に対するこの関心は、治一郎自身の事業の利害を反映したものだったのか、それとも『西日本新聞』から頼まれていたことの一環だったのだろうか。

治一郎はそこからイスラエル、イタリア、スイスを回り、それぞれの地で数日ずつ過ごしてから二月一五日にプラハ入りした。チェコスロバキアは二つの理由で魅力的な国だった。ひとつにはそこが世界平和評議会の本拠地であったためで、治一郎は滞在中、同評議会の書記長で前年の一一月から手紙をやりとりしていたジャン・ラフィットと会談している。もうひとつの理由は、同国からは中国への直行便が出ているからだった。

一九四六年末までに中国からおよそ一五〇万人の日本人が帰国していたが、その後は内戦のため渡航が困難になったことから、帰国する人数はごくわずかになっていた。一九五二年一二月の中国政府の発表によれば、同国にはいまなお三万人近くの日本人がいて安寧な生活を送っており、帰国希望者への援助は約束するものの、十分な数の船を用意できないということだった。日本政府は、日中間で通常の外交関係が確立されていないことから送還交渉に参加しようとしなかったので、送還の手配は三つの非政府組織に委ねられた。日本赤十字社、日中友好協会、そしてアジア太平洋地域平和会議の準備団体として前年に創設されていた平和連絡会である（Seraphim 2006: 124-5）。

中国人民世界平和保衛委員会による北京への招待状を出国後に受け取っていた治一郎は、二月二五日に北京入りし、すでに到着していた上記三団体に合流した（高山 2005: 659）。治一郎らは、到着後ほどなくして、中国政府と中国共産党幹部の会議に出席していた周恩来首相と会見した。毛沢東自身との会見まで予定されていたが、三月五日にスターリンが死亡したため、かなわなかった（『解放新聞』第五四号、一九五三年四月一〇日付）。

周恩来との会見で取り上げられたのは、日本人元入植者の帰国問題だけではなかった。日本が蔣介石政権を承認したことを受けてとりわけ問題になっていた、事業上の関係の確立・回復をどのように進めていくかについても話し合われた。全体としては、国交回復の前に信頼関係と友好を確立することが目指された。いずれにせよ、難民化した日本国民の帰還の道を開くという主たる目的は、この会見により達成された。帰還民の第一陣は一九五三年三月二三日に船で日本に到着し、同年末までに帰還者数は二万六〇五一人に達した（Seraphim 2006: 125）。

この訪中は、治一郎にとって、中国の発展状況をより詳しく確認するとともに、おそらくは何らかの形でその発展に貢献する手段のひとつであったと思われる。中国の発展に貢献したいという思いは、ひとつには治一郎が生涯にわたって抱いていた中国への関心から、ひとつには戦争中の自分の活動を何らかの形で償いたいという気持ちから出たものではないか。治一郎は、『人民日報』に寄せた記事のなかで、日本の平和運動はとくに米軍基地と日本軍国主義への反対という点で力を増しつつあると報告し、これらの勢力が平和運動の力で一掃されるのもそう遠い話ではないだろうと豪語している（四月二一日掲載。『解放新聞』第五三号、一九五三年三月二五日付）。周恩来との会見後、治一郎は楢崎とともに中国に数週間残った。治一郎は少数民族集住地域の視察を希望したが、無理だといわれ、いくつかの少数民族地域出身の子どもたちを教育している北京の全寮制学校の視察で満足しなければならなかった。

高山は、中国で治一郎を手伝った通訳者のひとりが回想のなかで語った、治一郎は山東訛りの中国語を話していたという証言を引用している。もうひとりの通訳者は、治一郎は中日友好の開拓者だと考えていた。そうかもしれないが、治一郎の開拓に艱難辛苦がともなったわけではない。中国共産党は治一郎の鉄道移動のために豪華な客車——食堂車兼寝台車——を用意していた。帰路、治一郎は列車で香港に移動し、そこから飛行機に乗って、三月三一日、およそ三か月ぶりにようやく日本に帰ってきた（高山 2005: 663-4）。

治一郎は『解放新聞』に何度か寄稿し、中国の変貌ぶりがいかに印象的だったかを説明した。ある記事では、世界平和に対する中国の決意は学校や工場に掲げられているポスターからも明らかであると述べている。吉田茂が日本国民の訪中を望まないのも無理はない、中国を侵略国家に見せようとする努力が台無しになるからだ、というのである。治一郎は、中国事情の急速な変化を指摘している。実にさまざまな食料が入手できるようになっただけではなく、路上のゴミまで少なくなり、ハエも減り、市場の泥棒や路上の物乞いもいなくなった。どのようにすれば、これほど短期間でこのような成果を達成できるのだろうか。自分は国営工場も民営工場も視察したが、従業員の生活水準は高く、労働者には東京の都営アパートと同様の住居が与えられている。そして、少数民族地域は視察できなかったが、差別や抑圧はなく、自分たち自身の文化を自由に発展させることができていると報告している（『解放新聞』第五三号、一九五三年四月二五日付）。

日本の状況と比べれば、中国の都市の状況は魅力的に映ったに違いない。一九五五年の日本の一人当たり国民所得は資本主義諸国中三五位で、人口の四〇％が農業に従事しており、世界銀行からの融資額も二番目に多かった。経済力から見ると三流国で、中国よりも弱かった可能性さえある。それどころか、ライシャワーは一九五七年に次のように指摘している。

日本の経済状況は根本的に不健全で、いかに賢明な政策をとろうとも、緩慢な経済的餓死から、またこの状況にともなって生じるあらゆる政治的・社会的病から日本を救うことは不可能である。

（Duus 1988: 15で引用されているもの）

当時、日本が中国より少しでも速く成長していくかどうかはけっして定かではなかったし、治一郎のように、社会主義のもとでの中国の経済成長のほうが速く、しかも配分もより公平に行なわれるのではないかと考えていた人々もいたようである。

中国から帰国して二か月後の一九五三年五月三〇日、治一郎は日中友好協会の会長――このときまで空席だった役職――に選出され、没するまでずっとその地位に留まることになる。「国民外交」の理念が中核にあることは変わらないが、協会はこのころまでに幅広い関連団体とつながるようになっていた。特定の業務や中国文化の特定の側面（翻訳、音楽、芸術、文学）を代表する六つの団体、二つの事業者団体、中国からの日本人帰還の便宜を図る二つの団体、二つの学術研究機関である。これに加えて、一七の労働組合、一八の平和団体、六の主要政党から支援を受けており、五つの最有力官庁まで協会を支持していた（Seraphim 2006: 124）。公式な外交関係がない以上、両国間で通商を行なう唯一の方法はこうした非公式の回路を活用することだった。とはいえ、協会の活動の多くは依然として「日中間の戦争を二度と許さないための運動」としての使命に焦点を当てたもので、したがって協会は日本の中国侵略に関わる諸事件の記念日の広報活動を行なうとともに、日本で強制労働をさせられたり戦争捕虜となったりした中国人の虐待の記憶を伝える活動を支援した。協会は、政府等によってアジアに対する日本の戦争責任の問題を糊塗する試みが進められていた時代に、このような形で日本の戦争責任を認め、またそれについての議論を喚起したのである。協会のこのような姿勢は、もちろん、治一郎が平和運動に傾倒する際に関心を抱いていた他のさまざまな問題とも見事に合致するものだった。

八　治一郎とジョセフィン・ベーカー

ジョセフィン・ベーカーは、一九五〇年代には世界でもっとも有名な女性のひとりだった。一九〇六年にセントルイスで生まれ、一〇代半ばからバーレスク・ダンサーとしてキャリアを開始

治一郎とジョセフィン・ベーカー。1954 年の来日時にベーカーが養子にした２人の子どもとともに。[松本治一郎資料]

した。一九歳でパリに行くと瞬く間にスターになり、一九二七年にはヨーロッパで誰よりも高額の報酬を得るエンターテイナーになっていた。一九三〇年代にも着々とキャリアを積み上げ、歌手としても活動するようになるが、一九三五年、アメリカに帰って「ジーグフェルド・フォリーズ」のショーで主役を演じようとしたところ、差別と排斥の対象とされたためフランスに戻った。戦時中もフランスに留まり、部隊を慰安して回ったのみならず、フランス・レジスタンスの秘密情報部員として、また英国婦人補助空軍の中尉として活動したりもした。戦後は戦功十字章を授与され、レジオン・ドヌール勲爵士にもなった。一九五〇年代に入ると、芸能活動を国際的に続けながら人種主義に反対する国際的運動にも参加するようになり、一九五三年四月に初めて反人種主義の演説を行なっている。実子はひとりも儲けなかったが、たくさんの子どもを養子にし、パリの南東およそ五〇〇キロに位置するカステルノー・フェイラック村の自邸、ミランデ城でこの家族を育てることにした。さまざまな人種・背景の子どもを養子に選んだのは、「虹色の一族」として共生していくことがいかに容易かを実証するためである。最初は四人を――黒い肌、白い肌、黄色い肌、赤い肌の子をひとりずつ――養子にするつもりだったが、一九六〇年初頭までに計一二人を養子にしていた（Hammond and O'Connor 1988: 200）。

一九五四年の春、ベーカーは日本へのツアーを組み、この家族を作り上げていく第一歩として「黄色い肌」の子どもを養子にするつもりでいた。治一郎は、四月一三日にエールフランスで羽田空港に到着したベーカーを出迎えたようなので、以前にどこかで会っていた可能性がある。ベーカーからキスされた治一郎は顔を赤らめた。ベーカーの東京公演中、治一郎は四月二八日に帝国劇場の控え室を訪れ、それぞれの――治一郎は日本、中国、インドでの、ベーカーはアメリカとペルーでの――差別体験について意見交換している。治一郎はベーカーに、日本には部落出身だが出自を隠している優れた人材がたくさんいると話した。この訪日中、ベーカーは少なくともコンサート一回分の収益を孤児のための施設であるエリザベス・サンダース・ホームに寄付し、その後、孤児のひとりを養子にする手はずを整えた。当時三歳のアキオという子で、在日朝鮮人女性と、おそらくアメリカ兵との間に生まれた子どもである。ホームから出てきたベーカーはもうひとりの男の子、テルヤ――二歳の日米ハーフ――を目にしてたまらなくなり、この子も養子にすることにした[12]（Wood 2002: 346）。ベーカーが治一郎とあらためて会うために議員会館の部屋を訪れると、治一郎は別れ際に、フランスに会いに行くと約束した。それからしばらくして、治一郎はアキオとテルヤを羽田空港に連れて行き、新しい家への旅立ちを見送った（二人が議員会館で会見した際の報告と写真は『社会タイムス』四月三〇日付：高山 2005: 670;『解放新聞』第六八号、一九五四年六月一五日付参照）。

ベーカーは、それから数年の間に、ヘルシンキで白人の子ヤリを、ボゴタで黒人の子ルイスを養子にしている。

九　北京からストックホルムへ

治一郎が初めて「合法的」に中国を訪れたのは、一九五四年、中国政府が日中友好協会の一行を中華人民共和国建国五周年記念式典に招待したときのことである。治一郎はもともとこの訪中団のメンバーではなかったが、前年の六月、熊本・北部九州の洪水被害の復興支援金として中国政府から一八〇〇万元の寄付が贈られてきており（『日本と中国』第五二号、一九五三年八月五日付）、このたびの訪中は、この援助の恩恵を受けた人々を代表して中国政府に謝意を表する機会でもあった。訪中団は、個人一三人、政治家数人、労働者団体・女性団体の代表数人、そして部落解放全国委員会を代表して朝田善之助という構成だった（『日本と中国』第五六号、一九五三年一〇月一日付）。

治一郎は一〇月一日に日本を発ち、中国で一か月以上過ごした（『解放新聞』第七二号、一九五四年一〇月二五日付）。一〇月一一日、日本からの訪中団とともに周恩来と会見した治一郎は、まず日本帝国主義が引き起こした被害について詫びた。これに対し、周恩来は「日本人民に罪はありません。中国は、日本に戦争の償いとしての賠償を要求するつもりはありません」と答えたという。周恩来は、その後のやりとりのなかで、中国としては日本が自衛のための軍隊を持つことには反対しないが、米国の指揮下の軍隊であってはならないと強調するとともに、日本国民が独立を主張していくように促した。そして、日中両国人民の任務は、友好関係を強化し、日本の軍国主義の復活を阻止することであると述べた。周恩来によれば、日中関係正常化の鍵は日米関係と日台関係にある。一方、ネルーとの間で合意した平和共存五原則が日中関係の基本とされなければならない。日中の平和的共存は両国がともに工業化された段階で可能となる。このように述べたうえで、周恩来は、たとえ中国が強大になっても日本の発展を脅かすことはないと保証した（高山 2005: 673）。

訪中団本体は帰国したが、治一郎と楢崎は中国に残った。北京滞在中、治一郎はネルーと再会し、周恩来の招きにより観劇の一夜を過ごした。一〇月二八日、治一郎を団長とする日本代表団と中国の五団体との議論の末に、両国の関係正常化の重要性を再確認しつつ、日本政府が「二つの中国」政策をとり続けるかぎりそれは不可能であると強調する共同声明が発表された（高山 2005: 677）。

治一郎は、一〇月三〇日から訪日することになっていた中国紅十字会代表団の受け入れの手はずも整えた。訪日中、代表団を右翼団体や蔣介石の特務機関から保護する必要があるのではないかと考えられた。代表団の滞日中は大柄の青年の一団が付いて回り、日本政府が用意した警察官を補完する「人民警察」として機能した（高山 2005: 674-5）。団体による中国本土からの訪日は、一九四九年以降はこれが初めてであった。

しかし、同代表団の訪日のとき、治一郎自身は日本にいなかった。北京からモスクワに行き、そこで二週間を過ごしていたからである。中国共産党が手配してくれた旅だった。モスクワ滞在中は、一一月七日にロシア革命記念式典に参加し、その後ボリショイ劇場で観劇の一夜を過ごしたが、劇場にまだ貴賓席が設けられているのを見て失望した。治一郎は『解放新聞』で「国民が……社会主義建設にいそしんでいる」と報告したが、楢崎にとってはモスクワでの楽しい思い出はまったくなかった。

その後、治一郎はレニングラード（サンクトペテルブルク）とヘルシンキを経由してストックホルムに渡り、四人の日本代表団の団長として、一一月一八日～二三日に開催された世界平和評議会（WPC）の総会に参加した。WPCはモスクワの路線に追従していると批判されたものの、そこに集まった活動家や知識人は、西側に対するのと同じぐらいソ連の方針に対しても批判的になれる人々であった。治一郎はこの総会で、日本の原水爆禁止運動、日中友好の推進、部落差別について演説した（『解放新聞』第七五号、一九五五年一月一五日付）。この総会に日本からの参加があったことはとりわけ重要だった。その年の三月、ビキニ環礁で米国が実施した核実験により放出された灰を日本のマグロ漁船が浴び、無線長が死亡するという事件が起きていたからである（高山 2005: 668）。総会は、一九五五年五月下旬に世界平和大会を開催することを決議して閉幕した。

治一郎はスウェーデンから、東西に分断されたベルリンへ移動し、ドイツのおそらくハンブルグで開催された再軍備反対集会に参加した後（『解放新聞』第七五号、一九五五年一月一五日付）、ジョセフィン・ベーカーとの再会を希望してパリに足を向けた。反人種主義・反ユダヤ主義国際連盟（LICRA）の事務所を訪問してみたものの、ベーカーは世界ツアーの真っ最中で、かなり先にならなければ帰ってこないことがわかった。もっとも、治一郎はいずれにせよ滞在を切り上げなければならなかった。吉田首相の辞職が間近であり、総選挙が実施されるおそれもあるのですぐに帰国せよという電報が届いたからである（高山 2005: 679）。治一郎は一二月四日に日本に戻った。けっきょく、衆議院における吉田内閣不信任決議を受けて確かに吉田は辞職したものの、鳩山一郎が代わって首相に就任して暫定政権を運営することになった。選挙が実施されたのは一九五五年二月二七日のことだった。

選挙の結果、鳩山がふたたび首相の座に就いた。自由党が獲得したのは一一二議席だったのに対し、民主党は一八五議席だった。社会党は両派をあわせて一五六議席（左派八九・右派六七）を獲得し、得票数は一九四七年の七一〇万票から一〇八〇万票に増えた。日本では反米と中立支持の感情が強まりつつあったのである。社会党幹部らは、遅かれ早かれ、そしておそらくはそれほど遠くない時期に、自分たちが権力を握ることになると感じていた。一九五五年の間に社会党は再統一を果たし、政権奪取の可能性をますます楽観的に考えるようになる。治一郎も、自分の役割は社会党が政権の座に就いたときに備えて国際的人脈を築いておくことにあると考え始めたに違いない。これ以降の二年間、治一郎は自分なりの「国民外交」を進めていくことに相当の労力を注ぎこむようになる。

一〇　治一郎とバンドン会議

冷戦下で東西の緊張が高まるなか、アジアでは、このような敵対関係に巻きこまれる必要性も必然性もないという感覚が増していた。一九五四年四月、ネルーと周恩来は平和共存五原則を発表した。領土保全と主権の尊重、相互不可侵、内政不干渉、平等互恵、平和共存の五つである。ネルーは、一九五〇年代前半に、西洋志向の中立主義の立場をとっていたインドを、冷戦の東西ブロック双方から独立する立場に変更させていた。この過程は一九五〇年代後半にも継続され、インドは非同盟運動の発展を推し進めていく。

一九五五年四月一八日から二四日にかけてインドネシアのバンドンで開催されたバンドン会議は、一九四七年から六一年の間に開催された、アジア・アフリカの新興独立諸国を主たる参加国とする――そしてネルー首相が率いるインドの指導力を発想の原点とする――一連の会議のなかでも、もっとも象徴的なものとなった。一九五三年三月に発行された『社会タイムス』は、ネルーはアジアを、米ソとの対立のニュアンスがある「第三勢力」と呼ぶことをやめ、「自由で平和な、どちらの影響下にもない第三地域」として位置づけるようになったと評している（『社会タイムス』第三六四号、一九五三年三月一日付）。これが治一郎およびその同志である日本の平和活動家たちの胸に響いたことは想像できる。

一九五五年に入って治一郎が最初に行なった海外渡航は、三月末から五月二二日まで続いた。治一郎は、「政治家、学者、作家、組合関係者」一三人からなる日本の非公式代表団の一員として、ラメシュワリ・ネルーが主催してニューデリーで開催された第一回アジア諸国会議に出席した。四月六日から一〇日の五日間にわたって開かれたこの会議には、一三か国[13]から約二〇〇人の代表が参加している。治一郎には楢崎および部落解放同盟の三人（朝田、北原、野崎）が同行した。ネルー首相は、会議での演説で、平和五原則を守っていく決意を明らかにするとともに、あらゆる植民地政策の速やかな停止を促し、先進工業国に開発援助を要請し、差別に反対する姿勢を確認した。治一郎は、講和条約と安保条約がいかに日本を米国に従属させてきたかについて演説し、日本は米軍の基地になりつつあると指摘した（『解放新聞』第七八号、一九五五年四月一五日付）。朝田善之助は、日本における封建制的身分差別と、アジアの他の国々における差別との共通点について取り上げた（部落解放・人権研究所 2007: 34）。アンピアーは、この会議は前年のストックホルム会議の場で計画されたのではないかとしている。[14] もっとも、これは、一九九〇年代以降、G8会合やAPEC（アジア太平洋経済協力）会議のような主要サミットや地域的国家元首会合と並行して開催されるのが当たり前になったNGOの会合にむしろ似ていると思われる。

デリー滞在中、治一郎はインドのプラサド大統領とも会見した（解放出版社（編）1977: 268）。治一郎はアウトカーストの「ハリジャン」についてもっと知りたいとも考え、宿泊先のホテル「ザ・インペリアル」で「ハリジャン」の代表二人と会うことにした。ホテルのスタッフは二人を通したがらなかったが、治一郎は通すように強く指示し、二人のために紅茶と、ホテルで一番上等なケーキを注文した。紅茶が運ばれてくると、治一郎は、自分が注文した紅茶とケーキを二人の弁当箱の中身と交換しようと言い張った。その後、治一郎はデリーの「ハリジャン」居住区を訪れた。その貧窮した状況と不衛生さを目にした治一郎は、自ら立ち上がらないかぎり解放はありえないと彼らに告げた（高山 2005: 681）。

朝田はアジア諸国会議を終えたあと中国に向かい、それから北朝鮮を訪れた。一方、治一郎は四月一六日にインドネシアに渡り、四月一八日から会議閉幕の四月二三日まで、バンドン会議にオブザーバーとして参加した。治一郎は、インドネシアに着くと同時に日本代表団主席の高碕達之助と会い、ニューデリーで開かれた会議の内容を報告している。高碕は、日中友好協会と、国際的問題の進展において交易が果たす役割にとりわけ関心を抱いていた。高碕は中国代表の周恩来首相と会見し、日中間の交易を発展させていくことで合意した（Ampiah 2007: 186-7）。

アンピアーが指摘しているように、日本政府がバンドン会議に出席する主な動機は経済面にあった。これは、天然資源の産出源や市場にアクセスする際に必要な前提条件である、アジア・アフリカ諸国との公式な関係を確立する好機だったのである。実のところ、社会主義の立場をとる日本の野党勢力は、アジア諸国との政治的関係を深める機会となるこの会議の場で政府が経済政策をこれほど優先することには批判的だった。野党にとってこの会議は、一九五〇年代後半から一九六〇年代にかけて非同盟運動として徐々に具体的形をとるようになる「バンドン精神」を生み出す場であった。また、それほど具体的にではないものの、一九六〇年代以降の日本の左派社会主義政治勢力に示唆を与え続けるだけの重要性も帯びていた。「バンドン精神」という言葉は、「アジア・アフリカ新興独立諸国の連帯と協力」に留まらない意味を持っていたように思われる。もっとも、かつて植民地主義国家であり、一度も外国による直接の支配を受けたことのない日本が、どのようにすればこの表現に合致する国になりえたのかは明らかでない（戦後の占領とそれに続く米国帝国主義への従属によって、アジアの近隣諸国やアフリカの新たな友邦に匹敵するような状況に置かれたと考えるなら、話は別であるが）。とはいえ、治一郎がその形成過程を目撃した「バンドン精神」は、その後の人生で治一郎がとったいくつかの行動に影響を与えることになるし、他の多くの左派にとっても同様であった。

バンドンを後にした治一郎は、自派の所属議員である吉田法晴[15]とともにローマ、フランクフルト、パリ、ロンドンを訪れた。ローマにはメーデーを目的として滞在し、メーデーのデモのひとつで演説をしている（『解放新聞』第七九号、一九五五年五月二五日付）。パリでは五月五日にＬＩＣＲＡの事務所を再訪し、会長のベルナール・ルカッシュと会見した。やりとりの後、治一郎は、同連盟のアジア支部を創立して東京に事務所を設置できるよう努力すると約束している。あらためてジョセフィン・ベーカーとの会見を設定しようとしたが、またしても海外公演中だった。治一郎は、ベーカーと会うためにも、ＬＩＣＲＡが主催する大会に出席するためにも、翌年あらためてパリに来ることを決意した。治一郎としては、同連盟を説得し、人種主義と反ユダヤ主義に集中するのではなくカースト差別も含めるように任務の幅を広げさせたいと考えていた。ヨーロッパをゆっくりと回った後、治一郎は五月二二日に東京に戻った（部落解放・人権研究所 2007: 34）。

しかし、それからすぐ、六月二二日から二九日にかけて、前年一一月にストックホルムで開催されたＷＰＣ総会の決議を受けてヘルシンキで世界平和大会が開催された。治一郎も六〇人の日本代表団の一員として参加したこの大会には、六八か国から一八五一人の代表、来賓、オブザーバーが集まった。全体会合で演説に立ったのはバートランド・ラッセル（代読）、ジャン・ポール・サルトル、ジェルジ・ルカーチである。ラッセルは、会場で読み上げられた書簡のなかで、独立した科学者グループに原子力戦争の影響を評価させ、いかなる国も核兵器の使用によって目的の達成は図れないことを実証するという計画について説明した。中堅諸国がその結果に納得し、そういうことであれば核兵器は持たないという決意を明らかにすれば、主要国にも同様の対応をとるよう圧力をかけられるのではないかというのである（*Peace News* 一九五五年七月一日付）。

大会は七つの委員会と多数の小委員会に分かれ、世界情勢の具体的側面についてそれぞれ検討を行なった。治一郎は「アジアの安全保障と諸国民の共存」について討議する小委員会の委員だった。この小委員会の報告には次のような記述がある。「日本が独自の平和政策をとり、すべての国との関係回復を図るようにさせるための努力を日本国民が強めていることは、平和共存への積極的貢献として認められるべきである」（World Assembly for Peace 1955: 597）。このような記述が治一郎の直接の影響によるものであると断言することはできないものの、治一郎が口にしたであろう、あるいは賛同したであろう類の発言ではある。大会後、治一郎はレニングラード（サンクトペテルブルク）に立ち寄って帰国した。

治一郎の国際活動は東京にいるときでさえ続いた。一九五五年九月、アナイリン・ベヴァンを含む英国労働党の代表団が訪日した。当時、労働党の「ベヴァン主義」派は党に一方的核軍縮方針を表明させようとしており、後に他の活動家らとともに「核軍縮キャンペーン」（CND）を立ち上げることになる。治一郎が同代表団と会見した可能性は高い。一〇月三一日には、デリーのアジア諸国会議で可決された決議を受けて「日本アジア連帯委員会」が創設された。日弁連（日本弁護士連合会）の元会長・長野国助が理事長になり、発足式の開会演説で、「アジア諸国会議やアジア・アフリカ〔バンドン〕会議で表明された決意を心とし、その崇高な使命にむかってアジア・アフリカ諸国民の共同事業を推進する」ことについて述べた。治一郎も一六人の理事のひとりになった（部落解放・人権研究所 2007: 34）。

一一　西欧と北アフリカ

一九五六年、恒例となっていた『解放新聞』新年号への寄稿記事で治一郎は「水平社精神の国際化」に触れている。治一郎はこれを「バンドン精神」と同じものと考えていたのではないか。一九五五年に精力的に海外を訪れた治一郎は、一九五六年にはさらにあちこちに足を延ばすことになる。三月から五月にかけてヨーロッパと北アフリカを訪れ、一〇月から一二月にかけては中国と北朝鮮に滞在した。最初の海外渡航から戻ると、『西欧・アフリカ・中東をめぐりて――民族解放のいぶき』と題する冊子（四八頁）を出版している。

パリでの反人種主義、反ユダヤ主義国際連盟（LICAR）大会参加報告書。イギリス、ドイツ、チュニジア、アルジェリア、モロッコ、エジプトを歴訪し全世界的な水平運動を進めた。（1956 年 3 ～ 5 月）［松本治一郎資料］

この渡航の主目的は、三月一七日～一八日に開かれたＬＩＣＲＡの大会に出席することだった。大会で演説に立った治一郎は、日本は自国が帝国主義的侵略を通じてアジアおよび世界に引き起こした苦しみについて謝罪すると明言し、日本はこのような犯罪を繰り返さず、民主主義を建設していくと誓った。また、日本で初めてジョセフィン・ベーカーに会ったときの様子を説明し、自分がこの大会に参加した理由はそこにあると述べた。治一郎は演説の大半を日本における部落差別の背景の説明に費やし、差別と抑圧に対する部落民の闘いを、バンドン会議で掲げられた枠組みのなかに位置づけている。演説を締めくくるにあたり、治一郎は、平等と世界平和のための闘いの一環として、日本の軍国主義と差別に反対していくことを誓った（演説のフランス語訳、大阪コレクション所蔵文書）。

治一郎は、今回はようやくベーカーに会うことができた。まず、LICRA大会の数日後に会ったときに、権利問題に関心を持っている人物を数人紹介してもらった。四月四日にあらためて会ったとき、ベーカーは「さようならパリ」と銘打ったショーの準備を進めていた。引退して、子どもたちを育て上げることに残りの人生を捧げると決心したのである。[16] もっとも、イースターの時期だったので聖金曜日には公演を休みにしていた。そこで、木曜日の公演が終わった後、二人はベーカーの車で夜を徹して移動し、五〇〇キロ離れたところにあるベーカーの居城、ミランデ城に行った。治一郎はアキオおよびテルヤとの再会をことのほか楽しみにしていた。二人は子どもたちと一日を過ごし、またもや夜遅く、車でパリに戻った。

治一郎は、パリでは社会党の正式な代表として行動したわけではなかったようだが、フランス社会党の幹部や最高裁長官とは会見している。三月二一日にはドーバー海峡を渡ってロンドンに行き、アナイリン・ベヴァンと会見した。治一郎は、マーガレット王女がオデオン・シネマに行くというのでピカデリーサーカスが立ち入り禁止になっていたことに腹を立てている。

治一郎は、北アフリカの旧フランス植民地を何としても訪れるつもりでいた。ラングーンかバンドンでこれらの旧植民地の代表に会ったからというのもあるだろうし、現在進行中の脱植民地化の過程を目撃したいという思いもあったと思われる。[17] 前述のとおり、治一郎は日本でサラ・ベン・ユーセフと会見し、チュニジアに会いに行くと約束していた。しかしそのためにはパリで査証を取得しなければならない。日本大使館は何の助けにもならなかったが、フランス社会党書記長の助力でようやく査証がとれ、四月八日にチュニジアに向けて出発した。当時のチュニジアは前年の夏から「内政自治」下にあり、フランス政府からの完全独立に向けて交渉を進めているところだった。たまたま第一回制憲議会がバルドー宮殿で開かれている最中で、治一郎は招かれていくつかの会合に出席した。公式訪問ではまったくなかったものの、ハビーブ・ブルギーバ首相とも会見している。首相からは、チュニジアは外交関係の拡大を望んでいると伝えられ、同国にとっての日本の技術や資本の必要性について話し合った。チュニジアは現在独立への道を歩み始めたばかりであり、そのためには次の段階として完全な経済的自立が必要なので、日本のような国に経済援助を求めたいということだった。治一郎はバンドン精神が息づいていると考えた（松本 1956: 28）。もっとも、サラ・ベン・ユーセフに会うことはできなかった。ユーセフのネオ・デストゥール党はブルギーバの党と激しく対立しており、隣国リビアへの亡命を余儀なくされていたのである。

当時のアルジェリアは解放闘争が開始されたために内戦状態にあった。毎晩〇時から午前五時は外出禁止とされ、列車は爆弾攻撃を受けにくいように毎日時間を変えて運行されていた。電車に乗りたければ朝刊を確認しなければならない。治一郎は四八時間有効の通過査証しか取得していなかったが、それでも何とかアルジェ市長との面会の約束を取りつけた。翌四月一三日にはモロッコのラバトに移動し、ほぼ一週間をそこで過ごした。滞在中はとくに、日本との自由貿易の阻害要因について地元の役人と話し合ったり、道路・発電所・下水道の建設などのインフラ整備事業を進めていく必要性について公共事業大臣のモハメッド・ドゥイリと議論したりしている。治一郎が当地で松本組の仕事があるかもしれないと真剣に考えていたとは思えないが、建設業界について実地で知っていたおかげで問題をはっきりと理解できたことは間違いない。

モロッコは数週間前に（三月二日以降）フランスから独立したばかりで、外交・軍事問題についての議論が継続中だった。フランスはモロッコでの米軍基地建設に同意しており、若干の反対の声はあがったものの、治一郎によれば、日本ほど反対の声は大きくなかった。ただし、地元のある政治家から、取決めは米国とフランスが行なったもので、もっとよい取引ができるように米国と直接交渉するつもりだと聞いたともいう。治一郎は首相と会見する段取りもつけていたようだが、フランスのマンデス・フランス首相が緊急の会見のためにラバトにやってきたため、キャンセルを余儀なくされた（松本 1956: 35）。治一郎はカサブランカで一泊した後、パリに戻った。四月二六日にパリに到着した治一郎は、日本・チュニジア友好団体を――おそらく日中友好協会と同じような形で――創設できないものかと議論したが、話はそれ以上進まなかったようである。

この旅行にはちょっとした余談がある。ラバト滞在中、治一郎の秘書で旅行にも随行していた楢崎弥之助が急性虫垂炎になってしまったのである。治一郎はすぐにフランス系の病院を探し、それから七日間、手術を終えて療養する楢崎の面倒を見た（岩尾 2006: 92; 森山ほか 2003: 208）。楢崎は、後年の回想によれば、自分のほうが若いのに、世話をすべき相手から面倒を見てもらわねばならなくなり、恥ずかしいと感じていたようである。一九五六年に出版された渡航記ではこの件には触れられておらず、それどころか、モロッコで過ごした一〇日間の日程は貿易担当の役人や内閣官房長官との会見、カサブランカ訪問でびっしり埋まっていたかのような印象を与えている。

治一郎が冊子に寄せた序文には、ＬＩＣＲＡという団体のメンバーにはジャン・ポール・サルトルのような知識人だけではなくジョセフィン・ベーカーやチャーリー・チャップリン[18]のような芸能人もいると書かれている。そのため、治一郎がパリでチャップリンと会う計画を立てていたのも不思議ではない。けっきょく、チャップリンはロンドンに用事があったため会見はかなわず、治一郎は四月二八日にローマに向かい、そこでイタリア社会党（ＰＳＩ）の幹部と会見した。五月一日午前二時にローマを発った治一郎は次にカイロを訪れたが、そこでは誰もが――とくに労働組合が――厳しい統制下に置かれており、メーデー祝賀行事が開かれる可能性はないことがわかった。五月二日には飛行機でベイルートに行き、五月五日にその地を後にした。直行便で香港まで移動し、そこから日本に帰るはずだったが、エンジンが故障して修理のためサイゴンに着陸しなければならず、旅程の再開は翌日まで待たなければならなかった。東京に帰り着いたのは五月九日のことだった。

治一郎はこの旅行から多くの結論を引き出している。治一郎の見たところ、アジア・アフリカ諸国（バンドン）会議は北アフリカやキプロスなど世界中の民族解放運動に影響を与えており、中東においてさえ民族解放闘争が新たな方向に展開しつつあった。しかし治一郎は、これらの独立運動は宗教的民族主義や軍国主義／封建主義といっしょくたになってしまう危険性があるため、偏狭な民族主義を放棄し、現代の国際的民主主義勢力と連帯していく必要があると考えた。治一郎は冊子のなかで、日本が台湾、タイ、韓国のように世界のなかで孤立する運命をたどりたくなければ、バンドン・グループ諸国と積極的に交流していかなければならないと警告している。治一郎は、アジア・アフリカの多くの友人が、日本はなぜ自分たちと手を組まずに米国に依存しているのかと疑問を呈していることを報告し、最後に、日本は独立を主張して世界平和に貢献しなければならないと述べて冊子を締めくくっている（松本 1956: 42-3）。

ここには治一郎の考える日本のあり方が浮かび上がっているように思える。一九五〇年代のこの時点では、日本の経済政策が功を奏し、一九六〇年代に経験する驚異的な経済成長の基礎が確立されることはまったく自明のことではなかった。だとすれば、日本が米国およびその同盟諸国との緊密な同盟にこだわることで、日本の生活水準の向上につながるような経済発展を果たせると考える理由はない。独立国として、隣国である中国と、またチュニジアやモロッコなどもっと遠くにある新興独立諸国と交易を進めていくほうが日本経済はもっと急速に発展するという提案は、この時点では完全に現実味のあるものだったのである。

一二　中国、オーストラリア、中国

一九五六年一一月の頭、治一郎は日中友好協会の一団を率いて、孫文（一八六六年一一月一二日生）の生誕九〇周年祝賀行事に参加するために日本を出発した。一一月一一日から一二日にかけて北京と南京で開かれた会合に出席した後、一一月一五日に周恩来と再会した。治一郎のせっかちぶりや、

周恩来と治一郎は何度も会い、友人関係だった。最後の中国訪問（1964 年 10 月)、脚の悪い治一郎を気遣い、ホテルを訪れた。［松本治一郎資料］

「不可侵　不可被侵」という座右の銘への忠実ぶりを示すものとしてよく語られる逸話がある。訪中していたある国の元首と周恩来が会見していたために一時間以上待たされた治一郎が、これは礼を欠いていることの表れだとしてホテルに帰ってしまったというのである。その夜、周恩来がホテルにやってきて謝罪したという。事実がどうか疑わしい点もあるが、これはこの訪中時にあった出来事かもしれない。

一連の会合で治一郎らは北朝鮮の訪中団とも会見し、平壌に招かれた。一行はこの招待に応じ、列車に三五時間揺られた末、一一月二〇日にこの北朝鮮の首都に到着した。治一郎らは一一月二五日に金日成とも会見しており、金日成が日本の有力政治家と会見したのはおそらくこれが初めてと思われる。当時は日本がソ連と国交回復について交渉していた時期で、次に北朝鮮との交渉が行なわれる可能性もあった（岩尾 2006: 95）。一行は北朝鮮で計一〇日を過ごし、板門店を訪れたり同国における「社会主義の発展」を検討したりした。しかし直接の帰国経路はなかったため、日本へは香港経由で帰国せざるをえず、途中、一二月一日に上海に立ち寄り、日中間の交易推進について話し合う会合に出席している。帰国したのは一二月六日だった。

翌一九五七年、治一郎はふたたび日中友好協会から派遣される一五人の訪中団の団長を務めることになり、九月二五日に中国に向けて旅立った。一行は、毎年一〇月一日に行なわれている建国記念式典に参加した後、中国の学校や鉄工場の視察旅行に出発した。この視察旅行には五日間の北朝鮮滞在も含まれていたが、治一郎は訪中団と全日程をともにしたわけではない。一行は一〇月五日に周恩来と会見し、台湾問題や日中国交回復問題などについて「意見交換」を行なったが、治一郎は翌日には中国を離れてオーストラリアに向かった。核兵器の禁止に関する会議に出席すること、オーストラリア平和会議の招きで講演旅行を行なうことがその目的である（*Sydney Sun* 一九五七年一〇月二九日付）。

治一郎は、内外の平和運動を一般的に支持するのとは別に、核兵器廃止運動にも積極的に参加していた。一九五五年九月には原水爆禁止日本協議会の会員になり、翌年四月には同協議会の大会で講演を行なっている（部落解放・人権研究所 2007: 17）。したがって、治一郎はオーストリア訪問を求められるのにまことにふさわしい人物だった。『シドニー・モーニング・ヘラルド』紙は、治一郎の到着前に掲載した記事で、治一郎のことを「天皇へのお辞儀を拒否した不可触民」「日本の国会で喧嘩に負けたことがないと豪語する日本社会党の議員」などと紹介した（*Sydney Morning Herald* 一九五七年一〇月四日付）。

オーストラリア平和評議会（ＡＰＣ）は、一九四九年、同じころヨーロッパでＷＰＣが創立されたのに刺激されて創設された団体である。キリスト教徒の平和主義者、無神論に立つ人道主義者、労働党員、市民的自由至上主義者、オーストラリア共産党のメンバーなどから構成されていたＡＰＣは、当初、単純に「原水爆禁止」のキャンペーンを行なっていた。しかし、一九五二年に英国がオーストラリア南部で核兵器の実験を開始すると、「左派」は一致して自国の政府が核実験に協力していることを非難するようになった。ＡＰＣは世界中の主だった平和会議――一九五二年に北京で、一九五五年から五六年にかけてヘルシンキとストックホルムで開催された会議など――に代表を派遣するとともに、海外からゲストを招いてオーストラリア国内で講演会を開催した（Summy 1988: 239-45）。

一〇月一〇日、オーストラリア南部のマラリンガで実施された核兵器の気球投下実験について複数の地元紙が報じた――英国による一五回目の核実験である（*Sydney Morning Herald* 一九五七年一〇月一〇日付）。南オーストラリア平和大会の後援により、この核実験に抗議するための会議が一〇月にアデレードで開催され、治一郎もゲストスピーカーとして招かれた。オーストラリア滞在中の治一郎の日程は詳しくわかっていない。全国平和会議に出席した一〇月一四日、治一郎がアデレードの日本人妻の団体を訪問した様子を報じる新聞記事（写真入り）はある（*Adelaide News* 一九五七年一〇月一五日付）。その数日後、『メルボルン・ヘラルド』紙が治一郎についての記事を掲載した。記事は次のように始まっている。

七一歳の松本治一郎（日本の参議院議員）は本日、メルボルンにおいて、自分は次の五禁を厳守してきたと語った。

酒は飲まない
タバコは吸わない
バクチをしない
悪態をつかない〔訳者注／本来の「五禁」では「ネクタイをしない」〕
妻帯しない
そして、まったく後悔していないのだという〔原文ママ〕

(*Melbourne Herald* 一九五七年一〇月一八日付)

このときの治一郎は、当時議論が進められていた豪日貿易協定は両国間の友好関係の推進につながるだろうとコメントしただけだった。しかし翌日には王制についてコメントしてちょっとした騒ぎを起こした。オーストラリアは英国および英王室に支配されすぎているという意見を述べたのである。王制は無用かつ無駄であり、自分はあらゆる形態の君主制、とくにわが日本で行なわれているそれに反対してきたと、治一郎は語った。これに対するオーストラリア国内の反応がどのようなものだったかははっきりしないが、自民党の関係者が治一郎の発言は「悪趣味の極み」であるとコメントしたほか、社会党も声明を発表し、治一郎の見解は「日本の天皇制を歓迎、尊重、賞賛、承認する」社会党の見解とは異なるとした (*Melbourne Herald* 一九五七年一〇月一九日付)。治一郎は、同じインタビューでの発言かとも思われるが、オーストラリアは「イギリスやヨーロッパだけではなく、アジア諸国のほうにはるかに多くの関心を払うべきだ」とも勧めている（*Melbourne Sun* 一九五七年一〇月一九日付）。治一郎はその後、オーストラリア労働党左派の指導的メンバーであるH・V・エバット[19]と会見し、一〇月二九日にはシドニー市長主催の公式レセプションにも参加したが、報道陣は、核兵器反対運動よりも、日本からの安価な輸出品がオーストラリアの労働条件に及ぼす影響のほうに関心を持っていた。治一郎は、質問に答えて、日本は良質な製品を安い値段でオーストラリアに提供していると思うと述べている（*Sydney Sun* 一九五七年一〇月二九日付）。

オーストラリアで一か月を過ごした後、治一郎はニュージーランドを訪れ、平和団体と話をしたり首相と会見したりした。同地での滞在も終わりに近づいたころ、治一郎は英国通信協会のジャーナリストのインタビューを受け、日本批判を続けた。一二月一日に岸首相がニュージーランドを訪問する予定だったことから、治一郎はインタビュアーにこう釘を刺している。「岸氏の履歴において、彼が大臣として東条戦時内閣の重要な一員だったことは好ましくない事実である。……ニュージーランドやオーストラリアとの関係改善にとってふさわしい指導者ではない」。治一郎は続けて、アジアの発展を推進していくという岸の考え方には矛盾があると批判している。岸は中国との国交正常化を拒み、したがって「アジア一の大国の存在」を否定しているからである。とはいえ治一郎は、地域全体でより緊密かつ良好な関係と相互理解を進めていくため、アジア地域における交易の発展は断固として支持すると明言している。治一郎は、自分がニュージーランドを訪れたのは平和運動関係者と接触するためだと説明し、「平和運動のもっとも重要な目的は原水爆実験に反対することである。これは新たな戦争の阻止と関連しているからだ」とした。インタビューの最後には、「われわれの眼の黒いうちに天皇制は終わりになる展望がある。……社会党は政権の座に就くだろうし、社会主義と天皇制が両立することはないと固く信じている」と述べている（ウェリントンで発行されている*New Zealand Herald*紙の記事、一九五七年一一月一一日付）。治一郎は一一月一二日にニュージーランドを発ち、シドニー経由で帰国の途に就いた。治一郎は後年、この渡航中に演説を七〇回行なったと述べている（解放出版社（編）1977: 85）。

日中友好協会は翌一九五八年にも中国建国記念式典に代表団を派遣し、やはり治一郎が団長を務めた。治一郎にとっては六度目の訪中である。一行は九月二五日に日本を発ち、一〇月二一日に帰国した。一〇月七日には周恩来および副首相と会見し、主として台湾問題について議論している。この訪中について『解放新聞』に寄せた報告のなかで、治一郎は読者に向けて、憲法改正、軍備増強、警察権限の強化、核持込み容認の提案に見られるように、岸首相が国内政策を保守から反動へと転換させつつ反中感情を高めようとしているこの時期こそ、中国との関係を深めていくのがとりわけ重要なのであると説明した（『解放新聞』第一一七号、一九五八年一一月一五日付および第一一八号、同一二月五日付）。

一九五九年は治一郎にとって選挙の年だったので、年の前半をあまり国外で過ごさなかったのは不思議ではない。さらに、その後の報告からうかがえるところでは、治一郎はこのころから高血圧を患っており、一九五九年の終わりごろには少なくとも一度入院するほどであった（『解放新聞』第一四八号、一九五九年一二月一五日付に入院の報告がある）。おそらくそのために忙しく外遊するのをやめることにしたのだと思われる。これ以降は、第一五回中国建国記念式典に出席するため一九六四年に訪中したとき（後述）を除き、海外渡航をしていない。だからといって平和運動の支持まで続けなくなったわけではなく、七月には、日本平和委員会のメンバーが三人から六人に増員されたことにともなって、治一郎が委員長に就任している。同委員会は安保条約改定や米軍の沖縄駐留継続への反対を表明した。

治一郎の海外渡航や会見についてやや詳しく記述してきたのは、国内の政党政治における治一郎の役割や解放運動の発展に対する貢献ほどには、治一郎の人生におけるこの側面に対して注意が払われてこなかったからである。実のところ、治一郎は平和運動においてここで記述してきたよりもさらに幅広く活動していた可能性がある。前の段落で挙げた日本平和委員会をはじめ、治一郎がさまざまな平和委員会のメンバーであったことへの言及は見られるものの、これらの運動——日本国内の平和運動と、一九五三年から一九五九年にかけて治一郎が一定の役割を果たした国際的運動との関係についての証言は見当たらない。ここにはもっと語るべき事柄があるのではないかと考えるが、そのためには、日本における平和運動の全体像を誰かがまとめてくれるのを待たなければなるまい。[20]

一三　部落解放運動の戦略

治一郎は、部落民としては二〇世紀でもっとも知られた人物だった。部落解放の大義は治一郎の生きる理由そのものであり、治一郎は、国内外を問わず、あらゆる演説でこの問題を取り上げた。選挙のときも、部落民以外にも訴えは届いていたものの、有権者の支持のかなりの部分は部落票であった。治一郎は、死の直前まで部落解放運動の指導者であり続け、あらゆる大会に参加し、運動の機関紙に定期的に寄稿していた。しかし、本章でこれまで見てきたように、治一郎は「公職追放」を経て政界に復帰すると同時に国内外の政治に関与するようになり、解放運動に費やす時間は必然的に少なくならざるをえなかった。いずれにせよ、治一郎は影響力こそ保っていたもののけっして支配的な立場ではなくなり、水平社の元幹部のなかにも、戦後および占領後の運動の進め方について異なる考え方を持つ者がいた。にもかかわらず、治一郎は多くの方針について拒否権を発動することができたため、一九五〇年代の解放運動の諸活動の多くは治一郎の音頭によって開始されたものではないとはいえ、いまなお一役買っていたとはいえる。本節では、解放運動の戦略がどのように発展してきたか、また差別と偏見の起源および性質に関する考え方がどのように変遷したかを跡づけることにより、治一郎がどの程度の影響力を振るっていたのか検討してみたい。

部落解放全国委員会の第六回大会は一九五一年一〇月一〇日に開催された。大会で最初に行なわれたのは、治一郎の復帰を歓迎することである。もっとも重要な出来事は、運動が、階級を基盤とする前衛組織（北原泰作はこのようなあり方を望ましいと考えていた）から、治一郎およびその支持者（朝田善之助など）が構想する、大衆運動として発展する方向に転換し始めたことである。しかし、さまざまな階級的背景を有する部落民にとって魅力的な運動をどのようにつくりあげていくのか、その方法はなかなか見出せなかった。実際のところ、社会的・歴史的背景が共通であることは階級を超えた連帯の基盤を生み出しうるのか。大会では、戦後初めて、糾弾——差別を公に非難すること——を積極的に評価することが提案された。政治の本流で反動的政策が強まっているなか、差別は悪化しつつあるという主張が出されたのである。しかし、部落民が「危険」だという見方を強化しないようにすることが不可欠であることも認識された。糾弾を実施する方法は慎重に定めなければならず、また個人が関わる事案と公的機関が関わる事案とでは異なるやり方をとることが推奨された。前者の場合、威嚇めいた手法の使用は最低限に留め、考え方を変えることが目指されるべきだが、後者の場合、差別の根源を明るみに出して政治的解決に至ることを目指すべきであるというのである。

大会では、農村部・都市部双方における部落の貧困の性質についても議論された。全般的な経済成長にもかかわらず、部落の生活水準は立ち遅れていた。これは部分的には差別によるものである――部落民は大企業には採用されず、そのため近代的経済部門の外に留め置かれていた――と考えられたが、構造的問題による部分もあるとされた。たとえば、部落民は集団としては農地改革の恩恵をそれほど享受していない。部落民が所有する土地の面積は、農地改革法令で定められた最低面積よりも小さいことが多かったからである。大会では、差別に対する抗議は引き続き重要ではあるものの、その運動を生活水準向上の要求と関連づけていかなければならないという話になった。一方、部落民である農民と失業者に対しては、小作人組合や失業者団体への加入が推奨された。差別が存続し続けているのは、ひとつには日本政府がますます反動的性格を強めている点に原因があるものの、米国の植民地政策も原因のひとつであるとされた。しかし、運動の目的はもっと具体的なものとなり、もはや「民主主義日本建設」を目指すだけではなく、「封建的身分の差別と、それに伴う悲惨な生活状態から部落民衆を完全に解放すること」を目指していくとされた（師岡 1980: 262-86）。

一四　部落差別反対運動

特定の差別事件に関する組織的な抗議である「糾弾」は、水平社といえば糾弾であると連想されるほど、戦前の水平社運動を特徴づけていたもののひとつである。糾弾の経験は、根拠のない差別がいかに正義を欠いたものであるかを実証するだけではなかった。行政慣行の変革、生活条件向上のための資金拠出の要求に重みを与えるうえでも、効果的な運動がいかに役立ちうるかを示すものだった。他方、抗議が行き過ぎたものになれば、部落の人間は暴力的で何をするかわからないという固定観念を強化することになりかねない。部落解放全国委員会にとっては、戦後初の大規模な運動を慎重に進めていくことが重要だった。ここでは、一九五一年から一九五六年にかけて展開された主要な運動のうち四つを簡単に検討する。

『オール・ロマンス』事件

第七回大会からほどなくして開始されたある糾弾活動が、運動をふたたび活性化させるとともに、その後一〇年以上続けられる活動パターンを確立することになる。一九五一年一〇月、『オール・ロマンス』という安雑誌に、ある短編小説が掲載された。京都の七条部落の生活を暴露すると謳ったこの小説は、朝鮮人と日本人が結婚して生まれた子どもである二人の主人公の近親姦に焦点を当てたものである。小説の基本的前提は、部落は無法な危険地帯であり、不潔で病気が蔓延している場所であるから、その住民である部落民と朝鮮人はいずれも差別されて当然というものであった。部落解放全国委員会を代表して朝田善之助が調査を行ない、著者は京都市衛生課の臨時職員であることがわかった。最初の対応は、著者の上司に苦情を入れて解雇させることであった。京都市長は自分にはこれ以上の責任はないと主張したが、朝田は、差別は部落民の生活条件と関連しているのであって、その生活条件は、改善のための施策が何ら立案されていないので相変わらずであると主張した。これは差別行政の結果であるというのが朝田の弁である。少し調べれば、地方自治体によって改善が図られたとしても、その目的は観光客の目から貧困を隠すところにあったことがわかる。外国人観光客のために用意されている設備に比べて、京都市中央部の部落で暮らしている人々が利用している共同便所がいかに劣悪であるかについては、すでに詳細な批判があった。全国委員会の第七回大会では、差別は政策上意図的に看過されていることが指摘されていた。この糾弾活動は、政策と差別との具体的関連を実証する機会だった。詳細な要求項目が作成され、そこでは公共事業（水道・下水道の整備）、公衆衛生（トラコーマ・結核の治療、公衆便所の改善）、公的福祉（働く母親のための保育、住宅改善、共同浴場）、教育（就学奨励政策、学校給食・制服・教科書の無償）、経済（中小企業、とくに皮革産業への補助金）などが取り上げられた。詳細な要求は全部で一九項目に及んだ（師岡 1980: 319-20）。

これは、差別は部落民が困窮した状況のなかで生活していることから生まれるものであるという考え方を、部落民は環境改善施策を求めて運動しなければならないという思想とはっきり結びつけた戦後初の運動である。『オール・ロマンス』糾弾運動の成功にともない、京都の他の地区でもインフラ改善の要求が出され始めた。京都市がこのような同和事業に支出する金額は、一九五一年度には五〇〇万円強だったのが翌年度には四六〇〇万円に増えた。その後数年間、日本の他の場所でもこのような戦略が広くとられるようになる（師岡 1980: 294-330）。

この戦略が功を奏したのは重要だが、師岡は他にも関係する要因があったと指摘している。朝田自身、一九三六年から一九四六年にかけて京都市社会課で働いたことがあり、同僚に中川忠次がいた。中川は一九五一年の段階でも市役所勤めを続けており、部落解放運動の要求に共感していた。高山市長は、観光振興計画で批判を受けていたとはいえ、前の選挙では革新勢力の支援を受けていた。さらに、糾弾運動が進められつつあった同じ時期に、京都大学の学生による天皇制反対デモや地方自治体職員によるストライキが行なわれていた。すなわち、運動側が要求を比較的受け入れさせやすい状況が存在したのである。

西川事件

一九五二年二月二七日、裕福な地主で和歌山県議会議員を務めていた西川瀁《ひろし》が、旅館のロビーの電話で「エッタボウシ」云々と怒鳴っているところを聞きとがめられた。同じ旅館で開かれた宴会に出席していた二人の部落出身者についての発言だった。これを耳にした何人かが西川を問い詰めたが、西川は謝罪を拒否し、それどころか「犠牲となっても彼等と闘うのだ」と大声をあげた。翌日この件を報告された地元の首長は、人権擁護委員会[21]に公式に申告を行なった。三月八日に、事件現場の村、県議会、部落解放全国委員会、教職員組合、県庁の代表が集まって事実確認会が開かれた。西川も出席したが反省の意を示すことはなく、それどころか自分には差別する権利があると主張した。地元の部落関係者は激怒したが、『オール・ロマンス』事件で先鞭がつけられた戦術を活用して、この機会に、西川が県議会議員を辞職するよう（辞職しないのであれば除名するよう）要求するだけに留まらず、県当局による同和政策、とくに同和教育政策の改革も要求していくことにした。県議会は西川に辞職を求めたが拒否され、除名には及び腰であった。

朝田も助言を求められた。日本社会党・日本共産党の地元支部と在日朝鮮人団体はいずれもこの運動を支持し、四月には行動を起こすことを決定して、四月一九日の同盟休校、地方税の納付拒否、県庁への米の販売拒否を呼びかけた。県は臨時休校の措置をとった。部落出身の議員はハンストに突入し、四月二五日〜二六日には二度目の同盟休校が呼びかけられて一万四〇〇〇人の児童が参加した。県議会が問題解決を試みる部会を設置したので、これをよしとして同盟休校とハンストは中止された。西川は五月五日に辞職した。しかし同和政策改革を要求する運動はその後も数週間続き、騒ぎを引き起こした。これに対して地元当局は六月三〇日に警官隊を投入し、八〇人の負傷者を出した末に共同闘争委員会のメンバー一〇人を逮捕した。これによって運動の動きは止まった。

その年の秋に行なわれた選挙で西川は県議会に復帰し、同和政策にも重要な変化は生じなかった。部落および革新勢力・社会主義勢力の支持を受けて京都で功を奏した戦略は、地元行政機関の内部に支持者がいなかった和歌山ではそれほど効果を発揮しなかったのである（師岡 1980: 331-4）。

洪水被害

一九五三年夏、一連の台風によって九州から中部日本の地域に豪雨がもたらされた。新聞には、六〇年間で最悪の台風という見出しが躍った。七月には、熊本で死者一八人・家屋倒壊六〇軒、和歌山で死者一〇一六人・家屋倒壊八六〇〇軒という被害が出た（『解放新聞』第五八号、一九五三年七月三〇日付；師岡 1981: 24）。戦争以来、水害対策費に支出される予算はごくわずかであり、部落は常に被害をより受けやすい状況に置かれていた。歴史的に、部落は町や村の外れに位置していることが多く、そのような土地は洪水の被害を受けやすいのがわかっているために地価も安かったのである。夏の半ばから晩夏にかけて左派団体が連合体を組んで「水害復旧闘争」を組織した。部落解放全国委員会系の団体もいくつか参加しており、北部九州では独自の委員会も結成している。彼らにとって、これは政治運動であった。洪水被害は単なる自然現象ではなく、国が一部の事業――たとえば再軍備――に支出しておきながら洪水対策等には支出しないことの結果だという主張である。さらに、部落がこうむる具体的被害は構造的・歴史的差別の結果であるとされた。このようにして、部落に特有の差別の特質と、他の無産者層――この場合は洪水被害を受けた他の集団――を巻きこんだより幅広い運動とが結びつけられたのである。同時に、米国帝国主義に日本が従属しており、そのために洪水対策の強化ではなく自衛隊のための支出を余儀なくされていることへの幅広い反対運動とも結びつけられた。中国政府から復興基金に一八〇〇万元の寄付があったことも、日中人民の国際的連帯が実益につながりうることを明らかにした。

水害復旧闘争が率いた運動は施設改善を要求する部落の行動主義を後押ししたが、部落解放運動の内部でも、これらの活動は活動家が差別の性質についてもっと注意深く考えることを奨励するものとして前向きに評価された。もっとも、これらの運動からどのような教訓を引き出すのが的確かについては、部落解放全国委員会の内部で著しく議論が分かれた。一九五四年に開催された第九回大会では、委員会の基本文書に関する討議が最終日の午前二時まで続けられた。

福岡市長選挙差別事件

一九五六年の福岡市長選には立候補者が二人いた。そのひとりである高丘稔は部落出身者として知られていたが、すでに市議会に三度選出されていた実績の持ち主である。もうひとりの奥村茂敏は保守派で、その実家は九州電力と関係があった。接戦になると思われたが、蓋を開けてみると、奥村が対抗馬の二倍近い票（一三万三二一七五票対六万五八一九票）を獲得して勝利し、無効票も多数あった。部落解放同盟の活動家が調査したところ、奥村がさまざまなやり方で高丘の出自に注意を促していたことがわかった。もっともあからさまなやり方は、事務所の前で簡略化された家系図の脇に立つ高丘の写真をあしらったビラを使うものだった。選挙運動中に用いられた、もっと洗練の度を欠いた他のやり方としては、「ヨツ」や「エタ」という言葉を使ったり、部落民が市長になったら福岡のイメージが台無しになると示唆したりするというものもあった。選挙から一〇日後、福岡市人権擁護民主協議会は「差別観念の流布が選挙戦の中で行われた」「未だかつて全国に例がない」事実を列挙した公開質問状を作成した（森山ほか 2003: 218）。この事件が多くの人々にとってとりわけ衝撃的だったのは、市議会には部落出身の議員がすでに一三人おり、もはやそんなことは問題ではないと考えていたからである。治一郎は当然のことながらこの抗議運動を支持し、部落解放同盟からも全国的な支持を得た。この事件自体は、市役所前で一二〇〇人規模のデモが行なわれ、奥村が公の謝罪を余儀なくさ

福岡市長奥村茂敏氏に對する公開状

御就任早々の貴下に、このような公開状を送らねばならぬことを、お互いのため残念に思います。

先般の福岡市長選挙に当って、いわゆる身分的な差別言辞が、ほとんど公然と福岡市民の間に流布されました。しかもその件数が無数にのぼつたことは、わが国の社会史上に類例を見ない人権上の一大不祥事であると云えましょう。

いまや私たちは、この不祥事を何らかの方法で処理しなければならない事態に直面しております。私たちはここにおいて、紛争を無益に拡大するような方法は極力これを防止し、あくまで人道上の立場に立つて、貴下および市民各位の良心に訴え、平和的な建設的な方法によつて対処する方針を決定いたしました。もちろん挑発者と目される若干の悪質者のほかは、その一つ一つを摘発して平地に波瀾を起すようなことは、できるだけ避けたいと望んでいます。

もとより貴下が、このような非人道的な差別行為を自ら発言したり、積極的に流布されたとは考えたくありません。しかし貴下の選挙事務長以下の運動員は、差別観念が流布されていることを知りながら、あえて積極的に制止しようとしなかつたのみか、かえつてこれを善良なる市民の間にあふりたて、さらにその上にボス、暴力団、不正行為、赤旗などの悪質デマを乗せて宣伝につとめ、最も効果的な選挙戦術として利用いたしました。

それらの悪質デマの一つ一つについては、別途にその真偽が確められるでありましょうが、何ら確実な事実の裏付けのない事柄が、驚くべき巧妙さをもつて、まことしやかにつくりあげられ、さらに差別的偏見の色眼鏡を通して針小棒大に作為されました。

わが福岡市においては過去二十年ほどの間、殆んどいまわしい差別事件の発生を見ず、青少年の大多数は何れもこの問題を知らずに成育してきたのでありますが、不幸にも今度の市長選挙を通じて、これを知らされたのです。いま学生、生徒間にまえ、その憂うべき現象が萌していることを聞き、私たちはがく然としています。

かつて大正年代に「なぜ私の両親は、私を生んで下さつたのだろう。私は両親を怨みます」と書き残して鉄道自殺をした少年がありました。その他数えあぐれば際限もないほど多くの悲惨事が繰り返えされてきたのであります。過去は眠つているだけです。このたびの貴下たちの行為を契機として、再び私たちの福岡市に、このような差別観念とそれにともなう悲惨事が蘇えらないと、果して何びとが保障できましよう。

私たちは、いたずらに貴下を糾弾したり中傷しようとするものではありません。私たちが強調したいのは、正しく明るい市政は、あくまで[illegible]築かれねばならないということです。

貴下は市長就任の挨拶で「自由と人格を尊重、権利と義務をならび行い、社会道徳を守るという民主々義の三原則」を強調されましたが貴下の圧倒的勝利と、光栄ある市長の椅子が、その実は、反社会的な、偏見に充ちた、誤れる封建思想によつて大きく支えられている事実を見逃すことはできません。

誠実で人格高く、且つ聡明であると称される貴下は、すでに、こうした恥ずべき裏面の事態を知られるにおよび、必ずや良心のかげりを感じていられることと信じます。

差別観念の流布が、選挙戦の中に行はれたという事実は、未だかつて全国に例がありません。もしこれを、ある場合もつとも有効な戦術として各地で用いられるに至りますならば、世を毒する弊害これに過ぎるものはありません。差別観念は、いかなる暴力にも増して最も凶暴だからであります。

一たび人々の心の中に復活した差別的な偏見は、非常に根強いもので、且つはげしい伝播力を持つております。これを取り除くためには甚大な努力と長い期間を要し、種々の困難があることは申すまでもありません。

しかし貴下をはじめ心ある福岡市民は、その責任の所在をいたずらに嫌し合うことなく、不鮮なる反社会的偏見を一日も早く、完全に払い去るべく全力をつくされねばなりません。

これこそは文化都市大福岡建設の、道義的基盤をなすものであり、又これなくして明るく正しい福岡市政の実現はあり得ないと信じます。

私たちはこの際、すべての市民各位が、一つは自らをさらに謙虚にかえりみ、一つは平静に自己の良心を呼びさまし、共々に正すべきはあくまで正し、良識ある社会生活の確立に努められんことを期待すると同時に、貴下が、人間としての良心と、市長としての職責の両面より、冷静にこの公開状の趣きを容認し、崇高なるべき市民の人権を、他の不合理なる侵犯より守るため、差別的偏見の打破について真剣に最善の具体的努力を払はれるよう要請いたします。

昭和三十一年九月二十七日

福岡市人権擁護民主協議会
代表委員
亀井味樂
青山道夫
永江隆三
諫山博
大倉清一

福岡市長選挙差別事件への公開質問状［井元麟之資料］

奥村市長糾弾を訴える福岡県連合会［『全九州水平社　創立 90 周年記念誌』より］

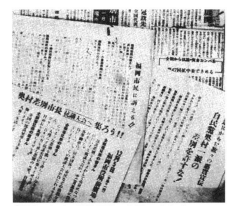

『福岡における解放運動　水平 50 年』中にあるビラ［『全九州水平社　創立 90 周年記念誌』より］

れて、社会的偏見を速やかに解消するための措置をとることを約束したことで、一九五六年の終わりごろには収束した。しかし部落解放同盟にとっては、この事件を利用して、行政内部に深く根づいている差別の性質についての長期的キャンペーンを開始することができた。貧困と不利益の状態が存在しなければ、偏見を操作して差別に転化させることもできないというのがその主張である。県・市当局は、偏見の再生産につながりうる背景を解消するため、部落民の教育機会、就労の展望、生活環境を向上させる総合的政策をとりまとめなければならないとされた（森山ほか 2003: 221）。

以上の四つの事例がさまざまな形で明らかにしていることのひとつは、占領期の民主的改革を経た一九五〇年代に入ってさえ、偏見と差別が根強く残っていたことである。一九四〇年代に一部で出ていた主張にもかかわらず、問題が徐々になくなることを期待して無視するだけでは十分ではなかった。対照的に、解放運動に関わる活動家は、これらの事件に基づく抗議運動をあえて活用し、偏見が現代の社会的・政治的体制にいかに深く根ざしており、またこれらの体制によって再生産されているかを明らかにした。どの糾弾運動をとっても、解放運動が特定の問題だけを解決しようとするのではなく、それぞれの機会を活用して、長期的に偏見の基盤の解消につながるような措置を要求していたことがわかる。そこでは、謝罪や辞職だけではなく、部落が赤貧状態から脱するのに役立つ資金と便益を提供することに対する地方自治体の決意が求められていたのである。このような根深い偏見の存在は「差別行政」と呼ばれ、それを解消するための運動は「行政闘争」と呼ばれた。一九五〇年代から六〇年代にかけては他にも多くの糾弾事件が起きたが、行政闘争のパターンは一九五〇年代初頭に確立されたものであり、国は部落の窮状について一定の責任を認め、それに対処するための政策を立案するべきであるという、より政治色の明確な要求を支えることにつながった。

一五　第一〇回大会（一九五五年八月二七日〜二八日）

二〇世紀後半のかなりの期間にわたって日本で支配的だった政治体制は、「一九五五年体制」として説明されることが多い。すでに見てきたように、この年には日本社会党が再統一したのみならず、ひとつには社会主義者が再結集したことへの反応という面もあって、自由民主党の結成という出来事も生じた。また、日本共産党の「左翼冒険主義」に七月の大会で終止符が打たれ、しばらくの間同党が団結するに至ったのも一九五五年のことである。一九五五年は、賃上げと労働条件改善を求めて労働組合が調整を図りながら要求の声をあげていく「春闘」が初めて行なわれた年でもあった。

同じ年に部落解放運動にも根本的変化が生じたのは、まったくの偶然ではない。もっとも明白な変化は運動団体名の変更である。「部落解放全国委員会」という名称はエリート主義的すぎると感じられ、全国的な糾弾運動後に運動が急成長したといっても、この名称自体が大衆的基盤づくりの妨げになっているとの感触があった。そして、「部落解放同盟」という名称のほうが大衆の心に響くのではないかと考えられた。とはいえ、旧来の名称への感情的愛着も相当程度残っており、名称変更は多数決で承認されたにすぎなかった。次に、運動の基本方針も改訂された。新たな方針の書き出しは次のとおりである。

全国に散在する六千部落・三百万の部落民は、長い間の封建的身分差別と、戦後アメリカ帝国主義者による植民地支配・搾取によって、失業と貧乏のどん底に追いこまれている。

部落民は、先祖代々土地と仕事を与えられず、万年失業の状態におかれ、戦前ごまかしではあったが、部落民の生活向上を改善するために支出されていた僅かの国家予算すらも、アメリカの占領政策によって廃止され、再軍備費のための重い税金に苦しめられている。このことが、部落民の生活を更に貧しくし、又差別を助長し再生産させている。

われわれは、この差別と貧乏の悪循環を断ちきり、そのどれい的生活から解放されるために、全国三百万部落民の団結と統一を促進し、当面次の要求をかかげて闘う。……


これに続けて、差別の解消や生活条件の向上方法に関わる詳細な要求が二〇項目列挙され、米軍基地の存在と米国帝国主義の分断統治方針に関する政治的見解が記載されている（師岡 1981: 99-101）。部落解放同盟は、新たな綱領のもとにとりあえず団結し、部落における広範な大衆運動の構築を目指す戦略を推し進めていくことにしたのである。

一六　治一郎と一九五〇年代の部落解放理論

すでに見てきたように、治一郎はけっして理論家ではなかった。インタビューでは、マルクスやレーニンを読んだことがないとも認めている（一九五九年七月のインタビュー、解放出版社 1977: 74で引用されているもの）。治一郎の主たる貢献は、天皇制の存在と部落差別の存在との間に強いつながりがあることを断固として主張し続けたことである。天皇制の廃止は、一九八〇年代後半まで部落解放同盟の綱領の柱のひとつとして残されていた。しかし、このような考え方さえ、歴史的根拠のある理論にそれほど基づいたものではなく、むしろ直観に近かった。とはいえ、後述するように、治一郎は一部の理論家の著作は知っており、その影響も受けていた。しかし、そのことに触れる前に、部落問題に関する学問的理論、この問題についての政党の方針、解放運動の戦略が一九五〇年代に発展していった際の状況についてまとめておきたい。

歴史と理論について

水平社の指導者たち自身は、部落および部落差別の歴史について学ぶことにそれほど時間を費やさなかったし、自分たちの分断されたあり方に終止符を打つための方法論と歴史を関連づけようとすることもなかった。また、戦前の大学制度は国の直接間接の統制下に置かれていたため知的探求にも制約が課されており、そのような研究を進めることは困難だった。初期の水平社関連文書のなかには、部落民は民族的または人種的に他の日本人と異なっていると推定しているように思われるものもあれば、これは身分差別にすぎないと説明するものもあり、後者の説明がおおむね共有されていた。高橋貞樹が一九二四年に刊行した『特殊部落一千年史』（岩波文庫『被差別部落一千年史』）は戦後の研究の多くにとっての出発点となった。しかし、これも著者独自の研究に基づいたものではなく、すでに述べられていたさまざまな考え方の要約の域を大きくは出ていない。高橋はマルクス主義者であり、それどころか、一九六〇年代まで、部落問題について研究・執筆する者のほとんどは――ひょっとしたら全員が――マルクス主義者だった。そのため彼らの著作は、日本資本主義の性格はどのようなものか、それはどのようにすれば克服できるか、部落解放のための闘いをより広範な労働者階級の革命事業に適切に位置づけるにはどうすればよいかに関する同時代の議論と関連していた。

二一世紀の始まりにあたって想起しておかなければならない重要なことは、社会主義なり共産主義なりについて（定義はどうあれ）真剣に考えていた人々の多くは、自分の生きているうちにその実現を目にすることなど期待していなかったとはいえ、実現に向けて努力すべき現実的な目標だと見なしていたのは確かだということである。したがって、さまざまな分析や戦略を、その時点での情勢の理解を深めるものになっていない、あるいは労働者階級の連帯に貢献するものではないという理由で批判することには正当性があった。ほとんどの面で、当時の彼らにとってもっとも重要だったのは、この革命事業の実現可能性を高めるにはどうすればよいかを理解することだった。したがって、歴史を正しく理解していないと見なされた人々は、単に「誤っている」だけではなく、部落民を、あるいは労働者階級一般を劣悪な生活条件から解放する変革に遅れをもたらしているという罪を背負わされたのである。

本章は、一九四〇年代と一九五〇年代に部落関連の歴史記述および理論がどのように発展したかを詳しく分析しようとするものではない。[22]しかし、提起された問題をいくつか列挙したうえで、それに対してどのような回答が行なわれたかについては述べておくことにしよう。人種起源説がまったくの誤りであることについては合意があったが、身分差別に「すぎない」のであれば、それはいつ、なぜ始まったのか。また、身分差別がはるか昔、あるいは比較的近い過去に存在していたことを実証できたとしても、社会的・経済的・政治的条件がまったく異なる現代においてもそれが根強く残っている／残っていたのはなぜなのかという疑問も提起された。そして、どうすれば身分差別が将来にわたって続かないようにできるのか。どのような対応をとりうるか。この問題は現行の体制の枠内で解決できるのか、それともあまりにも根本的な問題であるために革命的変化が必要になるのか。

熱心な研究と議論が始まったのは、一九五〇年、身分差別は封建制に特有のものではなく、階級支配があるところには常に身分差別が存在すると高桑末秀が主張して以降のことである。水平社の元活動家で日本共産党に近い立場にあった北原泰作は、これに対し、この見解は抽象的にすぎるし、資本主義の発展にともなって部落差別が弱まりつつある証拠を無視していると応じた。三番目に議論に加わったのは井上清である。京都大学に籍を置く歴史学者であった井上は、部落民の前身であった人々への差別を生じさせた三つの要素があったとした——身分、職業、居住地である。どの要素も日本史のさまざまな時点で差別の原因になったと考えうるが、井上の主張によれば、この三つの要素が不可分に合体したのはようやく江戸中期、すなわち一八世紀初頭を迎えたころのことだった。このつながりは明治維新にともなう社会的経過によっても破壊されることはなく、それどころか、資本主義制度はこれらの要素の一部を活用しながら構築されていった。井上は、このような歴史分析に基づき、独占資本の内的・外的表出の両方と闘っていかなければ部落解放は不可能であり、そのためには日本の無産者層との連帯が必要であると主張した。他方、差別を経験し、特定の職業に従事し、特定の地域で暮らすという三つの特質が、部落の内部にある階級的分裂を超越した強力な自己同一感情をどのように生み出してきたかについての検討も必要であるとした。部落民は政治経済学的に周縁的な立場に置かれているため、資本主義は部落の近代化にはつながらず、階級分化もほとんど生じなかったので、身分に基づく自己認識が階級意識よりも強いのかもしれないというのが井上の主張である。部落解放とはすなわち、部落民の生活を取り巻く三つの特定の状況からの解放にほかならない。したがって、社会主義確立のために必要な、より幅広い変革とは独立にこのような解放が達成されることもありうる。となれば、解放運動戦略論の観点からは、「極左的偏向」――あらゆる差別を解消しうるのは社会主義革命だけなのであるから重要なのは階級的立場のみであり、したがって解放運動の枠内での行動に労力を費やすのは回り道であるという見解――と「部落第一主義」――運動が唯一優先すべきなのは部落の条件向上につながる政策および資金の要求であって、部落民がその階級的立場のゆえに遭遇するいかなる問題も無視してよいという見解――の両方を回避する必要があるということになる(師岡 1980: 221-30)。

それでもなお、取り上げられていない論点はいくつか残った。たとえば、井上は本当に、部落問題の解決は資本主義体制内で可能であると主張していたのか。第二に、江戸中期以前の部落の性質についてはどうなるのか。そこではどのような過程が生じていたのか。井上の方法論は、学界においても解放運動内部においても、けっして全員から受け入れられたわけではない。しかしその影響は大きかった。一九六〇年代末以降、部落民がいまなお苦しんでいる差別体制は江戸中期に始まったものであるという見解が、部落解放同盟の正統的な立場となる。そこで、現行制度のもとでも、完全な解放には至らないかもしれないにせよ相当の改善が見込まれるのであるから、いまなお存続している差別的側面の解消を目指していくのが解放運動のとるべき戦略であるということになった。

日本社会党の方針について

日本社会党は、結党時からの最有力メンバーのひとりが治一郎であったにもかかわらず、部落問題についての方針をなかなか定めなかった。一九四〇年代の末ごろになって、同党の基本的立場に多大な注意が向けられるようになった。社会党は本質的に階級政党であり、党内では工場労働者という立場が優遇されるのか、それとも「国民」政党としてすべての社会階級が平等な立場を得るのかという問題である。社会党を「階級的大衆政党」として規定するという妥協策で議論が収まった状態も長くは続かず、一九五一年九月にはこの点をめぐる不一致が一因となって党の分裂に至った（Cole et al. 1966: 28）。

一九五二年一一月の総選挙で左派社会党は院内議席を一六人から四七人に増やしたが、新たに当選した衆議院議員のひとりに奈良県選挙区の八木一男がいた[23]。八木は衆議院議員として社会保障問題にとくに関心を示したが、国政選挙で当選する前から水平社の古参幹部である米田富とともに活動をしていた。八木は、当選後ほどなくして、治一郎から部落政策立案の手助けを頼まれた。それぞれの秘書である楢崎弥之助と上田潤一もいっしょに取り組むことになった。立案作業が開始されたのは、一九五三年三月初頭に、朝田善之助、北原泰作、上田音市などの部落解放全国委員会関係者と、左派社会党党首・鈴木茂三郎および八木とで会議が持たれて以降のことである。しかし、このとき、国会は吉田内閣の不信任決議を目前にして混乱状態にあった。この会議に出席する時間をとれた社会党の衆議院議員はほとんどおらず、出席者も、会議終了前に全員が投票のため席を立たなければならなかった。[24] 二回目の会議は、今度は奈良県で、一九五三年八月に開かれた。社会党からは五人の衆議院議員が出席したが（治一郎は参加しなかった）、二日とも通して参加したのは八木ひとりだった。八木は、朝田の献身ぶりと熱意、とくに朝田が滔々と理論的説明をするのが印象的だったと回想している（朝田の説明は他の出席者による通訳でもなければなかなか理解できなかったという）。これをきっかけとして社会党内部で部落政策についての

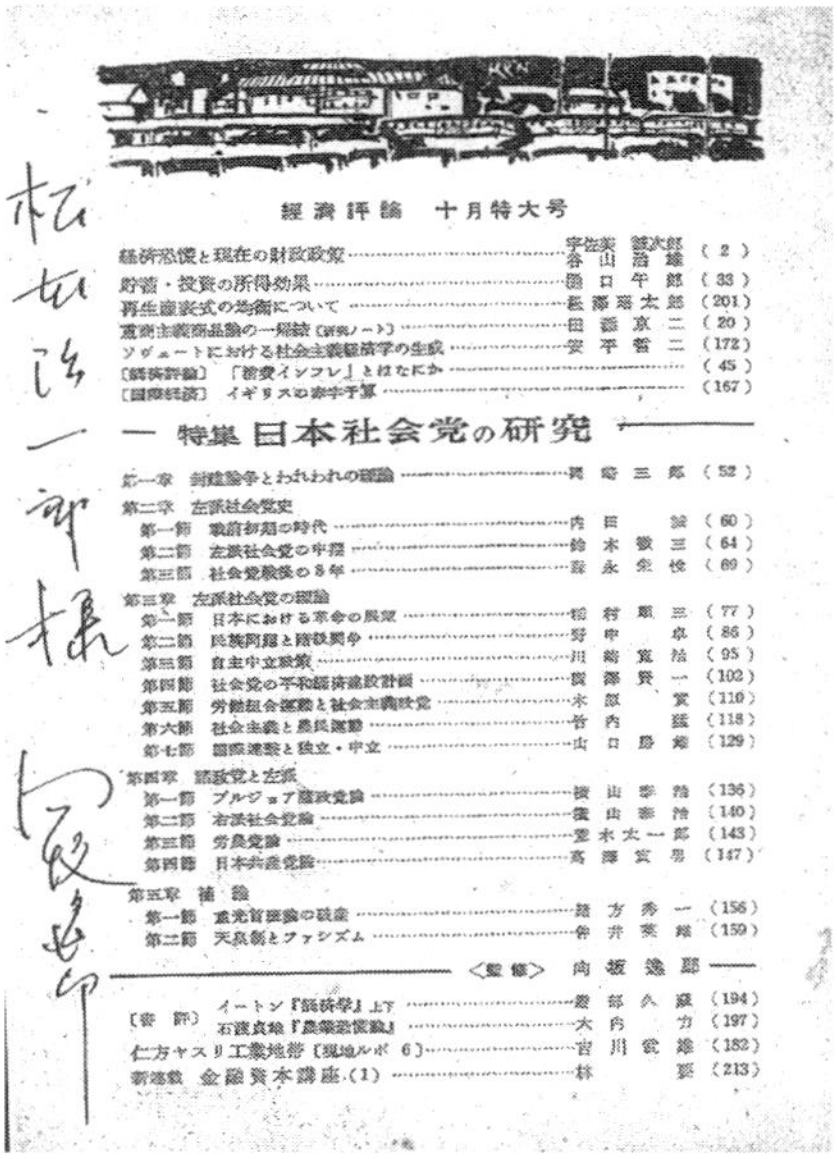
松本治一郎様
向坂逸郎

経済評論　十月特大号

経済恐慌と現在の財政政策……宇佐美誠次郎　谷山治雄（2）
貯蓄・投資の所得効果……（33）
再生産表式の均衡について……（201）
……（20）
ソヴェートにおける社会主義経済学の生成……（172）
〔経済評論〕「……インフレ」とはなにか……（45）
〔国際経済〕イギリスの赤字予算……（167）

― 特集　日本社会党の研究 ―

第一章　……とわれわれの理論……（52）
第二章　左派社会党史
第一節　戦前初期の時代……内田（60）
第二節　左派社会党の中堅……鈴木（64）
第三節　社会党……の8年……（69）
第三章　左派社会党の理論
第一節　日本における革命の展望……（77）
第二節　民族問題と階級闘争……（86）
第三節　自主中立政策……（95）
第四節　社会党の平和経済建設計画……（102）
第五節　労働組合運動と社会主義政党……（110）
第六節　社会主義と農民運動……（118）
第七節　国際連帯と独立・中立……（129）
第四章　諸政党と左派
第一節　ブルジョア諸政党論……（136）
第二節　右派社会党論……（140）
第三節　労農党論……（143）
第四節　日本共産党論……（147）
第五章　補論
第一節　……の……（156）
第二節　天皇制とファシズム……（159）
〈監修〉向坂逸郎

〔書評〕イートン『経済学』上下……（194）
石渡貞雄『農業恐慌論』……大内力（197）
仁方ヤスリ工業地帯〔現地ルポ 6〕……（182）
新連載　金融資本講座（1）……林（213）

『経済評論』10月特大号。向坂逸郎の署名入。［松本治一郎資料］

真剣な議論が始まったが、実際のところ、戦後政党がこの問題を真剣に取り上げたのはこれが初めてであった。九月に入ると八木は党政策審議会内に部落問題部会を設置し、社会党はこの問題を、単に選挙民にいっそうアピールするための手段としてとらえるのではなく、原理原則の問題として考えるべきだと主張した。しかし一九五四年の政策綱領では、八木が病気で重態に陥って一五か月間入院していたためか、

この問題についてはごく簡単に触れられたにすぎなかった。一九五五年一〇月に日本社会党が再統一すると部会は解散し、この問題に関する検討は一時中断した（師岡 1981: 378-9）。

一年後、日本社会党奈良県連が部落政策に関する部会の再設置を促す決議を可決し、一九五七年一月の党大会でも八木と治一郎の双方から要求が出されてようやく、部落解放調査特別委員会が設置され、八木と、このときには部落解放同盟の書記長も務めるようになっていた田中織之進を含む一九人が委員に就任した。特別委員会は六月初頭に「部落問題解決政策要綱」案を作成したが、八木は、採択の前に部落解放同盟およびその「シンクタンク」である部落問題研究所の代表と議論することを強く主張した。七月四日、社会党の代表四人が研究所の関係者三人および解放同盟の関係者五人と会見し、草案について話し合った。八木によれば「非常に活発な討議が行われ」たという。要綱案は九月に党の政策として公表され、部落解放同盟からも、不十分ではあるが受け入れられるものであると認められた（師岡 1981: 381）。

要綱案では、差別は現代資本主義における社会経済的関係によって支えられるものであるというとらえ方が基調となっている。突き詰めれば、この問題を完全に解決する道は資本主義の根本的改革と社会主義社会の構築しかない。しかし、そこまでには至らなくとも、現行資本主義体制の枠内で部落の生活条件を向上させることはなお可能であり、必要であるとされた（師岡 1981: 384）。要綱案は、明治初期以降も部落民の「市民的権利」――就職、就学の機会均等、住居の自由――は保護されずに差別が続いているとして、資源を集中させるべき五つの分野を挙げた。生活環境、住宅、文教、生活安定、農林・漁業政策である。また、総合的政策の策定・執行権限を持つ委員会を総理府内に創設し、費用は特別予算から支出することを提案した。

国の部落政策がどのような過程を経て立案され、治一郎と部落解放同盟がこれらの政府の提案に対してどのように反応したかについては次章で取り上げるが、まずはいったん日本社会党内の方針とりまとめの過程をあらためて見ておきたい。本書の視点からすると、ここで重要なのは、治一郎がこの過程で直接の役割を果たすことはほとんどなかったという事実である。治一郎が八木の活動を励ました可能性はあるし、二人は非公式な議論を定期的に行なっていたといわれているが、治一郎が確実に日本にいたときでさえ、主要な会合には出席していないことが多かった。第二に、これが少なくとも三〇〇〇万人の同胞国民の人権に関わる問題であることを考えれば、社会党が一連の提案を採択したのは非常に遅かった。社会党が一九四九年に発表した政策文書のなかに部落政策の萌芽はあったものの、この年は治一郎の公職追放令を解除させることがもっぱら重視されていた。けっきょく、八木が最初に取り組みを始めてから最終的に方針が採択されるまでに四年かかったのである。これは、党にとって混乱の種になる可能性がある問題を真剣に取り上げることへの熱意が欠けていたことの証拠なのだろうか。

とはいえ、八木がとりまとめた要綱案が、部落解放同盟や政府が方針・政策をさらに発展させていく際に影響力を持ったのは事実である。もっと即時的な効果もあった。一九五七年九月初頭、『朝日新聞』がこの要綱案についてかなり大々的に報じたのである。これによって部落問題に関する沈黙が破られたように思われる。一九五七年の最後の数か月間には、新聞、週刊誌、そしてテレビまでもが、部落の困窮した生活条件について報じたり番組で取り上げたりするようになった。

運動戦略について

治一郎が部落解放同盟の指導者であったことには異論がない。また一九五六年には、日本社会党、日中友好協会、平和同志会のメンバーでもあった田中織之進が解放同盟の書記長に就任し、一九六八年までその座に留まっていた。しかし、解放同盟が完全に社会党の影響下にあったと考えると間違えることになろう。同盟員の、それどころか中央委員の多くは日本共産党の党員かシンパだった。これはすなわち運動の内部に潜在的亀裂が存在したということであり、それは二つの形で——第一に、研究者の間で続けられた運動戦略についての議論や二つの政党内部の方針に関する議論のなかで、第二に選挙時の適切な戦術に関する議論のなかで——表出した。

一九五〇年代中ごろの日本共産党は議会政党としては小規模で、ほとんど取るに足らない存在だった。一九五五年二月の総選挙が終わると、衆議院（四六七議席）に二人、参議院（二五〇議席）に二人の議員しかいないという状態になり、得票率もわずか二%に留まった。労働運動内部における共産党の影響力はそれほど小さくなく、警職法（警察官職務執行法）改正や教員の勤務評定に反対する大衆運動（一九五六～五八年）において、そしてもちろん安保条約改定に反対する大規模な運動（一九五九～六〇年）でも、重要な役割を果たした。部落解放同盟内部でも存在感を発揮している。北原泰作と木村京太郎は一九五〇年代に解放同盟の中央委員を務めており、いずれも共産党の「路線」にしたがって行動した。さらに、解放同盟のなかには共産党分子が優勢に立っている支部があり、とくに京都府連ではその傾向が顕著だった。

一九五六年に解放同盟書記長に就任した田中織之進は、次の四項目に始まる一連の提起を行なった。

・部落民が貧乏であるのはすべて差別の結果であると見てよいか。
・部落民の生活のよくなっている面はないだろうか。
・経済、とくに中小企業部門に問題があるために、万年失業と生活困窮が増加しているように思われる。
・近年、差別事件の数が増えており、より悪質化している。これは部落の生活の改善と関係しているか。

田中の主張によれば、戦後になって部落で生じた社会的・経済的変化はごくわずかであり、高い失業率とその結果として生じる貧困が、依然として主たる問題として残っている。田中は、融和運動の戦後版として一九五一年一一月に全国同和政策協会が創設され、保守政党の支持を受けて成長しつつあることを指摘し、同協会が大きくなると、とくに部落解放同盟の支部がない地域で部落に対する影響力を増すおそれがあるとした。一方、朝田善之助は独自の「差別の命題」をまとめつつあり、「日常、部落に生起する問題で、部落にとって、部落民にとって不利益な問題はいっさい差別である。」とした（傍点引用者、部落解放研究所（編）1986: 10)。

北原泰作は一九五七年一〇月に田中の日本分析を批判し、田中はすでに生じている変化を過小評価している、その分析では農地改革後の農業の商業化がほぼ度外視されている、米国帝国主義の支配力を十分に評価していないなどと主張した。師岡は、このような見解は日本共産党の日刊機関紙『アカハタ』に九月三〇日付で掲載された声明に由来するものであると指摘している（師岡 1981: 344）。北原は、部落民が個人としてまたは集団として直面しているいっさいの問題が差別の結果であるという朝田の見解も強く批判した。このようなアプローチはセクト主義につながるというのである。北原は、部落民が直面している問題には他の日本国民や労働者階級と共通する側面もあるとした。

これを皮切りに、その後の数十年間、理論的洗練と感情的苛烈さの度を増しながら続いていく論争が始まった。これが部落問題研究所との断絶に、そして研究所の建物と図書室の蔵書の所有権者をめぐる複雑な裁判へとつながっていく。部落解放同盟自体も、一九七〇年代には共産党系の脱退によって分裂することになる。もっとも、これはまた別の話である。

戦略についての純粋に理論的な論争とは別に、参議院議員選挙を迎えるたびに三年おきに行なわなければならない非常に現実的な決定があった。一九五三年に治一郎が立候補したことには問題はなかった。治一郎は、一九四九年一月の公職追放令によって吉田から奪われた議席を取り戻そうとしていると受けとめられ、部落解放全国委員会からも左派社会党からも全面的支持を得ていた。また、その年の選挙で誰を支持すべきかについて全国委員会の政治研究会がまとめた提案にも、曖昧な点はなかった。

しかし、部落解放同盟は一九五六年、大衆運動を発展させていく計画の一環として、北原泰作を候補者として擁立することを決定した。治一郎は『解放新聞』に熱烈な推薦文を寄稿し、自分の海外滞在中、直近ではヨーロッパと北アフリカを訪れていたときに、北原がいかに自分の代理人として行動してくれたかを説明した（『解放新聞』第八九号、一九五六年五月一日付）。とはいえ北原はどの政党の後援も受けず、それどころか、議会政党が差別問題に注目するよう促すこともひとつの目的として立候補した模様である。[25] そのため中道左派政党である日本社会党と日本共産党はいずれも北原を競合相手と見なし、まったく支援しなかった。部落解放同盟内の社会党支持者の多くは、北原が共産党とつながっていることを理由に支持をためらったと思われる。その結果、上位五〇人しか当選しないこの選挙で、北原は一五〇人中一〇四位に留まった（296頁の表7・1参照）。北原の落選が解放同盟内で強い反感を引き起こしたため、八月に予定されていた第一一回大会を一〇月に延期しなければならないほどであった。

三年後、治一郎はふたたび選挙に出馬することにした。東京で開かれた部落解放同盟の第一三回大会（一九五八年九月二四日〜二五日）で演説した治一郎は、岸首相を、そしてとくに教育課程に「道徳」を導入しようとする岸の計画を批判した。道徳教育が必要な者がいるとすれば、それは道徳を知らない天皇とその支持者だというのである。これは大会演説というより選挙運動の第一声のように聞こえた。その年の終わりから一九五九年初頭にかけて、『解放新聞』は、治一郎に関する記事、治一郎の訪中や周恩来との会見の報告、憲法改正・再軍備・警察権力強化・核兵器持ち込み容認を目指す自民党の政策に関する治一郎の批判を立て続けに掲載している。選挙がさらに近づくと、『解放新聞』は治一郎の略歴を掲載した。治一郎は出馬声明の締めくくりで中国の革命に関する所見を明らかにし、「日本でこのような社会改革がおこなわれた時、はじめて、私たち部落民の差別による苦しみも解決するのだということを確信するのです」と述べている。治一郎はもちろん日本社会党公認候補であり、左派の労組連合である総評からも支持されていたし、もっと小規模な組合系の団体や民主主義団体を数えれば支持団体数は三〇〇にのぼった（『解放新聞』第一一七号、一九五八年一一月一五日付：第一一八号、一九五八年一二月五日付：第一一九号、一九五八年一二月一五日付：第一二〇号、一九五九年一月五日付：第一三五号、一九五九年五月二五日付）。

治一郎の得票数は四二万六五八六票で、目標の六〇万票にははるかに及ばなかったものの、それでも一九四七年および一九五三年の得票数は超えていた（表7・1参照）。もっとも印象的なのは治一郎が東京で高い支持を得てきたことで、それぞれの選挙での得票数は七八四四票、二万一五九〇票、三万八九一七票にのぼっている。この支持は、職を求めて首都に移動した部落民によるものだろうか。それとも、治一郎が平和運動に関わってきたこと、中国とのつながりを発展させてきたことに感銘を受けた人々によるものだろうか。治一郎は、選挙期間中ずっと、健康状態は良好であり、ずいぶん回復したと言い張り続けた。しかしその後、治一郎自身は福岡県外ではいっさい選挙運動をしなかったことが明らかになっている。日本社会党にとって、結果は全体としてやや期待はずれなものであった。議席数は八〇から八七に増え、総議席の三分の一をわずかに超えた――これでいかなる改憲も阻止できるという点で重要である――ものの、この年の選挙で獲得したのは計三八議席で、目標とした六〇議席にははるかに及ばなかったのである。

一九六二年には、やはり戦前の水平社および戦後解放運動の古参活動家であった上田音市が、部落解放同盟の候補者として全国区から出馬した。上田は日本社会党の後援も得ていたが、それで当選が保証されるわけではなく、二〇万弱の得票数で落選した。落選の理由として考えられる要因を振り返るなかで、『解放新聞』は、立候補の発表が比較的遅れて一九六二年二月になり、選挙運動の組織化がまったく追いつかなかったことに触れている。第二に、社会党と共産党の党首はいずれも上田の立候補を正式に承認し、部落解放同盟の後援も得られたが、解放同盟内の共産党支持派が「政党支持自由の原則」を主張したことも指摘された（これは日本共産党の候補者を支持したいという意思の表明である）。そのため上田は解放同盟の全面的支持を得たわけではなく、主たる支持基盤からの票を惹きつけることができなかった（『解放新聞』第二三三号、一九六二年七月一五日付）。

一九六五年の選挙は、以前から治一郎にとって最後の選挙になるものとされていた。戦争、政治、生活という三つの問題を基盤に据えた選挙運動はおおいにうまくいった（日本社会党福岡県本部35年史編さん委員会 1983: 240-1）。治一郎の総得票数は、一九五九年の選挙から一二万以上増えて五四万八〇二二票に達し（『解放新聞』第三三二号、一九六五年七月一五日付）、東京・千葉・埼玉・神奈川の首都圏でも、名古屋・京都・大阪の周辺地域でも、得票数を倍増させたのである。社会党の得票率は、自民党のそれが若干下がるなかで三二・八％を維持し、議席数も選挙前の六五から七三に増加した。選挙の背景に目をやると、情勢は楽観的ではなかった。部落解放同盟中央委員会は一九六四年九月中旬の会議で治一郎の立候補に全会一致で賛成していたが、共産党系の委員は「政党支持自由の原則」もあわせて擁護していた。九月上旬には解放同盟京都府連が別に二人の候補（全国区に一人、京都選挙区に一人）を提案していたが、いずれも共産党員だった。治一郎の立候補に公然と反対することは避けつつも、解放同盟の支援を受ける候補者が治一郎ひとりという状況は望まなかったのである。この行動によって京都府連は、京都府を含む全国に「松本治一郎を守る会」を設置しつつあった解放同盟と対立することになった。京都府連は、別の候補者を支持するだけに留まらず、治一郎のポスターを破るなどして選挙運動を妨害しようともした（解放出版社 1977: 134）。最終章で見るように、一九六五年後半にはこの対立が大詰めを迎え、第一二回大会では共産党が中央委員会への影響力を失い、中央委員会では親社会党の朝田派が権勢を振るうことになる。

左派としての治一郎の評判は、解放運動の指導者としての活動をはるかに超えて広がっていた。国際的平和運動、核兵器反対運動団体、米軍基地反対運動との関わりも知られていた。しかし治一郎の成功は、彼が展開していた情熱的な選挙運動のやり方とも無関係ではない。治一郎は、自分は全国の部落をすべて訪れたことがあると主張していた。また、どのように関心を惹きつけるかという点でも豊かな想像力を発揮していたようである。西岡智は、夏休みの時期、治一郎に付き添ってある部落を訪れたときの様子をこう語る。村に入ろうとしたとき、治一郎はスイカを積んだトラックに目を留めた。そして運転手を呼びとめ、積んであったスイカを全部買い取って地元の子どもたちに配り始めた。当然のことながらたくさんの子どもが集まってきて、切ったスイカを家に持ち帰ったが、これによって、治一郎が村にいることが子どもたちの親や祖父母にも知れ渡った。治一郎は、非常にわずかな費用で、村に忘れがたい影響を与えることができたのである（二〇〇五年七月二二日に行なったインタビュー）。

一七　小括

本章では、選挙に関連する話題はまとめて取り上げるのが合理的であると思われたことから、わき道にそれて一九六〇年代の話にも触れた。しかし、治一郎の晩年について検討する前にここで一歩立ち止まり、一九五〇年代に関わる主題をいくつかまとめて論じておきたい。まずは、前述した、より理論的な問題について検討しておきたいと思う。印象的なのは、この点に関する治一郎の発言はほとんど見当たらないことである。社会党内の松本治一郎派は共産党とほとんど区別がつかない政策的立場をとっていたが、治一郎は、部落解放同盟内部では反共路線を露わにしていたように思われる。社会党内部の方針立案においてさえ、治一郎は直接的役割はごくわずかしか果たさず、代わりにその仕事を他人に――主に、穏健な社会主義者で平和同志会の会員ではなかった八木一男に――「下請に出す」ことを好んだ。また、松本派の田中織之進は部落解放同盟の書記長でもあり、治一郎の腹心だったことは確かである。そのため、自分が認めない提案に対して立案作業の早い段階で拒否権を行使することができた可能性はあるが、実質的な方針のとりまとめに田中が大きく寄与したという証拠はない。

治一郎は、一九五〇年代に書いた記事のなかで、世界水平運動に貢献したいという気持ちをしばしば明らかにしている。これは、治一郎が何らかの国際組織を立ち上げるしっかりした計画を持っていたことを示すものではなく、平和運動、反植民地運動、反差別団体に関わっている市民のレベルでの結びつきを、日本と世界の他の国々との間で確立しようとしていたことの表れである。治一郎はこのような展望の正しさをバンドン会議で確認したようで、「バンドン精神」は一九六〇年代を通じて治一郎やその他の社会主義者に示唆を与えていくことになる。治一郎は、国際主義的展望と、幅広い海外渡航をするだけの時間と金を兼ね備えた、左派としてはごく少数の集団のひとりだった。

もちろん、犠牲にしなければならないものもあった。それほど多くの時間を海外で過ごしていたということは、社会党や部落解放同盟内部の自派への統制はなかなか維持できなかったに違いなく、松本組についても言うに及ばない。松本組の日常業務は兄の治七が切り盛りしており、一九五〇年代から一九六〇年代にかけて会社の業績はよかったが、同社の活動に関する詳しい情報はごく限られている。それでも、とくに治一郎が海外渡航する際の資金源にはなっていた。また、かつて水平社にとってそうであったのと同様、部落解放同盟にとっても主な資金源のひとつであり続けた。公的領域における解放運動についての文書資料のほとんどは、戦術・戦略についての議論を記録したものである。実務的問題についてはほとんど記されていない。これに対するひとつの例外が、北原泰作が一九五七年に行なった証言である。北原は、『解放新聞』も解放同盟自体もいまなお治一郎の「ポケット・マネー」に著しく依存しており、治一郎は東京を行き来する途中で京都駅に立ち寄って資金を渡すのが常だったと指摘している。北原の証言の趣旨は、解放運動が——いまなお——治一郎に依存しすぎていることを指摘するところにあった（師岡 1981: 335-6）。治一郎の存命中にこのような状況がなくなったのかどうか、なくなったとすればそれはいつごろだったのか、判断することは難しい。

治一郎は、一九六五年の最後の選挙で当選したときはすでに七八歳になっており、政治家が高齢になっても在職し続けることを認めるのが二〇世紀後半の日本の伝統であるとはいっても、いまでは治一郎が慢性高血圧のため体調を崩していたことがわかっている。前年の訪中も医師の付き添いがなければ不可能であったし、それでも予定より早く帰国しなければならなかった。治一郎が選挙への再出馬を求められ、それに同意した唯一の理由は、解放運動や全国の部落の内部でも、平和運動の過程で行動をともにした人々からも、これほどの敬意を集められる人物がほかにはいなかったからではないだろうか。治一郎は最後の血の一滴まで部落解放のために闘うことをずっと約束しており、政治の場の中心に立ち続けるストレスに自らをさらすことによって寿命を縮めてしまった可能性は十分にある。

しかし、治一郎が運動論の発展にそれほど影響を与えなかったとすれば、運動論のほうは治一郎にどのような影響を与えたのだろうか。治一郎はずっと理論家に苛立ちを覚えていたが、井上清のことは知っていたようで、治一郎の私物を収めた未整理の箱には井上の著作もある。[26]井上は、部落差別に関する著作とは別に、共産党に強い影響を与えた歴史書も出版していた。戦後直後に天皇制に強く反対する立場をとっていた政党は共産党だけである。井上は、「専制的天皇制」の廃止を論じ、皇室は「古代の統治形態」を維持するものであるという保守主義者および明治憲法の主張とは逆に、二〇世紀の天皇制は主として明治時代に発明されたものであると提起した。明治以前には、日本人民は「平和で自由な民主的社会を享受していた」というのである（Gayle 2003: 45に引用されている発言）。井上の主張によれば、明治時代の保守的な元老らは天皇中心の独裁制の構築に手をつけたものの、民主化と自由主義的価値観を主張する民権運動の抵抗を受けた。この抵抗は一定の成功を収め、元老らは制限的立憲民主主義の創設を認めたが、一八八〇年代以降は民主化運動もおおむね無力化されたという。治一郎が一九四〇年代後半に行なった演説のなかには、たとえば参議院副議長に就任したときの演説のように、このような考え方を一部反映したものもあるが、それが井上の影響を受けた直接の結果であると証明する術はない。

日本共産党は、占領軍による改革が明治維新で手つかずのままにされた民主的革命の任務の完了につながりうると考えて、米軍による占領を歓迎していた。しかし、たとえ占領が解放につながる効果または可能性を有していたとしても、一九五〇年代初頭には、一九五一年に講和条約と安保条約が押しつけられたことで確認されたように、占領によって日本が米国帝国主義の独特の形態の「犠牲者」となってしまったことは明白になった。この時点の日本人には、自分たちは米国帝国主義やヨーロッパ植民地主義の犠牲者であると感じている他の非白人国家との共通点が少なくなかったのである。レーニン主義的観点からは、植民地主義に対抗して自決権を求める闘争は、帝国主義との闘いに、ひいては社会主義の実現に貢献しうることが強調された。帝国主義を前にしたとき、抵抗の道は「健全な民族主義」の構築にあるとされた。他方、日本が自国の植民地を手放したのはつい最近のことであり、一九三五年から一九四五年にかけて大日本帝国の名のもとにアジア大陸で行なわれていたことを考えれば、日本の「民族主義的」団体が、当時のアジア・アフリカ諸国で発展しつつあった反植民地運動や植民地主義反対の立場をとる政府とどのように協働できるのかも明らかではなかった。それでも、これこそがまさに左派の理論家が求めようとしたもの、すなわち「健全な民族主義」の構築であり、それは「資本主義およびその軍備要求から逃れようとする諸人民の国際的同盟の創出」のためにまず必要な前提条件とされた（Gayle 2003: 136）。これらの歴史家や理論家が——そして筆者の考えでは治一郎も——構想していたのは、ある種の対抗的国際主義であり、これが冷戦下で敵対する米ソ両国に代わる道を指し示すことになるとされた。このような枠組みのなかで、歴史的に帝国主義の被害を受ける側に置かれていた人々がその潜在力を発揮できるようにすることにより、アジア全体でも日本国内でも植民地主義と人種主義を克服できるようになるというのである。さらに、このような国際的同盟は、さまざまな人民の、「東洋的」な寛容——東アジアでいえば仏教と儒教——に基づく共存を基盤にすることも考えられるとされた。このような見方は、一九五〇年代にはけっして的外れなものではなかった。ネルーも従来のものとは異なる国際主義のあり方として「社会主義諸国の世界連合」を展望していたし、治一郎にも、ネルーとの会話のなかでこのような展望を共有して励まされた節がある。

もちろん、こうした「アジア運命共同体」の思想や、アジアに平和をもたらすために米英帝国主義からアジア諸国を解放したいという思いは、大東亜共栄圏の構築を正当化する戦時プロパガンダで強く打ち出されていたものである。また、少なくとも一九四〇年代初頭の数年間は、治一郎もこうした思想に賛同していたように思われる。主たる違いは、治一郎の考えでは、日本は一九五〇年代にはそのような同盟の指導者になる野心を持たなくなっていたことである。指導者になるとすれば、当然、革命および米国帝国主義への抵抗の成功が模範とされた中国だろうとされた。一九六〇年代初頭には、治一郎ほど頻繁に訪中を繰り返した日本人はほとんどいなかった。中国がほどなくして急速な経済的発展を成し遂げ、日本が見習うに足る範を提供してくれると治一郎が考えていたのは間違いない。

前述のとおり、一九五〇年代には、日本が一九六〇年代に経験する急速な経済成長について確信を持って予言する者はほとんどいなかった。一九五〇年代初頭には戦争前の生活水準に戻ることができ、経済全体に目をやれば成長の証拠も若干見出すことができたものの、社会の貧困層はその恩恵をそれほどこうむっておらず、もっとも周縁に追いやられていた層にはほぼまったく恩恵がなかった。また、一九五九年から一九六三年にかけて八万人の在日朝鮮人が、ほとんどは朝鮮半島の南半分の出身であったにせよ、北朝鮮への帰還を選択したことも想起しておく価値がある。一九五〇年代の北朝鮮の経済的回復は非常に目覚しいもので、当時もいまも自ら主張するような「労働者の楽園」ではなかったにせよ、日本からの移住者は到着と同時にそれまでよりもましな生活水準を経験できた可能性が高い（Morris-Suzuki 2007 参照）。ほとんどの部落は在日朝鮮人居住地とよく似た状況にあった。多くの部落民活動家にとって、治一郎が中国式革命の必要性を唱えたことは、この時点では道理にかなったことだったであろう。

第八章　松本治一郎の晩年——一九六〇年代

一　一九六〇年代の治一郎

治一郎は、一九五九年一二月八日～九日に大阪で開催された第一四回部落解放同盟全国大会で開会演説を行なった。『解放新聞』によれば、演説は次のような言葉で始まったという。

（私は）昨年の暮から老年期に入ったらしい。（笑）医者が申しますのに、血圧が高いためにしばらく〔九大病院に〕入院しろ……それでなければ生命の保障ができないというのであります。生きたくないと思うけれども、やっぱり生きのびたい。と申しますのは、やはり完全解放の日を見てから死にたいからです。（拍手）

（『解放新聞』第一四八号、一九五九年一二月一五日付）

治一郎は七二歳になっていた。当時の日本男性の平均寿命六五歳の年である。

しかし治一郎は、こうした健康上の問題で気を緩めることなく、これまですでに関わっていたそれぞれの分野で、一九六〇年代を通じて貢献を続けた。一九六五年に最後の選挙に出馬した治一郎が国会政治でいかに役割を果たし続けたかは、前章で見たとおりである。国会審議で直接発言することは以前よりも減ったものの、皇室に支出される費用と皇室が使用する費用の額についてはうるさく言い続けた。一九六一年には参議院内閣委員会の場を利用し、皇太子の結婚に用いられた費用を含む皇室費について細かく問い質している。一九六三年と一九六四年には皇室典範改正についても質問を重ねているが、治一郎は、皇室は何らかの形で「退役」して伊勢神宮で「お家のこと」をやればいいのではないかと考えていたようである。治一郎は、晩年に行なわれたインタビューのひとつ（一九六六年一月）で、韓国との国交「正常化」条約の批准をめぐって緊張が高まっているなか、自民党が社会党との話し合いの糸口を設けるためにまたもや皇室を利用しようとしていることについて語った。国会では、皇孫誕生について天皇に慶賀の意を表する国会決議が可決されていた。治一郎は、これが皇室にとって重要な出来事であることは認めたが、国会がかかずらうべきことではないとした。治一郎は、これが戦前の体制の復活につながることを恐れたのである（解放出版社 1977: 137）。

同じころ、叙勲制度が復活しつつあった。戦後、死後叙勲制度はまだ残されていたものの、天皇による生存者叙勲は停止されていた。一九六三年、叙勲制度の再開が発表され、年に二回、四月二九日

（昭和天皇の誕生日）と一一月三日に四五〇〇個の勲章が授与されることになった。翌一九六四年一二月に予定されていた第二期叙勲に際し、治一郎は勲一等の授与を持ちかけられた。治一郎はそれを断り、後年、次のように語っている。

こともあろうにこの私に、「勲一等」をやると言い出した。（笑）権力と闘ってきたこの私を一体何と考えておるのか。人民から多少でも役に立ったとほめてくれるのならよろこんでいただくが、「勲一等」をやる、それを〝叙勲式〟とか〝親授式〟とか称して天皇からという。そんなことが出来るのなら、この松本治一郎の闘争は存在しなかったはずだ。あまりにも人を喰った言いぐさなので、老いたりといえども松本治一郎まだ耄碌《もうろく》しておらん、といってやった。

（解放出版社 1977: 138-9）

しかし、治一郎の国会議員在職二五年を記念して一九六六年六月に参議院が行なった表彰は、治一郎も断らなかった。これによって治一郎は「国会永年在職議員」の称号を与えられた。この制度は、一九三五年に尾崎行雄に対して行なわれた表彰をきっかけとして始まったもので、そのときは同僚議員が資金を出し合ったが、一九四七年以降は公金が支出されている。治一郎は、社会党議員としては初めて永年在職表彰の対象とされた（解放出版社 1977: 306）。

二　炭鉱労働者と米軍基地

石炭産業関係者は政府を説得してエネルギー政策を変更させるための試みを続けていたが、効果はなかった。三池争議の終結後、炭労の組合員で三井による再雇用の対象とされなかった元炭鉱労働者は運動の継続を試みていたが、福岡県以外ではまったく支持を得られず、県内でさえそれほどの支持は得られなかった。板付基地の軍事利用に対する抗議は続いており、一九六一年三月二五日には、石炭産業「合理化」と基地反対抗議を関連させるデモが一〇万人以上の支持を得て行なわれた（日本社会党福岡県本部35年史編さん委員会 1983: 202-3）。しかしこのデモによっても新たな炭鉱産業合理化計画の策定（一九六二年九月二八日）を阻止することはできなかった。この計画に基づき、効率性の低い炭鉱はすべて閉鎖され、炭鉱として稼動を続けるのは福岡県内二か所のみとなって、六万三〇〇〇人の炭鉱労働者が失業に追いこまれることになった。

一方、一九六一年一二月、福岡市中心部から八キロほど東の海岸沿いに位置する小さな町、香椎《かしい》で米軍機が墜落した。これをきっかけとして、米国の対ベトナム政策を支えるために利用され始めていた板付基地に対する抗議の声がさらに高まった。それでも基地拡張の計画は留まらず、核兵器搭載能力のあるF－105を使用するために基地の機能をさらに向上させる計画がまとめられた。騒音、さらなる墜落の可能性、これによる核戦争誘発のおそれに対する抗議に五万人が参加した（日本社会党福岡県本部35年史編さん委員会 1983: 219）。治一郎も、可能なときはこれらのデモに顔を見せるようにしていた。その後の数年間、とくに板付基地から米軍用機B－52爆撃機を発進させるという決定が一九六五年に行なわれて以降は、こうした地方レベルの抗議が、ベトナム戦争に反対する全国的・国際的抗議運動に合流していくことになる（日本社会党福岡県本部35年史編さん委員会 1983: 243）。

三　最後の訪中（一九六四年）

治一郎のもとに、日中友好協会が派遣する一三人の代表団の団長として中国建国一五周年記念行事に出席するよう求める特別招待状が送られてきた。治一郎は九月二六日に、田中織之進、楢崎弥之助、松本英一らとともに日本を出発した（『解放新聞』第二九七号、一九六四年九月一五日付；『日本と中国』第二一一号、一九六四年九月）。

七七歳になっていた治一郎は健康状態が万全ではなく、医師による付き添いと酸素吸入器を手配したうえでの訪中だった。一行は一〇月八日に公式祝賀行事に参加したが、周恩来が治一郎に会いにホテルまでやってきて治一郎の健康状態について尋ねた。その後の報道によると、二人は和気あいあいとした雰囲気だったらしい。周は、伝染病の撲滅に関する中国政府の取り組みがうまくいってきたことについて話すとともに、日本滞在中に共産主義についておおいに学んだと述べた。治一郎は、いまだに香港経由でしか中国に渡航できないのはたいへん不便だとこぼし、船を一艘買うから山東半島経由で北京まで直接行けるようにするべきではないかといった。周は、北京－東京／大阪間に直行便を飛ばしたいと考えているが、ライシャワー（当時の駐日米大使）に邪魔をされているのだと答えている。周は、いまでは日本から多くの団体が中国を訪れてくれるようになったが、治一郎が関わった団体（アジア民族親善協会）は日中間の理解促進をもっとも早くから呼びかけてきた団体のひとつであり、中国人民はそのことを永遠に感謝すると述べた。

翌日、日中友好協会と、これに対応する中国側団体である北京の中日友好協会が共同声明を発表した。そこでは、アジアと世界の平和を守り、両国人民が共同してアメリカ帝国主義と闘っていくことへの決意の一環として、あらゆるレベルで公式なつながりを確立していきたいという両協会の思いが確認されている（高山 2005: 701-2)。訪中団の日本社会党関係者は滞在の延長を求められ、楢崎はそれに応じたが、治一郎は、すでに体に負担がかかりすぎていると医師から助言された。そこで、毛沢東と短時間会見した後、他の団員より一足早く出発して一〇月一八日に帰国した。それからほどなくして、中国による初めての核実験の報が流れた。これに対して治一郎がどのように反応したかは記録されていないが、楢崎は、核実験には反対しなければならないと心に決めた。その旨を周恩来に直接告げたところ、米国が核兵器を持つなら中国も持たなければならないといわれたが、先制使用はけっしてしないとも約束したという（岩尾 2006: 121)。

四　同和政策の動向

同和対策長期計画（一九六九年七月閣議了解）へとつながるプロセスが始まったのは、一九五〇年代初頭に奈良県出身衆議院議員八木一男が日本社会党内部で行なった取り組みがきっかけである。社会党が方針を明らかにしたことによって、部落問題をめぐって誰もが申し合わせたように沈黙を続ける状況が打破され、新聞や雑誌に差別と偏見に関する記事が掲載され始めた。このようななか、治一郎や田中織之進をはじめとする社会党幹部は、国会にこの問題について審議する委員会を設置するよう要求したが、自民党は首を縦に振らなかった。岸信介首相（一九五七年二月〜一九六〇年七月在任）はこれが不幸な問題であることを認めたが、政府としてできること、なすべきことは何もないと考えていたようである。社会党の方針発表を受けて、一九五八年一月二四日に東京で集会が開催され、総理府内に委員会を設けること、国会にも特別委員会を設置すること、各省が積極的措置をとることなどが要求された。この集会には、治一郎や朝田善之助をはじめとする部落解放同盟の幹部のみならず、社会党や共産党の政治家、労働組合や農民団体の幹部、関連省庁の代表数名も出席しており、異例なことに自民党の重鎮・三木武夫も姿を見せた[1]。それどころか、三木は挨拶にも立って次のように主張している。

日本における封建的残滓は、いまも多分に残っているが、部落問題もそのひとつである。この問題は国家として取りあげるべきで、政党や思想をこえた社会正義の立場から解決しなければならない。

（師岡 1982: 296）

治一郎としても、閉会挨拶のなかで三木の言葉に言及せずにはいられなかった。

一方では封建的残りカスとしての部落問題があり、他方には封建的大遺物としての天皇制が存在している。昨日の皇室経済会議で三、八〇〇万円であった天皇一家の生活費は、五、〇〇〇万円に増額することを満場一致できめている。自民党の三木氏はこういう問題の存在は日本の恥辱である、と発言されたので心強く感じたが、まだまだ幾多の差別が残っている。私はすべての封建的残りカス、軍国主義、嘘をいって恥じない者を消滅させるために部落の完全解放、すなわち社会主義社会の実現のために、最後の血の一滴まで闘いぬくことをお誓いする。

（師岡 1982: 297）

部落解放運動の側では、政府も何らかの政策的取り組みを開始するかもしれないと楽観的な見方をしていたが、一九五八年三月、八木がこの点について岸首相に質すと、またもや、差別は不幸なことではあるが何ら手は打たないという答弁が返ってきた。その年の夏、自民党の一部議員が全日本同和対策協議会[2]の関係者と協議を開始し、一〇月には党内に同和問題議員懇談会が設けられた。保守政治家が突然この問題に関心を示すようになったのは、同年夏に和歌山県で行なわれた、部落解放同盟和歌山県連と総評の両方が関与した勤評闘争と無関係ではない。

その後の数か月間、与党・自民党内ではこの問題に真剣な注意が向けられるようになり、一九五九年五月には、三〇〇億円（各年三〇億円）という非現実的な予算をつけて一六か所の「モデル地区」の状況改善を図る一〇か年計画の承認決議が正式に可決された。しかし部落解放同盟から見れば、これらの活動は、選ばれた地域の生活条件の向上には多少の役に立ったかもしれないが、その主な目的は急進的な水平社の活動家の影響力を弱めるところにあった、一九三〇年代の融和事業と似たり寄ったりのものであった。この点については、これらの政策の背後にいた「ブレーン」が、やはり戦前の融和行政の一翼を担っていた山本政夫であったことも関連していると思われた。蓋を開けてみれば、この一〇か年計画は、その実施内容だけを見ても成功を収めたとはいえなかった。一九六〇年に拠出された予算は一一億円にすぎず、そのうち国家予算から出されたのはわずか六億三〇〇〇万円だった。総額を見れば前年の拠出額の二倍になっていたとはいえ、それでも計画されていた額には遠く及ばない（師岡 1982: 299-301）。一方、八木は審議会の設置法案を議員立法として提出したが、通過させることはできなかった。

ところが、一九六〇年三月になって政府は突然方針転換し、政策諮問機関としての同和対策審議会（同対審）の設置を提案した。八木および社会党関係者、自民党幹部、結成されたばかりの民社党幹部との間で議論が開始された。超党派の合意が成立し、同対審設置法案は両院で速やかに可決されて八月一三日に公布の運びとなった。政府・自民党がこのように態度を変えたのは、安保条約改定への抗議が引き起こした政治的危機に対する反応だったように思われる。安保条約改定への抗議は一九六〇年春に最高潮に達しつつあり、部落解放同盟もこれに相当な貢献をしていたのである。

政治的動機があったのではないかという疑念は、一九六〇年五月に全日本同和会が結成されたことで裏づけられた。ここでも、背後で推進役を果たしていたのは山本政夫だった。全日本同和会は、自民党と公然と結びつきながら、左翼政党支持に代わる選択肢を部落民に提供しようとしていたが、部落問題に関する分析は、多くの点で部落解放同盟とそれほど異なっていなかった。全日本同和会も、差別と貧困が結びついて悪循環を生じさせており、部落がこの悪循環から脱出できるようにするためには、政府予算による総合的な施策が必要だと考えていたのである。ただし全日本同和会は、解決のためには何らかの形で「階級闘争」も必要であるという考え方は拒絶し、偏見は（封建制の残滓でも独占資本の搾取でもなく）「根強い社会的慣習」であると考え、新憲法下の戦後日本には部落民が抱える問題を完全に解決するためのあらゆる前提条件が揃っていると楽観していた（師岡 1982: 306-11）。部落解放同盟にいわせれば、同和会は自民党の「傀儡《かいらい》」であり、部落内の組織や思想に異を唱えて、部落による階級闘争への貢献を弱めることを目的とするものだった。

超党派の合意があったにもかかわらず、同対審の活動開始には時間がかかった。審議会の構成が決まったのはようやく一九六一年一一月のことである。審議会を構成する委員は一九人で、その内訳は、同和施策の実施に関連する省庁の職員一〇人、学者二人、そして残りは地方自治体および法曹界の代表とされた。八木は、差別と貧困を体験してきた複数の委員を審議会に入れるべきだと主張し、この点については譲らない姿勢を示そうとしていたが、最終的には部落解放同盟から北原泰作が一人（厳密にいうと北原は解放同盟を代表して委員になったわけではない）[3]、全日本同和会の代表が一人、委員に選ばれたにすぎなかった。計画では、全国調査を実施したうえで、一六部落の生活条件の詳細な研究によって調査結果を補足しながら答申をまとめる予定だった。都道府県の一部――東京都、神奈川県、宮崎県、東北諸県――は調査への協力を拒否した。（師岡 1982: 332）。

答申は一九六四年の夏に発表される予定だったが、けっきょく計画よりも一年延び、一九六五年八月にようやく提出された。

とはいえ、部落解放同盟が抱いていた不安にもかかわらず、答申の内容は、解放同盟が望んでいたこと、また日本社会党／八木一男が一九五七年の要綱案で構想していたことから、それほどかけ離れたものではなかった。答申は、部落の起源に関する「諸説」を検討したうえで、すでに共有されている見解――部落民がもともと異人種・異民族であったという証拠はないこと、部落民が抱えている問題は、部落の経済的・社会的・文化的生活の水準が低かった、すなわち部落民の基本的人権が保障されていなかった事実に由来するものであること――を確認している。このような分析に基づき、答申は、差別と偏見を根絶していくこと、また社会的・経済的前進を通じてこれらの問題の解決を図っていくことにより、部落と一般地区との間にある格差の解消につながっていくような対策を提言した。対策をとるにあたっては、環境改善、社会福祉、産業・職業問題、教育、人権というさまざまな側面が考慮されなければならない。行政上の体制としては、政府と地方公共団体が協力すること、新たな財源を用意すること、「同和対策推進協議会」を創設すること、現行行政制度の調整を図り、一貫した明確な目標を定める「特別措置法」を制定することが必要であるとされた（答申全文は部落解放研究所（編）1986: 951-68参照）。答申が公になってからというもの、もっとも注目されたのは特別措置法である。そもそもこのような法律を導入するべきなのか、導入するならどのような内容にするべきか、いつから実施することができるのか。

五年後の一九六九年七月、同和対策事業特別措置法（特措法）と同和対策長期計画が成立した。後者は同和対策の指針となる基本的目標を明示したもので、これにしたがって七つの省――法務省、文部省、厚生省、農林省、労働省、通商産業省、建設省――が施策を進めていくものとされた（特別措置法等の全文は部落解放研究所（編）1986: 969-73 参照）。

同対審答申とその後の特措法等は、二つの重要な点で、それまでの自民党・政府の政策からの根本的変化を画するものとなった。第一に、そこでは、差別の悪循環の根幹にある貧困を生産・再生産している構造的条件を解消するために行動する責任が国にはあることが認められた。第二に、これらの答申と法律は、突き詰めれば、憲法で保障されている部落民の権利は保護されなければならないという考え方に根差すものであった。

このような動きに対する解放運動側の反応は、当初は慎重なものだった。治一郎は、答申が公表された日に、「答申内容はわれわれの立場からいえば、なお十分とはいえない」と語っている。それでも、「われわれの多年の念願がようやく実現」したことは歓迎した（師岡 1982: 352）。このように歓迎する者ばかりだったわけではない。日本共産党は非常に批判的だった。部落問題研究所の研究員のひとりだった藤谷俊雄は、広範な対策が約束されていることには感銘を受けながらも、そのすべてを実行に移すためには現在の福祉予算を毎年全額消費する必要があると指摘し、「そのためには、どうしても政治の基本的方針が変えられなくては、とうてい実現できるものでないことは明らかである」としている（師岡 1982: 354 で引用）。これは、答申の批判というよりも、日本経済が今後数年間でどのぐらい、またどの程度急速に成長できるかを過小評価したものであろうし、そのような評価も理解できる。同対審委員は、それほどの経済成長を見据えたうえで答申を作成したのだろうか。

治一郎は、個人的には、同対審答申および提案されている事業についてもっと疑いの念を抱いていた。これには二つの要素がある。第一に、水平社運動は「部落民自身の行動によって」部落解放のために闘ってきたと自負していた。治一郎は、一九三〇年代のすべての文章で、部落民が自分たち自身のために闘うことの重要性を強調してきていた。上杉佐一郎は、一九四〇年代後半、福岡市南部にある治一郎の果樹園で若手活動家のための勉強会を開いたときのことについて書いている。治一郎は、活動家の旅費は払ってやろうとしなかったが、草刈りを手伝えば手間賃を出すといったという（上杉 1975: 53-4）。治一郎は、何もしないで何かを手にしたいという料簡を好まなかった。部落民が賭け事に興じている場面に出くわすとしばしば激怒したのも、同様の理由からである。治一郎はやがて、同対審答申について「事業法というのは諸刃の剣やぜ。衛生面や環境面では良うなるかもしれんばってん、部落の者《もん》から独立心を奪うようになる」と語ることになる（高山 2005: 695 で引用）。第二に、治一郎は、これらの事業を実施するために必要な大金が拠出されることによって解放運動も部落も堕落することになるのではないかと恐れていた。「部落のなかには貧乏しとる者が多いけん、指導者のなかにはやっぱり金に眼のくらむ者が出てくる」（高山 2005: 696-7）。

治一郎は、より積極的に、「事業法」に加えて「基本法」を制定したいと考えていた。全般的施策の基本的目標と方向性を明らかにするとともに、場合によっては、差別を（単に違憲であるとするに留まらず）不法行為として位置づけるところにまで踏みこむような法律である。[4] 治一郎にとってはこれが主たる問題で、事業は二次的な問題だった。しかし自民党を説得して基本法の制定につなげることは不可能であり、八木、楢崎をはじめ治一郎の周辺にいた者らは、同対審答申の前文では施策の目的が基本的人権の観点から定義されており、基本法の特徴も含まれているからと治一郎を説得した。治一郎は最終的に折れたものの、「解放が目的、事業は手段」が原則であるべきだと強く主張した（森山ほか 2003: 249-51)。これ以降、部落解放同盟が一九六〇年代に展開した運動では、一九六五年の同対審答申に掲げられた提言の完全実施を要求していくことが主たる要素となった。

日本共産党はそれほど簡単に納得せず、同対審答申は「毒饅頭」だと主張した。共産党が懸念したのは、不正という現実的問題よりも、こうした施策によって部落の労働者が他の労働者階級から分断されるおそれがあるという理論的問題である。共産党の見解では、これは労働者階級全体の弱体化につながり、偏見を減らすよりも推進することにつながる可能性が高かった。部落民でない貧困層は、部落住民のために用意された制度をうらやむだろうからである。これ以降の数年間、共産党の反対論はますます詳細なものになっていき、最終的には一九七〇年の解放運動分裂につながる妥協不可能な食い違いを生み出していく。

五　第二〇回大会と治一郎の最後の演説

部落解放同盟と共産党内の同盟批判派との溝の深さは、一九六五年一〇月に開催された部落解放同盟第二〇回大会で目に見えて明らかになった。この大会が開かれるまでの間に起きた出来事としては、同対審答申がその少し前に発表されたこと以外に、参議院選挙時の選挙運動の問題があった。参院選の際、共産党系グループは、治一郎と競合する自分たち自身の全国区候補を応援していたのである。治一郎はインタビューで、彼らにポスターを破られたり、家父長制的だとか「部落天皇制」を敷いているとか非難されたりしたと語っている（高山 2005: 697)。共産党は大会で支持者を動員し、田中織之

部落解放同盟第 21 回大会で演説する治一郎。治一郎の大会参加はこれが最後となった。
［松本治一郎資料］

進が提案した、「特措法」の実施要求を含む方針への反対を試みた。しかしこのような対応は、党は運動に関わる問題において発言力を失ってしまったという批判につながった——共産党系の四人の中央委員のうち三人が再選されなかったのである。部落解放同盟内部の事態の進行について共産党内にいかに深い感情が沈殿していたかは、『アカハタ』に匿名で掲載された解放同盟関連記事の見出しをみればうかがい知ることができる——「部落解放同盟内の反党修正主義者、右翼社会民主主義者の反共的分裂活動について」（師岡 1984: 144）。

次の第二一回大会は一九六六年三月三日から四日にかけて大阪で開催された。開会にあたっては治一郎も演説に立ち、次のように述べている。

四五年前の今日は、京都でわれわれ自身の力による水平社が生れた。この四五年間あらゆる苦難とたたかいつづけてきた。それでもなお目覚めない者がいる。それはいわれのない尊敬を受けているやからがいるからだ。日本にだけまだ神話を残そうとしている。しかし世界各地で神話は消えつつある。世界は変りつつある。今日、部落解放運動が全国民のものになろうとしているという。これはわれわれのたたかいの成果なのだ。たたかわないところに解放はない。われわれのほこりである団結の力で、完全解放をかちとろう。

（師岡 1984: 171）

この発言には印象的な点が二つある。第一に、治一郎の真骨頂である反天皇制的共和主義がはっきりと基調をなしていることである。第二に、ここには、ほとんど労力のかからない施策を解決につながるものとして提示している同対審答申の提言を安易に受け入れることへの批判も、見てとることができるように思われる。

翌日には、治一郎は共産党を次のように批判した。

私は百歳までにはまだ二十年ある。おたがいが完全解放のためにより結束し、邪魔者を排して進もう。……私はこれまで、いのちがけで部落解放のために日本の支配階級と抗争してきた。今後もこの運動に妨害を加えようとするものに対しては、いのちのあらん限り抗争する。

（師岡 1984: 171-2）

共産党支持者が前年からとってきた戦術は、明らかに、治一郎の堪忍袋の緒を切りそうな域に達していたのである。

六　病に倒れた治一郎、そして告別

数日後の三月六日、治一郎は福岡の自宅で脳卒中に襲われて倒れた。最初は自宅で療養していたが、三月二一日には近くの病院に搬送された。五月半ばになると容態が悪化し、かつての友人や同志がおおぜい見舞いに来た。当時九一歳になっていた松永安左エ門も福岡までやってきて治一郎を見舞った。しかし治一郎は持ち直し、しばらくはベッドの上で運動もするようになった。八月二一日、部落解放同盟の一団が福岡を出発し、一九六五年の同対審答申完全実施の要求を支持して東京へと向かう行進を開始した。治一郎はこの行進に次のようなメッセージを寄せている。

静養の身は、同じことのくりかえしで、わたしにとって、これほど苦しいことはない。しかし、これも、解放のたたかいの一つとしてがんばっている。こんどの国民大行進は、部落の完全解放への一里塚となることは間違いない。たたかい抜こう。不幸にして、このたたかいの中に直接この体をおくことはできないが、わたしは、少しもさびしくはない。全部落の大衆が、とくに若い諸君が、わたしを乗り越え、完全解放を目指してたたかいつづけることを確信している。差別からの完全解放をたたかいとる力は、何よりも部落大衆の団結である。一致団結して、堂々と正義

松本治一郎氏

（参議院議員、社会党顧問、部落解放同盟中央委員長、日中友好協会会長）高血圧と胃かいようのため福岡市舞鶴三丁目の浜の町病院で療養中、急性肺炎を併発二十二日午前二時五十八分死去した。七十九才。告別式は三十日午後三時、福岡市薬院の九電体育館で行なう。喪主は嗣子の松本組社長、松本英一氏(四五)。自宅は福岡市馬出万世町一ノ二九。

十二月四日午後一時半から京都市勧業会館で部落解放同盟葬、十二月十日午後一時から東京青山斎場で社会党、日中友好協会、部落解放同盟の合同葬が行なわれる。

松本氏は明治二十年六月十八日松本次吉さんの四男に生まれ、二十三才で土建業松本組を創立、三十五才のとき全九州水平社を結成、部落解放の全国水平社運動に生命をかけ、大正十三年全国水平社委員長となった。昭和十一年から衆議院に連続三期当選、終戦後の同二十二年には参議院（全国区）に当選、第一回国会では参議院の初代副議長となった。同二十四年から二十六年まで一時追放の憂き目にあったが、追放解除後、参議院には連続三期当選、部落解放同盟中央委員長、日中友好協会会長として平和運動に生涯をささげ、社会党の大御所としてわが国革新陣営に重きをなしていた。六月一日に参院社会党議員としては初めての二十五年永年議員の表彰をうけた。

また昭和二十七年から七回ヨーロッパやアジア・アフリカ諸国を歴訪、各国首脳と平和問題などを話し合った。（6面に関連記事）

社党の基礎づくり

社会党佐々木委員長の話　松本さんはスジ金入りの社会主義者だった。戦前、政治運動や社会運動での苦労はいまからは想像できないほど苦しいものがあったが、財政面を担当して今日の社会党の基礎をつくった人でもある。

風ぼうは温和だが、ユーモアと皮肉たっぷりの歯に衣を着せない

治一郎の訃報を一面トップで報じる新聞のひとつ
（毎日新聞、1966 年 11 月 22 日、夕刊）

の道を歩みつづけよう。完全解放のその日まで、わたしは、なんとしても生きつづける。ともにがんばろう。

（部落解放同盟中央本部（編）1987: 366-7）

しかし、治一郎は晩夏以降徐々に衰弱していき、一九六六年一一月二二日午前二時五八分、ついに帰らぬ人となった。

治一郎が亡くなったというニュースは速やかに広がった。その日の夜には治一郎の遺体が病院から自宅に移され、翌日早朝には人々が弔問のため治一郎宅の外にやってきた。それどころか、路面電車が走る要路に人が集まりすぎたため、警官が交通整理をしなければならないほどであった。葬儀は三回にわたって実施された。一一月三〇日に福岡で行なわれた葬儀には、一万人以上が出席している。二度目の葬儀は一二月四日に部落解放同盟が京都で行なったもので、同盟の全支部から三〇〇〇人の代表が参加した。三度目の葬儀は、日本社会党、部落解放同盟、日中友好協会の合同葬として東京でも行なわれた。

治一郎の没後、『解放新聞』は二号にわたって治一郎の追悼と葬儀の特集を掲載した。見出しは「部落解放の父・日本民族の良心」である（『解放新聞』第三六八号、一九六六年一一月二五日付）。戦後の運動で治一郎が果たした役割について解説する記事のなかには、治一郎がどのようにして「部落解放同盟の象徴」に、すなわち同盟の連帯と団結の要石になったかをとくに述べるものもあった。これらの記事の執筆者は、憲法が天皇を「日本国の象徴」と位置づけている（第一条、傍点引用者）のと同じ言葉を使用していることをどの程度意識していたのだろうか。

六三二五通の弔電が寄せられ、そのなかには周恩来からのものもあった。解放運動や日本共産党の元指導者・現役指導者は、自分たちの組織に対する治一郎の貢献について語った。ほどなくして部落解放同盟の次期委員長に選出されることになる朝田善之助は、治一郎が解放運動と平和運動の双方にとってかけがえのない指導者であったことは確かだが、葬儀を出発点として運動の発展を新たな段階に進めていかなければならないと強調した。『解放新聞』は、その談話を載せた同じ号の社説で、一九六五年の同対審答申で提案されている施策の完全実施を要求する運動に注力する必要性を説いた。これこそが、一九六七年一月以降、部落解放同盟がもっとも焦点を当てていかなければならない課題だというのである。

京都で行なわれた治一郎の葬儀では、一九六五年二月に福岡で開催された「松本治一郎を守る会」で治一郎が行なった演説の録音が流された。

われわれは長い間、人間外の人間としてあつかわれてきた。封建時代では、それをあたりまえかのようにあきらめさせられておったのである。

明治が生れた。世界はそれをゆるさなくなった。しかし文明開化の名の日本は生れたが、古い形とその中味はまだなくならなかった。

あの将軍、あの大名・小名、その下ですくうてろくをはんでいたサムライ、つまり武士、いまのグレン隊ですよ。人切り包丁をもってあばれておったグレン隊、これがサムライ。これを武士と言っておった。

そうして、市民平等といいながら、大名・小名その他の者は、公侯伯子男と華族というものになって、その下に士族なるものがつくられた。そして普通の百姓町人は平民となった。いらんことにその下にもう一つつくられた。それは何でしょう。わかりますか。新らしく平民になったから「新平民」という。

明治の革命が、われわれに対しては何をあたえたか。納税と兵役の義務だけであった。そしてわれわれは、同じように苦しめられ差別された。さげすまれた。

しかし、そういつまでもだまされてはおらん。そこで、われわれも人間だ、国民の一人だ、もうだまされんぞと立ち上ったのが、大正十一年三月三日、京都岡崎公会堂において、旗をあげたのが荊冠旗、水平運動。

そうしてたたかいつづけてきた。戦後の新憲法になってもなおこうして解放運動をつづけなければならん。いま就職や結婚はどうか。

新憲法二十四条は、婚姻は両性の合意によってのみ成立する。この成立した夫婦は対等の立場で助け合い支持し合わなければならんのがこの二十四条。ところがどうでしょう。問題はいたるところに起っておる。

夫婦関係をつづけながら身元調査で部落出身だということのために破談になって死んで行く人があとをたたない。

仕事の問題はどうでしょう。新憲法二十五条は、すべての国民は健康であって文化的な生活をいとなむ権利を有するとうたっている。これが憲法どおりになされているとするなら何も問題はない。

われわれは、好きや道楽で解放運動をやっておるのではない。憲法どおりに政治や行政が行なわれていないところに運動がおこるのであります。

決してわれわれはもの好きでやっておるのではない。運動の必要のないその日こそ、われわれの目的である。わかりますか。

いま世界は非常に危険なところに来ています。（略）今の日本の政府は、中国をアジアと考えない、考えないどころか敵視しておる。このような考え方がどこにある。七億の人口をもっておる、世界の四分の一の人口をもっておる中華人民共和国を敵視しているのが、アメリカとその下についておる日本政府。いつなんどき、どこでどういう問題がおこるかわからない。われわれは、どんな問題がおこっても、平和と民主主義を守るために、一つになって間違った考えをもっておるものを、つぶさなければならんのであります。

わかりますか。

こういうときに、ひきょうな考えをもってはいかん。堂々とたたかい、勝たなけれゃいかん。先ほどここに入るときおいくつですかと聞かれた。七十九才になると申しました。普通から考えるともうおいぼれ、しかし私自身は青年と思っている。

足が少し悪い。昨日でしたかどなたか見えて足はどうですかと聞かれる。にげるときには足はいらん。にげきれなければ殺されるか自殺する。しかし追いかけるときには足が丈夫でなければならん。だから足をなおさなければならんとこう言ったんです。みなさん、これを使って下さい。使われますよ、まだ大丈夫です。

私さきほど七十九才になると申しました。百まではまだ二十一年ある。まだ若いでしょう。これから嫁さんもらわんならん。（略）

（『解放新聞』第三六九号、一九六六年一二月五日付）

七　治一郎亡き後

治一郎は人生最後の数か月で身の回りの整理を済ませていた。松本英一は治一郎の兄・治七の息子で、おじである治一郎を、松本組の社員としても、個人秘書としても数年間手伝ったことがあった。晩年、治一郎が病床に就くようになってから数か月を経たいずれかの時点で、英一は正式に治一郎の養子・相続人となった（高山 2005: 705）。一方、ほぼ五〇年前に個人会社として正式に登記を済ませていた松本組は、一九六六年五月に法的組織変更を行なって株式会社となり、治七が最大株主となった。

なぜ組織変更を行なったかははっきりしないが、相続税関連の問題への対応に関わるものだったのかもしれない。

戦後における日本の政治の伝統のひとつに、有力政治家の近親者は、その政治家が死亡したり何らかの理由で政界を引退したりしたときは議席を「受け継ぐ」べきであるという慣例がある。一九七〇年代以降は、どの時点をとっても国会議員の三〜四割は世襲政治家で、通常は父親から、時にはおじから議席を受け継いでいた。こうした事例は保守政治家の間で見られることのほうが多いが、社会主義諸政党でも珍しいことではない。これにはいくつかの理由がある。政治家は、選挙区で支持基盤をつくりあげるために、相当の労力と資源（現金を含む）を投入することが多い。名前を知られることは、選挙の際、投票者が投票用紙に候補者名を書かなければならない場合はとりわけ重要である。当然のことながら、参議院の全国区選挙では候補者が日本中から票を集めることになるため、名前をよく知られていることがとくに重要な意味を持つ。ほとんどの政治家は後援会を作って有権者各層を動員しているが、こうした関係は個人的つながりを基礎とするものであることから、家族のいずれかの構成員に譲り渡すことが比較的容易である。そのため、政治家の家族に政界進出の意思がある場合、あるいは説得によってその気にさせることが可能な場合、後援会と有権者は、近親者が議席を受け継ぐことに満足するのが通例なのである。

治一郎についてもまさにこれと同じことが起きた。伝えられるところによれば、松本英一が家業を継ぐ一方で、政治家としての後継者は、治一郎の助手であり腹心の友でもあった楢崎弥之助にするという計画があったという。しかし、一九五〇年代後半か一九六〇年代のいずれかの時点で英一がこれに反対し、万事を松本家で抱えていくことに決めた。楢崎は独自に政治家としてのキャリアを追求していくことにし、一九六〇年、日本社会党の候補者として福岡県選挙区から出馬して当選した。一九六〇年代初頭から英一も政治活動を開始し、部落解放同盟や社会党福岡県連だけではなく日中友好協会にも参画するようになって、たとえば一九六四年には治一郎に同行して訪中している。そのため国政への進出は比較的容易で、一九六八年には、解放同盟・社会党の両方から後援を得て参議院の全国区に立候補し、少し前に養父になった治一郎の死により空席となった議席を実質的に受け継いだ。英一は一九七四年、一九八〇年、一九八六年、一九九二年と再選され続け、一九九五年七月一九日、在職中に没した。

英一には息子が三人いた。ひとりはまだ学生のときに亡くなっている。優三（一九五七年生まれ）は、父の没後、松本組の社長に就任した。長兄の龍（一九五一年生まれ）は、地元のテレビ局で働いた後、一九八〇年に政界入りした。まずは父・英一の秘書として働いた後、一九九〇年に福岡県選挙区から衆議院に当選し、それ以降、〔二〇一二年の衆院選で敗れるまで〕再選され続けた。一九九六年に選挙制度が変更されて小選挙区制が導入されてからは、福岡市の東部に位置し、自分が現在住んでいる、そして祖父が生まれた地域を擁する福岡一区から出馬していた。一九九六年には、日本社会党を離れて民主党を創設した若手政治家のひとりとなった。民主党の要職には就いていなかったが、人権や首都機能移転案などの問題については党のスポークスマンとしての役割を果たしていた。

松本組に関わる事情は、同社の法律上の地位が個人会社から株式会社に変更されて以降、以前よりも外部に見えやすくなった。治一郎の兄である治七に、没するまで名目上同社の支配人であり続けたが、筆頭株主は英一であり、経営面でも、一九九五年に没するまで英一が主要な役割を果たしていた模様である。英一の没後は優三が代表取締役社長の座についたが、株式をもっとも多く保有し続けていたのは龍で、その株式保有率は優三の三〇・六％に対して三一・六％だった（『会社職員録』二〇〇四年版、ダイヤモンド社）。すなわち、少なくとも書類上は、龍は非常に裕福だったということである。龍は、二〇〇六年には一億三〇二九万円の所得があったと申告しており、この年、これよりも多くの所得を申告した国会議員はひとりしかいなかった。もちろん、だからといって、もっと裕福な議員がいないということには必ずしもならない。所得を代理口座に隠したりせず、完全に公開するのが「松本精神」である。しかしこのことからは、龍が祖父の治一郎とよく似た立場にあったこともうかがえる。すなわち、民主党の政策論議で重要な役割を担ったり、党の最高幹部の候補者と目されるようになったりしないうちから、その財産のゆえに、福岡で、そしておそらくは国レベルでも、党内情勢に関わって重要な役割を果たすだけの力を持っていたのではないかということである。

松本組自体は、地元ではかなり有力な存在であるとはいえ、全国的には依然として中規模な建設会社のままである。一九六六年に株式会社化された時点で同社の総資本額は一〇〇〇万円だったが、二〇〇六年現在では三億円と推定されている。一九八〇年代中盤には、日本の総合建設業者としては全国二六二位に、福岡の上位企業（全業態）としては一五〇位に位置していた（『日本の会社ベスト５０、０００』東洋経済新報社、一九八五年）。当時の松本組の主要取引先は（依然として）西鉄（西日本鉄道株式会社）と国鉄（日本国有鉄道）で、とくに橋の建設に従事していた。とはいえ、団地の建設など地方自治体の大規模建設事業でも仕事をしており、同和対策事業として資金が出された、福岡の部落のインフラ再建事業の一部にも深く関わった。二一世紀初頭には、松本組は以下の三つを主たる事業に位置づけていた。公共事業（たとえば福岡空港国際線ターミナル関連工事、五二・六％）、土木事業（たとえば小学校・高校・地元大学の校舎建設、三八・四％）、そして道路、とくに地元の高速道路の建設（八・八％）である。従業員数は比較的少なく、一六〇人前後となっているが、これはおそらく、建設業界では一般的である下請けの大規模な活用によって説明できよう。二〇〇六年度の総事業費は一〇七億八〇〇〇万円（およそ一億七〇〇万ドル、松本組のウェブサイト http://matsumotogumi.co.jp/ 参照）であった。

英一も龍も、一九五〇年代の治一郎の主たる関心事のひとつであった平和運動にはそれほど関心を示さなかった。しかし、治一郎が関係していた団体のなかには、一九六〇年代後半になって、日本がとくに沖縄の米軍基地を支えることを通じてベトナム戦争に関与することに公然と反対するようになるところも出てきた。こうした動きが結びついて、一九六九〜七〇年の日米安保条約再交渉反対運動へと発展していく。この第二次安保反対運動は、自民党が以前よりもうまく対応したためか、一〇年前に行なわれた運動ほど政治的重要性を持つものにはならなかったとはいえ、デモの参加者数はそのときよりも増えた。日本の土地、とくに沖縄に米軍基地が存在していることへの反対運動はその後も続いており、米国による基地の軍事使用は違憲であると主張する裁判なども行なわれている。

八　部落解放運動と同和政策

治一郎の死後に部落解放同盟がどのように発展していったかについては、書けるはずのこと、書いておくべきことがたくさんある。残念ながら、解放同盟に関する真剣な分析のうち英語で書かれたものはごくわずかであり、本書もその空白を埋めようと試みるための場ではない。本書を締めくくるこの短い文章で筆者が行ないたいのは、治一郎の晩年に見られたいくつかの主題がその後どのように展開していったかを跡づける作業のみである。

部落解放同盟内の共産党系グループとそれ以外の同盟員（ほとんどは社会党支持者）との間にある亀裂が、治一郎の没後、いっそう深まり、思想的対立の度を増し、個人的感情がさらにからむものとなっていったことは明らかだった。京都の共産党系グループは、治一郎の告別式に出席しなかったばかりか、出席したかったにもかかわらずこのグループから参加を妨害された者もいると報じられている（『解放新聞』第三六九号、一九六六年一二月五日付）。公式に分裂したのは、一九七〇年夏、共産党系グループが、部落解放同盟を「正常化」し、中央委員会を支配するようになったとされる「朝田一派の融和主義、部落排外主義、反共主義」から運動を守っていくための団体（部落解放同盟正常化全国連絡会議）を結成したときのことである。このグループに合流した部落解放同盟員の割合は高くなかったが、共産党とのつながりがあったため、その考え方は広く流布することになった。日本共産党は、一九七〇年代には総選挙で一割近くの票を獲得できるまでになっており、日刊機関紙『赤旗』の購読者数は公称三〇〇万人にのぼっていたのである。分裂は、一九七〇年代を通じ、理論と戦略全般、部落解放同盟と「同和対策事業」運用との関係、そして差別とされる事件に抗議する際に用いる戦術をめぐって激化していった（たとえば Pharr 1990 の第五章参照）。こうした違いは深く根を張るものとなった。

一九六〇年代後半には、一九六五年同対審答申の提言の完全実施が部落解放同盟の活動の主たる焦点になっていたが、もうひとつの問題もあった。この問題は、おそらく治一郎が運動の課題に挙げようとしなかったからだと思われるが、それまで広く議論されたことのないものだった。人の出自を知る方法のひとつに、地方自治体が保管している戸籍を調べるというやり方があったのである。そうすれば出生時の住所がわかるため、それだけで、ある家族が部落に所属しているかどうか判明することが多かった。何らかの疑いがあれば——たとえばその家族が引越しをして本籍地を変更していた場合など——戸籍をさかのぼることも可能で、必要とあれば、近代の戸籍としてはもっとも古い、一八七二年に編成された戸籍（壬申戸籍）まで行き着くこともできた。多くの地域では、旧「賤民」が自分たちの出自を隠そうとすることを自治体職員が懸念したため、ある家族が被差別民共同体に属していたことを明らかにできるよう、戸籍に注記を付していた。

治一郎は常に自分の出自を隠そうとしなかった。解放運動の活動家としてはそうするしかなかったが、さらに一般的に、身分に関わる出自を隠そうとする者は認めようとしなかったようである。治一郎は、どんなことに手を出しても、自分自身の力で成功を収めてきた。治一郎にしてみれば、解放運動の目的とは、身分上の出自を偽ったりそこから逃れようとしたりするのを手助けすることではなく、そのような出自をどうでもいいものにすることだった。詰まるところ、治一郎が『破戒』の結末に反対したのもそのためだったのである。しかし、次世代の解放運動指導者は異なる考え方をしていた。彼らにとって、戸籍が公開されていることは、行政機関が偏見と差別の生産・再生産にいかに加担しているかを示す実例のひとつだったのである。一九六七年になって、部落解放同盟は戸籍の閲覧禁止を求め始めた。直ちに前向きな反応があり、一九六八年一月、法務省は一八七二年の戸籍の一般閲覧を禁止した。その後も解放同盟は運動を続け、一九七六年には政府が戸籍法を改正して、すべての戸籍について無制限な閲覧ができないようにした。それ以降、解放同盟は地方自治体に対し、私立探偵業者が人の身分上の出自について照会することを違法とする条例を制定するよう説得を試みてきた。規定をどのぐらい有効に実施できるかについては疑問もあるものの、いまでは多くの自治体がそのような条例を制定している（大阪府（一九八五年）、熊本県（一九九五年）、福岡県（一九九五年）、香川県（一九九六年）、徳島県（一九九六年）のみ制定）。

治一郎は、同対審答申や部落解放同盟の運動で「事業法」の制定が重視されていることについて、的外れである、あるいはバランスを欠いているという懸念を抱いていた。最低でも、施策の一般的目的を定めた基本法もあわせて必要だというのが治一郎の考えだった。部落解放同盟は一九八〇年代までにあらためてこの問題を取り上げるようになり、四つの要素を備えた基本法の制定を要求し始めた。四つの要素とは、部落問題は政府が責任を負う問題であると同時に日本国民全員にとって共通の問題でもあることを明示する宣言的要素、具体的な下位法令の指針となる総合的計画を定める事業法的部分、教育とメディアの内部で正確な情報が流布されるようにする教育・啓発の要素、そして雇用慣行をはじめとする個人の人権侵害の実例に対処しうる規則・救済的要素である（より詳しい説明と法案の提案内容については北口 1999: 175-8 および 208-11 を参照）。しかし、部落解放基本法制定運動は政府・自民党からも共産党系の運動関係者からも抵抗された。本書の執筆時点で基本法は制定されておらず、今後の見通しも明るくはない。こうした動きは――治一郎が主張していたように――政府がもっと説得に応じやすかった一九六〇年代中盤に起こしておいたほうがよかったかもしれないと考えるに至った者も多数存在する〔二〇一六年五月、第一九〇回通常国会に部落差別の解消の推進に関する法律「部落差別解消法」案が提案され、継続審議となっている。同年九月から開かれた第一九二回臨時国会で成立する可能性は高い。この法律は部落解放基本法そのものではないが、宣言法的部分、教育・啓発法的部分などを含んだものとなっている〕。

治一郎が同対審答申に関して抱いていたもうひとつの懸念は、部落インフラの物理的改善のために必要とされる巨額な資金の流入によって生じる影響である。約束どおりの野心的計画を実行に移す能力が日本にあるかどうか疑う声もあったが、一九六九年から一〇か年の同和対策長期計画が実施された後、三か年ないし五か年の計画が次々と定められ、一九九三年までにおよそ一三兆八八〇〇億円（一三八〇億ドル以上）が部落改善事業に費やされた。その多くは学校、診療所、団地、コミュニティセンターなどを建設する資本プロジェクトに投下されたが、通学や大学進学を可能にする補助金も惜しみなく支給された。同和対策事業は一九九〇年代に規模が縮小され、国レベルでは二〇〇二年に完全に終了したものの、もっと小規模な事業が地方自治体の資金によって続けられているところもある。

同和対策事業により、都市部のほとんどの地域では住宅やコミュニティ施設が建て直され、たとえば福岡市では、市の東部に位置する三つの部落がどこにあったのか、ずっと以前からの住民でもなければわからないほどである。それどころか、部落を突っ切る形で道路が造られ、古い建物（治一郎が生まれ、幼少年期を過ごした家も含む）がすべて取り壊されたことに表れているように、部落の歴史や遺産にまったく配慮せずに建設作業が進められたと不満を漏らす者もいる。しかし、三〇年前なら、どこからどこまでが部落なのか、建物の貧弱さから一目瞭然であったのに対し、いまではそのようなことはない。そのかぎりで、特措法は成功したといえる。

部落解放同盟は、補助金の支給や住宅供給をある程度自分たちの管理下に置こうとして、どのような建設作業を進めるか、補助金の支給対象者や新築アパートの入居者を誰にするかといった決定については解放同盟の代表が影響力を行使できるようにすべきだと強く主張した。その目的は、事業資金が部落にとって最大限の利益になるように用いられることを確保するところにあった。そのため、資金は部落出身家庭のためにのみ使用されるべきであり、解放同盟活動家の急進化傾向や労働者階級意識を弱めるために使われるべきではないとした。解放同盟員であることは事業資金の使途に関わる重要な基準のひとつであり、日本共産党は、正式な別団体を結成した一九七〇年以降、共産党員がしばしば不公正な扱いを受けていると主張した。これが両者の紛争のさらなる火種となった。組織としての部落解放同盟および個々の同盟員を潤す不正が大規模に行なわれているという、多くの情報源——ただし主に共産党の刊行物——からの情報に基づく一連の非難はますます激しくなっていった。[5] これらの非難を検討・評価するだけでもひとつの研究プロジェクトになるだろうが、第三者的立場からの分析が行なわれていない現状では、こうした不正が、日本における、とくに建設業界における通常の水準よりも多く（または少なく）行なわれていたのかどうか、判断するのは困難である。道路や大きな公共建築物のような大規模建設請負契約の入札で不正が行なわれたという話は、周期的に明らかになる。法律の縛りがあまりにも強すぎるため、何らかの法律違反をしなければ建設会社は生き残れないのではないかという声もある。同じようなことが部落内の建設事業でも起きていたとしても、それほど驚くような話ではない。部落解放同盟が政府に対して高い道徳的見地からの要求を行なっていたことを踏まえれば、解放同盟に対し、一般社会よりも高い道徳的水準を維持するよう期待するべきではあるかもしれない。他方、治一郎が認めていたように一九六〇年代には非常に貧しい人々が多く、そのような人々に対し、開発のために土地を売る機会や、惜しみなく資金が注ぎこまれる建設事業に参画する機会が突然与えられたのである。すでに解放運動に参加していた活動家以外の人々にも、一九六九年以降は、偏見や差別に反対していくこと、ましてや社会主義を推進していくことへの思想的決意とは関係のない理由で解放同盟に加入する物質的動機ができた。これこそ治一郎が予見していたことである。不正を回避したり最小限に留めたりするために何らかの対応がとられたのかどうかについては、確定的なことがさらにいいにくい。

九　引き継がれる「松本精神」——展望

最後に、解放運動の指導者たちに依然として残っている治一郎の影響について検討しておこう。朝田善之助は治一郎の後を継ぎ、一九六七～一九七五年にかけて部落解放同盟の委員長を務めたが、その攻撃的なやり方のため遠ざかった者も多く、共産党派の批判をなだめるための対応もなんらとらなかった。田中織之進は一九六八年に解放同盟書記長の座を降り、代わって、やはり福岡県出身で治一郎との結びつきも密だった上杉佐一郎が書記長に就任した。上杉はさらに部落解放同盟の第四代委員長に就任し（一九八二年）、一九九六年に急死するまでその座にあった。興味深いのは、上杉が、治一郎が造りだした「解放が目的、事業は手段」という表現を引きながら、一九九〇年初頭に同和対策事業に関与していた一部の者の「盗人根性」を批判したことである。一九九八年に第六代委員長に就任した組坂繁之も福岡県出身で、部落解放に対する治一郎の姿勢を受け継いでいると自負している。組坂の演説や論説では、治一郎の行跡への言及が常々登場していた。

大光寺境内（福岡市）には治一郎の「不可侵　不可被侵」の記念碑のほか、徳川家達暗殺未遂事件で獄死した松本源太郎、福岡連隊事件の藤岡正右衛門の追悼碑などがある。

「世界水平社」創設という治一郎の目標は、前述のとおり、自らの一人国民外交の一環として世界中の運動へのさまざまな関心を結合させようとする試みを大げさに言い表したものにすぎなかった。しかし一九八八年に創設された反差別国際運動（ＩＭＡＤＲ）は、多くの団体や組合からも支援されたとはいえ、主たる支援は部落解放同盟から得ており、治一郎の大志が具体的な形で表れたものと考えることもできる。ＩＭＡＤＲの本部事務所は、治一郎が東京事務所用に一九五五年に購入した土地に建つ松本治一郎記念会館の地下に置かれている[6]（松本治一郎記念館は二〇〇四年一月、これまでの港区から中央区に移転し、ＩＭＡＤＲは六階に置かれている）。ＩＭＡＤＲは一九九三年に国連から協議資格を付与され、さまざまな活動で積極的役割を果たしてきた。直近の活動としては、アジアにおける女性の人身取引に関する地域的政策の策定に関するものがある。ＩＭＡＤＲは、治一郎が夢見た、世界のための水平社なのである。

二〇〇六年七月、松本龍が委員長を務めていた部落解放同盟福岡県連は、二〇〇六年度の活動の指針となる新たな運動方針について議論し、これを採択した。同年度の主たる課題として取り上げられている四つの問題は、治一郎にとっては気が滅入るほど馴染み深いものだったことだろう。

・人権の法制度確立。戦争につながる危険な傾向と、勢いを増しつつある過激な排外主義に反対。
・差別反対キャンペーンを継続。
・自治体施策への解放運動の要求の取りこみを推進。
・運動の再編と財政再建。

また、「人権・平和・環境・民主主義を守る闘い」と題された運動方針の後半の項目では、治一郎の名前がはっきりと挙げられている。これらの方針のうち、治一郎にとって馴染みがなかったのはひとつだけだろう。この項目で主に取りあげられているのは、基地の近くで暮らしている人々と連携しながら「基地のない平和な日本」をつくっていくという目標である。ここでは、軍事費を削減して人権、環境、国際開発協力のためにもっと資金を支出できるようにすることを呼びかけている。

さらに、「松本精神」にはっきりと触れながら、政府が学校における日の丸・君が代の利用を推進しようとしていることや、天皇の憲法上の役割を強化しようとする動きへの反対を表明している。そして最後に、日中間の協力を望んでいた治一郎の志《こころざし》を受け継いで、中国の貧しい遠隔地に学校を建設するための募金を行なうと宣言している（部落解放同盟福岡県連第五七回定期大会議案書、二〇〇六年）。

治一郎の精神はいまも息づいている。

注

第一章　少年・青年時代

1　とくに断らないかぎり、日本語の刊行物からの英訳はすべて著者による。

2　少なくともこの点については松本家内に異論はない。松本英一の妻・瑠璃子へのインタビュー（二〇〇一年七月）による。ただし著者は、松本龍の事務所に保管されている松本関連書類の箱のひとつから治一郎の戸籍に関連する書類を発見した。そこでは治一郎が四番目の息子とされており、兄が三人いたこともうかがえる。

3　一九世紀後半から二〇世紀にかけて日本で創業した建設会社のほとんどは「〇〇組」を名乗った。「組」には「暴力団」の意味もあることから、一九五〇年以降、ほとんどの建設会社は社名を現代風のものにしている。松本組は、創業時の社名をいまなお使用している数少ない会社のひとつである。

4　日本では当時、建設現場で中国人・韓国人労働者を使用することは珍しくなかったようである。コビンズは、数百人の中国人・韓国人労働者が使用された肥薩線の建設（一九〇九年）について触れている（Cobbins 2009: 241）。

第二章　松本治一郎と水平社

1　有馬頼寧（一八八四～一九五七）　社会活動家・政治家。一九〇九年に東京帝国大学農科を卒業してから農商務省に入省したが、一九二〇年代初頭から社会運動に関心を持つようになり、農民団体と初期融和団体の両方を支援した。水平社の創立も支持し、大会で何度か演説したこともある。一九二四年には衆議院議員に選出され、後に立憲政友会に参加して、一九二六年には超党派の融和問題研究会を結成した。一九二七年に父親が没すると貴族院に席を得て、運動には積極的に関わらなくなっている。第一次近衛内閣では農林大臣（一九三七年六月～一九三九年一月）を務めた。

2　一三三三年、後醍醐天皇が支配下の全地域に錦旗を送り、幕府を倒して天皇支配を回復するよう臣民に求めたことがある（Cobbins 2009: 126）。

3　堺利彦（一八七一～一九三三）　一八九九年以降、初期社会主義運動の指導者として活動。一九一七年には革命的マルクス主義を支持し、一九二二年に日本共産党の初代委員長となった。しかしコミンテルンから批判され、一九二〇年代後半に日本共産党が再建された際にはその活動に参加しなかった。合法的な左派社会主義諸政党には引き続き関与し、日本資本主義の性格をめぐる議論では労農派と位置づけられている（Hunter 1984: 186-7）。

4　横田は一九二四年六月一一日から一九二五年二月五日まで司法大臣を務めた。

5　「選ばれた民」という意味の言葉だが、徳川時代の身分外集団を指すのに用いられた言葉のひとつ「賤民」と同じ音でもある。

6　ラムゼイ・マクドナルド（労働党党首）が最初にイギリス首相を務めたのは一九二四年一月～一〇月である。一九二六年の炭鉱夫ストおよびゼネストに実際に対応したのは保守党のスタンリー・ボールドウィンだった。

7　和田に対して暴力が振るわれたことは上訴裁判所のひとつによって認められ、それを理由に刑期が六か月減らされて三年となった（高山 2005: 285）。刑務所で健康を害した和田は、出所後はもはや左翼運動に参加せず、一九四六年に没した。

第三章　監獄から議会へ

1　一九四六年七月、水平社の元活動家で社会党所属の国会議員になっていた田原春次が高松事件について質問した。木村篤太郎司法大臣は、「先年高松裁判所に於ける検事局の左様な事件は私も耳にして居りました。其の当時大いに私も是はいかぬと考へた一人であります。裁判所に於て若い者が左様な考へ方をして居つたと云う事実に対して私は司法大臣として洵《まこと》に申訳ないと考へて居ります」と答弁している（森山ほか 2003: 119)。

2　一九三七年の時点で、製靴工場の労働者でもっとも高額の給与を得ていた者の月収がおよそ五〇円であり、日雇労働者の月収は二〇円あまりだった（渡部・秋定 1978: 1,130)。

3　この建設業務計画は、二〇〇五年および二〇〇六年の夏に松本龍が筆者の閲覧に供してくれた未整理の書籍・書類群から発見されたものである。

第四章　松本治一郎の代議士時代の一九三六～四一年

1　第一九条　日本臣民ハ法律命令ノ定ムル所ノ資格ニ応シ均ク文武官ニ任セラレ及其ノ他ノ公務ニ就クコトヲ得
第二〇条　日本臣民ハ法律ノ定ムル所ニ従ヒ兵役ノ義務ヲ有ス
第二一条　日本臣民ハ法律ノ定ムル所ニ従ヒ納税ノ義務ヲ有ス
第二二条　日本臣民ハ法律ノ範囲内ニ於テ居住及移転ノ自由ヲ有ス

2　このパンフレットの原本（日本語）は残っていないが、一九四九年に英訳されたものが存在する。原書本文における引用の綴りおよび文体は、福岡の松本治一郎関連資料に含まれている同英訳の写しに基づくものである（訳者注／日本語は部落解放同盟中央本部編 1987: 190 に拠る）。言及されている時代はそれぞれ北条政権時代（一一八五～一三八二）、足利政権時代（一三九二～一五七三）、徳川政権時代（一六〇三～一八六七）を指す。

3　ハンサード（Hansard）が報告しているところによれば、アーサー・ヘンダーソンがアンソニー・イーデン外相に軍縮会議事務局の次回会合について質問したのは一九三七年二月一日のことである（House of Commons Debates, February 1937, vol. 319, c1266)。治一郎はどうやってこれを知ったのだろうか。

4　国際連盟が主催した世界軍縮会議にはソ連とアメリカも参加し、一九三二年から一九三四年にかけて会合が持たれた。ドイツが一九三三年一〇月に会議から撤退し、国際連盟からも脱退したことによって、実質的に進捗の見通しはなくなった。治一郎が言及しているのは会議を再開させようとする試みについての報告と思われるが、これも失敗し、一九三七年五月には会合も開かれなくなった。

5　一九三四年一一月から一九三七年二月まで毎月発行された。

6　田原春次（一九〇〇～七三）　九州北部の行橋生まれ。一九二二年に早稲田大学法学部を卒業した後渡米し、デンバー州とミズーリ州の大学で学ぶ。一九二八年に帰国して朝日新聞社に勤め、一九三〇年に社会大衆党に入党。その後、朝日新聞社を退社して九州に戻る。小作人運動で活動し、高松地裁判決糾弾運動にも参加した。一九三七年、社会大衆党の支持を得て福岡四区で当選し、戦争中ずっと代議士を務めた。

7　山本政夫（一八九八～一九九三）　広島の部落出身。若いときにトルストイ、ルソー、モンテスキュー、河上肇の思想に影響を受けた。一九二二年に部落青年団を結成し、水平社に心を惹かれながらも、有馬の誘いを受けて一九二六年に全国融和連盟に入る。一九三〇年代の融和運動、一九六〇年代の官製同和運動で重要な役割を果たした。

8　この時期に辞職する他の理由として、北原は、治一郎の払う給与が少なかったこと（新たな就職先で得られた月給は第一銀行と同じ七〇円だった）と、義兄が死亡したことを挙げている。一九三六年に結婚したとき、北原は治一郎のために働くと義兄に約束していた。その義兄の死により北原は義務から解放されたのである（高山 2005: 453-4）。

9　藤野が引用している一九三九年の数字によれば、失業率は製革業で五％、製靴業で一二・七％、その他の皮革製品製造業で二八・九％で、靴修理業者の失業率は四〇％だった（藤野 1984: 262）。

10　バーガーは後藤のことを「昭和研究会の会長にして、近衛公爵の長年にわたる盟友であり政治的腹心」と説明している（Berger 1977 314, n. 20）。

11　江戸時代の身分制は明治初頭に廃止されていたが、華族、士族、平民等の個人の身分を記録する文書もいくつか存在した。

12　大政翼賛会企画局が、アジアに関心を持つ六一の右翼団体を集めて一九四一年七月六日に創設した組織。主な目的は国粋主義者の反東条分子（中野正剛など）を国の統制下に置こうと試みることだった。

13　ただし、これ以前にも、一九二〇年代初頭に「同和」という言葉が部落問題と関連づけられていたことを読者は思い出すはずである（日刊紙『同和通信』の表題など）。

第五章　松本治一郎と太平洋戦争

1　他の候補者は江口繁（福岡県農会長）、森部隆輔、そして古参保守政治家の簡牛凡夫《かんぎゅうつねお》である（金静美 1994: 348）。

2　水谷は社会民主主義者で、戦後の日本社会党の創設者のひとりであり、党内右派の支持者であった。

第六章　松本治一郎と占領下の日本

1　東久邇稔彦（一八八七〜一九九〇）　皇族の宮家の一員。一九〇六年に新たな宮家を立てることを認められ、一九一五年には明治天皇の皇女と結婚した。陸軍士官で、一九四一年〜四四年には防衛総司令官を務めた。天皇に近い人物からの降伏命令のほうが在外軍隊も受け入れる可能性が高いと考えられたことから、一九四五年八月一七日に首相に就任。任務の終了にともない一九四五年一〇月九日に辞職した。一九四七年一〇月に宮家の称号および皇籍を失っている。

2　幣原喜重郎（一八七二〜一九五一）　一八九六年に東京大学を卒業した後、外務省に入省。一九二〇年に爵位を授与された。一九二〇年代は西欧列強に対して「懐柔的」姿勢で臨み、中国情勢への不介入を唱えた。軍部から批判されて一九三一年に外相を辞職し、政治の第一線から退いた。中国での戦争に反対していたことでアメリカ占領軍に認められ、組閣にあたり、戦争のさまざまな段階で自宅監禁下に置かれていた数名の自由主義者——芦田均（厚相）、前田多門（文相）、吉田茂（外相）など——を入閣させている（Takemae 2002: 239）。

3 「連合国軍最高司令官」（ＳＣＡＰ）は占領期間中のマッカーサーの職名だが、ＳＣＡＰという言葉はもっと一般的に、マッカーサーが率いる総司令部およびその職員・要員を指すものとして用いられていた。

4 ベアテ・シロタ・ゴードン（一九二三〜二〇一二）ウィーン生まれだが、一九二九年、国際的名声を博していた亡命ピアニストの父とともに東京に移住。一九三八年にカリフォルニア州のカレッジに入学したが、一九四五年のクリスマス、日本語を話せる数少ない白人のひとりとして日本に帰ってきた。憲法草案に関する作業を進めていた民政局のメンバー。

5 「第二十三条　家族ハ人類社会ノ基底ニシテ其ノ伝統ハ善カレ悪シカレ国民ニ滲透ス婚姻ハ男女両性ノ法律上及社会上ノ争フ可カラサル平等ノ上ニ存シ両親ノ強要ノ代リニ相互同意ノ上ニ基礎ツケラレ且男性支配ノ代リニ協力ニ依リ維持セラルヘシ此等ノ原則ニ反スル諸法律ハ廃止セラレ配偶ノ選択、財産権、相続、住所ノ選定、離婚並ニ婚姻及家族ニ関スル其ノ他ノ事項ヲ個人ノ威厳及両性ノ本質ニ立脚スル他ノ法律ヲ以テ之ニ代フヘシ」（常岡ほか1993: 101）。

6 このほか二人が参院選に、一五人が衆院選に立候補しているが、落選した。

7 『ニッポンタイムズ』一九四七年五月二四日付に、「参議院議員がエタに対する優越感をいまだに持っていなければ自分が議長に選ばれていただろう！」という治一郎の言葉が引用されている。『週刊朝日』第一八号・一九五二年七月の記事に掲載された治一郎の発言も参照。治一郎は長年にわたってこの点についての不満を繰り返し漏らしていた。

8 広田は死刑を言い渡された「A級」戦犯のなかで唯一の文官だった。

9 五月会は一九四七年五月に創設された会で、メンバーには鈴木茂三郎、加藤勘十、安平鹿一、赤松勇、稲村順三、野上建治、加藤シヅエ、田中松月などがいた。

10 五人区で四位当選した田中の代わりに六位の候補者（民主党）が繰り上げ当選した。

11 村山知義は一九四〇年代に入っても活動を続けた。一九四五年三月以降は、帰国すれば捕虜収容所で死ぬおそれがあると言われたため、朝鮮に亡命した。終戦を迎えると帰国し、新劇運動再興の中心人物となって、手始めにチェホフの『桜の園』やイプセンの『人形の家』の上演に携わった。新劇運動は、文化的退廃や封建制からの逃走のようなテーマを取り上げた演劇に焦点を当てたので、占領の前半期には人気があった。

第七章　一九五〇年代の松本治一郎

1 ロカルノ条約は一九二五年に締結された一連の条約の総称で、ドイツ、ベルギー、英国、フランス、イタリアがヨーロッパにおける国際平和の基盤の確立を試みたものである。

2 一九五三年四月一九日の衆議院選挙と四月二四日の参議院選挙。

3 北原泰作は岐阜県からの立候補。

4 上田音市は三重県からの立候補。

5 田中稔男、吉田法晴、田中織之進、成田知巳、木下源吾、福田昌子、細迫兼光、高田なほ子（『夕刊毎日』一九五四年五月六日付）。

6 民法第九〇条は、公の秩序に反するいかなる行為も無効であると定めている。憲法第九八条第一項（憲法違反の法令）の規定は次のとおりである。

「この憲法は、国の最高法規であつて、その条規に反する法律、命令、詔勅及び国務に関するその他の行為の全部又は一部は、その効力を有しない」

7 この五団体とは、総評（日本労働組合総評議会）、原水爆禁止日本協議会、憲法擁護国民連合、日中国交回復国民

協議会、全国軍事基地反対連合会議である。

8 田中織之進（たなか・おりのしん、一九一一～七八） 和歌山県の出身だが九州帝国大学で法律を学び、そのとき治一郎から金銭的支援を受けた。読売新聞社に勤務した後、一九四七年に日本社会党から立候補し、党内左派に属しながら八期連続で代議士を務めた。一九四八年から部落解放全国委員会の中央委員を務め、部落解放同盟の書記長にも就任（一九五六～六八）。田中が、運動のための基金に相当の額を拠出してくれた可能性がある治一郎に、思想的にも人格的にも親近感を覚えていたのは間違いない。

9 一、日本国民の誤った中国観をふかく反省し、この是正に努力する。
二、日中両国民の相互理解と協力を打ち立てるため両国文化の交流に努力する。
三、日中両国の経済建設と人民生活の向上に資するため中日貿易の促進に努力する。
四、日中両国人民の友好提携により、相互の安全と平和をはかり、もって世界の平和に貢献する。（Seraphim 2006: 121）

10 この点に関する議論は他では見られないが、中国がアジア太平洋地域平和会議を創設しようとしたのは、ＷＰＣのアジア版を作って自国の勢力範囲内に置こうとする試みだったかのように思われる。

11 アンベードカルが来日したという証拠は見つかっていないが、後述するように、治一郎がデリーでアンベードカルと会見したのは事実である。

12 ベーカーはこの子の名前を、もっと発音しやすいジャノットに変更している。

13 インド、中国、ソ連、ビルマ（現ミャンマー）、パキスタン、ベトナム民主共和国（当時の北ベトナム）、セイロン（現スリランカ）、レバノン、ヨルダン、シリア、モンゴル、朝鮮民主主義人民共和国、日本。

14 ただしアンピアーはこの会議を一九五四年六月に開かれたものとしているので、治一郎が出席した会議とは別にストックホルムで開かれた会議を指している可能性もある（Ampiah 2007: 173）。

15 吉田法晴《ほうせい》（一九〇八～八一） 福岡県宗像郡生まれ。高校時代に社会主義運動と関わりを持つようになり、九州帝国大学法学部に入学したものの、一九二八年三月一五日、社会主義者との関係を理由に退学させられた。同志社大学で法学を修めた後、高松炭鉱で働く。一九四七年に福岡県議会議員に選出され、一九五〇年には参院の補欠選挙で当選して一三年間議員を務めた。その後一九六三年に北九州市長となって一期務め、一九七二年から七六年にかけて衆議院議員。左派社会主義者で、平和同志会や日中友好協会の会員だった。

16 コンサートは一九五六年四月一〇日にオランピア劇場で行なわれ、ベーカーはその後二年近く公演を打たなかった（Hammond and O'Connor 1988: 199）。

17 バンドン会議では、アルジェリア、モロッコ、チュニジアの独立をとくに支持する動議が可決されている。

18 チャップリンは一九五四年に世界平和評議会から平和国際賞（賞金五〇〇〇ポンド）を授与されている。チャップリンは自分自身のことを「平和主義者であり、戦争には、東側が起こすものであれ西側が起こすものであれ、まったく反対している」と語っている（Peace News、一九五四年一〇月二九日付）。

19 エバット「博士」（'Doc' Evatt）は一九二五年以来のオーストラリア労働党員で、国際連合を創設したサンフランシスコ会議に参加したほか、世界人権宣言を採択した国連総会第三会期では議長を務めた。

20 一九五〇年代の日本の平和運動の発展とその過程で治一郎が果たした役割を記録した文書は日本共産党の管理下にあり、共産党はそれらの文書に対する開かれたアクセスを認めたがらないのではないかと指摘してくれた人もいる。

21 人権擁護委員会とは、一九四七年から四九年にかけて法務省内に設置された全国組織の地方委員会だが、委員は主として地元で選ばれた篤志家が務めていた。治一郎も一九四〇年代後半から一九五〇年代初頭にかけて人権擁護委員会の活動の一部に参加したことがあるが、当時の人権擁護委員会は比較的積極的で、法務省の統制からも独立していたようである。人権擁護委員会の背景および評価についてさらに詳しくは、Neary 1997 参照。

22 一九四五年から一九七〇年代初頭までの部落解放理論の発展については、師岡が全五巻に及ぶ分析を行なっている

23　（『戦後部落解放論争史』東京・柘植書房、一九八〇～八五年）。以降の説明も師岡の記述に負うところが大きい。

24　八木一男（一九一一～七六）東京帝国大学卒。一九四六年から労働運動に、一九四七年から日本社会党に参加して活発に活動。一九五二年一一月に初当選した後、八回再選された。県知事選にも二回立候補したが、いずれも惜敗している。

25　師岡は治一郎もこの会議に出席していたとするが、治一郎が中国から帰国したのは三月三一日のことなので、治一郎は出席していなかったか、会議が四月に開かれたかのどちらかであろう。

26　北原が選挙運動で掲げた公約は、あらゆる不公正な差別の廃止、基本的人権の保護、部落民を貧困と差別から解放するための国家機関の設置、平和と民主主義の擁護および憲法改正・再軍備反対、労働者との団結強化、自由独立の日本建設であった。

　松本龍の福岡事務所に所蔵されている整理箱。二〇〇五年と二〇〇六年の夏、これらの箱に収められた未整理の書類を閲覧させてくれた同氏に感謝する。

第八章　松本治一郎の晩年——一九六〇年代

1　三木武夫（一九〇七～八八）一九三七年に初当選し、片山内閣（一九四七～四八）では大臣を務めた。次々と結成された自由主義政党に所属していたが、一九五五年に自民党に合流。一九五六年に同党の幹事長、一九五八年に経済企画庁長官に就任。一九六〇年代には通商産業大臣および外務大臣を務め、最終的に首相（一九七四～七六）となった。

2　全日本同和対策協議会は、地方自治体による同和事業の発展の調整を図るために四年前から設置の動きが広がっていた西日本同和対策協議会を母体として、一九五一年一一月に創設された。部落解放全国委員会とも協力していたが、一九五三年に全国委員会が政府の政策に対する協議会の追従ぶりを批判し始めたことにより決裂。その後の協議会は、より実際的で調整のとれた同和政策を国レベルでとりまとめることを提唱していった（部落解放研究所（編）1986: 499）。

3 北原の肩書きは、中部日本新聞岐阜社会事業団主事となっている（師岡 1982: 304）。

4 「基本法」とは、憲法と具体的法律の中間に位置づけられる法律である。基本法は、施策が扱う分野を定め、その一般的な目的を掲げるとともに、具体的法律を位置づけられるようにするための概念的枠組みを用意する。主要な政策分野のほとんどについて、たとえば教育基本法（一九四七年施行・二〇〇六年改訂）のような指針となる基本法が存在しており、また特定の環境基準に関する詳細な法律および環境基本法（一九九三年施行）が導入されるまでは公害対策基本法（一九六七年施行・一九七〇年改正）が存在していた。

5 二〇〇二年から二〇〇五年にかけて出版された四冊シリーズの著作（寺園敦史・一ノ宮美成・グループK21著）で、特別措置法に基づく同和対策事業をめぐる不正とされるものがさまざまな形で記録されている（そのなかには福岡で起きたもの、松本組と関連するものも含まれる）。

6 松本龍が住んでいるのは、「じいちゃん家《ち》」と呼ばれている建物の隣に建つ家である。

Kaihô Shimbun（解放新聞）
Melbourne Herald
Melbourne Sun
New Zealand Herald
Nihon to Chûgoku（日本と中国）
Nippon Times（ニッポンタイムズ）
Nishi Nippon Shimbun（西日本新聞）
Peace News
Shakai Times（社会タイムス）
Shûkan Asahi（週刊朝日）
Suihei Shimbun, Sekai Bunko 1972（水平新聞・世界文庫復刻版（1972））
Sydney Morning Herald
Sydney Sun

収蔵史料

大阪コレクション（松本治一郎を含む部落問題関連資料コレクション、部落解放・人権研究所（大阪）所蔵）
MacArthur Archives: **Classified GHQ Intelligence Reports on the History of the Crysanthemum Throne,** Part VI, 18 December 1947, 'New Imperial Families', 19 December 1947, 'Last Supper of the Imperial family'. Available on line at http://www.nancho.net/nancho/ghqemps6.html
松本治一郎関連資料

インタビュー

秋定嘉和（2006年7月21日）
朝治武（2006年7月21日）
稲積謙次郎（2005年7月6日）
組坂繁之（2005年5月）
松本龍（2005年5月）
西岡智（2005年7月22日）

Toyo Keizai Inc. (ed.) (1985) *Nihon no Kaisha Besuto 50,000 Hojin Shotoku Banzuke (Japan's Best 50,000 Companies Listed According to Corporate Income),* Tokyo: Toyo Keizai Inc.（東洋経済新報社編（1985）『日本の会社ベスト 50,000――法人所得番付』東洋経済新報社）

Tsuneoka S, Lammis, C. D. Kaji, E. Tsurumi, S. (1993) *The Constitution of Japan*, Tokyo: Kashiwa Shobô.（常岡（乗本）せつ子／ダグラス・ラミス／鶴見俊輔（1993）『英文対訳　日本国憲法』柏書房）

Uesugi **S.** (1975) *Buraku Kaihô to Rôdôsha (Buraku Liberation and the Workers)*, Osaka: Buraku Kaihô Shuppansha.（上杉佐一郎（1975）『部落解放と労働者』解放出版社）

Vlastos, S. (1989) Opposition Movements in Early Meiji, 1868-1885, in M. Jansen (ed.) *Cambridge History of Japan, Volume 5*, Cambridge University Press, 367-431.

Watanabe, T. (1990) 'Senryoki no Burakumondai' ('Buraku Problem in the Occupation Period'), *Buraku Kaihôshi Fukuoka* 58: 17-52.（渡辺俊雄（1990）「占領期の部落問題」『部落解放史・ふくおか』58 号）

Watanabe, T. and Akisada, Y. (1973-8) *Buraku Mondai Suihei Undô Shiryo Shûsei* Vol I (1973) Vol II (1974a), Vol III (1974b) Supplementary Vol II (1978), Tokyo: Sanichi Shobô.（渡部徹・秋定嘉和（1973 ～ 78）『部落問題・水平運動史料集成』全３巻／補巻全２巻・三一書房）

Weiner, M. (1989) *The Origins of the Korean Community in Japan 1910-23.* Manchester: Manchester University Press.

Wood, E. (2002) *The Josephine Baker Story*, London: Sanctuary Publishing.

World Assembly for Peace (1955) *Report of the World Assembly for Peace*, Vienna: WPC.

Yonetani S. (1997) 'Senjiki Nihon no Shakai Shisô' (Social Thought in Japan During the War), *Shisô* 882: 69-120.（米谷匡史（1997）「戦時期日本の社会思想」『思想』882 号）

定期刊行物

Adelaide News

New York: Garland.
Stockwin J A A (1968) *The Japanese Socialist Party and Neutralism*, Melbourne University Press.
Summy, R. (1988) 'The Australian Peace Council and the Anticommunist Milieu, 1949-1965,' In *Peace Movements and Political Cultures*, edited by Charles Van Dungen and Peter Chatfield, Knoxville: University of Tennessee Press, 233-64.
Takahashi Tetsuya (2006) 'The National Politics of the Yasukuni Shrine' in Naoko Shimazu (ed.) *Nationalisms in Japan* London: Routledge.
Takahashi Tsutomu (1996) Shiryo: Shakaito Kawakamiha no Kiseki (Documents: the tracks of the JSP Kawakami Faction) Tokyo: Sanichi Shobo.（高橋勉（1996）『資料　社会党河上派の軌跡』三一書房）
Takayama F. (2005) *Suiheiki*, Tokyo, Shinchôsha.（高山文彦（2005）『水平記』新潮社）
Tanaka, S. (1985) 'Suiheisha Undo no Omoide' ('Memories of the Suiheisha') *Buraku Kaihôshi Fukuoka*, pp 80-86.（田中松月（1985）「水平社運動の思い出」『部落解放史・ふくおか』40 号）
Takemae Eiji (2002) *Inside GHQ*, London: Continuum.
Takemori Kenjiro (1995) 'Buraku Kaihô Zenkoku Iinkai Fukuokaken Rengokai no Katsudô' (Activities of the Fukuoka prefecture committee of the Buraku Liberation National Committee) *Buraku Kaihôshi Fukuoka*, 80: 49-77.（竹森健二郎（1995）「部落解放全国委員会福岡県連合会の活動」『部落解放史・ふくおか』80 号）
Terazono, A. and Ichinomiya, Y. (2005) *Dôwa Riken no Shinsô* 4, (Truth about Dowa Graft 4) Tokyo: Takarajimasha.（寺園敦史・一ノ宮美成（2005）『同和利権の真相４』宝島社）
Terunuma, Y. (1979) '*Kokumin Giyutai ni Kansuru Ikosatsu*' (An Enquiry into the National Patriotic Corps) in Kindai Nihon kenkyûkai (ed.) *Shôwaki no Gumbu*, Tokyo: Yamakawa Shuppansha, 201-218.（照沼康孝（1979）「国民義勇隊に関する一考察」近代日本研究会編『昭和期の軍隊』山川出版社）
Totten, G. O. III (1966) *The Social Democratic Movement in Prewar Japan*, New Haven Conn.: Yale University Press.

of Buraku liberation, Manchester University Press.

—— (1997) 'The Civil Liberties Commissioners System and the Protection of Human Rights in Japan', *Japan Forum* 9,2: 217-232.

—— (2007) 'Class and Social Stratification' in W. Tsutsui (ed.) *A Companion to Japanese History*, Oxford: Blackwell, 389-406.

Nihon Shakaitô Fukuokaken Honbu no 35nenshi Hensaniinkai (Editorial Committee, 35 years history of the Fukuoka prefecture HQ of the JSP- cited as JSP Fukuoka 35 Years 1983) *Nihon Shakaitô Fukuokaken Honbu no 35nen* (35 years of the Fukuoka prefecture HQ of the JSP) Fukuoka: Nihon Shakaito Fukuokaken Honbu.（日本社会党福岡県本部 35 年史編さん委員会編（1983）『日本社会党福岡県本部の 35 年』日本社会党福岡県本部）

Ninomiya, S. (1933) 'An Enquiry concerning the Development and present Situation of the Eta in relatioin to the History of the Social Classes in Japan' *Transactions of the Asiatic Society of Japan* Vol 10 : 47-154.

Oates, L. R. (1985) *Populist Nationalism in Prewar Japan: a biography of Nakano Seigo,* Sydney: Allen and Unwin.

Ooms. H. (1996) *Tokugawa Village Practice: class status, power, law*, Berkeley: University of California Press.

Peattie, M.R. (1988) 'The Japanese Colonial Empire, 1895-1945', in P Duus (ed.) *The Cambridge History of Japan Volume 6 – the twentieth century*, Cambridge University Press, 217-270.

Pharr, S. (1990) *Losing Face: status politics in Japan*, University of California Press.

Rose, S. (1959) *Socialism in Southern Asia*, Oxford University Press.

Seraphim, F. (2006) *War Memory and Social Politics in Japan, 1945-2005*, Cambridge Mass.:Harvard University Press.

Shindô T. (1974) *Fukuoka Rentai Jiken* (The Fukuoka Regiment Incident) Tokyo: Gendaishi Shuppankai（新藤東洋男（1974）『福岡連隊事件』現代史出版会）

Stanley, T. A. (1982) *Osugi Sakae: Anarchist in Taishô Japan 1885-1923* Cambridge Mass.: Harvard University Press.

Steinhoff , P.G. (1991) *Tenko: Ideology and societal integration in prewar Japan*,

Fukuoka han, 3) *Buraku Kaihôshi Fukuoka*, 54: 142-7.（松下志朗「福岡藩の被差別部落（3）」『部落解放史・ふくおか』54号）

Miyamoto, M. (2002) Senzen Senchu no Mie-ken Matsuzaka to Ueda Otoichi (Pre-war and Wartime Matsuzaka, Mie Prefecture and Ueda Otoichi) in Y. Akisada and T. Asaji Kindai Nihon to Suiheisha (Modern Japan and the Suiheisha) Osaka Buraku Kaihô Jinken Kenkyûsho: 517-540.（宮本正人「戦前・戦中の三重県松阪と上田音市」秋定嘉和・朝治武編著『近代日本と水平社』解放出版社）

Moriyama, S. Aso, T. Ishitaki K. Okamoto, K. and Nishio. N, (2003) *Matsumoto Jiichirô*, Fukuoka: Nishi Nihon Shimbun.（福岡県人権研究所編（森山沾一ほか）（2003）『松本治一郎』西日本新聞社）

Morooka S. Vol I (1980) Vol II (1981) Vol III (1982) Vol IV (1984) Vol V (1985) *Sengo Buraku Kaihô Ronsôshi* (History of the Postwar Debate about Buraku Liberation) Tokyo: Shashoku Shobo.（師岡佑行（1980～1985）『戦後部落解放論争史』全５巻・柘植書房）

Morooka, S. (1992) *Saikô Mankichi*, Tokyo: Century Books.（師岡佑行（1992）『西光万吉』清水書院）

Morris-Suzuki, Tessa (2007) *Exodus to North Korea: Shadows from Japan's Cold War,* Lanham, MD: Rowman & Littlefield.（テッサ・モーリス・スズキ（2007）『北朝鮮へのエクソダス――「帰国事業」の影をたどる』（田代泰子訳）朝日新聞社）

Mukai, Y. (2007) 'Kigyo Bokko to FukuHaka Shokogyosha' (The rapid growth of industry and the men of commerce and industry in Fukuoka/Hakata) in Mukai Y. and Nagae M. Kindai *Fukuoka Hakata no Kigyosha Katsudô*, (The Activities of Businessman in Fukuoka/Hakata) Fukuoka: Kyushu Daigaku Shuppansha.（迎由理男（2007）「企業勃興と福博商工業者」迎由理男・永江眞夫編著『近代福岡博多の企業者活動』九州大学出版会）

Naramoto K. (1976) 'Rekishijo no Eiketsu' (A historically outstanding man) *Buraku Kaiho* 93:117-8.（奈良本辰也（1976）「歴史上の英傑」『部落解放』93号）

Neary, I. J. (1989) *Political Protest and Social Control in Pre-war Japan: the origins*

Chûô Honbu (ed.) (1972) *Kaihô no Chichi Matsumoto Jiichirô* (Father of Liberation Matsumoto Jiichiro), Osaka: Buraku Shuppansha: 28-35.（松本治一郎（1947）「血の水平社運動五十年」『政界ジープ』９月号、部落解放同盟中央本部編（1972）『解放の父　松本治一郎』部落解放同盟中央出版局、所収）

—— (1948) *Buraku Kaihô e no Sanjûnen* (Thirty Years of Buraku Liberation), Tokyo: Kindai Shisosha.（松本治一郎（1948）『部落解放への三十年』近代思想社）

—— (1952) *Chika e no Hitokoto* (A word to the underground) Chûô Kôron, July, in Buraku Kaihô Dômei Chûô Honbu (ed.) (1972) *Kaihô no Chichi Matsumoto Jiichirô* (Father of Liberation Matsumoto Jiichiro) Osaka: Buraku Shuppansha: 71-5.（松本治一郎（1952）「地下への一言」『中央公論』７月号、部落解放同盟中央本部編（1972）『解放の父　松本治一郎』部落解放同盟中央出版局、所収）

—— (1954) Hadashi de doko made aruku Kakugo (In expectation of walking how far barefoot) *Chûô Kôron,* July, in Buraku Kaihô Dômei Chûô Honbu (ed.) (1972) *Kaiho no Chichi Matsumoto Jiichirô* (Father of Liberation: Matsumoto Jiichiro) Osaka: Buraku Shuppansha, 76-81.（松本治一郎（1954）「裸足でどこまでも歩く覚悟を」『中央公論』７月号、部落解放同盟中央本部編（1972）『解放の父　松本治一郎』部落解放同盟中央出版局、所収）

—— (1956) *Seiô Afurika Chûtô o megurite* (A Tour of Western Europe, Africa and the Middle East) Osaka: Kaihô Shuppansha.（松本治一郎（1956）『西欧・アフリカ・中東をめぐりて』解放新聞社）

Matsumoto, K. (1977) *Chikuhô ni Ikiru: Buraku Kaihô Undô totomo ni Gojûnen* (Living in Chikuho: Fifty years with the Buraku Liberation Movement), Kyoto: Buraku Mondai Kenkyûsho.（松本吉之助（1977）『筑豊に生きる——部落解放運動とともに五十年』部落問題研究所出版部）

Matsushita, S. (1985) *Kyushu Hisabetu Burakushi Kenkyu (Research on History of Buraku in Kyushu),* Tokyo: Akashi Shoten.（松下志朗（1985）『九州被差別部落史研究』明石書店）

—— (1989) Fukuokahan no Hisabetsu Buraku (3). (The Discriminated Buraku of

問題・解放運動関係資料（3)」『部落解放史・ふくおか』80 号）

Kawazoe J., Takesue J., Okafuji Y., Nishitani M., Kajiwara Y., Orita E. (1997) *Fukuoka-ken no Rekishi* (A history of Fukuoka Prefecture), Tokyo: Yamakawa Shuppansha.（川添昭二・武末純一・岡藤良敬・西谷正浩・梶原良則・折田悦郎（1997）『福岡県の歴史』山川出版社）

Kikkawa, T. (2004) *Matsunaga Yasuzaemon* Tokyo: Minerva Shobo.（橘川武郎（2004）『松永安左エ門』ミネルヴァ書房）

Kim Jung-mi (1994) *Suihei Undôshi Kenkyû* (Studies on the History of the Suihei Movement) Tokyo: Kitagawa Furan.（キム・チョンミ（金静美）(1994)『水平運動史研究』現代企画室）

Kitaguchi, S. (1999) *An Introduction to the Buraku Issue*, (Trans. A. McLauchlan) London: Japan Library.（北口末広（1986）『入門部落問題一問一答（1）』解放出版社）

Kitahara D. (1974) *Senmin no Kohai* (Descendant of Low Class People) Tokyo: Chikuma Sobo.（北原泰作（1974）『賤民の後裔』筑摩書房）

Kono, M. (1938) *Shintôa no Kensetsu* (Building New East Asia), Tokyo: Shakai Taishutô Shuppan.（河野密（1938）『新東亜の建設』社会大衆党出版部）

Maekawa, O. (2002) Senjika ni okeru Kyotoshi no Kaizen Jigyo to Asada Zennosuke (Kyoto Improvement Projects in Wartime and Asada Zennosuke) in Y. Akisada and T.Asaji, *Kindai Nihon to Suiheisha* (Modern Japan and the Suiheisha) Osaka: Buraku Kaihô Jinken Kenkyûsho: 541-557.（前川修（2002）「戦時下における京都市の改善事業と朝田善之助」秋定嘉和・朝治武編著『近代日本と水平社』解放出版社）

Martin, B. (1961) 'Japanese Mining Labour: the Miike Strike' *Far Eastern Survey* Vol. 30 No 2: 26-30.

Masuda ,H. (2000) *Matsumoto Jiichirô no Tsuiho* (The Purge of Matsumoto Jiichiro) Bulletin of the International Research Centre for Japanese Studies, No 21:147-170.（増田弘（2000）「松本治一郎の公職追放」『日本研究：国際日本文化研究センター紀要』21 号）

Matsumoto J. (1947) 'Chi no Suiheisha Undô Gojûnen' (Fifty Years of the Suiheisha Bloody History) *Seikai Jeepu* September reproduced in Buraku Kaihô Domei

Hoston, G. A. (1994) *Marxism and the Crisis of Development in Prewar Japan* Princeton University Press.

Howells, D. I. (2005) *Geographies of Identity*, Berkeley:University of California Press.

Humphreys, L. A. (1995) *The Way of the Heavenly Sword*, Stanford University Press.

Hunter, J. (1984) *Concise Dictionary of Modern Japanese History,* Berkeley: University of California Press.

Imoto, R. Umezu, R. Hatae, T. Matsushita, S. Matsuzaki, T. (1978) (Roundtable Discussion on Horiguchi in late Edo early Meiji) *Buraku Kaihôshi Fukuoka*, 13: 5-30.（井元麟之・梅津隆三・松下志朗・松崎武俊他（1978）「座談会＝近世、明治初期における堀口村」『部落解放史・ふくおか』13 号）

Imoto, R. Yoneda, T. Matsui K. and Uesugi S. (1976) *Ningen: Matsumoto Jiichirô to Kaihô Undô* (Matsumoto Jiichiro and the Buraku Liberation Movement), *Buraku Kaihô* 93: 16-47.（井元麟之・米田富・松井久吉・上杉佐一郎（1976）「人間・松本治一郎と部落解放運動」『部落解放』93 号）

Ishitaki, T. (1985) 'Fukuoka-ken ni okeru 'Kaihorei' Futatsu o megutte' (On the proclamation of the liberation in Fukuoka) *Buraku Kaihôshi Fukuoka* 38: 31-70.（石瀧豊美（1985）「福岡県における「解放令」布達をめぐって」『部落解放史・ふくおか』38 号）

Iwao S. (2006) *Narazaki Yanosuke: Yuigon,* (Narazaki Yaosuke: Testament) Fukuoka: Nishi Nippon Shimbunsha（岩尾清治（2006）『遺言・楢崎弥之助』西日本新聞社）

Kawamukai, H. (1990) 'Sengo Fukuokaken Buraku Mondai Kaiho Undo Kankei Shiryo – I' ('Documents Related to the Postwar Buraku Problem/Liberation Movement') *Buraku Kaihôshi Fukuoka*, 58: 53-80.（川向秀武（1990）「戦後福岡県部落問題・解放運動関係資料（1）」『部落解放史・ふくおか』58 号）

—— (1995) 'Sengo Fukuokaken Buraku Mondai Kaiho Undo Kankei Shiryo – III' ('Documents Related to the Postwar Buraku Problem/Liberation Movement') *Buraku Kaihôshi Fukuoka*, 80: 78-87.（川向秀武（1995）「戦後福岡県部落

in Japan' *Monumenta Nipponica* Vol 2 No 1/2: 103-121.

Diyamondosha (ed.) (2004) *Kaisha Shokuinroku 2004 (Senior Officers at Major Companies 2004),* Tokyo: Daiyamondosha.（ダイヤモンド社編（2004）『会社職員録 2004』ダイヤモンド社）

De Vos, G., and Wagatsuma, H. (eds) (1973) *Japan's Invisible Race* (2nd edn) Berkeley, CA: University of California Press.

Duus, P, (1988) 'Introduction', *Cambridge History of Japan: Volume 6 The Twentieth Century*, Cambridge University Press.

Fujino, Y. (1984) *Dôwa Seisaku no Rekishi* (A History of the Dôwa Policy) Osaka: Kaiho Shuppansha..（藤野豊（1984）『同和政策の歴史』解放出版社）

Fujitani, T. and Mahara,. T. *Suihei Undôshi no Kenkyû*, Kyoto: Buraku Mondai Kenkyûsho. Vol. 1, 1971a, Vol. 2 1971b, Vol. 3 1972a, Vol. 4 1972b, Vo.l 5 1972c, Vol.6 1973.（藤谷俊雄・馬原鉄男／部落問題研究所編（1971～1973）『水平運動史の研究』全６巻・部落問題研究所）

Fukuoka City Bank (1993) *Kaihô no Chichi: Matsumoto Jiichirô: Interview with Matsumoto Eichi.* Fukuoka. Full text now available at: http://www.ncbank.co.jp/chiiki_shakaikoken/furusato_rekishi/hakata/056/01.html（福岡シティ銀行（1993）「解放の父　松本治一郎」（松本英一氏インタビュー）。上記 URL より全文ダウンロード可）

Gayle, C. A. (2003) *Marxist History and Postwar Japanese Nationalism*, London: RoutledgeCurzon.

Hammond, H. and O'Connor, P. (1988) *Josephine Baker*, London: Jonathan Cape.

Hara, H. (2000) *Sengoshi no naka no Shakaitô (The JSP in Postwar History)* Tokyo: Chuôkôron Shinsha.（原彬久（2000）『戦後史の中の社会党』中央公論新社）

Honda Kazuaki (2007a, b, c, d, e, 2008 a, b, c, 2009) *Matsumoto Jiichirô Kinenkaikan Kyûzô Shiryo* (Archived Material Stored in the Matsumoto Memorial Hall), Buraku Kaihô Kenkyû 175: 82-7, 176:79-88, 177: 64-69, 178: 87-90, 179: 84-87. 180: 83-88, 181:76-83, 182: 81-86, 185: 82-9.（本多和明（2007～2009）「資料紹介／松本治一郎記念会館旧蔵資料」『部落解放』175～182、185 号）

—— (2007) Jinbutsu: Matsumoto Jiichirô (Moto Buraku Kaihô Domei Chûôhonbu Iinchô, Sangiiin Fukugichô) no aru Ashiato (Some footprints of Matsumoto Jiichiro, Former Chairman of the BLL Central Committee and one-time Deputy Speaker of the House of Councillors). Document downloaded from the BLHRI website July 2008, http://www.bll.gr.jp/index.html.（部落解放・人権研究所（2007）「人物　松本治一郎（元部落解放同盟中央本部委員長・参議院副議長）のある足跡」。現在の URL は http://www.blhrri.org/old/nyumon/jiitiro/nyumon_jiitiro.htm）

Buraku Kaihô Kenkyûsho (ed.) (1986) *Buraku Mondai Jiten* (A Buraku Problem Dictionary) Kaihô Shuppansha Jiten（部落解放研究所編（1986）『部落問題事典』解放出版社）

—— (ed.) (1991) *Shiryo: Senryoki no Buraku Mondai,* Osaka:Buraku Kaihô Shuppansha.（部落解放研究所編（1991）『資料　占領期の部落問題』解放出版社）

Buraku Kaihô Shuppansha (ed.) (1976) 'Matsumoto Jiichirô Meigenshû' (The Analects of Matsumoto Jiichiro) in Buraku Kaihô, 93, Special Edition on Matsumoto Jiichiro and the Buraku Liberation Movement Today.（解放出版社編（1976）「松本治一郎名言集」『部落解放』93 号「〈特集〉松本治一郎と今日の部落解放運動——逝去 10 年」）

—— (ed.) (1977) *Okasubekarazu Okasarerubekarazu Matsumoto Jiichirô Taidanshû* (Collected interviews with Matsumoto Jiichiro), Osaka: Buraku Kaiho Shuppansha.（解放出版社編（1977）『不可侵　不可被侵——松本治一郎対談集』解放出版社）

Cobbins, A. (2009) *Kyushu: Gateway to Japan*, Folkestone: Global Oriental.

Colbert, E. S. (1952) *The Left Wing in Japanese Politics*, New York: Institute of Pacific Relations.

Cole, A. B. Totten, G. P. and Uyehara, C. H. (1966) *Socialist Parties in Postwar Japan*, New Haven.

Connors, L. (1987) *Saionji Kinmochi and pre-war Japanese politics*, Nissan Institute: Croom Helm.

Cook, A. (1967) 'Political Action and Trade Unions - a case study of the coal miners

参考文献

Ampiah, K. (2007) *The Political and Moral Imperatives of the Bandung Conference of 1955*, Folkestone: Global Orient.

Andersson, R. (2000) *Burakumin and Shimazaki Toson's Hakai: images of discrimination in modern Japanese literature*, Lund University.

Attlee, C. R. (1954) *As It Happened*, London: Odhams Press.

Beckman, G. M. and Okubo G. (1969) *The Japanese Communist Party 1922-1945*, Stanford University Press.

Berger, G. M. (1977) *Parties Out of Power in Japan, 1931-1941*, Princeton NJ: Princeton University Press.

—— (1988) 'Politics and Mobilisation in Japan, 1931-1945' in P. Duus (ed.), *The Cambridge History of Japan: Volume 6 The Twentieth Century*, Cambridge University Press, pp 97-153.

Billingsley, P. (1988) *Bandits in Republican China*, Stanford University Press.

Bix, H. P. (2000) *Hirohito and the Making of Modern Japan*, London: Duckworth.

Buraku Kaihô Dômei Chûô Honbu (ed.) (1972) *Kaihô no Chichi Matsumoto Jiichirô* (Father of Liberation: Matsumoto Jiichiro) Osaka: Buraku Shuppansha.（部落解放同盟中央本部編（1972）『解放の父　松本治一郎』部落解放同盟中央出版局）

—— (ed.) (1987) *Matsumoto Jiichirô Den* (A Biography of Matsumoto Jiichiro) Osaka: Buraku Shuppansha.（部落解放同盟中央本部編（1987）『松本治一郎伝』解放出版社）

Buraku Kaihô Jinken Kenkyûsho (1999) Buraku Mondai to Nihon Senyro Bunsho Kenkyû News (Bound edition of the Monthly Newsletter produced as part of the research project into the Buraku problem during the Occupation) Osaka: Buraku Kaiho Jinken Kenkyûsho.（部落解放・人権研究所編（1999）『部落問題と日本占領文書研究ニュース』（月刊）部落解放・人権研究所）

訳者あとがき

本書は、二〇一〇年に英国のラウトリッジ（Routledge）社から「日本研究叢書」の一環として出版された *Ian Neary, The Buraku Issue and Modern Japan - The career of Matsumoto Jiichiro* の全訳である。

著者のイアン・ニアリー氏は日本の近現代政治史を専門とする研究者で、ご自身の「謝辞」や森山沾一・公益社団法人福岡県人権研究所理事長の「刊行に寄せて」でも触れられているように、主に福岡を拠点として在外研究に従事していた時期もある。

当然のことながら日本語には堪能で、本書でも日本語による史料が縦横無尽に参照されているのは見てのとおりである。それに加えて、従来の松本治一郎伝ではあまり参照されることのなかった英語の史料も豊富に参照されており、とりわけ戦後の治一郎の国際的活動については、ジョゼフィン・ベーカーとの友情やオーストラリア・ニュージーランド訪問の様子など、新たに掘り起こされた事実が多数報告されている。

松本治一郎については、すでに部落解放同盟中央本部が『解放の父　松本治一郎』（部落解放同盟中央出版局、一九七三年）や『松本治一郎伝』（解放出版社、一九八六年）などを公にしており、また第三者的視点から書かれた代表的な伝記として高山文彦『水平記』（新潮社、二〇〇五年）などがある。本書でもこれらの先行文献はおおいに参照・引用されているが、本書は、これまで語られてきた治一郎像を国際的視点からあらためて見直すとともに、従来あまり語られてこなかった側面に光を当てるものとして、部落解放史研究に貴重な貢献をなすことになるだろう。

訳者は、治一郎が一九六六年一一月二二日に没してから一年と少し後に福岡市西部で生まれた。松本治一郎の名を知ったのは、中学生のころか高校生のころか、古本屋の店先で手にし、おそらく五〇円ぐらいで買ってきた文庫本『反骨の系譜――権力に屈しなかった人々』（青地晨著、社会思想社現代教養文庫、一九七六年）を通じてである。足尾銅山鉱毒事件をめぐる明治天皇への直訴で学校の授業でも名前を聞いていた田中正造、反権力派弁護士・正木ひろしなどと並んで取り上げられていた治一郎の「カニの横ばい」事件に、当時の管理教育への反発もあって社会への疑問を抱き始めていた訳者は強い印象を受けたのを覚えている。

その後、国連・子どもの権利条約（一九八九年採択／一九九四年批准）の普及促進活動をとっかかりとして国際人権活動にも関わるようになり、ＩＭＡＤＲ（反差別国際運動）などとも折りに触れて協力するようになった。本書の末尾でも「ＩＭＡＤＲは、治一郎が夢見た、世界のための水平社なのである」として言及されているが、ＩＭＡＤＲの活動は、治一郎が出会った「ハリジャン」（ダリット）のみならず、ヨーロッパで古くから差別・排斥の対象とされてきたロマ（かつて「ジプシー」などと呼ばれていた人々）や、各地の先住民族との連帯・共闘へと広がりを見せている。

世界人権宣言（一九四八年）とあわせて「国際人権章典」（International Bill of Human Rights）と称される二つの国際人権規約（経済的、社会的および文化的権利に関する国際規約＝社会権規約＝と市民的および政治的権利に関する国際規約＝自由権規約＝）は、治一郎の死の翌月、一九六六年一二月一六日に国連総会で採択された（日本は一九七九年に批准）。その前年には人種差別撤廃条約も採択されているが、日本が同条約に加入したのは採択から三〇年後の一九九五年のことである。

国際人権規約の批准にともなって日本が国際人権体制に組みこまれてすでに四〇年近くが経つが、ネットや路上におけるヘイトスピーチの横行に見られるように、日本でも差別はまだまだなくなっておらず、人権の精神が十分に根づいているとはとてもいえない。時あたかも、「部落差別の解消の推進に関する法律案」が自民・公明・民進三党の共同で国会に提出され（二〇一六年五月）、国会で議論が始まろうとしている。この時期にあらためて治一郎の軌跡を振り返り、差別解消と世界平和に対するその思いを共有することにはおおいに意味があるのではないか。

訳出にあたっては、原文が日本語の史料は可能なかぎり原典にあたって原文を掲載するよう努めた。ただし、外国語文献で引用されている日本語史料をはじめ、訳者の力が及ばず英文からの重訳になった箇所もある。また、明らかな誤記や事実関係の間違いは原著者の同意を得て修正したが、それでも誤りが残っている点もあろう。読者のご海容を願うとともに、今後のためにご指摘をいただければ幸いである。

なお、本書で一貫して用いられている「部落」、「部落民」という表現については、本来であれば「被差別部落」、「被差別部落出身者」などとすべきところであろうが、歴史書としての本書の性格を踏まえ、また水平社宣言（一九二二年）以来、戦前の部落解放運動において誇りをこめて用いられてきた言葉であることもあり、そのまま「部落」、「部落民」としている。

公益社団法人福岡県人権研究所に設置された翻訳補助・監修プロジェクトのみなさん（井上健・古賀裕子・塚本博和・森山沾一の各氏）には、日本語訳の第一稿から初校・再校・校了に丁寧に目を通していただき、訳者の思い違い、訳の欠落、わかりづらい点など多数のご指摘をいただいたほか、事実関係の確認等にも奔走していただいた。訳文がより正確で読みやすいものになっているとすれば、同プロジェクトのみなさんのおかげである。

原著者のニアリーさんとも、翻訳作業中に来日された機をとらえてあらためてお会いすることができ、暖かい励ましをいただいた。また、明石書店の神野斉編集部長および編集実務を担当してくださった岩井峰人氏には、訳者の作業が当初の予定よりも遅れたことから、治一郎没後五〇周年（二〇一六年一一月二二日）に間に合わせるためによけいな負担をおかけしたと思う。ここでおわびと謝意を表する次第である。

二〇一六年一〇月

平野裕二

【ら】

【ま】

【や】

【た】

【か】

解消派（水平社） 114-27，137，169，183-6
解放新聞 253，287，306，329-30，336，343，354，378-81，384，389，407
解放令（1871） 1，18-20，22，40-1，53，66，82，130，132，161，173
海保青陵 16
片山潜（1859 ～ 1933） 54
片山哲（1887 ～ 1978） 224，249，254-5，261，265
加藤勘十（1892 ～ 1978） 158-60，162，181，254，429
「カニの横ばい」拒否事件 255-9, 266
ガンジー、M・K（1869 ～ 1948） 260
関東大震災 62-8，75，77-8
岸信介（首相）（1896 ～ 1987） 312-4, 353-4, 379, 395-6
北原泰作（1906 ～ 81） 103-5，119-23，126，130-2，137，140，146，157，161，163-4，182-5，190-1，194-5，217-9，240，242-3，276-7，296，338，356，370，372，376-9，384，398, 427, 430, 433, 434
木村京太郎（1902 ～ 88） 83，90-2，94-5，99，101，103，110-1，140，191，376
九州帝国大学 34，86-7，140，205，320，431，432
九州無産新党 224
九条（憲法、「平和条項」） 298，307
義勇隊 216
義友団 25，40
錦旗革命 65
勤労国民党 190-1，196
黒田事件（黒田 300 年祭反対運動） 46-8, 50, 55-6, 71, 75, 81, 143
黒田長政（1568 ～ 1623） 8
ケーディス、チャールズ（大佐） 236，237，245，264，267-9
玄洋社 32，39，43，47，67，74
公職追放 235，242，244-5，247，261-71，275-8，280，284，286，288，296，319，356，375，378
「五禁」 61，110，351-2
近衛文麿（1891 ～ 1945） 153-4，174，176-8，181，188，192，195，200，234, 427
駒井喜作（1897 ～ 1945） 51，64-5
コミンテルン 97，112，117-8，121，155，158，162，181，425
コミンフォルム 289，322，324
近藤光（1887 ～ 1961） 54，56-7，62，279

【さ】

在郷軍人会 81，91，151，177
西光万吉（1895 ～ 1970） 51，58，64-5，82，90，101，110-3，169，172，180，191
斎藤隆夫（1870 ～ 1949） 190，213
堺利彦（1871 ～ 1933） 68-9，425
阪本清一郎（1892 ～ 1987） 51-3，57，64，78，82，90，122，169，172
笹川良一（1899 ～ 1995） 207，213
五月会 254，429
佐藤三太郎 71-3, 76, 80
佐野学（1892 ～ 1953） 51，111-3，116，154
幣原喜重郎（1872 ～ 1951） 228-9，428
柴田啓蔵（1901 ～ 88） 56-8，61，69-70
シベリア出兵 73，85，87，102
島崎藤村（1872 ～ 1943） 271，273，275
社会主義インターナショナル（SI） 291，323-5

索引

【欧文略語】

COMISCO（国際社会主義者会議委員会） 290, 324
LICRA（反人種主義・反ユダヤ主義国際連盟） 336, 341, 343-4, 347

【あ】

アイヌ 211
赤尾敏（1899～1990） 207，213
赤坂離宮 259
朝田善之助（1902～83） 119，122，137，143，185，191，193，195，217-9, 239，271，275，278，323，334，338，356，359-61，372-3，377-8，395，407，420
浅沼稲次郎（1898～1960） 254，313
アジア社会党会議 323-5
アジア太平洋平和会議 293
芦田均（1887～1959） 255，261-2，429
麻生久（1891～1940） 156，158，177，181
アトリー、クレメント（1883～1967） 231，324-5
アナキスト勢力（水平社内） 80, 83-4, 90, 100, 103, 108, 115
安部磯雄（1865～1949） 190，212，226
荒畑寒村（1887～1981） 181，224
有馬頼寧（1884～1957） 55，66，68，180，185，191-2，195-6，203，424
アルジェリア 345，432
アンベードカル、B・R 322，326，431
安保条約（改定反対運動） 282，290-2，302-3，306-7，311-4，317，339，355，376，386，397，414
池田勇人（1899～1965） 313-4
石原莞爾（1889～1949） 153，167
泉野利喜蔵（1902～44） 57-8，67，122，143，160，185
板付基地 304-7，392
伊藤野枝（1895～1923） 63，67
井上清（1913～2001） 370-1，385
井元清寿 44
井元麟之（1905～84） 44-5，55，61，74，87-9，95，98，101，104，119，121-3，131，135-6，138-9，143，172，185，193，197，203，218，239-41，243-5，263-4，266，269，273，278-9，285，313
岩尾家定（1904～40） 65，74，81，92，94-103，111
上杉佐一郎（1919～96） 215, 401, 420-1
上田音市（1897～1999） 185，217-20，239，296，372，380-1
宇垣一成（1868～1956） 86, 93
海野晋吉（1885～1968） 252，266-7，295，321
江頭匡一（1923～2005） 283-4
江田三郎（1907～77） 314
大江卓（1847～1921） 41-2
大杉栄（1885～1923） 52，63，67-8
尾崎行雄（1858～1954） 163，229，233，318，391
オーストラリア 234，268，351-3，432
『オール・ロマンス』事件 358-61

【著者】

イアン・ニアリー（Ian Neary）

オックスフォード大学教授。シェフィールド大学大学院で日本語と政治学を専攻。九州大学で研究生として過ごした後、サセックス大学で水平社についての博士論文を執筆。ハダースフィールド大学、ニューカッスル大学、エセックス大学で教鞭をとった後、2004年にオックスフォード大学に着任。著書には、水平社に関するもの（1989年）、英国と日本の製薬産業政策に関するもの（1995年）、日本・韓国・台湾の人権に関するもの（2002年）、そして日本の政治に関する教科書『近代日本の国家と政治』（*The State and Politics in Modern Japan*、2002年）がある。本書は2010年に英語で出版されたものである。現在、同和政策の流れに関する論文を執筆中。寺木伸明・黒川みどり著『入門　被差別部落の歴史』（解放出版社、2016年）の英訳も刊行した。

【監訳者】

森山沾一（もりやま・せんいち）

〔公社〕福岡県人権研究所理事長、田川まるごと博物館館長。福岡県立大学名誉教授。九州大学大学院で教育学を専攻、同時に福岡市で地域運動を持続する。熊本商科大学、佐賀大学で教鞭をとった後、福岡県立大学在職中に「社会『同和』教育の地域的形成に関する研究」論文で博士学位取得。著書に『社会教育における人権教育の研究』（科研費助成出版、福村出版、2011年）、『被差別部落の歴史と生活文化―九州部落史研究の先駆者・原口頴雄著作集成―』（明石書店、2014年）、『熱と光を願求して―解放教育学の節目にたって―』（花書院、2015年）、『山本作兵衛―日記・手帳―解読資料集』第1～15巻（福岡県立大学、2003年～進行中）など。

〔公社〕福岡県人権研究所プロジェクト

同研究所内には特別プロジェクト松本治一郎・井元麟之研究会がある。今回、研究会内外に呼びかけ、4月より「翻訳補助・監修プロジェクト」チームを結成・活動。メンバーは次の4名である。井上健（福岡市職員・研究所幹事）、古賀裕子（中学英語教員・小郡市部落史研究会）、塚本博和（新宮町嘱託・研究所理事）、森山沾一（上記）。

【訳者】

平野裕二（ひらの・ゆうじ）

1967年、福岡県生まれ。翻訳者。子どもの人権連・子どもの権利条約総合研究所・子どもの権利条約ネットワークなど、子どもの権利条約の普及促進に携わるNGOでも活動。主な訳書に『学校犯罪と少年非行』（日本評論社、1999年）、『少年司法における子どもの権利』（現代人文社、2001年）、『裁判官・検察官・弁護士のための国連人権マニュアル』（同、2006年）、『難民の地位に関する法』（同、共訳、2008年）など。

世界人権問題叢書 97

部落問題と近現代日本　松本治一郎の生涯

2016 年 11 月 22 日　初版第 1 刷発行

著　者　イアン・ニアリー
監訳者　森　山　沾　一
〔公社〕福岡県人権研究所
プロジェクト
訳　者　平　野　裕　二
発行者　石　井　昭　男
発行所　株式会社 明石書店

〒 101-0021 東京都千代田区外神田 6-9-5
電 話　03（5818）1171
FAX　03（5818）1174
振 替　00100-7-24505
http://www.akashi.co.jp

装丁　明石書店デザイン室
印刷　株式会社文化カラー印刷
製本　本間製本株式会社

（定価はカバーに表示してあります）　ISBN978-4-7503-4435-5